本书受江苏省重点学科南京大学应用经济学学科建设项目资助

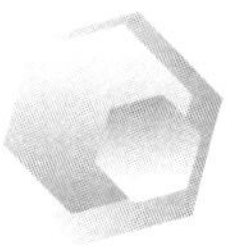

21·世·纪·经·济·学·系·列·教·材

现代服务经济学

刘志彪　江　静　刘丹鹭　编著

中国人民大学出版社
·北京·

前 言

全面深化改革 推动服务业进入现代增长轨道

进入后工业化社会以后，发达国家服务业在国民经济中的地位可以用“四个70%”来概括：一是服务业增加值占GDP的比例达到70%左右；二是服务业从业人员占社会总就业人员的比重达到70%以上；三是经济增长的70%来自服务业的增长；四是生产性服务业占服务业的比重达到70%。推动这“四个70%”趋势的动力，是对服务产业需求的收入弹性不断上升，以及服务业劳动生产率的不断提高，这表明服务业完全进入了现代特征的增长轨道。

在工业化过程中我们之所以要尽快推动我国服务业进入现代增长轨道，是因为服务业尤其是现代服务业在国民经济发展中，至少有以下功能，因而显示出巨大的发展调节功能：(1) 它是制度供给和制度创新的载体； (2) 它是构成人民幸福函数的主要元素；(3) 它内含高级先进生产要素，是把知识资本引进商品生产的“飞轮”；(4) 它具有本地化需求的特征，是扩大内需的实体内容；(5) 它在全球价值链分工中处于高端地位，因而决定了它是产业结构调整的主导力量，是攀升全球价值链的目标，等等。①

过去长期实施的抑制城市化政策、城乡隔离和固定的户籍管理制度，使我国服务业发展严重滞后，使我国产业结构长期偏离世界经济运行的正常轨道。关于这一点，从我国服务业产值结构与就业结构落后于发展程度比我们低的印度等国家的现实中，就不难看出。党的十八届三中全会着力要解决城乡收入差距、消费不足、公共服务非均等化、土地、农民工的医疗住房及其子女教育等问题。这种政策全面纠偏的一个直接效应，就是会直接和间接地推动现代服务经济增长。十八届三中全会启动的全面深化改革，是规划我国产业发展尤其是服务业的改革、创新和发展的基本纲领，将决定我国服务业未来可持续发展的基本特征、路径选择和发展绩效。未来我国经济政策的最重要的选择是：助

---

① 刘志彪、郑江淮主编的《服务业驱动长三角》（中国人民大学出版社，2008）一书中，对服务业与发展问题之间的关系有详细的讨论。

推我国服务业全面进入现代增长轨道，通过全面深化改革进一步推动我国服务业改革、创新与发展。

需要指出的是，服务业是一个门类复杂、性质各异的综合产业部门。按照服务产出使用者的性质，可以将其划分为消费者服务业、生产性服务业和社会公共服务业三大产业门类。由于各产业门类差异性很大，对应的推进政策和改革措施也大相径庭。例如，决定消费者服务业发展水平的因素主要是经济发展程度和城乡居民的收入水平。相比较而言，决定生产性服务业发展水平的主要因素则要复杂得多，不仅与经济发展、工业化、经济全球化和城市化等宏观变量有密切的关系，而且还与有关微观变量直接有关，如市场容量、市场竞争与管制、技术知识创新等。另外，社会公共服务业则与政府职能转型和财政的公益性体制塑造等因素直接相关。我们将通过区分服务业发展门类，分析全面深化改革的影响和我国服务业改革、创新与发展的传导机制问题，这一分析有利于我们找到推动服务业进入现代增长轨道的政策空间。

一、我国服务业已进入加速领跑的增长阶段

目前我国已经进入现代服务业高速发展期。做出这一事实判断的依据在于：

一是近 10 年来，我国服务业增速与制造业增速的差距，虽然鲜有前者超过后者的情况出现，但是两者之间增速之差在逐渐收敛，如 2012 年第二产业在 GDP 中的占比为 45.3%，第三产业占 44.6%，历史上首次使差距缩小在 1 个百分点之内。2014 年上半年，第三产业的增速首次超过第二产业。这些就使服务业在 GDP 中的占比处于“稳步增长”状态。

二是根据世界经济发展经验，目前我国人均 GDP 处于接近 7 000 美元的水平上，正是制造业加速转型升级、服务消费需求旺盛、产业结构高速演进的重要时期，这些都将推动服务业进入现代增长轨道。

三是从中央政府到地方政府，都纷纷出台了各种各样的鼓励各个服务业部门加速发展的政策措施。制造业偏向的发展政策正得到逐步的纠偏。

现阶段我国服务业发展跑出了加速度，主要是以下三个具体的因素在起作用：

其一，2008 年世界经济危机以来，服务业尤其是消费性服务业显示出了其强大的熨平经济周期波动的作用。在这次世界经济危机中，受到影响比较大的是全球制造业需求，因为制造业产业关联度高，需求弹性相对大，因此经济危机会深刻地、大幅度地影响作为全球制造业大国的中国经济。相反，服务业尤其是消费者服务业的需求弹性小，市场需求相对稳定，一般受经济波动的影响不大。而且，在服务业占经济总量的份额不断上升的条件下，它就自然而然地成为反经济周期的重要力量。①

其二，现阶段我国的有效内需主要由服务业构成，一般制造业产品都处于严重的产能过剩状态，“去库存”化还需要相当长的时间，而产能不足的部门几乎都是服务部门，如服务品质良好的医疗卫生、教育、养老、生态环境、基本住宅等，知识技能密集的高级生产性服务尤其缺乏。

其三，在外部需求萎缩的条件下，一方面某些天然具有本地化需求属性的服务业部门

① 参见刘丹鹭：《服务业发展能熨平宏观经济波动吗》，载《当代财经》，2011 (6)。

得到了迅速的扩张，另一方面服务业跨国转移是当前经济全球化的新的显著特征，主要表现有两种：一是跨国公司在全球范围内组织生产活动，需要获得全球化的贸易、金融、通信、运输等服务，这就导致了服务业向发展中国家转移的浪潮；二是信息网络技术在服务业中的应用，使服务业摆脱了“本地化”需求特征，其“可贸易性”越来越强，从而为服务外包等国际分工的全面深化打下了扎实的基础。

针对我国已经进入现代服务业高速发展期的趋势，目前一些理论和政策对此存在错判。如某些舆论自觉或不自觉地将服务业发展与金融危机内在地联系起来，认为金融危机是由于本国“去工业化”的过程中，因服务业的高度繁荣而引起的。此观点对面临经济结构战略性调整任务的中国危害甚大。经济危机的发生机制与搞制造业还是搞服务业没有任何关系，也与金融资本的趋利本性无关，与之有关的是国家经济体制和机制的不良设计和失控的运行。

那种把实体经济等同于制造业、把服务业等同于泡沫经济的政策取向和做法，就是上述认识的具体体现。在现阶段，把制造业界定为实体经济，认为反危机政策就是要全力发展制造业，同时认为服务业是泡沫经济，因而必须加以抑制的观点，是十分有害的。制造产品和服务产出都是为了满足人们的需求，它们之间的区分只是有形与无形，而非实体与虚拟。实体经济与泡沫经济的区分，要看这个部门的“杠杆率”运用水平，经验证明，杠杆率大于20倍，一般就是泡沫经济。因此服务业不一定就是泡沫经济。同样，制造业利用的“杠杆率”过高，产能发展过度，也属于泡沫经济，也会发生经济危机。另外，需要指出的是，如果这种观点把资源错误地引导到已经严重过剩的制造业，将会导致下一轮严重的经济风险。因此，我们不要因为强调制造业重要，就轻视服务业。我们应该反对的是服务业过度金融化。我国新版的稳增长计划，如果把资源重新砸向产能过剩的制造行业，将会引发巨大的经济风险。而如果把资源投向同样具有实体经济性质的现代服务业，则有助于实现稳增长、调结构与促民生相结合的目标。

长期以来，我国资源错配在宏观上的一个重要表现，就是在同样的经济发展水平下，甚至与那些人均GDP水平比我们低得多的国家相比，我国服务业增加值占GDP的比重、从事服务业就业的劳动力占社会全部劳动力的比重都要相对较低。这种资源错配的直接结果导致了制造业的产能过剩以及相应的服务业有效供给短缺。造成这种情况的内在原因固然很多，但是与产业政策的错误取向有直接的关系。因此全面推动服务业进入现代增长轨道，我们必须首先扭转产业政策的旧有观念和不当的理论基础，同时在理论上，要深化对资本概念的认识，把人力资本概念引入产业发展政策，要允许对使用人力资本较多的服务企业实行适度的人力资本加速折旧政策，以促进其加速收回人力资本投资；在体制上，要像发展制造业一样鼓励竞争、放松管制，尤其要打破服务业行政垄断；在政策上，要消除对服务业的歧视和对制造业的偏好，创造公平的产业竞争条件；在税制上，要快速全面推进营业税改增值税改革，切实解决税制改革后部分服务企业税赋上升的问题；在策略上，可以尽快推进中央与地方税收改革，为了发挥地方政府发展服务业的积极性，可以把中央从现代服务业发展得到的税收与部分地方土地出让金互换，从而抑制地方政府的卖地冲动并使其致力于发展服务业，等等。

二、市场深度开放：生产性服务业发展的基本动力

生产性服务业是现代服务业最积极、最重要的组成部分，它是指那些依靠高技术和现代管理方法、经营方式及组织形式发展起来的、主要为生产者提供中间投入的知识、技术、信息密集型服务部门。其核心是高级生产性服务，如金融服务、商务服务、信息技术与通信服务、教育培训服务、物流服务、旅游服务、外贸服务等。正是由于现代生产性服务业为包括服务企业在内的其他企业提供知识、技术、技能和人力资本密集的服务投入品，因此该部门的竞争性以及对其所进行的改革、创新与发展的努力，将直接决定一国国民经济发展的效率、经济发展方式以及创新驱动型国家目标的实现。

一个产业部门使用生产性服务投入的比重，反映了这个产业部门的效率和技术知识密集程度。我们基于投入产出数据的国际比较研究发现，相对于发达国家，中国制造业的生产性服务投入的水平较低。美、德、英在20世纪70年代，制造业中间投入中，服务投入所占比重已经高于20%，21世纪以来更是高达30%以上；即使是稍微低一点的日本，2005年该比重也在25%～30%。1995年、2000年和2005年，中国制造业的中间投入中，服务投入比例最高只有15%，比发达国家的最低水平还要低很多；2007年最低时只有10.62%。①

虽然我国制造业的规模在急速提升、制成品的出口增长迅速，但我国的制造技术在全球创新链中还未能占有一席之地，目前只能在全球价值链的低端从事生产、加工、制造和组装环节，获取微薄的报酬。造成这一现实的一个重要原因是我们的现代生产性服务业不发达，直接制约了制造业技术水平的提升。为了在经济全球化中像扩张制造业规模那样迅速提升现代生产性服务业的发展水平，需要综合实施“对内对外市场深度开放”战略。主要有以下几个方面：

第一，选择以对外开放“倒逼”国内现代生产性服务业改革的主要思路。中国第一轮开放主要是商品市场领域的开放和制造业的开放，以开放“倒逼”改革所取得的成就，也主要体现在中国成为世界制造中心上。这既是基于要素市场尤其是金融市场的稳定性和安全性需要，客观上也是因为：很多现代生产性服务业自身的高进入门槛，很容易导致进入阻止现象。生产性服务业中的许多要素，尤其是与货币资本有关的金融市场，不仅会因为制度、管理、文化等差异而形成进入壁垒和障碍，更会因为长期的行政垄断造成人为的进入壁垒和障碍。这些进入壁垒和障碍容易形成率先改革的困境。但是当商品市场和制造业的开放到了一定程度，就必然要求要素市场领域的开放的支持，必然要求服务业领域开放的深化，以降低交易成本和形成全面的、持久的国家竞争优势。这是商品市场开放倒逼服务业市场开放的一个方面。另一方面，选择渐进式开放服务领域，而不是直接对垄断的生产性服务业进行改革，不仅不会立即冲击该领域中的各种既得利益群体，从而减缓其利益上的抵触和反抗，而且可以使国内的生产性服务业有时间、有意识地做好应对即将到来的国际竞争的准备。这就是“对内对外开放相互促进”、“以开放促改革”的基本战略思路。

第二，实现统一的市场准入制度，在制定负面清单的基础上，让各市场主体依法平等地进入清单以外的服务业领域。具体来说就是，要在进一步放开一般制造业的基础上，有序放开对现代生产性服务业的投资准入限制，推进金融、教育、文化、医疗等服务业领域的逐步开放，放开育幼养老、建筑设计、会计审计、商贸物流、电子商务等服务业领域外资准入限制。这种统一市场准入制度的实施意味着：（1）打破现代生产性服务业领域的各

① 参见李善同等：《“十二五”时期我国社会经济发展的若干关键问题研究》，北京，科学出版社，2011。

种垄断和歧视制度，是在对内对外开放思路下选择的主要措施；(2) 政府在服务领域的大幅度的减权、放权，是对民间、社会、市场和企业家的放权，而不是简单地在政府内部分权，分权只代表政府权力关系的调整，只有减权、放权才是真正的市场取向化改革；(3) 是实现“市场在资源配置中起决定性作用”的决定性改革动作；(4) 是在现代生产性服务业领域的以对外开放促进对内开放，以对内开放进一步加大对外开放，是相互统一、相互促进，而不是相互歧视。

第三，选择以自由贸易区试点的方式，推进以金融服务业为代表的现代生产性服务业的开放。建立中国上海自由贸易试验区，是党中央在新形势下推进改革开放的重大举措，为全面深化改革和扩大开放探索新途径、积累新经验。未来我国将在推进试点的基础上，选择若干具备条件的地方大力发展自由贸易园（港）区。以周边为基础加快实施自由贸易区战略，形成面向全球的高标准自由贸易区网络。这将极大地带动中国现代服务业的发展。如上海自由贸易试验区的制度创新，就主要是围绕六大现代服务业领域（金融服务、航运服务、商贸服务、专用服务、文化服务和社会服务）的试点开展，这不仅会使上海的现代服务业迎来高速发展的机遇，而且也会使江浙两省的现代服务业，与其产生协同作用的制造业，以及与其产生互补作用、依赖作用的服务业的发展面临更大的机遇。

以“对内对外开放”的思路促进现代生产性服务业的改革、创新和发展，与发展其他门类的服务业有很大的不同。一般来说，第一，现代生产性服务业因为在生产和消费上的可分离的技术特征，使其具有可贸易性，而其他服务业门类一般只具有本地化特征。因此与发展制造业相似，在经济全球化中发展现代生产性服务业，是一种可以选择的重要思路。

第二，现代生产性服务业具有十分明显的知识技术密集性特征，作为决定其他企业产出竞争力的重要的投入品，其内含的最优秀的知识、技术、技能和人力资本等要素，只有在开放竞争的条件下才能吸收或获取到。显然，这与作为最终消费使用的其他服务业有着根本的不同。

第三，现代生产性服务业具有报酬递增性，即高固定成本、低边际成本特征，属于报酬递增产业，对规模经济要求尤其严格，而且其高度的差异性和由此形成的较高的进入壁垒，决定了以“对内对外开放”这种思路促进其改革、创新和发展的重要性。因为只有以开放的态度和观念推进其发展，我们才能克服包含产业规模壁垒、技术壁垒、品牌壁垒甚至行政壁垒在内的高进入障碍。这些产业特征在消费者服务业和公共服务业中并不突出。

三、收入增长与分配：促进消费者服务业发展的基本措施

与生产性服务业作为中间投入不同，消费者服务业属于最终需求性服务业。消费者服务业也是民生服务业，它所提供的服务产品的丰富性和高质性直接影响着居民幸福指数的高低，也反映了国民经济的发展水平。

国家统计局综合司课题组①、樊纲和王小鲁②等先后对“收入分配对消费的影响”进

① 参见国家统计局综合司课题组：《七大因素左右居民消费增长》，载《上海证券报》，2004-10-15。

② 参见樊纲、王小鲁：《消费条件模型和各地区消费条件指数》载《经济研究》，2004 (5)。

行了研究。他们的研究表明，城乡居民当期消费主要取决于当期收入，城镇居民比农村居民有更强的预防性储蓄动机，农村居民的边际消费倾向显著高于城镇居民。日益增强的不确定性增大了城市居民的预防性储蓄动机。我国消费率持续走低的主要原因在于国民收入分配失衡，在于居民收入在初次分配中所占比例低且不断下降。由于服务业消费需求的收入弹性要远远大于商品消费需求的收入弹性，因此收入增长和分配对消费者服务业的影响要大大高于一般的消费品产业。由此决定了我国的全面深化改革要选择从调整收入增长与分配入手去促进消费者服务业发展，找准解决问题的突破口。综合来看，通过全面深化改革促进消费者服务业发展，其基本思路和战略可以归纳为以下几个方面：

第一，对初次分配也要讲公平。过去的说法是“初次分配要讲效率，再分配要讲公平”。现在看来，一是如果初次分配不讲公平，各阶层的收入差距到了再分配阶段就会越来越大，容易形成畸形的消费结构和产业结构，并进而影响深度发展和社会稳定。二是如果我们把初次分配中的严重不公平，一直延迟到再分配时再进行调节，那么这时再进行调节，不仅因为缺少必要的微观手段而难以有效，而且更重要的，此时还必须强化政府的控制力量，社会因此要付出巨大的调节成本，包括保持政府自身清廉和防止腐败的成本。因此，十八届三中全会提出要“努力实现劳动报酬增长和劳动生产率提高同步，提高劳动报酬在初次分配中的比重”。另一个就是要“健全工资决定和正常增长机制，完善最低工资和工资支付保障制度，完善企业工资集体协商制度”。这其实就是要在市场和企业活动的微观领域就适度地解决分配的公平性问题。

第二，逐步形成“橄榄型”分配格局。“橄榄型”分配格局就是要扩大中等收入者的比重，降低低收入者和超高收入者的比重。中等收入群体不仅是对现有社会秩序容易满意的阶层（这有利于社会稳定），而且其消费倾向稳定，消费结构逐步趋于高级化，是支持社会向服务经济升级的主要需求力量。为此十八届三中全会提出，要通过完善税收、社会保障、转移支付等再分配调节机制，加大税收调节力度等方式，逐步形成“橄榄型”分配格局。规范收入分配秩序，在现阶段尤其迫切地需要建立个人收入和财产信息系统，以此作为保护合法收入、调节过高收入、清理规范隐性收入、取缔非法收入以及增加低收入者收入等政策的依据。

第三，形成劳动收入、财产收入和社会转移支付收入等在内的有序分配格局。一个方面是要健全资本、知识、技术、管理等由要素市场决定的报酬机制，通过“扩展投资和租赁服务等途径，优化上市公司投资者回报机制，保护投资者尤其是中小投资者合法权益”，多渠道增加居民财产性收入。另一个方面，就是要对资本性收入和工资性收入平衡征税。现在中国的个人所得税主要是工薪阶层在承担，企业主和高收入者有各种规避办法，因此个人所得税有成为专门针对中等收入者的税收的趋势。这种累进税率的逆向调节效应，需要我们在选择收入再分配体制时加以注意和警惕。现在无论是自由主义的美国，还是自我号称“社会主义”的法国，个人所得累进税率只对工资性收入执行，最高可达45%，资本性收入却执行单一税率（15%或20%），因此对资本家的税率比大部分中产阶级都要低。再加上各种合法避税手段，连大投资家巴菲特都说：“我保姆交的税都比我多”。这样的收入再分配就不是“劫富济贫”，而是“劫贫济富”，是中产阶级的财富转移到了其他人手里。

第四，公共组织机构应当通过为社会提供更多、更优的公共服务，促进扩大内需和城乡居民的服务消费，增加居民幸福感。中国居民消费率长期处于较低发展水平的格局，不仅与收入水平低、分配结构扭曲有关，还与社会保障体系不够健全和发达、居民对未来缺乏安全感有直接的关系。[①] 十八届三中全会提出要“建立更加公平可持续的社会保障制度”，包括基本养老保险制度、基本医疗保险制度、住房保障和供应体系、社会养老服务产业体系等等。这有助于降低城乡居民的预防性储蓄动机，增加居民对消费性服务业的边际消费倾向。

四、资源配置均等化：促进公共服务业发展的基本战略

公共服务业是社会公共组织机构（如政府和非营利社会组织）介入的一种服务活动，可以提供给公民某种不能通过营利性组织得到满足的需求，如政府的公共管理服务、基础教育、公共卫生、医疗以及公益性信息服务等。公共服务业体现的两种关系：一是由政府公权力运用公共资源为公民提供的非排他性的服务活动，这种活动体现的是公民权利与政府责任间的公共关系；二是非营利社会组织运用出于社会义务、道德而捐赠的社会资源，为特定社会群体提供的非营利性的公益性服务，这种活动体现的是善意的社会成员与特定社会群体间的社会关系。显然，这与消费者服务业在货币面前人人平等的市场关系有着根本的不同。

长期以来，中国公共服务业发展中存在的主要问题，一是社会公共组织机构提供的公共服务产出水平过低，二是在有限的产出品中，存在着严重的资源非均衡配置和巨大的分割效应。主要表现为：

一是公共服务资源的社会分割。因为城乡之间身份、户籍的不同，导致相互之间在生活方式、收入、消费水平、社会公共福利等方面存在巨大的差异，这些差异的存在又极大地强化了生产要素流动的障碍。

二是公共服务资源的区域分割。以地方财政和利益为边界的行政管理体系，阻碍着公共服务资源在区域间的一体化，如各种软、硬件基础设施的跨地区不配套和不衔接等问题。

三是公共服务资源的制度分割。地方法规、政策和条例等制度因素是影响我国公共服务资源配置均等化的重要因素。

因此，推进公共服务资源的社会一体化、区域一体化和制度一体化，是实现基本公共服务均等化的主要任务。我国基本公共服务均等化的重点和难点都在城乡之间，如住房、养老保险和医疗保险等。实现城乡基本公共服务一体化发展，不仅可以提高农村公共服务业的边际量，而且可以据此提升整个国家服务业发展水平，还可以依据“底线思维”，巩固和提高我国经济社会发展的基础，产生积极的扩大内需效应。这是加快形成科学的社会治理体制、保证社会既充满活力又和谐有序的关键所在。

综合来看，全面深化改革，通过推进社会领域制度创新和基本公共服务均等化，对社会公共服务业的发展将产生强大的推动作用，主要体现在以下几个领域：

第一，有关基础性公共服务，指那些通过国家权力介入或公共资源投入为公民及其组织提供从事生产、生活等需要的基础性服务，如提供水、电、气、交通与通信基础设施、

---

① 参见江静、刘志彪：《政府公共职能缺失视角下的现代服务业发展探析》，载《经济学家》，2009（9）。

邮电与气象服务等。在这方面，要改革监管体系、反对垄断和不正当竞争，通过推进水、石油、天然气、电力、交通、电信等领域的价格改革，放开竞争性环节价格，政府对其进行定价的范围将主要限定在重要公用事业、公益性服务、网络型自然垄断环节。这些改革将刺激相关领域的企业提供类似于竞争性的产出，以降低有关基础性公共服务的价格。

第二，有关经济性公共服务，指通过国家权力介入或公共资源投入为公民及企业从事经济发展活动所提供的各种服务，如科技推广、咨询服务以及政策性信贷等。这方面的改革措施主要是发挥市场对要素配置的导向作用，如对政府事务性管理服务，要引入竞争机制，通过合同、委托等方式向社会购买。

第三，有关公共安全性服务，指通过国家权力介入或公共资源投入为公民提供的安全服务，如食品药品安全、安全生产、防灾减灾救灾、社会综合治安、网络安全、司法、国防等方面的服务。这方面最大的问题是要克服政府部门多头管理的混乱局面，设立国家安全委员会，为公共安全提供体制和战略保障。

第四，有关社会公共性服务，指通过国家权力介入或公共资源投入为满足公民社会发展活动的直接需要而提供的服务。社会发展活动包括教育、科学普及、体育健身、医疗卫生、社会保障以及环境保护等，满足的是公民的生存、生活、发展等社会性直接需求。建设一个公正、平等的社会制度，满足人民对公共性服务业不断上升的需求，最重要的问题是要转换我国的财政性质。众所周知，社会公共性服务需要公共财政负担。过去我们在民生、社会发展和公共文化方面欠账太多，乃至引起现在比较严重的社会不公正、不平等和贫富差距较大等问题，这主要是因为过去我国经济发展水平偏低，在政策取向上形成了偏向于发展的财政，而不是民生主导型的公共财政。发展型财政把钱都用于搞经济建设了，所以解决中国社会、文化发展滞后等问题，必须首先扭转财政的基本性质，才能根本地解决社会文化的发展问题。譬如，生态环境恶化是工业化过程中一个难以避免的问题。这个问题看起来是伴随着工业化在生态领域产生的，但实际上与相关的财政政策有很大关系。在 GDP 崇拜体制下，由中央与地方的财政分成办法所诱导，地方明明知道某些污染性重化工业的危害却还对其趋之如鹜。因此如果地方政府不是追求财政收入，而是追求民生幸福，生态环境就不可能出什么大问题。地方单纯追求发展和追求财政收入，会提高环境问题的解决难度。

目 录

第1章

概　述

1.1　为什么要学习现代服务经济学

自从亚当·斯密（1776）提出服务本身对经济发展并不重要的说法以后，服务业便一直被经济学家冷落，常被作为经济活动的剩余部门处理。维克多·R·富克斯曾经指出，“服务部门又称第三部门或者剩余部门，在经济研究中长期受到轻视。这是不幸的，不过在19世纪初期，这还可以忍受。因为在这一时期，美国农业从业人员正在大量转向工业部门，而服务部门还不那么重要。”①

大多数国家都有轻视服务经济发展的倾向。Gur Ofer（1973）说：“我将在本书中试图对苏联经济中服务业为何这么微不足道做出解释”②，这也意味着苏联服务行业的落后状态。

服务业所扮演的角色的重要性随经济发展而增加，造成其重要性增加的原因可以归结为收入提高、工业化和城市化程度的增强等。由于服务业对收入的需求弹性较大，因此收入的提高会增加对服务业的需求；工业化程度越高，分工越为精细，许多专业化的服务便独立出来，成为服务行业；而城市化程度的提高，则更需要相应的公共性服务和消费性服务来支撑。从经验来看，服务业在发达国家中占的地位越来越重要，这已经是一个不争的事实。

由于经济的持续增长，工业化和城市化以及财富累积效应提高了人们和企业对劳务相

① 维克多·R·富克斯：《服务经济学》，1页，北京，商务印书馆，1987。

② Gur Ofer，1973，*The Service Sector in Soviet Economic Growth*，Harvard University Press.

关的服务需求，例如运输通勤、休闲旅游、洗衣美容等消费性服务需求；人口老龄化、教育水平提高，使整体社会对医疗保健、公共服务、社会福利和教育培训等社会性服务需求增加；企业由于追求经济规模和遵循产业分工的原则，对于一些过去由自己提供的内部服务，如企业内部的资金管理、租赁、保险、财务等事务，也开始逐渐转向由第三方提供，进而扩大了服务业发展的空间。

在新中国成立后的相当长一段时间内，长期的贫困使得国家更重视物质产品而轻视服务业等无形产品。在传统的工业经济发展模式下很难有服务经济发展的空间。由于认识和经济发展战略等方面的系统性偏误，中国长期重视工业的发展，服务业在整体经济中始终处于被抑制的状态。

在国民经济核算方面，中国长期参照苏联的物质产品平衡表体系（system of material product balance，MPS）。这是一种适用于计划经济国家的国民经济核算方法，其基本依据是马克思主义的再生产理论，根据劳动的性质，将国民经济分为物质生产领域和非物质生产领域。在非物质生产领域投入的劳动因为不增加物质产品总量而被认为不创造国民收入。物质产品平衡表体系只核算农业、工业、建筑业、运输邮电业、商业这五大物质生产部门，其他所有服务部门都被排除在外。这在客观上也影响了服务业的发展。

随着改革开放和市场经济的发展，在物质需求方面中国逐渐达到了小康水平，消费者的需求集中在需求的更高层次上，即对服务产品的需求。中国服务业的发展水平严重滞后于发达国家，甚至与发展中国家相比也有很大差距，因此研究服务业，尤其是服务业的发展问题变得尤为重要。

从短期目标来看，当前中国经济发展的重要任务是经济转型，这主要包括体制机制转型和发展方式转型两个方面。前者是服务业的重要内容（服务业是载体），而后者更要求服务业尤其是知识密集型服务业的投入。从终极目标来看，恩格尔的需求饱和水平理论认为，收入水平相对较高的家庭在初级产品上的支出占收入的比例更低，同样的饱和现象也最终出现在工业产品上。新的需求主要集中在服务行业，发展服务业符合整个社会总需求结构变动的方向。当前中国的问题是：供给主要集中在第二产业，从而导致产能过剩，只能依赖出口，发展外向型经济；而需求主要集中在第三产业（服务业），因此导致了供需之间的脱节以及产业结构的根本性矛盾。

托夫勒在20世纪70年代的《未来的冲击》中写道："几千年人类经济发展的总历史将表现为三个阶段：产品经济时代、服务经济时代和体验经济时代。"当前全球正处于产品经济时代向服务经济时代的转型期，在这个意义上，对服务业以及服务经济进行研究，对中国经济的转型升级以及人民生活水平的提高有着重要的战略意义。

1.2　现代服务经济的理论渊源

1.2.1　古典经济学家的服务经济思想

大约在1600年到1750年间，服务业既没有被明确界定，也不是直接讨论的对象。当时的分析基本还否认服务业的存在。重农主义认为只有农业部门是真正创造国民财富的领域，服务业自然不在其中；重商主义的注意力在于外贸和海运这些有利可图的经济活动。

他们判断经济活动对社会有用的标准在于是否对获取黄金有贡献，而不在于到底是依赖商品还是服务。因此，重农和重商主义自身并没有服务经济理论。

到18世纪资本主义阶段，工业和农业的发展使学者开始从资本积累的角度重新审视服务与商品的关系。但当时很少有从服务业自身出发进行研究的，任何关于服务业的讨论都是隐含在其他问题中间接地被讨论。例如，斯密关于服务业的讨论隐含在他对生产和财富积累的一般性分析框架中。资本主义主要依赖的是物质商品生产，而服务业却是与生产相对立的。他对服务业并没有多少兴趣，他关心的是劳动以及资本主义如何积累财富。斯密把劳动分为生产性劳动和非生产性劳动两类。他认为，制造业工人的劳动，通常会把维持自身生活所需的价值与提供雇主利润的价值加在所加工的原材料价值上，而家仆的劳动通常不能增加什么价值。①

古典经济学家认为的服务业不是一个产业部门，而是一个职业群体。不考虑运输、贸易和银行等，他们的服务业类似于国家的活动，所列的职业都与此相关。最常被列举的有家仆、乐师、演员、画师、医生和传教士。虽然人们在服务业上的花费越来越多，但针对服务业的理论分析依然根植于生产性和非生产性劳动的概念中。

亚当·斯密强调资本积累。服务业雇佣的劳动之所以被认为是非生产性的，部分就是因为它们不能被积累，不能形成资本存量，其结果是这些劳动必须用收入来支付。亚当·斯密的反对者提出，服务业是生产性的，因为它们有用并且需要支付价格。即便在没有价格的时候，它们也是生产性的，比如家仆。矛盾的是，这两个阵营在实践中得到了相同的结论。斯密只承认可见资本的积累，特别是某些实物资本，比如制造业部门产品。而斯密的反对者认为只要能够被使用，无论是物质商品还是服务，都是有价值的，因而都是生产力。两派之间并没有真正的争论，只不过强调了社会实际运作的不同方面，其结果也是一个折中的立场（例如穆勒）或者自相矛盾的展示（例如萨伊）。

萨伊的服务业经济思想更接近于现代的理解。他指出，服务业生产是“非物质性产出”，服务业主要是用于最终消费的经济活动。萨伊和后来的马歇尔从效用价值论出发，认为凡是创造效用的活动，都是生产性的，并把创造无形产品的服务业活动和创造有形产品的劳动等量齐观。

此后，古典经济学的争论并没有超越斯密对生产性和非生产性劳动的简单划分，而且对于服务业实际上并没有真正展开研究。人人都在批判斯密，但是却又在不断重申他确立的基本划分方法，也没有对两大类劳动之间的差异和关系进行深入研究。服务业的多样性以及服务业的历史都没有被讨论。

这里我们需要提到海因里希·斯托齐（1776—1835年）。他的服务经济思想体现在他的《政治经济讲稿》（*Cours D'Economie Politique*）的第二部分“文明理论”中。② 他提出了服务业列表并对各种服务做了详细的讨论。他认为，生产这些服务的劳动可以分为不同类别，各类之间的差异显著并存在互补关系。他指出，因为商品没有价格不能被买卖，可以购买的不是结果而是实现这一结果所需要的劳动。他的另外一个观点是，服务的生产

---

① 参见让-克洛德·德劳内、让·盖雷著，江小涓译：《服务经济思想史一：三个世纪的争论》，10～12页，上海，格致出版社，上海人民出版社，2011。

② 该书最初在1815年完成后，被萨伊编辑、注释，后翻译成法文。参见 Storch，H.：Cours D'Economie Politique ou exposition des principes qui determinant la prosperite des nations. Paris，Aillaut，1823.

经常会要求生产者和消费者之间的合作。如果消费者能够更多地参与服务生产的过程，则服务质量可能更好。这是区别于一般性实物商品的特征之一。

在1850—1930年的这一段时期内，经济理论中有两个明显的趋势。第一是越来越多地将资本主义社会中的经济关系描述为服务关系；第二个趋势是学界越来越关注一些特定的服务业，特别是政府提供的服务。

1.2.2 马克思的服务经济思想

马克思在《剩余价值理论》中明确把“服务”作为一个经济范畴，认为对于提供这种服务的生产者来说，服务就是商品，服务有一定的使用价值（现象的或现实的）和一定的交换价值，并进而认为服务这个名词，一般地说，不过是指这种劳动所提供的特殊使用价值，就像其他一切商品也提供自己的特殊使用价值一样。但是，这种劳动的特殊使用价值在这里取得了“服务”这个特殊名词，是因为劳动不作为物，而是作为活动提供服务的。[①] 在这里，马克思从一般意义上揭示了服务是以活动形式提供具有特殊使用价值的劳动。具体说，服务商品是指服务劳动者运用服务设备、工具以及其他生产资料按照消费者的需求而提供的劳动。

虽然马克思提及了“服务”，但是并没有专门的服务业经济理论，只是在《资本论》和《剩余价值论》中，在生产性和非生产性的劳动部分讨论了服务业的作用及其在资本主义社会中的地位。马克思把服务业分为两类，第一是包含个人、国家和其他组织提供给个人的服务，如教师、家仆、教士、公务人员等（偶尔提到客运，对邮政服务未提及）。第二是在20世纪以后归入服务业的行业，如商品运输、机器设备养护、贸易、银行、保险、财务会计等，当时马克思并没有明确将其归入服务业。

马克思对产业资本的考察也主要是基于资本主义商品的生产性劳动理论，强调物质生产（material production）而并不是服务性生产。

从马克思的著作中我们可以发现，其服务业的经济理论主要是以下几个方面。

第一，服务是一种劳动，其价值不能脱离劳动本身而独立存在。服务劳动本身被视为服务的价值。第二，服务业这一特殊性是由其服务类别所造成的，如个人服务业和某些政府提供的服务不能被买卖而不具备商品属性，某些服务活动的结果与已经销售的最终消费品或者生产性设备有关，并且不再进入市场，如维修和维护服务；服务活动的结果（产权）是商品的一个反映，如金融服务。第三，服务业劳动生产性属性的决定因素，并不是物质形态或者社会有用性，而是服务活动所表现出来的与社会各方面的关系。

马克思通过对生产力和生产关系的相互作用的考察，把拥有生产技术的劳动者作为生产力的要素，这就意味着教育服务可以看作一种重要的生产力因素，因此给予教育服务和其他物质生产部门同等重要的地位。而自然科学和技术等，也视为生产力要素的重要方面。这两大变化为20世纪80年代即将开始的生产劳动和非生产劳动的重新研究奠定了基础。

1.2.3 现代服务经济思想

1935—1965年这一时期，“三个部门”的概念以及“第三产业部门”开始出现，主要

---

① 马克思著，郭大力译，李善明缩编：《剩余价值理论》，北京，人民日报出版社，2010。

归功于艾伦·G·B·费希尔（Allan G. B. Fisher）、科林·克拉克（Colin Clark）和琼·福拉斯蒂（Jean Fourastie）。费希尔将经济活动分为第一产业、第二产业和第三产业三个部门。其中，第一产业包括农业和矿业，第二产业是将原材料加工转化的产业，第三产业是提供“服务”的种类众多的产业，从运输、贸易，直到休闲活动、教育艺术创作以及哲学。科林·克拉克在《经济进步的条件》（*The Conditions of Economic Progress*）中指出，第一产业活动包括农业、林业和渔业；第二产业或者工业活动处于连续不断的转型中，将原材料转化为可以运输的产品；第三产业或者服务业，包括独立艺术家的小规模生产、建筑、公共设施（煤气、水、电力）、运输、贸易以及更一般的所有类型的服务业。在1930—1960年间，第三产业部门是按照这一名词的本意来界定的，即是除农业和工业以外的所有经济活动的集合体。但在此后，服务业的重要性不断提高。米歇尔·普拉德里（Michel Praderie）将第三产业工人定义为“服务业的生产者”。

维克多·富克斯在服务经济理论的发展中发挥了关键作用。他的专著《服务经济》（*The Service Economy*①）已经成为服务经济学研究的“圣经”。富克斯第一次明确从其自身角度将服务经济学作为研究对象。对于富克斯而言，服务经济实际上并不是经济学的一个新领域，其概念只是指向于一种特定的经济即美国经济，其就业主要是在服务业。“美国现在正在经济发展方面开创一个新时期。在第二次世界大战结束以后，这个国家已成为世界上第一个服务经济国家，即第一个一半以上就业人口不从事食物、衣服、房屋、汽车和其他实物生产的国家。”②

1.3　本书结构安排

本书试图对现代服务业发展及其影响问题进行理论解构，主要结构安排如下。

第二章主要是对服务和服务业进行概念的界定，并在此基础上对服务业进行了分类，分别基于技术含量、生产过程、处理对象和服务对象这四个方面进行区分。最后对服务业的特征进行了归纳。第三章是现代服务业的核算，分别从国际组织、主要发达国家和中国现代服务业的核算进行了介绍，尤其是对中美两国在服务业核算上的差异进行了比较。第四章是对现代服务经济的兴起进行分析，在分析经济服务化内涵的基础上，分析了全球主要国家经济服务化的表现和趋势，并且对全球范围内的经济服务化趋势进行了宏观和微观层面的解读。

第五章到第九章是本书的基本内容，主要是影响服务业发展的因素分析。第五章对服务业发展产生重要影响的因素进行了一般分析，主要是分析收入水平、政府管制以及法律环境对一国服务业发展的影响。基于跨国数据的实证分析，也支持了这些因素对服务业发展的重要影响。第六章重点关注的是制造业对服务业发展的市场支撑作用。当服务业能够有效成为制造业的中间投入时，制造业发展能带动服务业的发展。而基于中国外向型经济发展模式的分析表明，制造业和服务业的这种产业关联，并没有在中国建立起来。第七章

① New York，Columbia University Press，1968.

② 据统计，美国在20世纪50年代初出现服务业就业人口占比超过50%的现象。

则重点关注消费性服务发展。消费性服务发展离不开居民的消费支出，这也是从需求层面分析服务业发展的重要方面。分析居民的服务性消费支出，是消费性服务业发展政策制定的基础。基于中国的分析表明，居民消费性服务支出受收入水平、收入差距、服务产品价格等因素的影响。第八章则分析服务业的独立发展规律，对服务业发展的“自增强”假说进行了检验。第九章构建了一个新的分析框架，从公共财政视角层面，对中国服务业发展滞后的成因进行解释。

第十章分析服务业发展对制造业的影响。作为高级要素投入，服务业发展对制造业的效率提升起到了决定性作用。第十一章则是对服务业生产率的分析。对鲍莫尔的“成本病”进行梳理，同时对中国服务业生产率进行了定量分析。第十二章则将服务业分析从产业层面扩展到了宏观的经济增长。分析服务业发展对经济增长、经济波动和就业这三个主要宏观经济现象的影响。

第十三章到第十六章则从开放的视角来阐述服务业发展的影响。第十三章分析全球价值链视角下服务全球化的动因和表现，即服务贸易和服务业 FDI 两种基本形式，并分析了服务业 FDI 的影响因素以及服务业 FDI 对经济的影响。第十四章是服务外包。传统服务外包和服务逆向外包有其各自的动因及影响。第十五章是服务业产业的国际竞争力，借鉴反映制造业国际竞争力的指标，对中国服务业的国际竞争力进行了分析，并从实证视角分析了影响因素。第十六章分析服务产业转移，包括国内和国际层面，及其对一国收入差距的影响。

第十七章是服务创新。分析服务创新的演变、测度和绩效，并且对影响服务创新的因素进行了分析，并在此基础上进行了实证检验。

第十八章和第十九章是政策比较分析。其中，第十八章重点分析各国政府对服务业发展的政策支持，主要是发达国家美国、英国、日本，新兴市场经济体新加坡以及发展中国家印度。第十九章则是对 1992 年以来中国出台的发展服务业政策进行了分析和比较。

复习题

1. 服务业为什么长期以来一直没有得到应有的重视？
2. 简述服务思想的发展历史。
3. 比较古典经济学、马克思主义和现代服务思想的异同。

第 2 章

服务和服务业

2.1 概念界定

2.1.1 服务

从服务经济思想史的发展可以看出，无论古典经济学家，还是当代主流经济学家，都无法回避的一个问题是对服务的界定。亚当·斯密从区分生产性劳动和非生产性劳动的角度对货物和服务加以区分，将服务视为一种非生产性劳动；而此后的学者始终没有跳出这个逻辑框架，认为非生产性的活动就是服务，马克思也将服务视为所有非物质的商品。虽然大多数人接受了服务的非物质性概念，但是这种界定的缺陷在于它暗示了服务活动一定是非生产性的。

对于服务的界定，最常见的是将“服务”定义为无形的、看不见的与不可储存的商品。但是这种定义未将服务的特性充分表达出来。

Hill（1977）提出的服务的概念得到了大部分学者的认可：“服务是因某个经济个体的活动而导致另一经济个体本身所属之物的状态的改变。”他进一步指出，服务的生产和消费是同时进行的。Hill 的定义指出了服务的两大特点，第一，服务是不可转让的；第二，服务的达成需要某些人对另外一个人做些事情。第二个特点即说明了服务提供者必须与其顾客有互动的关系。

Hirsch（1989）拓展了 Hill 的观点，他将服务定义为“一种具有同时性因素（simultaneity factor）的交易形态”。只要发生交易，交易双方就必须要有接触（当面或者以通信方式）与互动，也就有所谓的“同时性”。

Nicoladides（1990）对服务的定义则着眼于生产及交易上的特性。他认为，“有关服务的交易，不仅只是交易对象财产权的转移，它的交易包括执行一连串的任务，这些任务的达成需要服务提供者与顾客的接触。换句话说，服务的生产与交易是同时发生的，而不是像货物般可以分为两个截然不同的阶段”。

Lovelock 和 Wirtz（2006）认为，服务可以被定义为“在某一特定时间与地点，针对顾客所提供的一种价值创造与利益的活动”。这个定义中，服务所强调的是顾客在接受或互动过程中所能感受到的价值或利益。

《辞海》中这样定义服务：“不以实物形式而以提供活动的形式满足他人某种需要的活动。”学界对于服务的定义至今没有形成一个普遍接受的权威观点，随着科学技术的发展，尤其是信息技术的发展以及基于互联网的各种商业模式的创新，服务所包含的范围不断扩大。“服务”被不断赋予新的含义。目前还无法将服务的概念具体化，也不能对不断发展变化的服务做出一个严格的定义。通常情况下，大多数研究是以服务的特性来对服务进行界定和阐述的。

2.1.2 服务业

服务业的概念形成，主要归功于艾伦·G·B·费希尔（Allan G. B. Fisher)、科林·克拉克（Colin Clark）和琼·福拉斯蒂（Jean Fourastie）。他们都将经济活动分为第一产业、第二产业和第三产业这三个部门，并将服务业大致界定为第三产业。

富克斯第一次明确从其自身角度将服务经济学作为研究对象。对于富克斯而言，服务经济实际上并不是经济学的一个新领域，服务经济的概念只是指向于一种特定的经济即美国经济，其就业主要是在服务业。富克斯的贡献在于，他在历史上第一次从第三产业活动本身来考察并分析其特点。

与商品部门相比，研究还仅仅强调对服务（service，单数形式）的分析，但是当时的一大进步是也考虑了服务产业（services，复数形式）的多样性。

Lovelock（1983）则认为，只要顾客可以从分属这些产业的公司中获得无形利益的行业都是服务业。因此，交通、公用事业、批发和零售业、公共行政、财务、保险和不动产业等都应属于服务业。Jackson 和 Musselman（1987）根据企业营业收入作为划分标准，把“营业收入 50%以上来自服务产品的企业”定义为服务企业，而所处行业则称为服务业。

事实上，目前对于服务业的界定存在两种不同的见解：一种派别是通过界定服务业的内涵，把从事生产、经营符合服务内涵的行业称为服务业，如日本将服务产业界定为以为需求服务者提供服务为目的的产业；另外一种派别则采取排他性定义，这意味着服务业具有剩余产业的意味，凡是不能划入第一产业和第二产业的其他部门统称服务业。这也意味着长期以来，服务业与第三产业一直具有相同的内涵。

随着科学技术的发展，制造业的附加值中，服务所占的分量也越来越大。服务化的经济，不仅是指服务业在经济中所占的比重日益增加，更加隐含了服务业与制造业的界限日趋模糊。据 Ochel 和 Wegner（1987）的观察，欧、美、日等发达国家经济结构以及生产形态已经发生了重大改变，服务业则是经济结构发生变化的核心。如表 2—1 所示。

综上所述，一方面，服务业在经济活动中扮演着不可或缺的连接作用和支持性角色，经济越成熟、分工越精密，服务业的地位也越来越重要；另一方面，当传统的生产方式受到高科技的冲击时，服务的成分加重，制造业与服务业的界限也日趋模糊。

表 2—1 两种经济模式的特质

传统经济	新经济
标准化的产品/装配线生产	定做的商品与服务/商品服务日益多样化
厂商自行生产服务性质的工作	服务性工作外包
以国内市场为主	国际化程度日益增加
垂直化生产，大公司	垂直一体化的瓦解，中小企业和跨国集团
采用新技术的方式无弹性	商品和服务的柔性生产
以物质为主的投入与产出	以人力资源以及知识为基础的投入
以蓝领工人为主的就业形态	以白领为主的就业形态

2.2 分类

2.2.1 基于技术含量的分类

（一）传统服务业

传统服务业往往是指早于现代制造业存在的服务产业，这些行业提供的服务往往是传统的技术知识密集度较低的服务，如家庭服务、零售服务、旅行服务等。

这些传统服务具有如下重要的特征。

第一，非实物性。这是服务与物质产品的最本质特征。服务过程不产生有形结果。服务不同于一般商品，服务的空间形态基本上是不固定的，同时许多服务的使用价值和效果往往短期内不易感受到，通常要一段时间后，接受服务的对象才能感到服务所带来的利益，比如教育服务。所以消费者在购买服务产品时，有时因为难以确定其品质而要承受一定的风险。

第二，即时性。即时性表现为服务产品消费和生产的不可分离性和服务产品的不可存储性。服务的这种不可分离性需要消费者亲自介入生产流程。服务的生产和消费必须同时同地进行，例如美容、旅馆、旅游等，这使得服务具有不可存储性。① Holmstrom (1985)、陈志武（2004）等人指出，在服务交易过程中，需求方既无法在交易之前对服务产品的质量进行检验，又很难在事后对其质量进行有效的评估。从这一角度来看，多数服务业产品都属于“信任品”的范畴。②

第三，不可贸易性。由于服务的无形性和不可储存的特点，服务通常被认为是不可运输以及不可贸易的。传统的国际贸易的交易对象通常是有形的商品。

第四，所有权的不可让渡性。商品交易的是商品所有权，服务是人力资本从事经济活动的过程，不存在所有权的交易，服务只是让渡人力资本的使用权。

（二）现代服务业

现代服务业初步发展于工业革命到第二次世界大战期间，确立于 20 世纪 80 年代，是

---

① 参见王守法：《现代服务产业基础研究》，北京，中国经济出版社，2007。

② 参见［法］泰勒尔：《产业组织理论》，132 页，北京，中国人民大学出版社，1997。

随着现代制造业的出现以及人们生活方式的变化而发展起来的技术知识含量较高的服务业。现代服务业最早是由美国社会学家丹尼尔·贝尔提出的，他认为工业社会的服务业主要是交通运输和零售业，后工业社会的服务业应该是现代服务业，如金融服务、商务服务、市场营销服务、研发设计服务、信息服务、交通运输服务等行业。

经济理论变迁和现实经济发展，尤其是信息服务的发展使得传统服务的界定和特征表现出了越来越多的不适应性，例如信息产品虽然无形但可以储存，服务贸易的规模也越来越大，且通过“有形”和“无形”已经无法判断是否为服务产品。由此可见，服务具有了新的现代特征。

第一，可贸易性。发展服务外包和服务贸易，进而也推进了经济全球化的进程；传统的服务业不可贸易，具有强烈的本地化性质，主要是从消费的视角来进行分析。

第二，异质性。服务具有高度的异质性，服务不仅受到服务生产环境的影响，而且还受到服务提供者和服务消费者的特征与水平的影响，例如对小学生进行高等数学教育，并不能产生其对大学生进行相同教育的服务效果。服务质量的异质性就使得消费者对于服务提供商的声誉非常重视。

第三，知识密集性。随着科学技术的发展，许多服务业从制造业分离出来，形成独立的经营行业，而这些生产性服务都以技术、信息、知识密集型为基础。科技的发展也改变了某些领域消费者和生产者之间的关系，而这些领域在以前是不可想象的，如医疗护理，以前需要医生亲自到场进行诊断，而现在可以实现远程诊断。还有一些领域如互联网银行等。在大多数情况下，通过互联网，这些服务提供商变得更有效率。

20 世纪 90 年代随着知识和信息技术的发展，以知识为基础的服务业得到了迅速发展，知识密集型服务业这个概念也开始受到关注。现代服务业一度与“知识密集型服务业”（knowledge-intensive service）被视为相同的概念。Miles（1995）第一次明确提出知识密集型服务业的概念，他认为知识密集型服务业是指那些显著依赖专门领域的知识、向社会和用户提供以知识为基础的中间产品或者服务的公司和组织形成的产业。此后，学者和政府组织对知识密集型服务业也进行了概念界定。美国商务部认为，所谓知识密集型服务是指企业在提供服务时融入了大量科学、工程、技术等专业性知识的服务。经济合作与发展组织（OECD）在 1999 年对知识密集型服务业的界定是：技术及人力资本投入密度较高，附加值大的服务行业，或称为战略性服务业，包括信息服务业、金融服务业、教育服务业、专业技术服务业、健康保健服务业等五大类，是知识经济时代成长性最高的产业。中国国务院发展研究中心的一份调查报告指出，知识密集型服务业是运用互联网、电子商务等信息化手段的现代服务业，其产品价值体现在信息服务的输送和知识产权上，要求服务提供者具有一定的专业技术水平和科研水平。

现代服务业具有技术含量高、规模经济显著、劳动生产率提高快等特点。而采用信息技术也使得一些传统服务业的性质发生了变化。如音像制品将音乐会等无形服务过程变成了有形制品，生产和消费可以异时异地，可以存储和进行贸易，而网络技术的发展又改变了服务的特性，下线交易、远程教育和医疗、视频会议等新的服务方式，使得相应的服务在很大程度上脱离了传统特征。在中国，“现代服务业”这一概念是在 1997 年 9 月中共十五大报告中提出的。之后，这个概念被广泛使用。

当然，广义的具有较高价值的产品——“信息”，通常被归入服务业，但其非储存性的障碍已经被逐渐消除。这些信息通常能以书本、磁带、光盘等形式被复制、记录、储存和传输，并且生产完成后，可以在任何地方、任何时间欣赏。这些产品其实已经具有了物质产品的属性。

2.2.2 基于生产过程的分类

（一）基于生产要素的分类

哈佛大学教授 Dan R. E. Thomas（1978）提出了基于人（people-based）与基于设备（equipment-based）的服务业分类方法，这对服务业界定及定义发展具有深远意义。这一分类着重将服务业分类基础界定在两个因素上，即服务产出对于设备的依赖程度和服务产出对于人的依赖程度。

Thomas 指出，服务业的生产投入主要是设备和人，因此根据对两类投入的依赖程度，可以将服务业分为两大类六小类，如图 2—1 所示。在以设备为基础的服务业中，又分为全自动化的服务业、非技术人员监控的服务业和技术人员监控的服务业；而以人为基础的服务业中，可分为非技术性劳动力服务业、技术性劳动力服务业和专业人员服务业。

由此可以发现，人在服务业中起了更重要的作用，因为在六小类中，只有全自动化的服务业才完全不需要人的参与。

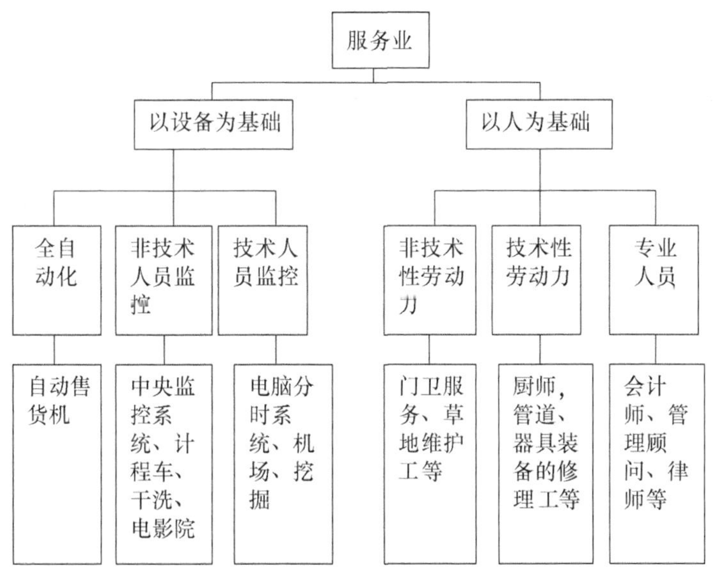

图 2—1 服务业根据生产投入的分类

资料来源：Thomas（1979）。

（二）基于生产标准的分类

江小涓（2011）指出，根据生产是否具有标准化，服务业可分为可标准化的服务业和不可标准化的服务业两大类。

可标准化的服务业强调结果或者过程的同质化，因此可以使用提高效率的设备和实现规模生产，提高劳动生产率，如信息、通信、金融和批发业等。

不可标准化的服务业是不能用机器替代劳动，也不能进行大规模同质化生产的服务业。其中一些属于专业知识密集型服务，如医疗、教育、文化和咨询等；另外一些属于直接劳动型服务，如家政、保安、保洁等。

虽然这种分类不太常见，但江小涓（2011）认为，这种分类涉及规模经济、劳动分工和劳动生产率等经济分析中较为核心的概念，因而也是非常重要的。

（三）基于生产主导类型的分类

Miozzo 和 Soete（2001）将服务业分为三类。

供给主导型服务部门（supplier-dominated sectors）：例如个人服务业（如理发）、旅馆、餐厅及零售业，其营运主要是重新包装或者运用上游的产品或工具向消费者提供服务。

生产密集型服务部门（production-intensive sectors）：例如银行、保险、批发、运输及电信服务等，其营运是以其构建的基本环境或网络，为顾客的需求进行转换、存储或增加其价值，其中构建基本的网络和服务环境都需要大量的投资。

专业服务型部门（specialized service sectors）：资讯服务、设计服务、研发服务以及工程服务等，其营运是将从业者本身所拥有的专业知识提供给顾客。

2.2.3 基于处理对象的分类

Miles（1994）根据各类服务业所处理的标的来进行分类。他认为，通常来说，服务处理的标的可分为三大类，即货物的处理、人的处理和资讯的处理。因此，我们也可以将相关需求者分为一般消费大众、企业客户以及两者兼有这三大类，因此服务业也可以进行如下分类（见表 2—2）。

表 2—2　　Miles（1994）的服务业分类方法

服务内容 需求者	物的处理	人的处理	资讯的处理
消费大众	零售服务	医疗服务 教育服务 客运服务	
混合			金融服务 电信服务 技术服务
企业客户	批发服务 货运服务		技术服务

如表 2—2 所示，零售、批发、货运等服务所处理的主要标的是货物，零售业的客户则主要是消费大众（B2C），批发及货运的主要客户是企业组织（B2B）。

以人为主要处理标的的代表性服务业是医疗、教育和客运服务，且此类服务的主要客户是广大消费者（B2C）。

以处理资讯为主要服务内容的代表行业包括金融、电信、技术服务等。其中金融、电信等服务的消费者既包括普通大众，也包括企业机构，而技术服务业中，研究开发、工业设计等服务则主要以企业组织为服务对象。

2.2.4 基于服务对象的分类

自第二次世界大战结束以来，国家经济核算和经济预测机构始终在讨论如何划分服务产业，特别是生产性服务业和个人服务业之间的源头。

马克思将服务业划分为三种大的类别：个人服务业、全球社会再生产所需要的服务业、私人企业和资本循环所需要的服务业。

对于现代服务业核算和分类做出巨大贡献的是 Browning 和 Singelman (1975)。他们在对富克斯的著作给予充分尊重的同时，又系统提出服务业的不同类别对应了不同的经济行为和社会特征这一理论。其指出，克拉克定律（Clark Law，第三产业就业与人均国民收入正相关）适用于某些服务业，但不适用其他服务业。并将第三产业分为四个子类别：分配服务业（distributive services，运输、通信和贸易），生产性服务业（producer services，银行、商务服务、房地产），社会服务业（social services，医疗护理、教育、邮政服务、公共和非营利性服务）和个人服务业（personal services，家务料理、旅店、饭店、旅游和修理等）。

这四大类服务业扮演了服务的两种基本功能，第一是发挥连接功能，即把社会中各种经济个体连接起来。所有产品能够到顾客手中必须依赖于服务功能的发挥。一方面扮演撮合生产者与消费者的角色，另一方面把产品从生产者手中交到消费者手中。第二是发挥支持性功能，支持个人或者生产者的生产和消费活动，甚至支持全社会的运作。如会计管理等服务是支持生产性的活动，使其更有效率，休闲娱乐等服务可以舒缓个人情绪，而政府服务则提供公共服务，使全社会得以顺利运作。

辛格曼的分类并不能解决所有问题，尤其是无法对生产性服务和消费性服务（个人服务）进行有效区分，但是他将第三产业划分为四大类服务业的方法对解决宏观经济问题和进行国际比较非常重要，该分类目前依然是现代服务业分类的基本参考。

此后，Grubel 和 Walker (1989) 又从服务对象的视角区分了三类服务业：公共服务业、消费性服务和生产性服务。而江静、刘志彪（2009）以此分析为基础，在现代服务业的框架下对其内涵进行拓展，将现代服务业分为三大类，即现代公共性服务、现代消费性服务和现代生产性服务。

现代公共性服务主要由政府来提供，大致有四个层次：基本生存服务，包括社会保障、社会福利和救助等，主要是保障居民的生存权；公共发展服务，主要是教育、医疗等；环境服务，包括公共交通、公用设施和环境保护等；公共安全，包括食品药品安全、治安和国防安全等。现代消费性服务则主要是为提高城乡居民生活质量、适应居民消费结构升级的服务，主要包括商贸服务业、房地产业、旅游业、市政公用事业、社区服务业、体育事业等。现代生产性服务是为其他商品和劳务的生产者用作中间投入的服务，主要作用是为保持工业生产过程的连续性，促进工业技术进步、产业升级和提高生产效率提供保障。一般来说，生产性服务是与制造业直接相关的配套服务业，本身并不向消费者提供直接独立的服务。它依附于制造业企业而存在，贯穿于企业生产的上游、中游和下游诸环节，以人力资本和知识资本作为主要投入品，把日益专业化的人力资本和知识资本引进制造业，是第二、第三产业加速融合的关键环节。主要包括交通运输业、现代物流业、金融服务业、信息服务业和商务服务业等。

2.3　现代服务业的特征和规律

2.3.1　现代服务业的特征

（一）服务业的一般特征

原毅军和陈艳莹（2011）将服务业作为一个系统工程，从服务生产、服务产品、服务消费和服务市场这四个方面对服务业的特征进行了界定，而这种特征的界定是与制造业产品相比较而得到的。

服务生产主要是考察生产过程中使用的生产要素（如设备和劳动力等）、生产特征、产业组织；服务产品则主要是从产品特性和特色以及知识产权保护来分析；服务消费则更注重产品的支付以及顾客在生产和消费中的参与程度；服务市场则强调对市场的组织管理、营销和管制等，具体如表2—3所示。

表2—3　　服务业的典型特征

特征类型		特征描述
服务生产	技术、厂房和设备	固定设备投入少，营业场所投资大
	劳动力	有些服务业需要非常专业的技能，有些服务则对技能的要求很低，只需要一定的专门知识，通常包括临时工或兼职工作
	生产特征	生产通常是非连续性的，规模经济不明显
	产业组织	有些服务是国有的公共服务行业，有些则是规模较小的家族企业和私营企业，但却具有很强的优势
服务产品	产品特性	无形的，常为信息密集型产品，很难储存或运输，很难将服务过程和产品分开
	产品特色	通常依客户的需求进行定制
	知识产权	难以保护，很少能够申请专利保护，许多服务创新容易被复制，声誉至关重要
服务消费	产品支付	生产和消费在时间和地点上不可分割，通常顾客和供应商中必须有一方去会见另一方
	顾客作用	服务业是“客户”导向，其设计和生产过程需要有客户参与
	消费活动的组织管理	生产和消费通常难以分离
服务市场	对市场的组织管理	有些服务通过公共部门的行政手段提供，有些服务是与产品捆绑在一起销售的
	管制	在一些服务业中行业管制很常见
	营销	很难预先证实所提供服务的品质

（二）服务业发展特点

服务业的构成极为复杂，既包括传统的劳动密集型服务业，如家庭服务、餐饮、警察、保安等行业，也包括资金、设备和技术高度密集型的服务业，如电信服务、航空服务等，还包括知识含量很高的研发、软件、资讯、创意等行业。服务业既包括完全竞争的商业零售、餐饮、演艺、商务服务等行业，也包括最具自然垄断性质的金融、电信和网络设施等行业。此外还包括大量超出经济含义的行业，如教育、文化、卫生以及社会管理和政府部门。

从技术和知识含量来看，服务业具有典型的二元特征。高进入壁垒，在高技术密集行业，主要是制度壁垒和资金壁垒，这也是产生垄断的主要原因；低进入壁垒，主要是在传统劳动密集型产业，容易导致过度竞争。传统服务业进入过度与现代服务业进入不足同时并存，表现为传统服务企业的低利润甚至大量亏损倒闭，与一些垄断性的现代服务企业获取暴利的现象同时并存。进入过度的是那些与城市和农村的剩余劳动力就业有关的低技能的劳动密集型行业，而进入不足的是那些技术资本密集的现代服务业。

服务构成的复杂性也给研究工作带来了许多难题。因此，对服务业发展特点也需要进行区别。

1. 传统服务业

传统服务产品的特性导致了传统服务行业具有了自身的特点。

第一，没有规模经济。由于服务生产和消费不可分离且同步同时进行，消费需求又高度个性化，因此，“批量”、“标准化”、“劳动分工”等导致规模经济生产的基本要求不能满足。

第二，技术含量低。制造业的进步主要是体现在高效率的机器设备上，而大多数的传统服务业是直接的劳务活动，机器设备难以普遍应用。

第三，劳动生产率提高缓慢。由于上述两个原因，促使劳动生产率提高的因素都体现不到服务业上，因而有学者将服务业统称劳动生产率的停滞部门（Baumol，1967）。

2. 现代服务业

第一，制度的高度依赖性。现代服务业具有高度的制度敏感性和依赖性，同时又是制度的载体。一个国家或一个地区的产权制度、公共服务、市场秩序、企业治理等，要么其本身就是服务业的构成部分，是制度供给的载体，要么是对制度依赖性很强和对制度极为敏感的产业。无论现代企业的产权体系和治理结构，还是现代市场体系的秩序和运作规则，或者是政府公共服务职能的法制化和现代化，其实都是现代服务业的发展问题。

第二，现代服务业是资金回流的终端。现代服务业代表的是最终购买力，尤其是终端的批发零售业以及部分最终服务消费行业。资金回流对一个国家至关重要，有的甚至涉及国家安全问题。目前大部分发达国家在服务行业都实行了高度垄断，国家严格控制。

第三，现代服务业具有寡头垄断的市场结构。这与当前的全球化经济有关。开放视角下服务企业的国际化扩张时，潜在的竞争者可能进入，从而可能颠覆整个市场。这种格局与以往制造业的全球竞争格局不同，也改变了判断企业是否垄断的标准。因为在传统上，制造业由于地理界线，一定程度上能形成产品垄断，从而占据较大的市场份额，服务企业不能再以市场份额的多少来判断该企业是否属于垄断。

第四，现代服务业是创新经济的着力点。创新驱动型经济赖以有效运作的知识产权制度，各类人才、技术、知识和产权等中介市场，财富驱动创新的金融制度安排等等，无一不属于现代生产性服务业。全球价值链的两端分别是研发设计和品牌营销，这些都属于服务环节，因此要实现向产业链高端攀升、建设创新型经济，发展服务业是重点。

2.3.2 现代服务业发展的规律

（一）比重不断上升规律

配第、克拉克、库兹涅茨等早期学者曾提出三次产业演化规律，但受所处经济发展阶段的局限，他们并没有涉及在服务业内部的进一步演化规律，而“生产性服务比重上升规律”则是这一方面的进一步拓展与深化。统计研究发现，在服务业当中，生产性服务比重呈明显上升态势，而消费性服务比重虽然呈上升趋势，但上升得非常平缓；社会公共服务比重则呈逐步下降趋势。究其原因，生产性服务比重的上升：一方面是由于社会专业化分工的不断深化与泛化，引发生产性服务从制造业当中逐渐外部化（或垂直分离）出来，从而实现社会化、市场化与专业化发展；另一方面，经济服务化趋势的日益显著与知识经济的日趋增强，导致对人力资本、知识资本密集的生产性服务的市场需求越来越大。在需求导向型的市场经济条件下，需求的增长自然会引发生产性服务的发展。因此，生产性服务的比重上升，并不一定与人均 GDP 的上升直接有关，而与社会分工、技术进步有着更为密切的关系。

（二）要素依赖和演进规律

生产性服务业发展是一个逐步深化的过程，同时也是所依赖的要素逐渐演变与升级的过程。早期的生产性服务内容比较简单，具备简单劳动能力的人便可以胜任。随着发展的逐步深入，越来越多的生产性服务则需要依靠资本投入以及劳动者的技能与技巧才能提供。而现如今，大部分生产性服务都需要使用大量的人力资本、知识资本和技术资本，因此，其产出中才包含有大量的人力资本和知识资本成分。正因为生产性服务的要素依赖有劳动—资本—技术—知识的演化规律，因此，生产性服务业的成长与发展过程是一种资本深化过程，只不过这里的资本不只是物质资本，还包括人力资本、知识资本、技术资本等新型资本。

（三）空间集中和集聚规律

在全球化中，城市是全球经济运行的指挥和控制中心，城市功能的变化要求生产性服务业在特定城市集中和集聚。一个城市中现代生产性服务业占城市 GDP 的比重，是反映该城市是不是世界性城市的主要指标。从理论上分析，生产性服务业集聚的动力不仅包括共享基础设施、节约运输成本等静态集聚效应，更多的还包括获取有利于技术和知识的创新、传播等动态集聚经济效应。具体来说，一是出于关键性投入要素（人才）的可获得性和信息、知识获取、更新与交流的便捷性考虑；二是为了更为方便地接近目标客户，降低需求双方的交易成本；三是政府适应集聚的萌芽而进行的事后调节与政策引导；四是制造业的集聚引发生产性服务业的集聚。

（四）组织形态上外化和产业融合规律

生产性服务原本大多是内化在制造业当中实行自我服务的，由于社会专业化分工的深化与泛化以及市场需求扩大等多方面因素，它逐渐与制造业实现垂直分离，进而实现外部化、专业化发展。由于生产性服务与制造业之间是互补互依、互动发展的关系，因此它的外部化发展并不会削弱商品生产部门的实力。恰恰相反，反而会更加强有力地支撑制造业的发展，毕竟，外部化只是一种生产组织方式的调整。所以，把生产性服务的外部化当成是产业空心化是缺乏理论依据的。与生产性服务外部化发展并行不悖的另一种趋势是，制造业与现代服务业同时也在不断发生融合，并进而达到改造制造业技术基础的效果，其中，传统制造业和服务业通过信息通信技术及软件产业等的信息化改造所焕发出来的生机就是最好的例证。

（五）垄断竞争规律

生产性服务业由于兼具垄断和竞争行业的双重特质，因而是一个垄断竞争行业。一方面，生产性服务本身是一种同类但又不同质的差别化产品。虽然不同企业可以提供相同类型的生产性服务，相互间构成近似替代品，但服务本身的产业特性，如“经验性”而非“搜寻性”、供给上的个性化、“定制化”等，又决定了它们不可能是完全替代品。这就意味着，生产性服务企业具有一定的市场势力，虽然这种市场势力相对有限，而不像完全垄断厂商那么强大。另一方面，除了一些国家垄断性的服务行业，如金融、电信等之外，生产性服务业在很多方面又非常类似于完全竞争行业，但它又不像完全竞争行业那样可以完全自由地进入与退出，毕竟，它还面临着一定的进入壁垒。首先，正如 Markusen（1989）指出的，生产性服务一般都是人力资本、知识资本高度密集型的，因而，要获得生产性服务所需要的各种专业知识通常需要较大的、专业化的初期投资。而一旦投资形成之后，便成了沉没成本，虽然提供服务的边际成本也会因此而相对较小。因此，规模经济在该产业当中起着非常重要的作用。其次，由于生产性服务又具有极强的差异性，因此，想建立新企业也有一定的困难。再者，生产性服务的经验性商品特征，也使得新建企业也有相当的难度。

应该指出的是，垄断有三种类型，即自然垄断、市场垄断和行政垄断。对生产性服务行业，我们要坚决反对行政垄断，因为行政垄断对生产性服务业的外部化进程与专业化发展是极为不利的；同时，行政垄断也是扼杀市场竞争、阻碍通过市场竞争来提高产业效率的黑手。

复习题

1. 服务的主要特征是什么？
2. 试论述根据不同标准的服务业的分类。
3. 传统服务业与现代服务业发展特点有什么不同？
4. 现代服务业发展的规律是什么？

第3章

现代服务业的核算

3.1 服务业核算：国际组织的视角

3.1.1 联合国

1945年联合国成立后，1946年成立了隶属于经济及社会理事会的统计委员会。为促进世界统计工作的发展，使各国和各地区的统计数据具有可比性，在1947年成立了“产业分类委员会”，此后又改名为“统计分类委员会”，其中心任务就是推进产业分类的国际化和标准化进程。该委员会于1948年拟定了国际标准产业分类体系（International Standard Industrial Classification of all Economic Activities，ISIC）的草案，目前已经是世界上对经济活动分类最成熟、最权威，也是最有影响力的国际标准之一。

根据最新的《国际标准产业分类》（第四版），服务业可分为11大类，如表3—1所示。这11类分别是批发和零售贸易，汽车、摩托车及个人的家庭用品的修理；旅馆和餐馆；运输、储存和通信；金融媒介；房地产、租赁和商业活动；公共管理和国防、强制性社会保障；教育；卫生和社会工作；其他社区、社会和个人服务活动；雇用家政服务人员的私人家庭的活动和私人家庭的无差别生产活动；域外组织和机构。这11类又分为28个不同的门类，从两位数代码50到99。这里我们需要指出的是，在“雇用家政服务人员的私人家庭的活动和私人家庭的无差别生产活动”这个大类中，“私人家庭无差别自用物资的生产活动”（门类96）也列入了服务业的范畴。

表3—1　《国际标准产业分类》（ISIC Rev. 4）

类	门类	具体行业
G批发和零售贸易；汽车、摩托车及个人的家庭用品的修理	50	汽车和摩托车的销售、维护和修理；汽车燃料的零售
	51	批发贸易和经纪贸易，但汽车和摩托车除外
	52	零售贸易，但汽车和摩托车除外；个人和家庭用品的修理

续前表

类	门类	具体行业
H 旅馆和餐馆	55	旅馆和餐馆
I 运输、储存和通信	60	铁路运输
	61	水上运输
	62	航空运输
	63	辅助性和附属性运输活动；旅行社的活动
	64	邮政和电信
J 金融媒介	65	金融媒介活动，但保险和养恤金除外
	66	保险和养恤金，但强制性社会保障除外
	67	金融媒介活动的附属活动
K 房地产、租赁和商业活动	70	房地产活动
	71	不配备操作人员的机械和设备以及个人和家庭用品的租赁
	72	计算机及有关活动
	73	研究与发展
	74	其他商业活动
L 公共管理和国防、强制性社会保障	75	公共管理和国防、强制性社会保障
M 教育	80	教育
N 卫生和社会工作	85	卫生和社会工作
O 其他社区、社会和个人服务活动	90	污水与垃圾的处理、卫生及类似活动
	91	未另分类的成员组织的活动
	92	娱乐、文化和体育活动
	93	其他服务活动
P 雇用家政服务人员的私人家庭的活动和私人家庭的无差别生产活动	95	雇用家政服务人员的私人家庭的活动
	96	私人家庭无差别自用物资的生产活动
	97	私人家庭无差别自我服务提供活动
Q 域外组织和机构	99	域外组织和机构

资料来源：联合国经济及社会理事会统计司：《所有经济活动的国际标准产业分类（国际标准产业分类）》，M 辑，第 4 号，修订本第 3.1 版。

3.1.2 世界贸易组织

世界贸易组织（WTO）将服务业分为商业服务、通信服务、建筑及相关工程服务、销售服务、教育服务、环境服务、金融服务、健康与社会服务、旅游及相关服务、娱乐文化和体育服务、运输服务、未包括的其他服务共 12 大类，如表 3—2 所示。

与其他分类具有显著区别的是，WTO 的分类标准中将和农林牧渔业相关的服务以及建筑业都归入服务业的类别中。而根据《国际标准产业分类》，和农林牧渔业相关的服务属于第一产业，建筑业则归入第二产业。

表 3—2　　WTO 服务业的分类

类	具体行业
1 商业服务	专业服务；计算机及其相关服务；研究与开发服务；房地产服务；出租租赁服务，运营商除外；其他商务服务
2 通信服务	邮政服务；快递服务；电信服务；视听服务；其他
3 建筑及相关工程服务	一般建筑物的建造工程；一般民用工程建造工程；安装和组装工作；建造的后续工作；其他
4 销售服务	代理商服务；批发服务；零售服务；特许经营；其他
5 教育服务	小学教育服务；中等教育服务；高等教育服务；成人教育服务；其他教育服务
6 环境服务	排污服务；固体废物处理服务；卫生和类似的服务；其他
7 金融服务	保险以及与保险相关的服务；银行和其他除保险以外的金融服务；其他
8 健康与社会服务	医院服务；其他医疗保健服务；社会服务；其他
9 旅游及相关服务	饭店和餐馆；旅行社和旅游经营者的服务；导游服务；其他
10 娱乐文化和体育服务	娱乐服务（不包括戏剧、乐队演奏及马戏团服务）；新闻服务；图书馆、博物馆和档案馆等服务；体育及其他娱乐服务；其他
11 运输服务	海运服务；国内水运服务；航空运输服务；航天运输服务；铁路运输服务；公路运输服务；管道运输服务；所有运输方式的辅助服务；其他运输服务
12 未包括的其他服务	

3.2　美、日服务业行业核算

3.2.1　美国

《国际标准产业分类》的体系与各个国家使用的产业分类系统略有差异，而北美自由贸易协定（NAFFA）的出台促使美国考虑开发一个新的分类系统，使得美国与其他北美贸易协定签署国之间的数据更具可比性。1994 年，北美国家统计机构同意开发北美产业分类体系（NAICS），最终于 1997 年建立了基本框架，此后又对现有产业条目进行了部分校订。

在服务业的界定方面，美国统计局将服务业分为私人服务业（private services producing industries）和公共管理两大类。关于服务业的具体分类在《北美产业分类体系》中进行了说明。

私人服务业包括北美产业分类代码中的以下门类：22、42、44—45、48—49、51、52、53、54、55、56、61、62、71、72、81，再加上公共管理，服务业共计 16 个门类。具体内容如表 3—3 所示。

表 3—3　　　　2012 年《北美产业分类体系》中的服务业分类

门类	类别名称
22	公用事业 （含电力生产、传输和配送、天然气配送，水、污水系统，蒸汽和制冷供应）
42	批发业 耐用品和非耐用品的批发贸易
44—45	零售业 机动车及配件经销商、室内装饰和家具店、电子设备和电器店、建筑材料、园林设备供应商、食品饮料店、健康和个人护理中心、加油站、服装及配饰、运动品玩具书籍和音乐店、百货店、其他零售店和无店面零售
48—49	运输和仓储业 航空运输业、铁路运输业、水上运输业、卡车货运、公共交通和地面客运、管道运输、旅游观光运输、运输辅助业、邮政服务、邮递员和分发员、仓储业
51	信息业 出版业、动画和唱片业、广播和通信业、信息服务和数据处理服务
52	金融和保险业 中央银行、信用中介及相关活动、证券贸易合同及其他金融投资等相关活动、保险公司及相关活动、基金、信托和其他金融工具
53	房地产和租赁业 房地产、租赁和出租服务、非金融无形资产出租人（版权作品除外）
54	专业、科学和技术服务 法律服务、会计、税款准备、记账、工资服务，建筑、工程及相关服务（含地球物理测量和绘图服务），专业设计服务，计算机系统设计（包括软件开发）及相关服务，管理、科学和技术咨询服务，科学研究和发展服务，广告和相关服务，其他专业、科学和技术服务等
55	公司和企业管理
56	行政管理及支持、废物管理和治理服务 办公管理及支持服务（包括办公管理服务、设备支持服务、就业服务、商务支持服务、旅行安排和预定服务、调查和安全服务、建筑大楼和住宅物业服务、其他支持服务），废物管理及治理服务（包括废物收集、废物处理和处置、修复和其他废物管理服务）
61	教育服务
62	医疗保健和社会救助 门诊医疗服务、医院、护理和社区医疗服务设施、社会救助
71	艺术、休闲和娱乐业 表演艺术、体育比赛及相关产业，博物馆、历史古迹及相关产业，娱乐、博彩和休闲产业
72	住宿和餐饮服务业
81	其他服务业（公共管理除外） 修理和维护，个人护理和洗衣服务，宗教、慈善、社团和其他类似组织，私人家政
92	公共管理 行政、立法和一般政府管理，司法、社会治安和安全保障，人力资源项目管理，环境质量项目管理，房屋项目、城市规划和社区发展经济项目管理，空间研究和技术，国家安全和国际事务

资料来源：http://www.census.gov/eos/www/naics/。

3.2.2 日本

日本将服务产业界定为以为需求服务者提供服务为目的的产业。在1983年以前，日本的产业分类主要依据《日本标准产业分类》来进行界定，这是以制造业为中心的分类体系，其对于服务业的界定也较为狭窄，将批发零售、金融保险、不动产、运输通信等都排除在服务业的范围以外，而将服务业狭义地界定为物品租赁、房屋出租、洗衣美容、娱乐、保健等。

1983年，大藏省"经济的结构变化与政策研究会"提出了"新产业分类标准"，将服务业分类进行了拓展。日本服务业界定如表3—4所示。

表3—4　　1983年日本"新产业分类标准"对服务业的界定

05不动产业	050出售建筑物及土地买卖业 051不动产代理中介业 059其他不动产业
06运输服务业	060铁路业 061道路旅客运输业 062道路货物运输业 063水运类 064仓库类 065航空运输业 069其他运输业
07批发业	070饮料食品批发 071纤维品批发 072医药品化妆品批发 073家具用品批发 074建筑材料批发 075机械器具批发 076矿物金属材料批发 077贸易业 078其他批发业
08零售业	080饮食品零售 081衣服饰品零售 082医药品化妆品零售 083家具用品零售 084机械器具零售 085趣味娱乐品零售 086文化体育用品零售 087百货超市 088便利商店 089其他零售业
09资讯产业	090通信产业 091新闻出版业 092广播业 093资讯提供服务业 094资讯处理服务业 095广告类 099其他资讯产业
10商业服务业	100租赁业 101土木建筑服务业 102工业工程业 103办公室管理业 104展示业 105设计业 106经营服务业 109其他商业服务业
11家庭服务业	110食品服务业 111美容服务业 112修理服务业 113婚丧喜庆服务业 114租赁业 119其他家庭服务业
12饮食服务业	120日式餐厅 121寿司店 122面店 123东洋料理店 124西洋料理店 125饭馆产业 126咖啡店 127游乐饮食店 129其他饮食店
13文化体育产业	130教育产业 131教养产业 132艺术演艺产业 133作家艺术家产业 134体育产业 139其他文化体育产业
14休闲产业	140旅行业 141休闲设施 142娱乐设施 149其他休闲产业
15金融业	150银行信托业 151证券业 152保险业 159其他金融业
16能源供给业	160电气供给业 161瓦斯供给业 162自来水业
17公务	170中央政府 171地方政府

3.3 中国现代服务业的核算

3.3.1 服务业核算

长期以来，中国采用苏联的传统的物质产品平衡表体系（MPS）进行国民收入核算，其中服务业只包括交通运输业和商业饮食业，不包括其他类型的服务业。这使得服务业的核算工作大大滞后。①

1985 年，中国开始采用国内生产总值生产核算，服务业生产核算作为国内生产总值生产核算的重要组成部分，也是从那时开始。国家统计局向国务院提交了《关于建立第三产业统计的报告》，提出了三次产业分类和建立第三产业统计及国内生产总值核算的必要性。该报告对三次产业做了如下区分。第一产业：农业（包括农业、林业、牧业和渔业）；第二产业是工业（包括采掘业、制造业、自来水、电力蒸汽、热水、煤气）和建筑业；第三产业是除上述第一、第二产业以外的其他各业。其中，又将第三产业划分为两大部门和四个层次。两大部门是流通部门和服务部门，四大层次分别如下：第一层次是流通部门，包括交通运输业、邮电通信业、商业饮食业、物资供销和仓储业；第二层次是为生产和生活服务的部门，包括金融保险业、地质普查业、房地产业、公用事业、居民服务业、旅游业、咨询信息服务业和各类技术服务业等；第三层次是为提高科学文化水平和居民素质服务的部门，包括教育、文化、广播电视事业，科学研究事业、卫生、体育和社会福利事业等；第四层次是为社会公共需要服务的部门，包括国家机关、政党机关、社会团体以及军队和警察等。

这种分类方法将各种服务业都纳入了第三产业，因此从 1985 年起，中国国民经济核算体系中一直将“服务业”与“第三产业”这两个概念等同。

《国民经济行业分类》自 1984 年首次颁布以来，分别于 1994 年、2002 年和 2011 年进行了三次修订（见表 3—5）。其中最近的 2011 年的修订除主要参照 2008 年联合国新修订的《国际标准行业分类》修订第四版（ISIC4）外，还根据中国近年来的经济发展状况和趋势，对门类、大类、种类和小类进行了调整和修改。

1985—1993 年间，中国服务业生产核算的主要内容如下：（1）运输邮电业；（2）商业饮食业、物质供销和仓储业；（3）金融保险业；（4）房地产业；（5）服务业；（6）公用事业；（7）科教文卫体育福利事业；（8）国家机关、政党机关和社会团体；（9）其他行业。这里第 5 项服务业是个窄口径统计，包括了居民服务业、咨询服务业、农林牧渔服务业、地质勘察业、水利管理业和综合技术服务业。这一分类是以中国 1984 年颁布的《国民经济行业分类》为基础并结合中国当时的实际资料来源情况制定的。

从 2003 年开始，国家统计局废止了上述划分，根据 2002 年颁布的《国民经济行业分类》（GB/T 4754－2002），对三次产业进行了重新划分。该分类体系改编自国际标准产业分类体系（ISIC 3.0）。此后，经国务院批准，中国在 2004 年开展了第一次全国经济普查，国民生产总值生产核算采用 2002 年颁布的《国民经济行业分类》，农、林、牧、渔服务业明确列入第一产业而不再属于服务业范畴。

2002 年《国民经济行业分类》与 1994 年标准相比有较大的变动。服务业行业增加的门类主要有：（1）信息传输、计算机服务和软件业；（2）租赁和商务服务业；（3）住宿和餐饮业；（4）水利、环境和公共设施管理业；（5）教育。调整的行业名称主要有：（1）交通运输、仓储和邮政业；（2）批发和零售业；（3）金融业；（4）科学研究、技术服务和地质勘查业；（5）居民服务和其他服务业；（6）卫生、社会保障和社会福利业；（7）文化、体育和娱乐业；（8）公共管理和社会组织。取消的门类（有关内容调整到相关的门类中）

① 部分内容来自许宪春：《中国服务业核算及其存在的问题研究》，载《经济研究》，2004（3）。

是：（1）地质勘查业、水利管理业；（2）其他行业。

此后，在2011年的调整中，对于服务业的界定基本没有做大的调整，仅仅是调整了从F到I的部分服务业门类的代码以及部分行业的名称，如将“G信息传输、计算机服务和软件业”调整为“I信息传输、软件和信息技术服务业”；将“M科学研究、技术服务和地质勘探业”调整为“M科学研究和技术服务业”；将“Q卫生、社会保障和社会福利业”调整为“Q卫生和社会工作”；将“社会保障”这一类别调整至“S公共管理、社会保障和社会组织”。

表3—5　　历年来《国民经济行业分类》对服务业的界定

GB/T 4754-1984	GB/T 4754-1994	GB/T 4754-2002	GB/T 4754-2011
	A农林牧渔服务业		
2商业饮食业、物质供销和仓储业	H批发和零售业、餐饮业	H批发和零售业	F批发和零售业
1运输邮电业	G交通运输、仓储及邮电通信业	F交通运输、仓储和邮政业	G交通运输、仓储和邮政业
		I住宿和餐饮业	H住宿和餐饮业
		G信息传输、计算机服务和软件业	I信息传输、软件和信息技术服务业
3金融保险业	I金融、保险业	J金融业	J金融业
4房地产业	J房地产业	K房地产业	K房地产业
5服务业		L租赁和商务服务业	L租赁和商务服务业
6公用事业	F地质勘查业、水利管理业	M科学研究、技术服务和地质勘探业	M科学研究和技术服务业
	N科学研究和综合技术服务业	N水利、环境和公共社会管理业	N水利、环境和公共设施管理业
	K社会服务业	O居民服务和其他服务业	O居民服务、修理和其他服务业
	M教育、文化艺术及广播电影电视业	P教育	P教育
7科教文卫体育福利事业	L卫生、体育和社会福利业	Q卫生、社会保障和社会福利业	Q卫生和社会工作
		R文化、体育和娱乐业	R文化、体育和娱乐业
8国家机关、政党机关和社会团体	O国家机关、政党和社会团体	S公共管理和社会组织	S公共管理、社会保障和社会组织
9其他行业	P其他行业	T国际组织	T国际组织

3.3.2　中美服务业核算的差异

中国的《国民经济行业分类》历经多次修改，与各版《北美产业分类体系》均参照了联合国《国际标准产业分类》，两者的对应关系总体来说比较吻合。但是经过比较发现，中国和美国在服务业核算上还是存在一定的差异。主要体现在以下三个方面。

第一，美国的服务业核算口径要大于中国服务业的核算口径。美国各个版本的《标准产业分类体系》和《北美产业分类体系》中，均将公用事业（含电力生产、传输和配送，天然气配送，水供应和灌溉，污水处理系统，蒸汽和制冷供应），废物管理和治理划入服务业。而中国则将这些产业划入第二产业。中国 2011 年《国民经济行业分类》中，这些行业分属工业部门，分别是 D44－D46（电力、热力、燃气及水生产和供应业）和 C42（废弃资源综合利用业）。

第二，中国服务业的部分行业与美国直接对应。如图 3—1 所示。

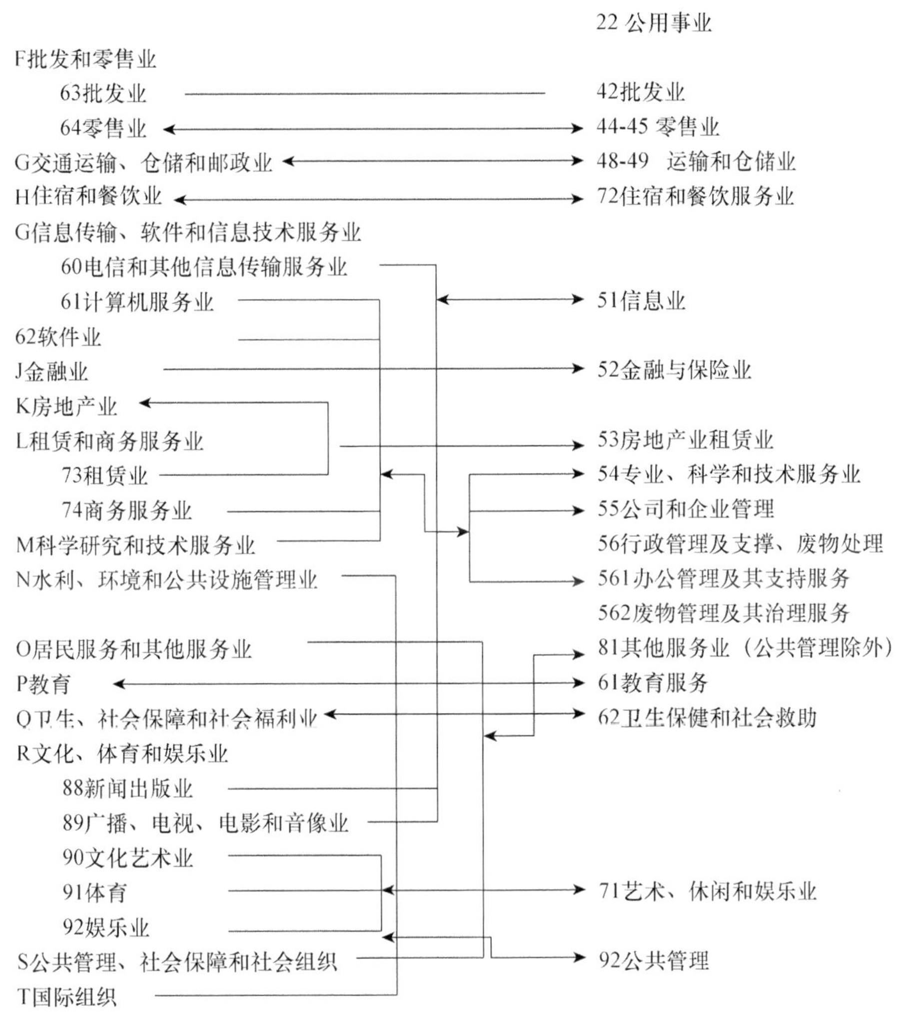

图 3—1　中美服务业统计分类对应关系

资料来源：笔者在戴建军（2012）研究的基础上，根据 2011 年中国的《国民经济行业分类》和 2012 年《北美产业分类体系》整理比较而得。

中国 2011 年《国民经济行业分类》中关于服务业的分类，共有 5 个门类与 2012 年的《北美产业分类体系》对应，分别为门类 G（交通运输、仓储和邮政业）对应于 48－49（运输和仓储业）、H（住宿和餐饮业）对应于 72（住宿和餐饮服务业）、J（金融业）对应于 52（金融与保险业）、P（教育）对应于 61（教育服务）、Q（卫生、社会保障和社会福利业）对应于 62（卫生保健和社会救助）。

1个门类下属2个大类分别与《北美产业分类体系》的2个门类对应。门类F（批发和零售业）所包含的2个大类与《北美产业分类体系》中的2个门类42（批发业）、44－45（零售业）对应。

第三，中国服务业的部分服务行业经过增减或者合并后与美国的服务产业对应。

根据中国2011年《国民经济行业分类》中对于服务业的分类，有9个门类增减下属大类或合并后与1997年《北美产业分类体系》的7个门类（或其合并之和）对应。门类K（房地产业）加上门类L（租赁和商务服务业）下属大类73（租赁业）与1997年《北美产业分类体系》中的门类53（房地产和租赁业）对应。门类R下属大类90（文化艺术业）、91（体育）、92（娱乐业）与《北美产业分类体系》中的门类71（艺术、休闲娱乐业）对应。门类G下属大类61（计算机服务业）和62（软件业）和门类L下属大类74（商务服务业）加上门类M（科学研究、技术服务和地质勘探业）与《北美产业分类体系》中的门类54（专业、科学和技术服务业）加上门类55（公司和企业管理）和门类56下属大类561（办公管理及其支持服务）对应。门类G下属大类60（电信和其他信息传输服务业）加上门类R下属大类88（新闻出版业）、89（广播、电视、电影和音像业）与《北美产业分类体系》中的门类51（信息业）对应。门类O（居民服务和其他服务业）加上门类S（公共管理除外）与《北美产业分类体系》中的门类81（其他服务业）对应。门类S中的公共管理加上门类N（水利、环境和公共设施管理业）和门类T（国际组织）与《北美产业分类体系》中的门类92（公共管理）大致对应。

复习题

1. 了解不同国际组织对于服务业核算的差异。
2. 比较美国、日本和中国现代服务业核算体系的差异。

第 4 章

经济服务化：现代服务经济的兴起

4.1 经济服务化的内涵

经济服务化，既是一个过程，也是一定阶段。前者是指服务业占国民经济的比重不断上升的过程；后者是指服务业在国民经济中占主导地位的阶段。从理论上溯源，经济服务化过程是三次产业演化规律的重要方面，经济服务化阶段则是三次产业演化规律的必然结果。

现代服务经济的兴起，一方面主要表现为整个国民经济的产出结构和就业结构日益向现代服务业转移；另一方面是服务业不再仅仅是传统的最终消费品，更重要的是，内含密集知识和技术的现代服务业日益成为制造业和其他行业的中间投入品，而且这种中间投入品贸易越来越成为国际贸易的主要形式。所以，现代经济越来越表现为现代服务业占主导地位的服务经济。

早在 17 世纪，威廉·配第就发现，随着经济的不断发展，产业中心将逐渐由有形的物质生产转向无形的服务生产。1691 年，他根据当时英国的实际情况指出，工业往往比农业、商业往往比工业的利润多得多。因此，劳动力必然会经历一个由农业转向工业，最后由工业转向商业的过程。20 世纪 30 年代初，费希尔（Fisher）把第一产业和第二产业以外的所有其他经济活动统称为第三产业，并指出其本质在于提供服务；1935 年他从世界经济史的角度总结了人类生产活动发展的三个阶段，第一阶段的主导产业是第一产业，第二阶段的主导产业是第二产业，第三阶段的主导产业是第三产业。20 世纪 40 年代，克拉克在配第的基础上，经过国际比较和时间序列分析，验证了威廉·配第的观点，得出的结论是："随着时间推移和社会在经济上变得更为先进，从事农业的人数相对于制造业的人数趋于下降，进而从事制造业的人数相对于服务业的人数也趋于下降"，这就是配第-克拉克定理的主要内容。20 世纪 60 年代末，西蒙·库兹涅茨根据发达国家的历史资料以及对人均GDP高低不同的发展中国家和发达国家的截面数据的比较分析发现，随着现代经济的不断发展，在GDP不断增长和人均GDP不断提高的情况下，无论生产还是劳动力的部门结构都是变化的，其一般趋势是：农业部门所占比重不论在总产值上抑或在总劳动力的使用上都趋于下降；而工业部门和服务部门所占比重则趋向上升，但变动的具体百分比并不完全相同。

Fisher（1939）和Clark（1940）主要是强调经济增长过程中就业和产出份额从农业部门向工业部门的转移，实际上很少涉及服务业份额的转移。但三次产业演化规律指出了三次产业在国民经济中所占比重的变化趋势。根据这一趋势，在某一时点后，服务业在国民经济中所占的比重会逐渐上升，并最终超过第一产业和第二产业，在国民经济中占据主导地位，进而达到经济服务化阶段。Barngrover（1963）认为有许多重要的原因需要重新认识服务产业，其中首要的原因就是服务产业吸纳了超过55％以上的劳动力就业，实现了50％以上的国民经济总产出，集中了将近40％的消费。Katouzian（1970）认为经历工业化的初始阶段以后，不管是工业化国家还是欠发达国家，服务部门会迅速发展，总产值和就业份额会出现明显扩张或者部分地明显扩张，这就与所谓的费希尔-克拉克的经济发展阶段定理认为的随着工业化的发展，第一产业（农业）部门的总产值和就业份额会渐渐减少，而第二产业（工业）部门的总产值和就业份额会渐渐增加的理论不相符合。

Bell（1973）引入后工业社会这个概念，他运用这个术语描述了经济发展阶段的最终形态演变，即从一个前工业社会开始，经历工业社会，再到后工业社会，说明了农业、制造业和服务业部门的连续增长。这些部门的变化导致了对就业的不同需求。因此，贝尔理论的重点就是就业。过去许多年，不仅在服务部门就业的人数不断增加，而且就业的本质也发生了改变。后工业经济主要是以信息为导向，拥有大学教育和职业资格的专业技术人员变得越来越吃香。

虽然现在人们偏好于用服务经济来替代后工业社会这个术语，但里面所体现的本质含义是一致的，即经济活动主要从第一、二产业向服务业转移，服务业就业总量和价值增值在总就业和GDP中的比重日益上升。Echevarria（1997）认为部门构成能够解释国家之间人均收入增长的22％的变化；穷国的增长率最低，中等收入国家的增长率最高；农业增加值占GDP的份额在穷国更高，服务业增加值占GDP的份额在富国更高；服务业的相对价格在富国更高，在穷国更低；在所有的国家和所有的时间，农业劳动力的比重随GDP增加而下降；服务业的劳动力比重在富裕国家一直在增加。

经济服务化的另外一个含义是整个经济中作为中间投入和最终需求的增加。Fuentes（1999）考察了1958—1989年西班牙经济中服务部门的就业结构和增长，并与另外一些欧洲国家进行了对比，与传统的阶段理论认为服务部门增长由最终需求模式决定的观点相反，该研究认为，自从20世纪70年代中期市场服务的就业增长主要来源于对服务的中间需求增加。为了证明这种观点，作者运用投入产出数据进行了跨部门分析，这种方法能够使服务部门的就业与其他部门相联系，结果表明工业生产对市场服务的依赖程度越来越高。Guerrieri和Meliciani（2005）发现一个国家发展竞争性服务经济的能力主要依赖于其制造部门的结构，因为一些制造产业是生产性服务的密集使用者，与此同时，生产性服务作为中间投入品，服务业本身的生产也在密集地使用它们，而信息技术的使用对生产性服务的贸易绩效具有重要影响。

4.2 世界主要国家经济服务化表现

我们首先来看一下全球整体服务业占 GDP 的比重。通常来说，我们将服务业占 GDP 的比重高于 50%的经济称为服务业主导的经济发展阶段。表 4—1 显示，早在 1970 年，全球已经进入了服务业主导的经济发展阶段，服务业占比已经超过了 50%。此后经过近 40 年的发展，服务业占 GDP 的比重在 2002 年达到最高值 64.50%，之后出现了一定程度的下降，但到 2008 年金融危机以后服务业增长又开始复苏，到 2010 年该比例 62.23%，基本保持了 60%以上的平均水平。

根据世界银行的划分标准，人均国民收入在 745 美元以下为低收入国家，746～2 975 美元为中低收入国家，2 976～9 205 美元为中高收入国家；9 206 美元以上为高收入国家。我们分析了不同收入组的国家服务业占 GDP 的比重。

表 4—1 显示，高收入国家在 1970 年服务业占 GDP 的比重高达 52.91%，已经处于服务业主导的经济时代，此后该比例逐渐提高，到 2010 年上升至 67.75%。低收入国家在 1970 年服务业占 GDP 的比重为 31.13%，虽然相对较低，但也处于不断增长中，到 2012 年也增长至 44.31%。中低收入国家和中高收入国家的服务业发展趋势也与此相同。

此外需要注意的是，服务业的比重与收入有着较大的相关性。表 4—1 显示，同一时期高收入国家的服务业占比要高于低收入国家，这也意味着一个国家人均国民收入水平越高，服务业占 GDP 的比重也越高（关于两者的相关性，本书后文将做进一步的详细阐述）。

表 4—1　　根据收入高低区分的服务业占 GDP 的比重（%）

年份	世界	高收入国家	中高收入国家	中低收入国家	低收入国家
1970	50.17	52.91	39.18	36.50	31.13
1971	50.82	53.54	39.17	37.98	32.89
1972	50.93	53.60	38.38	37.38	32.66
1973	49.90	52.60	38.20	36.33	31.25
1974	49.69	52.83	38.18	35.57	30.39
1975	50.98	54.30	37.66	36.77	29.53
1976	51.03	54.31	37.17	36.34	32.37
1977	51.54	54.70	37.39	36.88	33.60
1978	52.33	55.16	37.50	37.59	33.37
1979	52.10	55.01	38.66	37.37	32.78
1980	51.99	54.99	39.90	36.19	35.69
1981	52.35	55.35	39.57	36.64	36.75
1982	53.19	56.49	40.02	38.06	37.29
1983	54.69	58.14	41.24	38.07	36.37
1984	54.68	58.10	40.16	38.80	36.78
1985	55.54	58.98	40.42	39.98	35.72
1986	56.59	59.67	39.74	40.45	36.64
1987	56.88	59.79	40.42	40.25	36.88
1988	57.08	59.77	41.23	39.63	36.82
1989	57.41	60.01	40.80	39.86	37.17
1990	57.84	60.41	42.16	40.00	38.23

续前表

年份	世界	高收入国家	中高收入国家	中低收入国家	低收入国家
1991	59.05	61.41	43.59	40.15	37.38
1992	60.22	62.60	44.04	40.56	38.15
1993	61.02	63.53	46.85	42.56	38.72
1994	60.97	63.62	47.91	42.01	39.14
1995	61.15	63.68	48.25	42.35	39.14
1996	61.11	63.84	47.82	42.28	39.36
1997	61.54	64.41	49.26	43.04	39.18
1998	62.62	65.54	49.13	43.91	39.62
1999	63.03	65.97	49.68	44.20	39.97
2000	63.26	66.39	50.25	44.46	40.88
2001	64.24	67.44	49.79	45.30	41.36
2002	64.50	67.80	49.72	45.77	41.62
2003	64.26	67.62	50.57	45.95	42.50
2004	63.49	67.01	49.72	45.64	42.77
2005	63.13	66.87	48.99	45.95	42.41
2006	62.45	66.46	47.99	46.11	42.13
2007	61.98	66.17	48.22	46.54	42.42
2008	61.50	66.23	47.98	46.77	42.30
2009	63.38	68.61	48.38	47.69	43.33
2010	62.23	67.75	47.49	47.33	43.51
2011	—	—	49.04	47.79	43.08
2012	—	—	48.44	48.59	44.31

资料来源：笔者根据世界银行的世界发展指标（World Development Indicators）进行核算而得。

表4—2列出了世界主要发达国家（G7）以及新兴市场经济国家（BRICS）1970年以来服务业占GDP的比重，以此来反映经济服务化的现状。

我们可以发现，世界主要发达国家，如美国、英国、日本、法国、加拿大，在1970年就已经迈入了服务业主导的经济发展阶段，服务业占GDP的比重分别是57.97%，50.05%、50.98%、50.12%和55.55%。20世纪70年代中期，德国和意大利的服务业占比也逐渐超过了50%，步入经济服务化时代。此后的近40多年间，各国服务业占比还在不断提高，到2011年，美国服务业占GDP比重上升到74.11%，日本该比例也高达72.19%。此外，从增长速度来看，G7国家服务业增长率在大多数年份都高于工业的增长速度，说明服务业对经济增长的贡献已经起到主导作用。

新兴市场国家中，南非的服务业占比在1970年也高达51.36%，基本上属于服务业主导的经济发展阶段，但此后经历了近20多年的衰退，直到1990年才重新上升至50.19%。俄罗斯1989年独立之初，服务业占GDP比重仅为30.59%，但是此后的20多年中该比例迅速上升，到2002年高达53.90%，上升了23.31个百分点，此后几年不断徘徊，但基本保持在50%以上。

需要特别指出的是印度。1970年印度服务业占GDP比重约为35%，经过40多年的发展，印度服务业迅速崛起，虽然其人均GDP水平依然不高，2012年人均GDP为1 489.23美元，但服务业占GDP比重已经高达53.69%，相当于英国1978年和日本1974年的服务业占比水平（分别是53.68%和53.50%），但彼时，英国人均GDP为5 785.46

美元，日本人均 GDP 为 4 281.36 美元，相当于印度的 3.8 倍和 2.9 倍。

表 4—2　　主要发达国家（G7）以及新兴市场经济国家（BRICS）服务业占比（%）

年份	美国	英国	德国	日本	法国	意大利	加拿大	巴西	俄罗斯	南非	印度
1970	57.97	50.05	43.61	50.98	50.12	47.37	55.55	41.47	—	51.36	35.00
1971	58.50	51.01	44.97	52.19	50.93	48.84	55.82	41.92	—	52.31	35.63
1972	58.51	51.80	46.04	52.65	50.36	50.75	55.91	41.37	—	51.45	35.51
1973	57.47	52.54	46.92	51.51	51.35	49.35	53.61	40.82	—	50.17	33.99
1974	58.17	53.53	48.17	53.50	53.36	48.74	52.76	40.86	—	48.40	35.45
1975	59.10	54.72	50.00	55.79	53.87	51.08	55.62	42.14	—	48.51	36.89
1976	59.13	53.86	49.74	55.80	54.15	50.10	56.18	41.65	—	48.90	37.36
1977	59.05	53.52	50.22	57.01	55.17	50.75	56.32	41.13	—	49.04	36.63
1978	59.41	53.68	50.16	57.18	55.42	51.89	56.49	42.71	—	47.4	36.86
1979	59.80	53.03	50.59	57.47	55.40	52.67	55.45	43.45	—	45.18	37.66
1980	60.29	52.18	51.37	57.56	56.37	52.46	56.07	40.80	—	42.71	36.87
1981	59.33	52.83	52.31	57.81	57.38	54.01	56.37	40.88	—	44.85	37.19
1982	60.79	52.83	52.74	58.47	57.43	54.76	58.44	40.86	—	46.25	38.16
1983	62.82	53.42	53.24	59.32	58.28	55.37	58.65	40.53	—	47.19	37.69
1984	62.06	53.71	53.67	58.94	59.03	56.08	57.81	39.04	—	47.98	38.68
1985	63.21	54.19	53.83	59.28	59.08	56.98	57.99	39.27	—	47.08	39.39
1986	64.67	54.39	53.9	60.06	59.59	57.95	59.67	38.88	—	46.93	40.13
1987	65.20	54.88	54.68	60.22	60.10	57.93	59.36	39.70	—	48.52	40.49
1988	65.04	55.44	55.01	60.20	60.56	58.28	59.02	41.79	—	47.92	39.92
1989	65.91	56.20	55.11	60.42	61.17	58.07	59.46	48.37	30.59	48.70	40.48
1990	66.55	58.12	55.67	60.32	61.46	58.77	61.13	45.15	32.61	50.19	40.36
1991	67.61	59.64	56.31	60.65	62.34	59.22	63.13	48.84	36.71	52.17	41.16
1992	68.43	60.74	57.40	61.73	63.27	59.69	63.62	47.06	48.73	55.17	41.33
1993	68.68	61.51	59.41	63.28	64.75	60.48	63.22	44.13	42.85	55.29	42.05
1994	68.20	61.11	59.41	64.50	64.81	60.47	62.32	44.40	44.83	55.16	41.41
1995	68.31	60.69	60.22	65.27	64.53	59.99	61.47	58.24	52.23	55.98	42.26
1996	68.68	61.11	61.02	65.32	64.95	60.67	61.26	60.30	49.32	57.06	42.44
1997	69.19	61.84	61.25	65.77	65.28	60.65	61.65	60.56	50.60	57.92	43.92
1998	70.62	62.99	61.26	66.41	65.40	60.55	62.37	60.86	51.83	58.22	44.85
1999	70.83	63.62	61.43	66.85	65.89	61.09	61.41	59.75	49.89	59.24	46.18
2000	71.45	63.84	61.37	67.28	66.47	61.64	59.92	57.74	49.72	59.03	46.84
2001	72.57	65.02	61.95	68.71	67.07	62.43	61.37	57.65	51.47	58.44	48.01
2002	72.93	66.15	62.70	69.40	67.78	62.82	61.98	57.14	53.90	57.55	49.10
2003	72.99	67.24	62.94	69.56	68.50	63.58	62.02	56.03	53.82	58.90	49.21
2004	72.43	67.57	62.71	69.66	68.71	63.55	61.62	54.05	50.66	58.91	48.62
2005	72.47	68.11	62.89	70.46	68.94	63.93	61.33	55.78	48.81	59.00	48.71
2006	72.45	68.10	62.32	70.42	69.09	63.28	62.05	56.46	49.72	58.68	48.67
2007	72.55	68.50	61.46	70.39	69.11	63.24	62.45	57.28	50.67	58.43	48.43
2008	73.21	69.01	62.15	71.07	69.53	64.03	62.18	56.32	50.70	58.14	50.80
2009	74.75	70.88	64.58	72.60	71.42	65.65	—	58.27	53.77	59.82	51.4
2010	74.50	69.70	63.78	71.03	—	65.26	—	57.03	53.12	61.17	50.76
2011	74.11	—	—	72.19	—	—	—	57.11	50.13	61.39	51.86
2012	—	—	—	—	—	—	—	58.18	51.18	62.02	53.69

资料来源：笔者根据世界银行的世界发展指标（World Development Indicators）进行核算而得。

4.3 中国经济的逆服务化趋势

受历史因素影响，中国长期以来实行计划经济体制，因此国民收入核算体系也参照苏联的物质产品平衡表体系（system of material product balance，MPS），只核算农业、工业、建筑业、运输邮电业、商业这五大物质生产部门，其他所有服务部门都被排除在外。因此，中国的服务业发展长期受到制约。

经济服务化的倾向主要表现为服务业增加值和就业占整个国民经济的比重不断提高。在全球发达国家和发展中国家服务业占比不断上升的同时，中国的服务业发展却相对发展滞后，呈现出一种逆服务化趋势。

图4—1是利用世界银行的WDI数据库（World Development Indicators）核算的中国、印度、世界和中低收入国家的服务业占GDP比重的变化情况。中国1965年服务业占GDP比重为32.79%，而同期低收入国家服务业占比为32.95%，两者水平相差无几。经过40多年的发展，随着中国经济的高速增长，其人均收入已经达到中高收入国家水平，但是，2012年中国服务业占GDP比重为44.60%，中低收入国家服务业占GDP比重为48.44%，而在2010年全世界的平均水平已经高达62.23%。① 中国经济的高速增长并没有带来服务业占比的大幅度提高，1992—1996年以及2002—2008年还出现了服务业占比下降的现象。这在一定程度上表现为经济的"逆服务化"趋势。

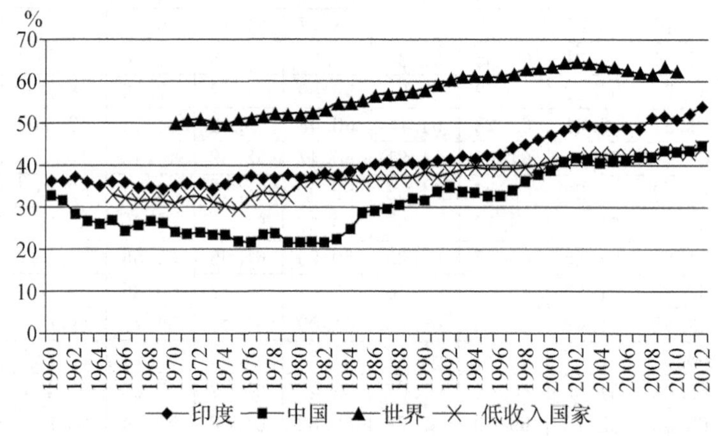

图4—1 中国、印度、世界和低收入国家服务业占GDP比重

资料来源：笔者根据世界银行的世界发展指标（World Development Indicators）进行核算而得。

我们再来比较一下同为发展中国家的印度。20世纪60年代初，印度和中国的服务业占比相差无几，印度为36.24%，比中国高3.44个百分点。此后中国服务业占比开始下降，而印度则稳步提高。经过40多年的发展，两者呈现出明显的差距，2012年中国服务业占比为44.6%，而同期印度则为53.69%。且长期以来，中国的服务业占GDP比重一直比印度要低8～10个百分点左右。这主要是两国服务业增长速度差异所导致的。

① WDI数据库中，2011年和2012年全球服务业占比资料缺失。

图 4—2 是中国和印度服务业增加值的增长速度比较。从图中可以看出，大多数年份中国服务业的增长速度要快于印度。

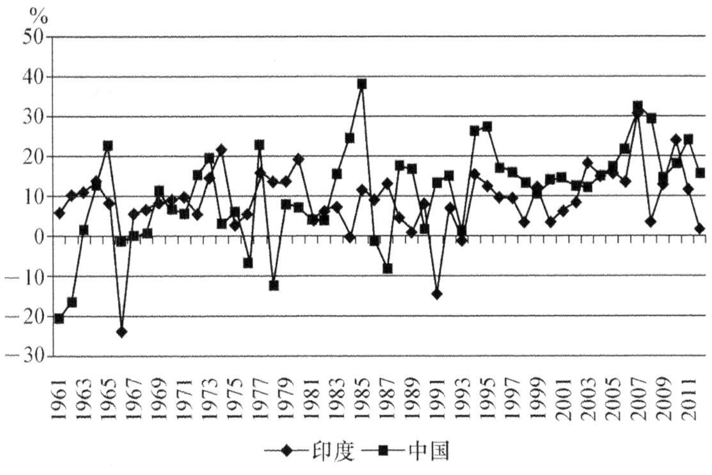

图 4—2 1961—2011 年中国和印度服务业增加值增长速度比较

笔者认为，与印度相比，虽然中国服务业增长幅度相对较快，但服务业占 GDP 的比重的增长依然低于印度的主要原因在于 GDP 增长中的结构性差异。中国 GDP 增长中制造业的比例相对较高，而服务业相对较低，这也意味着服务业占 GDP 比重受服务业增长幅度与 GDP 增长幅度两个方面的影响。

笔者利用服务业增幅与 GDP 增幅的差额来看服务业发展与整体经济增长的关系。该数值大于零，则意味着服务业增长幅度高于 GDP 增长幅度，小于零则意味着服务业增长幅度低于 GDP 增长幅度。图 4—3 是中国和印度历年来服务业增幅与 GDP 增幅的差额。我们可以发现，印度的服务业增幅和 GDP 增幅的差额始终在零左右徘徊，且多数年份都是略大于零。这意味着服务业发展速度基本与整体经济发展速度趋同，且略快于整体经济发展，相对较为稳定。而中国的情况则完全相反。服务业发展波动相对较大，且在 20 世纪 90 年代前，服务业增长幅度要远低于整体经济增长幅度，在 1976 年两者增幅差距为−25.40%（GDP 增幅为 18.83%，而该年度服务业增幅下降了 6.57%）。在经历了 1985 年的高速增长后，在 1987 年又陷入了快速的衰退。

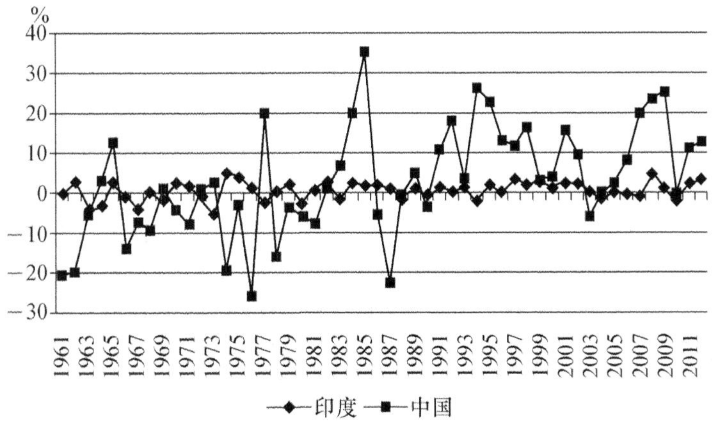

图 4—3 1961—2011 年印度与中国服务业增长率与 GDP 增长率的差额

当然，中国的逆服务化趋势的原因是多方面的，其中与统计因素有一定的关系。中国尚未建立起完善的服务业经常性统计调查制度，统计的遗漏现象依然比较突出，如计算机软件服务、网络服务、律师服务、会计师服务等新兴服务业的统计调查都有待完善。传统服务业的统计调查范围也存在缺口，特别是非正规部门的服务活动。不变价统计中的价格剔除方面也可能导致服务业不变价增加值的相对低估。无论是 1993—1995 年的第三次产业普查，还是 2004 年的第一次全国经济普查都表明，中国服务业存在严重的被低估现象。例如，在 2004 年经济普查中多出的 2.3 万亿 GDP 总量中，第三产业增加值就有 2.13 万亿元，占多出总额的 93%。

4.4 经济服务化趋势的初步解释

无论是从世界经济的发展过程还是世界经济的发展阶段来看，经济服务化都只是第三产业演化规律的自然推演。当前全球经济已经由工业经济过渡到服务经济，呈现出经济服务化的趋势。这是工业高度发展阶段后产业结构的一种转变过程，表现为产业结构中服务业比重超过工业成为经济活动的中心，又称为“第三产业化”。从理论上来说，经济服务化主要可以从宏观和微观两个层面进行解释。

4.4.1 宏观层面的解释

宏观层面比较注重历史数据的实证研究。从配第-克拉克定理到钱纳里标准结构模型，都是对经济服务化的宏观解释。他们分析了美国以及其他 100 多个国家的国民经济结构数据后，认为从世界经济史演进历程看，只要资源和投入不断向更高效的部门配置，就会出现结构变化带动的经济增长。工业化过程是不断提高工业投入比重，使经济从农业社会向现代社会过渡的过程，因为工业部门的增长速度要远高于农业部门的增长速度。他们还认为，当前随着人均国民收入水平的提高，劳动力在服务业中的比重逐渐提高，且服务业增加值在 GDP 中的份额也不断提高。他们指出，服务业就业和产值比重的上升已经成为经济增长的主要推动力。

克拉克对于经济服务化的趋势还提出了两点解释：一是需求因素，二是效率因素。

从需求视角来看，克拉克认为，随着人均收入的增加，对农产品相对需求一直在下降，对制造品的相对需求开始上升然后下降，而让位于服务业。此后有人将此界定为广义的恩格尔定律。恩格尔定律是指食品消费在整个消费中的比重不断下降。广义恩格尔定律可以定义为物质消费在整个消费中的比重不断下降。这使得整个经济出现了需求引致的结构变迁过程。需求向服务产品转移导致资源转向服务业，从而导致经济结构向服务业变迁。广义恩格尔定律基本符合一、二、三产业的演变过程，农业部门需求下降，资源转向制造业，制造业部门需求下降，资源转向服务业。发达国家服务业部门比重上升，都是广义恩格尔定律的具体表现。克拉克进一步指出，如果把服务业限于对消费者的服务，那么服务业不会表现出很高的边际需求，但是若把服务业扩大到为企业提供的服务，则服务业的相对需求一定是上升的。

从需求的视角来看，裴长洪（2012）还提出了需求相似定律。不同经济体的结构差异可以出现交换和贸易，但并不会导致结构变化停滞。因为无论发展到什么样的收入阶段，都会出现需求结构大体的一致性。当然存在着大量的贸易部门，但最终会受到需求结构相似性的约束，不会绝对地只发展工业而不提供服务业。因为服务的可贸易性低于工业，满足本地居民的需求必然要发展服务业。

从效率视角看，主要是考察服务业的劳动生产率。通常来说，传统服务业被认为是低效率的停滞部门（Baumol et al.，1967）。经典的案例是莫扎特弦乐四重奏表演，不会因为现代科技进步而使得其演奏效率得到丝毫的提高（如果以演出时间来衡量的话）。但是如果就四重奏演出而言，假设维也纳音乐团在莱茵河畔的法兰克福进行表演。在 20 世纪末，他们从奥地利家乡到德国观众席的旅行正常就几个小时，而当莫扎特于 1790 年开始这段旅程时，需要六天时间且极度不舒适。显然，技术进步也减少了提供单位产出所需要的劳动小时数，这也提升了劳动生产率。如果考虑另外一些知识和技术密集程度不断提高的现代服务业，我们会发现其劳动生产率要普遍高于工业和农业部门，因此也必然出现资源向高效率的服务部门转移。这就是所谓的通过劳动生产率来调整产业结构特征，或称劳动生产率定律。

4.4.2 微观层面的解释

在微观层面上，经济服务化主要是由企业的服务化所推动的。在很长的一段时期内，生产性服务业只是隶属于制造企业的职能机构，而且这种情形依然存在于现在的企业组织形式中。随着生产力的高度发展以及为了满足节约成本、组织扁平化、培育核心业务等（刘志彪，2006）不同企业战略的需要，生产性服务业开始群集性、大规模地脱胎于制造业，逐渐形成了相对独立的部门。然而，生产性服务业与制造业的分离并非为了分离而分离，而是为了专业化做精做深并更好地服务于制造业。两者在空间距离上的分离并不等同于价值链关系上的分割，相互之间都有需求，制造业需要生产性服务业为其提供已经剥离出去的中间业务，把专业化的人力资本、知识资本导入生产制造环节之中；生产性服务业则需要制造业为其提供生存与发展的外部市场需求条件，脱离了制造业便无法独善其身。

随着分工的不断细化，企业越来越多地使用服务产品作为投入，独立的服务企业越来越多；同时，制造业企业也开始逐渐向服务企业转型，开始倾向于提供完整的服务活动。企业服务化趋势如此之快，乃至有美国经济学家指出，过去的 10 年是研究怎么把企业内部的墙推倒，未来的 10 年是研究怎么把企业之间的墙推倒。①

以往企业内部服务的功能多为传统性的支援角色，且倾向于各自分离。例如每个单位各自建立专属自己的人力资源部门、会计部门以及信息部门等。在竞争激烈的情况下，成本降低的压力使得企业需要提高效率，企业内部的服务也开始不断分化出来。

企业衍生服务的发展可以简化成三个演进过程。

第一，企业以产品制造与销售为主，服务比重较低。服务在此阶段定位为以在原来的产品上增加附加值为主，借以提高客户的满意度，强化与客户的关系。这时，服务是附加的性质，服务内容未标准化且无法计算。

---

① Jack E. Triplett and Barry P. Bosworth，2003，“Productivity in the Services Industries：Trend and Measurement Issues，” Brookings Institution，Working paper.

第二，产品渐趋同质化竞争，为了增加差异化并寻求新的收入来源，由产品衍生出可创造差异化并且可标准化的服务项目。此时，服务是差异化的来源，并且也能进行计算。

第三，企业可将标准化的服务环节商品化，让服务环节成为产品独立出去，可独立运营并获取收益。

如果以价值链来分析，则制造业内部的服务环节不断外化的过程可以分为两个类别。第一类别是建立在企业本身对产业价值链有一定累积的基础上的，是沿着价值链将其服务扩展到价值链的上游或者下游，这类企业如IBM和GE公司等，它们都属于服务模式的创新阶段，以服务为核心思想，进行机会评估与策略定位，服务行业程度较为彻底。这些原来利润大多来自产品销售的企业正开始逐步转为服务提供商。GE进入金融业为其客户提供贷款，刺激其产品的销售；IBM则提供电脑租赁、维修和软件服务。此外，除了IT信息平台服务外，其他衍生的基础性服务也越来越多，如延期付款、租赁系统、培训和咨询服务等。第二类是将优势的服务业务对外服务，即将本身具有优势的服务独立出来进行对外服务，扩大客户群，使企业价值最大化。HP是典型的代表，通过兼并服务性企业，给客户提供从硬件到软件、从销售到咨询的全套服务，日本的ALPS物流、OMRON创意服务业（CSB）和Hitach Consulting等均属于此类型。

企业将进行的服务环节的衍生发展主要是基于成本收益的分析。企业通过专注于核心产品或业务，将非核心的服务独立出去，可以大大降低运营成本。而企业运用其内部现有资源当作新业务的基础，通过将非核心的业务或者专业经营流程给予包装成产品销售给有需求的客户，可以增加收益，平缓制造业产品淡旺季的影响以及在成熟市场中增加企业成长的机会。但是这两类服务衍生方式产生的效果可能有所不同。第一类横向往价值链上下游来扩大价值的服务化，主要好处是有助于产品的销售、可强化与客户的关系、反映实在需求；第二类将优势的服务业对外服务，主要好处是衍生企业优势业务的价值、扩大服务客户群、多元化经营等。

企业的内部服务环节不断分化出来，也会不断加剧服务经济的发展进程，直接导致服务业占GDP的比重不断提高。

4.4.3 制造企业转型为服务企业的代表性企业

IBM公司

IBM曾是全球知名的电脑硬件制造商。在面临硬件价格大幅度下滑以及软件应用复杂性提高的情况下，IBM开始转向服务提供，在短期内能够提供整体信息解决方案，满足客户的需求。目前IBM为客户提供整体解决方案，涉足硬件、软件以及咨询者三大领域。其中，硬件主要包括网络基础设施的构架、服务器以及无线通信和资料存储等；软件则主要包括CRM、ERP、SCM和DBMS等；在咨询服务方面，主要是针对高科技企业、石化企业、ERP顾问服务企业、B2B电子商务企业等相关客户提供其所需要的产品配套和咨询服务。

IBM并非各个领域的专家，因此与其他企业联盟，甚至进行了兼并，比如与I2，Ariba等软件公司合作，提供B2B电子商务方案；与AT&T合作网络代管业务，跨足了电信产业等，从而给客户提供了整体服务。

在提供整体解决方案的同时，IBM于1990年与客户企业共同出资成立IBM Service

Company，客户占 50%以上的股份。客户比较了解 IBM 的经营管理制度，由客户与 IBM 员工共同推动系统开发，为客户量身打造专属的解决方案。

在短短的 10 年内，IBM 的业务逐渐转向全球服务事业。硬件收益从 48%降至 20%，全球服务性收益从 18%上升至 30%。

GE 公司

20 世纪 80 年代，GE 就开始重视服务业务，强调“服务导向比产品导向更重要”。从 1994 年开始，GE 陆续针对各个客户开展制造业服务化的趋势，包括“飞机引擎、发电设备、医疗系统”等部门都逐步履行公司的“服务导向”的策略。1995 年，哥伦比亚 HCA 医疗集团决定将旗下 300 多家医院所有的医疗影像设备交给 GE 负责维修保养；1996 年，GE 取得了该医疗集团全部医疗设备的管理业务。在航空领域，GE 将原来以科技为主的引擎销售及售后服务转向给客户提供解决方案。除了以 GE 本身的技术及维修经验为基础外，还进一步提供备用零件以及其他品牌引擎的维修服务。并且在接单发包、技术信息提供、修理退货等服务方面都实行了电子化，这在一定程度上也有利于掌握客户信息，并能够通过加强客户支持体系来提高客户的满意度。

HP 公司

HP 在电脑和打印机市场曾经具有较强的优势，但是随着需求环境的变化，在产品生命周期缩短、全球化等外部因素的影响下，HP 为了降低成本和增加收益，逐渐将运营及薪酬管理等复杂性事务、制造和信息管理等根据顺序进行外包并累积了相关经验。2000 年，HP 发现必须聚焦企业的核心竞争力，因此将其制造产业的服务流程作为其主打服务，并成为了出色的外包服务商。

其主要服务是为制造企业提供“财务与会计、人力资源、采购、订单执行和顾客及供应链分析”等相关商业流程的服务。其较为典型的是 HP 在跨国经营中积累了较多的国际会计账务管理能力，成立了“Transactional account payable”（TAP），协助 P&G 处理国际性应收账款事务。TAP 的运作跨越哥斯达黎加、英国、菲律宾、中国等，能够采用多语言多国运作方式，专注产品品质、工作流程的创新。P&G 利用 HP 来处理国际性应收账款事务后，其账务正确度由原来的 96%改善至 97.5%，缩短了周转时间，亚洲地区的时间利用率由 97%提高到了 99.5%。

复习题

1. 经济服务化的主要内涵是什么？
2. 比较全球主要国家经济服务化现象与中国的差异。
3. 经济服务化趋势的成因主要是什么？

第 5 章

服务业发展的影响因素

5.1 理论分析

5.1.1 收入水平

早期，大部分学者在对服务业发展水平进行研究的时候，还是将服务业作为一个整体来进行分析，并且将收入水平的变化作为影响服务业发展的重要因素。

克拉克认为，就业向服务业转移的主要原因是消费需求总量和需求结构的变换。他利用了恩格尔提出的需求饱和水平理论（theory of the level of demand saturation）：收入水平相对较高的家庭在初级产品上的支出占收入的比例更低，同样的饱和现象也最终出现在工业产品上。丹尼尔·贝尔在《后工业社会的来临——对社会预测的一项探索》（*The Coming of Post-industrial Society*：*A Venture in Social Forecasting*）中提出，后工业社会的主要特征之一是以第三产业或服务业为主。这种结构是内生的，即经济部门之间生产率存在结构性差异，一开始有利于工业部门增加就业，随着收入水平提高，服务需求增长，第三产业部门成为主要部门。

由于服务业的需求收入弹性较大，随着人均国民收入水平的提高，人们对高端服务产品的需求会增加，这也是一个国家经济服务化程度（服务业增加值占 GDP 比重、服务业就业人口占总就业人口比重）不断提高的重要原因。

Weintraub 和 Magdoff（1940）较早地认为国内个人服务对劳动的需求直接取决于最终消费者可获得的收入水平、收入分配的方式、社会消费模式的改变以及服务商业化程度的改变等因素。Chenery（1960）通过不同国家之间的服务份额对人均收入水平的回归计算结果，发现服务份额对人均收入水平存在一个显著的系数，而且还发现服务份额与人均收入水平之间的关系在不同国家之间是不同的。Chenery 和 Moshe（1975）对服务产出份额与人均收入水平及人均收入水平的二次方做了进一步回归分析，发现两者之间的关系是凹向原点的。也就是说，服务份额随着人均收入的增长而增长，但是增长的速度在不断下降。

Fuchs（1982）发展了一个模型，实证检验了当人均收入很低的时候，服务就业份额趋于零；当人均收入很高的时候，服务就业份额趋于1这样一个假设。检验结果说明美国服务业发展的数据与他发展的服务就业份额模型拟合得非常显著。Kongsamut 等（1999）也发现服务业的产出份额与人均收入水平之间存在显著的线性关系。

Eichengreen 和 Gupta（2009）考察了服务部门的相对规模随着增长而发生的改变。第一，服务业的部门增长有两波。服务部门的产出份额在相对适度的收入水平开始增长，但增长的速度随着增长过程而下降，直到人均收入达到1 800美元左右（以2000年的美元购买力平价）才趋于稳定状态，这是第一波。在人均收入达到4 000美元左右，服务部门的产出份额在最终达到平衡状态之前再一次开始上升，这是第二波。第二，在1990年以后服务部门增长的第二波中存在一个向上的移动。也就是说，1990年以后的第二波增长在比以前更低的收入水平基础上开始。

但是也有学者对这些命题提出了质疑。Kuznets（1957）认为国民总产出中的服务产出份额并不随人均收入水平变化而产生显著的变化。Falvey 和 Gemmel（1996）认为虽然服务具有收入需求弹性的假设在早期的实证研究中能够找到证据支持，但随着方法的改进和数据的优化，这种假设在近期实证研究中没有得到支持，他们运用60个国家的截面优化数据，重新估计了服务业需求的收入和价格弹性。结论表明，就整体而言，服务业并没有表现出需求的收入弹性，但不同的服务产业部门其需求的收入弹性变化很大。

在具体的服务收入弹性测算上，不同的学者利用统计数据得出了不同的结果。Fuchs（1968）的研究表明，美国20世纪60年代整体服务的收入弹性为1.12；Houthakker 和 Taylor（1966）估计私人服务收入弹性在0.5～2.2之间，大多数服务的收入弹性接近1；Inman（1978）估算政府服务收入弹性为0.6～1.2；Summers（1985）对1975年34个国家的各类服务业的收入弹性进行估算，结果为0.912～1.458，总体服务收入弹性为0.977；Grubel 和 Walker（1989）认为，服务需求的收入弹性并不高，平均说来大约等于1；Bergstrand（1991）以及 Falvey 和 Gemmell（1991）估计的服务收入弹性大于1。

当然，产生这些分歧的关键在于统计的对象和数据采用上的差别，如果只把当作最终消费品的服务业作为研究对象，那么服务业的需求显著地与人均国民收入水平和需求收入弹性相关。但是如果把还包括其作为中间产品和服务贸易产品的服务业最终需求作为研究对象，那么服务业的需求并不一定与人均国民收入和需求收入弹性显著正相关，因为服务业作为中间产品的需求和作为贸易产品的需求还与其产业关联度和服务贸易自由度相关。

5.1.2 政府管制

虽然有研究表明，政府规模对经济增长有一定的促进作用，但是也有研究得出了相反的结论。且政府规模过大对于经济增长的阻碍作用，在服务业部门体现得更明显。政府对服务业发展的制约作用主要体现在以下几个方面。

第一，政府会因为服务业的特殊性对其进行管制。服务行业经济属性之外的兼有属性可能会被过分看重，从而导致国有垄断经营。例如，金融行业涉及国家的金融安全问题，电信产业涉及国家信息安全问题，文化传媒行业往往涉及意识形态问题等等。因此在许多国家，这些服务部门都是国有垄断经营，不允许民间资本以及外资进入，而这就可能抑制这些行业的发展。Mattoo 等（2001）的研究也证实，服务业的自由进入和开放对于服务业发展非常重要。相对于其他行业，在许多国家中服务业都是被管制最多的行业。政府规模过大的国家更倾向于对服务业加强管制，过度的管制可能会阻碍服务业的发展。Eschenbach 等（2005）对东欧和中亚 24 个转型国家的研究表明，放松服务业管制，极大地促进了这些国家服务业的发展。

第二，政府对服务业的控制挤出了民营资本对服务业的投资，进而限制了服务业发展。相对于私营部门而言，公共部门的利润动机往往较弱，其服务外化的动力往往不足。由此在政府控制较多的经济资源时，独立的外部服务业所能获得的市场空间可能相对较小，政府的公共支出甚至会介入到许多可以市场化的服务部门，挤出私营部门，从而导致这些服务行业发展不足。在政府对于经济运行有较强控制能力，尤其是其自身可以进行投资或者能够控制投资流向时，出于拉动经济增长或增加税收等方面的考虑，往往有很强的动力对于大型工业企业进行投资或者提供相应的优惠。例如在日本、韩国等东亚国家的经济发展过程中，政府都采用了扶持工业发展的产业政策。与之相反，由于服务业一般规模较小，在拉动经济增长方面很难起到立竿见影的效果，政府从中征税也较为困难，因此政府往往缺乏动力给予服务业必要的扶持。

5.1.3 法律环境

North（1981）指出，当一个国家具备良好的制度时，一是可以限制政府以及各类精英群体对私营部门的掠夺行为，为社会提供良好的私人财产保护，从而可以促进私营部门在物质资本和人力资本上的投资，进而促进经济增长；二是可以提供一个高效的司法体系作为第三方，解决私营部门之间以及其与公共部门在契约签订和执行上的纠纷，从而促进社会分工和交易，进而促进经济增长。按照 Acemoglu 等（2005）的定义，前者可以称之为“财产保护制度”（property rights institution），后者可称之为“契约维护制度”（contracting institution）。相对于其他产业，服务业一些独特的产业特性决定了其发展更为依赖于外部契约执行环境。

服务产出具有无形性的特点。例如，研发活动的结果往往只是无形的知识或商业秘密，而这些产出复制的边际成本非常低，从而增加了在交易中对其保护的难度。在这样的情况下，如果没有外部力量来保护契约的执行，相对于其他产业的交易，服务交易的供需双方更难以对交易的利益和风险形成稳定的预期。而独立的司法体系如能有效地发挥第三方契约执行功能，将会极大地缓解服务交易的这一困难。

此外，服务业产出往往缺乏统一的评价标准，大多数都是个性化的定制产品；或者如 Eswaran 等（2002）所说的，产品差异化、多样性是服务业的关键特征，从而使得服务业主要是采用个性化的交易方式。这种个性化交易很容易造成交易双方的相互锁定。在外部法律环境难以保证契约得到有效实施的情况下，服务交易的双方锁定威胁及其伴随的机会主义行为，实际上就可能导致交易不会发生，从而阻碍了服务业发展。

因此，与其他产业相比较而言，服务业在更大程度上是 Clague 等（1999）所说的

"契约密集型产业"，即服务业的生产和交易将涉及更为密集和复杂的契约安排。① 近些年来全球服务业的增长，最主要的是作为中间投入的生产性服务业的增长，而生产性服务业更加需要各种广泛的契约安排，其作为契约密集型产业的特征更为明显。自然，作为一种契约密集型产业，服务业发展更需要一个良好的外部制度环境提供保护。在其他条件相同时，当一国的契约维护制度质量越差时，交易双方潜在的机会主义行为就越可能发生，预期到这一点，涉及契约密集型服务产业的分工和交易越不可能发生，从而阻碍服务业发展。

在一般意义上，政府规模过大所造成的市场扭曲，无论是其他产业服务功能的外化，还是对真实服务需求的有效供给，或者在国际分工中发挥自己在服务行业的比较优势，都有可能受到阻碍。在某些情况下，政府甚至会倾向于采取措施促进工业发展，从而降低服务业比重。陆铭（2010）指出，由于与制造业不同的经济特性，使得政府在服务业上直接推动产业发展的空间很小。

5.2 实证分析

5.2.1 模型及数据

有学者对此进行了实证研究。汪德华等人（2007）利用跨国界面数据实证检验了政府规模和法治水平对服务业发展的影响。他们建立了一个基本模型，将人均收入水平、政府规模和法治水平这三个指标纳入研究。

被解释变量是各个国家或地区的服务业增加值占 GDP 的份额（*SS*），解释变量则为人均收入水平、政府规模和法治水平。人均收入水平用各国人均 GDP（*Pergdp*）来表示，这个指标选择较为简单。政府规模和法治水平则采用各国政府规模评分（*Gov*）和法治水平评分（*Law*）来表示。

$$SS_i = b_0 + b_1 Law + b_2 Gov + Xc + \varepsilon \qquad (5—1)$$

政府规模（size of government）评分，来自 Gwartney 和 Lawson（2005）完成的《世界经济自由度 2005 年度报告》（Economic Freedom of the World: 2005 Annual Report）。这一指标从 4 个方面衡量政府规模：政府消费支出占总消费的比重，转移支付占 GDP 比重，政府以及政府控制企业的投资占总投资的比重，总边际税率。可以看出，这一指标是一个政府规模的综合评分，评分越高表明政府的规模越大，即控制的经济资源相对越多，对经济运行的控制能力越强。原报告中评分范围为 0～10，评分越高表示政府规模越小。为直观起见，汪德华等人（2007）用 10 减去原始评分获得政府规模的新评分，新评分越高表示政府规模越大。我们同时将每一新评分乘以 10，使最终评分范围变为 0～100。

选取 Kaufmann、Kraay 和 Mastruzzi（2005）提供的各国法治水平（rule of law）评

① 事实上，Clague 等（1999）在给出契约密集型产业的例子时，即列举出类似于金融、保险、不动产、商务服务等服务行业。

分，作为衡量各国维护契约执行制度质量的指标。Kaufmann 等（2005）从 37 个不同来源的数据库中，选取了多达几百个指标进行综合分析，从而给出了对各国政府治理状况，包括其法治水平的评分。这一评分主要衡量一国司法体系、警察在维护契约执行方面的质量，评分越高表明法治水平越高。由前文分析可知，解决交易纠纷、维护契约执行的制度对于服务业比重的提升更为重要。基于这一研究目的，选择法治水平作为制度质量的衡量指标是非常合适的。在稳健性检验中，他们还选取了其他来源的指标作为法治水平的替代指标。指标的具体细节参见后文以及附录的详细说明。

采用各国法治水平的评分作为衡量各国契约维护制度质量的指标，与近年来大量出现的关于制度影响经济增长（Acemoglu et al.，2001、2005），制度影响金融发展（La Porta，1998）等方面的经验研究文献是高度一致的。然而，一些学者如 Glaeser 等（2004）就认为，类似于本书中法治水平这类衡量制度质量的指标，反映的并非人们通常感知的制度安排，而是制度安排所实际发挥功能（例如本书中的维护契约执行）的好坏，而这种制度功能的好坏，并不一定就是来自制度设定的好坏，而可能是受到诸如居民教育水平高低等方面因素的影响。然而，在本书的分析中，我们恰恰强调的是制度功能的好坏，即能否有效维护契约的执行对于各国服务业比重的影响，因此，Glaeser 等（2004）的意见对于本书来说可能不是很严重的问题。

同时还选择一些其他的控制变量，如各国的城市化水平（*Urban*）、各国的教育状况评分（*Edu*）等。各国的城市化水平也普遍被研究者认为是影响服务业发展的重要因素（Riddle，1986）。当代各国经济服务化的实质，即是经济信息化和知识化（刘志彪，2001；吴敬琏，2006）。在这样的情况下，一国人力资本的积累状况对于服务业尤其是生产性服务业发展的影响日益重要。为此，我们选用由联合国出版的《人类发展报告》（Human Development Report）对各国居民教育状况的一个综合评分（*Edu*），作为各国人力资本积累状况的一个度量，该项评分主要包含居民识字率、入学率、入学平均年限等方面，评分越高表明居民的教育状况越好。

考虑到一些难以观测到或者难以量化的因素，例如地理位置、文化等也可能影响到各国服务业的发展，从而导致各国服务业比重之间存在差异。更为重要的是，这些因素还可能与已有的解释变量相关，从而导致以上回归结果存在遗漏变量偏误。按照 Wooldridge（2000）所建议的方法，我们选择滞后因变量进入模型，作为这些未知遗漏变量的代理变量，以尽可能控制这种偏误，由此形成的计量模型为（5—2）式。

$$SS=b_0+b_1Law+b_2Gov+Xc+dSS_{-t}+u \tag{5—2}$$

式中，SS_{-t}为滞后因变量，为 t 年前的服务业比重；d 为待估参数，X、b、c 均同模型（5—1），u 为误差项。模型中加入滞后因变量后，除了可以控制不可观测变量的影响外，其系数 d 还具有自身的经济学含义，即衡量各国服务业比重现期差异受历史因素影响的大小。由于一国的产业结构变迁具有很强的路径依赖特征，d 的符号自然可以预期为正。需要指出的是，由于一国产业结构、制度、政府规模等方面的变化非常缓慢，各个因素对产业结构的影响是一种长期作用，因此在加入滞后因变量后，模型中给出的各个解释和控制变量对各国服务业比重现期差异的影响，已经部分体现在对其历史条件的影响中。考虑到这一点，在选择滞后因变量时，需要其对应年份不能离因变量所在年份过近，以避免两年之间的服务业比重相关系数过大，导致无法发现其他变量与因变量之间的关系。

除这些变量之外，视研究需要我们还会在各个回归模型中适当增减相关解释变量，这些变量的具体说明均可参见书末附录。

由于在可获得的数据来源中，各个变量在 2000 年的观测值最多，因此主要选用 2000 年的跨国横截面数据进行研究。考虑到选择滞后因变量的要求，以及中国的服务业核算直到 20 世纪 90 年代初才开始正常，因此为分析中国服务业发展问题，我们在基础回归中选取 1991 年的服务业比重作为滞后因变量。① 各个变量的描述性统计见表 5—1，表中各个变量均有观测值的样本国家数为 114 个。表 5—1 给出了全部样本国家以及穷国相关指标的样本数、均值和标准差。其中，穷国是世界银行分类标准中所指的低收入国家和中低收入国家，富国是指中高收入国家和高收入国家。② 在后面的检验中，我们将按全部样本国家和穷国样本对模型分别检验，以判断各个解释变量在不同的收入水平下，对服务业比重的影响是否存在不同。另外，为利用经验研究的结果比较中国和印度的服务业发展状况，表 5—1 中还给出了两国各个变量的数值。

表 5—1　　主要变量的描述性统计

变量名	全部样本国家			穷国			中国	印度
	样本数	均值	标准差	样本数	均值	标准差		
SS	114	54.34	13.64	60	48.38	10.68	39.25	48.78
Pergdp	114	7.42	10.47	60	0.950	0.788	0.949	0.450
Urban	114	56.51	22.18	60	41.99	17.04	35.78	27.66
Gov	114	42.36	14.98	60	40.04	14.50	61.59	31.57
Law	114	4.46	20.99	60	−10.30	10.18	−6.67	4.37
Edu	114	76.89	19.08	60	65.13	18.45	80.00	57.00
SS1991	114	50.40	12.83	60	44.11	10.19	33.43	42.09

5.2.2　实证分析及相关解释

表 5—2 给出了各个计量模型的检验结果。各个模型的被解释变量均为 2000 年各国服务业增加值占 GDP 比例（*SS*），所有回归模型均包含常数项。考虑到跨国经验研究中异方差问题可能比较严重，表中各回归系数的 t 值均用异方差稳健性标准误差计算出来。

为了与已有研究相比较，回归 1 仅以各国人均 GDP（*Pergdp*）和城市化水平（*Urban*）为解释变量。检验结果与已有研究（江小娟等，2004）相一致，即两者的回归系数均显著为正。回归 2 仅以法治水平评分（*Law*）、政府规模评分（*Gov*）为解释变量，结果显示两者的回归系数都至少通过了 5%水平上的显著性检验，符号与本书的两个假说一致。

---

① 经过验算我们可以确认，如果选取其他年份的数据，如 1990 年的服务业比重、1971—1980 年服务业比重的平均值、1981—1990 年服务业比重的平均值等作为滞后因变量，并不会改变本书的基本结论。

② 世界银行每年按照各个国家和地区的人均收入水平的差异将其分为四组：高收入、中高收入、中低收入和低收入。考虑到样本规模问题，本章将前两类国家和地区合并为一组，统称为富国；将后两类国家和地区合并为一组，统称为穷国。

表 5—2　　政府规模、制度质量与服务业发展水平相关关系回归结果

解释变量	被解释变量：2000 年各国服务业占 GDP 比重						
	(1) 全部样本	(2) 全部样本	(3) 全部样本	(4) 穷国	(5) 含交互项	(6) 全部样本	(7) 穷国
Constant	38.27*** (13.35)	58.82*** (21.33)	35.32*** (6.32)	48.29*** (9.14)	41.81*** (7.98)	15.17** (2.14)	25.96** (2.25)
Gov		−0.15** (−2.50)	−0.19*** (−3.32)	−0.31*** (−4.55)	−0.15** (−2.4)	−0.11 * (−1.94)	−0.20** (−2.25)
Law		0.43*** (9.24)	0.23*** (2.79)	0.40*** (3.74)	0.00 (0.02)	0.17 * (1.87)	0.39*** (3.01)
Pergdp	0.41*** (4.41)		0.03 (0.21)	1.99 (1.02)	0.24 (1.36)	−0.15 (−0.95)	−0.26 (−0.13)
Urban	0.23*** (4.32)		0.02 (0.34)	0.13 (1.52)	−0.00 (−0.14)	−0.02 (−0.33)	0.09 (1.13)
Edu			0.32*** (3.68)	0.11 (1.30)	0.28*** (4.20)	0.30*** (3.90)	0.16** (2.10)
SS1991						0.44*** (3.87)	0.43** (2.48)
*Low * Gov*					−0.09 (−1.58)		
*Low * Law*					0.37** (2.30)		
R^2 样本数	0.387 3 114	0.437 1 114	0.567 0 114	0.531 9 60	0.572 4 114	0.653 8 114	0.618 1 60

注：所有变量的定义与来源参见附录。括号内为异方差稳健型 t 统计量。 * 表示在 10%的显著性水平上统计显著；** 表示在 5%的显著性水平上统计显著；*** 表示在 1%的显著性水平上统计显著。

回归 3 增加了 *Pergdp*、*Urban*、*Edu* 作为计量模型的控制变量。结果显示，增加了控制变量之后，政府规模和法治水平的回归系数都至少在 1%水平上是显著的。按照回归 3 的结果来分析，在其他条件相同的情况下，一国的法治水平评分或政府规模评分高于另一国 10 分的话，则其服务业比重相应高出 2.3 个百分点或低 1.9 个百分点。居民教育水平评分的回归系数也在 1%水平上显著，表明一国的人力资本积累状况对其服务业发展有正向影响。需要注意的是，与回归 1 比较，回归 3 以及后面各个计量模型的 *Pergdp* 与 *Urban* 的回归系数都变得非常小，且在统计上不再显著。这里的主要原因可能在于，这两个指标与法治水平、教育评分之间的相关性过大，受多重共线性问题的干扰使得它们本身的影响可能被掩盖。[①] 这一情况也表明，如果仅考虑人均 GDP 和城市化水平对服务业比重的影响，由于遗漏了制度、人力资本等因素的作用，所获得的结果可能是有偏的。在考虑了更多因素之后，各国的人均 GDP 和城市化水平对其服务业发展的影响并没有回归 1 所显示的那么大。

① 在本章的样本中，人均 GDP 与法治水平、教育评分的简单相关系数分别为 0.83 和 0.53；城市化水平的相关系数则分别为 0.61 和 0.68。

回归 4 仅以我们定义的“穷国”为样本，检验结果显示法治水平评分与政府规模评分的回归系数依然在 1%水平上显著；与回归 3 相比，一个主要的差别是这两者的回归系数绝对值都变大。回归 4 的结果似乎表明，在穷国政府规模和法治水平对于服务业发展的影响更大。为验证这一点，在回归 5 中加入了两个交互项，分别是穷国虚拟变量与法治水平、穷国虚拟变量与政府规模的乘积。检验结果显示，穷国虚拟变量与法治水平交互项的回归系数在 5%水平上显著，这表明法治水平对服务业发展的影响在穷国确实更大。至于穷国虚拟变量与政府规模的交互项，其回归系数的符号正如预期的一样为负，但在统计上没有通过 10% 水平的显著性检验。

回归 6、回归 7 中加入滞后因变量 *SS*1991 作为模型的一个控制变量，以尽可能减少一些不可观测因素带来的遗漏变量偏误。由此，回归 6、7 中其他解释变量的回归系数，表示的即是在 1991 年服务业比重以及其他条件相同的情况下，这些变量对各国 2000 年服务业比重的边际影响。检验结果显示 *SS*1991 的回归系数正如所预期的显著为正，表明服务业的发展具有一定的惯性，各国服务业比重的现期差异受其历史因素的影响。在增加了滞后因变量 *SS*1991 之后，法治水平、政府规模与教育水平的回归系数，至少在 10%水平上显著，符号也与理论分析相一致，并没有改变回归 3 和回归 4 的基本结论。但是将回归 6、7 与回归 3、4 的结果相比较还可以发现，法治水平、政府规模的回归系数绝对值都变小了。这表明在考虑了各国服务业的历史条件之后，以上变量对各国服务业比重现期差异的解释力都有所下降。其原因正如前文所分析的，滞后因变量 *SS*1991 回归系数的大小，不仅反映了一些不可观测变量的影响，也受到以上所提到的各个解释变量的影响。也就是说，当在模型中加入滞后因变量之后，以上各个解释变量对现期各国服务业比重的影响，已经部分通过滞后因变量得以体现。

5.2.3 稳健性检验

为了考察以上研究结论是否稳健，表 5—3 从其他角度对第一节的两个假说做了新的检验。与表 5—2 不同的是，表 5—3 中滞后因变量选取各国 1971—1980 年服务业比重的平均值（*SS*7180），而非 *SS*1991。[①] 首先考虑到一些异常样本的存在可能导致计量分析的偏误，例如一些小国往往难以形成较为完整的产业结构；一些国家可能由于战乱等因素造成人均收入水平下降，同时伴随着非正常的产业结构。为此，表 5—3 中回归 1 选取 2000 年人口在 500 万以上的国家和地区，回归 2 选取 2000 年不变价人均 GDP 超过 1970 年的国家和地区作为样本，检验结果均显示政府规模和法治水平至少在 10%水平上显著，符号也符合理论的分析；教育水平评分以及滞后因变量 SS7180 的回归系数，也如预期的那样显著为正。

其次，在经济全球化的今天，各国货物产品的出口实质上即是将对该产业的需求从国内转移到国际范围内，这种出口自然会增加对该国第一产业、第二产业的需求，进而可能增加第一、第二产业的比重，相对降低服务业占 GDP 的比重。在许多学者的研究中，都

---

① 做出这样的调整有三个原因：一是在一些回归中如选 *SS*1991 作控制变量，则其回归系数过大，掩盖了其他解释变量与因变量之间的相关关系，这尤其体现在大国样本回归中；二是后文中没有利用这些结果来分析中国服务业发展问题，因此中国服务业核算不正常问题影响不大；三是做出这一调整可以进一步说明，采用不同时间的滞后因变量不会影响本章的结论。

指出这一点是中国服务业比重较低的一个重要影响因素。为了控制这种影响，表5—3中回归3增加一国货物出口占GDP的比例（*Exgoods*）为控制变量，结果显示政府规模和法治水平的回归系数依然至少在5%水平上显著。另外，为避免单个年度数据波动给回归结果带来影响，回归5将因变量服务业比重改为1991—2000年的平均值，*Pergdp*、*Urban*、*Gov* 也相应调整为1991—2000年的均值；由于数据的约束，*Law* 调整为该项指标1996—2004年的均值；对各国人力资本积累状况的评估，我们改用Ballo-Lee数据库（Ballo and Lee，2001）中1990年、1995年、2000年各国25岁以上居民的平均受教育年限（*Tyr*）。回归结果显示，政府规模和法治水平对服务业比重的影响均在1%水平上显著。这说明可能存在的单个年份数据波动，并不会影响我们的计量检验结果。

在以上分析中，我们选用的制度指标均是一个对各国保护契约执行法治状况的综合评分。在表5—3的回归4中，我们采用一个直观度量各国司法体系在维护契约执行方面效率的指标作为替代。这一指标来自世界银行的经商调查（Doing Business Survey）中的合同执行（Enforcing Contracts）项目。在这项调查中，世界银行计算一笔私人部门的债务纠纷，从交由法庭处理开始直到债务纠纷最终得到执行为止，为解决这笔债务纠纷所需要的时间（*Time*）、步骤（*Procedures*）以及为解决纠纷所花费的成本占债务总额的比例（*Cost*），以此来评估各国司法体系在维护契约执行方面的效率。*Time*、*Procedures*、*Cost* 的数值越大，表示该国司法体系在维护契约执行方面效率越低。表5—3第4列给出的是采用 *Cost* 作为度量制度质量指标时的回归结果。结果显示，*Gov* 和 *Cost* 的回归系数符号都显著为负，这表明政府规模越大、维护契约执行制度的质量越低，则服务业的比重越低。这与我们理论分析中提出的两个假说是一致的。我们还采用这一数据库中 *Time*、*Procedures* 指标作为制度的度量指标进行回归，同样得到类似的结论，限于篇幅，正文不再报告这些结果。

表5—3　　政府规模、制度质量与服务业发展水平相关关系的稳健性检验

解释变量	被解释变量：2000年各国服务业增加值占GDP比重				(5) 各个变量为1991—2000年平均值
	(1) 人口超过500万的国家	(2) 2000年人均收入高于1970年的国家	(3)	(4)	
Constant	26.44*** (3.58)	24.51*** (2.96)	25.06*** (4.77)	23.31*** (3.84)	15.69*** (3.99)
Gov	−0.12** (−2.01)	−0.18** (−2.32)	−0.14** (−2.17)	−0.15** (−1.99)	−0.12*** (−2.72)
Law	0.20* (1.92)	0.19* (1.76)	0.28*** (3.46)		0.21*** (3.56)
Cost				−0.13*** (−7.25)	
Pergdp	0.11 (0.72)	0.05 (0.28)	−0.09 (−0.60)	0.21* (1.71)	0.10 (1.23)
Urban	0.09 (1.50)	0.12* (1.82)	0.04 (0.94)	−0.04 (−0.64)	0.13*** (3.70)

续前表

解释变量	被解释变量：2000 年各国服务业增加值占 GDP 比重				(5) 各个变量为 1991—2000 年平均值
	(1) 人口超过 500 万的国家	(2) 2000 年人均收入高于 1970 年的国家	(3)	(4)	
Edu	0.13* (1.95)	0.14** (2.09)	0.24*** (3.16)	0.27*** (3.80)	
Tyr					0.07 (0.13)
SS7180	0.35*** (3.58)	0.39*** (2.99)	0.41*** (4.96)	0.44*** (4.75)	0.45*** (7.39)
Exgoods			−0.15** (−2.55)		
R^2 样本数	0.734 6 70	0.697 4 69	0.736 0 97	0.712 2 91	0.814 5 76

注：所有变量的定义与来源参加附录。括号内为异方差稳健型 t 统计量；* 表示在 10%水平上显著；** 表示在 5%水平上显著；*** 表示在 1%水平上显著。

以法治水平来衡量的契约维护制度对于服务业比重的影响可能较财产保护制度更重要。为验证这一点，表 5—4 的回归 1 至回归 4 选择了两个衡量财产保护制度的指标进入模型进行计量检验。选取的衡量财产保护制度的指标与 Acemoglu 等（2005），以及其他涉及制度的跨国经验研究相一致，第一个是 *Prirights*，来自 Heritage Foundation（2000）出版的 *Index of Economic Freedom 2000*，这一指标衡量的是各国私人财产得到保护的状况，评分越高表明财产保护状况越好。第二个为 *Icrgrisk*，衡量的是外国投资在一国被该国政府剥夺的风险，得分越高表示风险越低。我们从《世界发展报告 2002》中获取这一指标的相关数据。

表 5—4　　政府规模、制度质量与服务业发展水平相关关系的进一步分析

解释变量	被解释变量：2000 年各国服务业增加值占 GDP 比重						
	(1)	(2)	(3)	(4)	(5)	(6)	(7)
Constant	23.70** (2.55)	26.84*** (3.11)	0.52 (0.05)	14.99* (1.80)	27.27*** (3.22)	107.88** (2.30)	91.17** (2.25)
Gov	−0.14** (−2.02)	−0.13* (−1.75)	−0.15** (−2.01)	−0.13* (−1.74)			
Govcons					−0.11* (−1.69)		−0.09 (−1.46)
Govinv						−0.89* (−1.93)	−0.68* (−1.68)
Cost		−0.12*** (−6.83)		−0.12*** (−6.25)	−0.13*** (−8.10)	−0.13*** (−6.39)	−0.13*** (−6.61)
Prirights	1.74 (1.21)	0.87 (0.71)			1.80 (1.30)	0.08 (0.06)	0.80 (0.56)

续前表

解释变量	被解释变量：2000 年各国服务业增加值占 GDP 比重						
	(1)	(2)	(3)	(4)	(5)	(6)	(7)
Icrgrisk			0.26 (1.54)	0.13 (1.00)			
Pergdp	0.18 (1.38)	0.15 (1.11)	0.08 (0.53)	0.12 (0.93)	0.11 (0.84)	0.10 (0.79)	0.12 (0.95)
Urban	0.01 (0.14)	−0.03 (−0.52)	0.00 (0.07)	−0.05 (−0.71)	0.00 (0.01)	−0.05 (−0.78)	−0.03 (−0.44)
Edu	0.25*** (3.13)	0.24*** (3.32)	0.28*** (2.95)	0.27*** (3.14)	0.24*** (3.35)	0.22*** (3.24)	0.25*** (3.64)
*SS*7180	0.44*** (4.70)	0.44*** (4.83)	0.42*** (4.15)	0.43*** (4.32)	0.44*** (4.80)	0.42*** (4.42)	0.39*** (4.22)
R^2 样本数	0.647 2 95	0.701 4 90	0.618 7 83	0.685 8 80	0.707 9 90	0.700 6 90	0.718 3 89

注：所有变量的定义与来源参加附录。括号内为异方差稳健型 t 统计量；* 表示在 10%水平上显著；** 表示在 5%水平上显著；*** 表示在 1%水平上显著。

在表 5—4 的回归 1 和回归 3 中，其他变量与表 5—2 的回归 7 相同，差别仅在于滞后因变量改为 *SS*7180，同时将制度质量的度量指标分别改为 *Prirights* 和 *Icrgrisk*。结果显示 *Prirights*、*Icrgrisk* 的符号虽然如预期的那样为正，但无法通过显著性检验。这说明在统计上我们并没有发现财产维护制度对服务业比重的显著影响。在表 5—4 的回归 2 和回归 4 中，我们同时将衡量财产保护制度和契约维护制度的指标放入计量模型中，结果显示衡量契约维护制度的指标 *Cost* 的回归系数均在 1%水平上显著为负；而衡量财产保护制度的两个指标 *Prirights*、*Icrgrisk*，其回归系数均无法通过 10%水平上的显著性检验，其绝对值也较回归 1、回归 3 下降了一半左右。这些结果说明，契约维护制度而非财产保护制度，是造成各国产业结构产生差异的主要原因。我们没有发现财产保护制度显著影响服务业比重的统计证据。

在针对政府规模是否影响经济增长的研究中，Barro（1991）曾发现政府控制的投资占总投资的比例，即政府的投资规模对于经济增长并没有显著的影响；而政府支出规模对经济增长有显著的负向影响。由此产生了一个有趣的问题，这两种从不同方面度量的政府规模对于产业结构会有什么影响？表 5—4 中的回归 5 至回归 7 即是希望为此提供一些初步的线索。回归 5 和回归 6 的控制变量完全相同，都包括了两类制度变量、人均 GDP、城市化水平、教育水平等指标。从回归 5 和回归 6 的结果可见，无论是政府的投资规模，还是其支出规模，对于服务业比重的影响都是负的，且都通过了 10%水平上的显著性检验，但政府投资规模的回归系数绝对值要远远大于政府支出规模。在回归 7 中，我们将两种政府规模的指标都放进回归方程，结果发现政府的投资规模依然在 10%水平上显著；而政府消费规模的影响同样是负的，虽然无法通过 10%水平上的显著性检验，但其 t 值的绝对值也达到了 1.46。这实际上说明政府消费规模和政府投资规模对于服务业比重都有负向的影响，虽然前者在一些情况下无法通过显著性检验。可以看出，我们这里的结论与 Barro（1991）对经济增长的分析有所不同：虽然政府消费规模的影响不容忽视，但政府投资规模对于产业结构的影响可能更重要一些。

附录：相关变量定义和数据来源

变量名	数据说明
SS	2000年各国服务业增加值占GDP份额。数据来自世界银行World Development Index数据库。
SS1991	1991年各国服务业增加值占GDP份额。数据来自世界银行World Development Index数据库。
SS7180	1971—1980年各国服务业增加值占GDP份额的平均值。数据来自世界银行World Development Index数据库。
Gov	从政府支出规模、转移支付比例、政府和国有企业投资占社会总投资比例以及税率四个方面对各国2000年政府规模的评分。原始评分范围为0～10，评分越高表明政府规模越小，为直观起见，本章将其调整为政府规模越大评分越大，并将所有得分均乘上10，使评分范围调整为0～100。数据来自Gwartney，James and Robert Lawson (2005)。
Govcons	对政府消费支出占总消费比重的评分，衡量政府支出规模。处理方法及数据来源同上。
Govinv	对政府和国有企业投资占社会总投资比重的评分，衡量政府投资规模。处理方法及数据来源同上。
Law	从司法体系的效率、法庭的公平程度、法庭的判决以及契约的执行程度、产权的被保护程度等方面对2000年各国法治水平的评分。原始评分范围为－2.5～2.5，我们将其统一乘上20，使其评分范围变为—50～50。数据来自Kaufmann，Kraay and Mastruzzi (2005)。
Cost	表示司法体系解决一笔债务纠纷所花费的成本占债务总额的比重。用于衡量一国司法体系在维护契约执行方面的效率。数据来自世界银行的经商调查中的合同执行项。
Pro-rights	对各国私人财产保护程度的评分，得分越高表示私人财产的保护程度越高。数据来自Heritage Foundation (2000) 出版的*Index of Economic Freedom* 2000。
Icrgrisk	衡量外国投资在一国被该国政府剥夺的风险，得分越高表示风险越低，数据来自世界银行(2002) 的《世界发展报告2002》。
Pergdp	2000年各国人均GDP (2000年不变价美元)。数据来自世界银行World Development Index数据库。
Urban	2000年各国城市人口占总人口比例。数据来自世界银行World Development Index数据库。
Edu	从成人识字率、平均教育年限等方面对各国居民2000年教育状况的评分，评分范围为0～100。数据来自联合国开发计划署的“*Human Development Report* 2002”。
Tyr	各国1990年、1995年和2000年25岁以上居民的平均受教育年限，数据来自Ballo and Lee (2002)。
Exgoods	2000年各国货物出口占GDP比例。数据来自世界银行World Development Index数据库。

复习题

1. 收入水平对服务业发展有什么样的影响？
2. 政府在促进服务业发展中到底起的是正向作用还是负向作用？
3. 制度环境对服务业发展有什么样的影响？

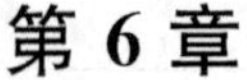

生产性服务业及其与制造业的互动关系

6.1 生产性服务业：界定与特点

生产性服务业，即主要为满足商品和服务生产提供中间投入的服务行业，是指从企业内部生产服务部门分离和独立发展起来的，主要为生产经营主体而非直接消费者提供的服务。

生产性服务业的界定是基于对服务业或服务部门的“功能性分类”，最早是由 Greenfield（1966）提出，后经过 Browning（1975）等经济学家的发展而得到深化。如果服务能够像有形商品那样被区分为资本品和消费品，则生产性服务无疑是作为资本品的服务（capital services），而消费性服务则是作为最终消费品的服务。

刘志彪（2006）指出，现代生产性服务业是指那些依靠高技术和现代管理方法、经营方式及组织形式发展起来的，主要为生产者提供中间投入的知识、技术、信息密集型服务部门。其核心是高级生产性服务，如金融服务、商务服务、信息技术与通信服务、教育培训服务、物流服务、旅游服务、外贸服务以及一部分被新技术改造过的传统服务等。言简意赅地说，现代生产性服务业就是指那些为包括服务企业在内的其他企业提供服务投入品的生产部门。① 该部门具有以下显著的特性：

第一，中间投入性。在投入产出的产业链上，该部门的产出是其他企业（包括服务企业）的中间投入，它的营业收入就是其他被服务企业的投入成本，即计入被服务企业的会计成本的服务投入，就是生产性服务业。

① 刘志彪指出，我国习惯上将“生产者服务业”称为“生产性服务业”。但是严格说来，生产性服务业与非生产性服务业相对应，这是马克思区分生产劳动与非生产劳动时用到的概念。生产者服务业与消费者服务业相对应，是西方服务经济学根据对谁服务而对服务业所做的分类方法。刘志彪原文中用的是生产者服务，为保持全书一致性，这里将其生产者服务的表述改成生产性服务。

第二，产出的无形性。与制造业不同，在产出的形态上，该部门的产出为无形的服务产品。必须注意的是，说它无形也是相对的，如科研劳动要消耗实验材料、仪器设备、电脑、电力等等，产出的知识以图书、论文、磁盘、软件、专利等形态存在，它们也具有一定的物质性。

第三，知识技术密集性。在产业活动的内容上，由于该部门的生产活动需要消耗或投入巨大的脑力劳动，因此其产出中含有丰富、密集的人力资本，该部门是把知识、技术、技能和人力资本带入商品部门生产的"飞轮"。

第四，报酬递增性。从成本收益看，该部门具有高固定成本、低边际成本的投入性质，因此属于报酬递增的产业部门。最典型的是软件生产活动。第一张软盘的生产成本几乎是前期投入的全部固定成本，但是后续批量化生产的软盘的边际成本几乎趋于零，由此其生产随规模增大而出现报酬递增。

第五，高度的差异性。在生产同一服务的同类厂商中，其产品品质因人力资本投入水平的差异，会表现出巨大的差异，这是生产性服务业的重要特性之一。产出之间的差异不是用物理性质衡量，而是由使用该服务的厂商心理感觉和主观评价所决定。心理感受和主观评价影响服务需求，品牌在这个产业的生存发展中起决定性作用。

第六，高进入壁垒性。对服务的理解以及服务文化的差异，构成现代生产性服务业最大的进入壁垒和障碍。中国服务企业想进入国外的服务市场，如果对当地居民和企业的文化没有深刻的了解和理解，要"走出去、走上去、走进去"，是根本不可能的。同理，外国服务企业进入中国服务市场也往往要通过本地化雇佣等手段，来适应复杂的中国企业文化。

OECD对生产性服务有明确的界定，即主要包括商业与专业服务、金融服务、保险服务以及房地产行业。

上海市统计局在《国民经济行业分类与代码》（GB/T 4754－2011）的基础上，2013年首次对生产性服务业进行了分类，结合企业从事经济活动的特点，将生产性服务业划分为农业服务、制造维修服务、建筑工程服务、环保服务、物流服务、信息服务、批发服务、金融服务、租赁服务、商务服务、科技服务及教育服务共12个类别，涉及32个大类、104个中类及199个小类，将原来归入第一产业的"农林牧渔服务业"和归入第二产业的"金属制品、机械和设备修理业"、"建筑安装业"、"污水处理及其再生利用"等都列入了生产性服务的范畴。

事实上，要将生产性服务与其他类型的服务业完全区分开来是非常困难的。因为从行业层面来看，有些服务业是同时作为中间投入和最终消费的，我们无法在行业层面上将两者完全区分。例如，金融服务业，有部分是作为消费性服务面对最终消费者的，而有部分则是为其他行业提供中间服务。再如交通运输服务，既可以看作是生产性服务业（因为企业需要），也可以看作是消费性服务业（因为一般消费者也需要），只不过不同服务行业的侧重点有所不同而已。这也意味着生产性服务业的行业划分与界定在实际统计中是个难点。

有学者对服务业中到底哪些行业属于生产性服务业进行了量化界定。Goodman和Steadman（2002）用"中间需求率"这个指标作为界定生产性服务的标准。中间需求率反映了服务部门作为中间生产要素对其他产业的投入程度，该比率是服务业总产出中的中间投入与最终消费的比率。① 他们将中间需求率高于 60%的服务业界定为生产性服务。

程大中（2008）进行的国际比较中，考察了生产性服务到底是哪些部门提供的，以此确定生产性服务的类别。他的研究表明，13 个 OECD 经济体生产性服务的部门构成具有惊人的相似性。在整个服务业提供的生产性服务中，房地产、租赁和其他商务活动所占比重最高，平均达 30.82%，而美国的这一比重又是最高的，达 40.3%。接下来依次为批发零售贸易与修理、金融保险业、运输与仓储、邮政与电信等。就中国而言，商业饮食业所占比重最高（35%），其次是运输邮电业（27.3%），公用事业及居民服务业为 19.3%，金融保险业仅占 12.6%，包含专业服务、综合科技服务等的未分类的其他服务业只占 5.9%。这说明当前中国的生产性服务投入大多是由劳动密集型产业部门提供的，而带有较高技术、知识与人力资本含量的生产性服务投入规模则相对较小。但在 OECD 经济体，资金、技术和人力资本含量较高的生产性服务投入（比如房地产、租赁和其他商务活动，计算机及其相关活动等）所占比重最高。

程大中（2008）还利用服务业资本品比率衡量服务部门的生产性服务特质。他认为，服务部门总产出中的一部分是作为其他部门的中间服务投入而重新进入生产过程的，这一作为中间投入的服务产出占服务部门总产出的比重称为服务资本品比率，反映服务部门的生产资料特性。比较资本品比率有助于辨别服务部门的生产性服务性质，即资本品比率越高，则该服务部门就越具有生产性服务的性质；相反则越具有消费性服务的性质。13 个 OECD 经济体的生产性服务平均比重超过 50%的部门从高到低依次为金融保险业、邮政与电信、计算机及其相关活动、运输与仓储、房地产、租赁和其他商务活动。中国的生产性服务比重超过 50%的部门从高到低依次为运输邮电业、金融保险业、商业饮食业、公用事业及居民服务业。程大中利用的是 2000 年投入产出表数据进行的核算。此后，随着分工的不断演化，服务资本品比率也在不断发生变化，江静（2008）利用 2002 年和 2005 年的投入产出表（延长表）再次进行了核算（见表 6—1）。研究发现，中国共有 7 个行业的资本品率超过了 50%，分别是交通运输及仓储业、邮政业、信息传输计算机服务和软件业、批发和零售贸易业、住宿餐饮业、金融保险业、租赁业和商务服务业。

值得指出的是，中国房地产业的资本品率在 2002 年为 28.23%，到 2005 年下降为 20.35%，这意味着房地产业作为中间投入的比例还相对较小，而大多是用于最终需求，房地产业当前并不能纳入生产性服务行业，这与 OECD 的界定较为不同。

表 6—1　　2002 年、2005 年中国各服务行业资本品率（%）

行业名称	2002 年	2005 年
交通运输及仓储业*	75.25	73.46
邮政业*	61.35	61.35
信息传输计算机服务和软件业*	76.96	67.75
批发和零售贸易业*	62.76	51.00

① 最终消费等于总产出扣除中间投入再加上进口总额。

续前表

行业名称	2002年	2005年
住宿和餐饮业*	47.19	61.22
金融保险业*	86.24	75.93
房地产业	28.23	20.35
租赁业和商务服务业*	86.69	89.6
科学研究事业	21.69	37.35
综合技术服务业	44.75	44.56
水利、环境和公共设施管理业	—	44.48
居民服务和其他社会服务业	33.92	46.41
教育事业	7.05	9.65
卫生社会保障和福利业	7.76	13.86
文化体育和娱乐业	37.96	49.66

注：标*的服务业资本品率超过50%。

为考察生产性服务投入的动态调整过程，我们对经济发达程度较高的江苏省进行投入产出的考察（见表6—2）。基于2007年江苏投入产出表的研究表明，共有9个行业的资本品率超过了50%，分别是交通运输及仓储业、邮政业、信息传输计算机服务和软件业、批发和零售贸易业、住宿和餐饮业、金融保险业、租赁业和商务服务业、科学研究事业、综合技术服务业。

由此可以看出，随着经济发展水平的不断提高，服务业作为中间投入的比重在不断提高，这也意味着生产性服务的内涵在不断扩大，在同一个服务行业内部，其生产性投入的比重也在不断提高。这也充分说明，生产性服务的界定是一个动态的调整过程，而不能简单地用内涵来归类。

表6—2　　2007年江苏各服务行业的资本品率（%）

行业名称	资本品率
交通运输及仓储业*	97.85
邮政业*	92.89
信息传输计算机服务和软件业*	57.62
批发和零售贸易业*	51.00
住宿和餐饮业*	65.44
金融保险业*	84.30
房地产业	22.95
租赁业和商务服务业*	69.60
科学研究事业*	83.76
综合技术服务业*	74.16
水利、环境和公共设施管理业	26.21
居民服务和其他社会服务业	40.68
教育事业	8.86
卫生社会保障和福利业	15.06
文化体育和娱乐业	44.76
公共管理和社会组织	1.06

注：标*的服务业资本品率超过50%。

6.2 生产性服务业与制造业的关系：理论与政策分析

6.2.1 理论分析

生产性服务业与制造业之间有着密切的关系，主要表现为：

第一，生产性服务业以制造业为基础并且不断从制造业中分离出来。制造业是生产性服务业的"生身父母"，后者独立出来以后，在市场需求的驱动下，其服务业环节进一步分化，细化为独立的服务行业，并不断地呈现规模化发展趋势。需要指出的是，生产性服务业以制造业为基础，并不意味着一个国家（尤其是大国经济）的某个地区一定要先发展起强大的制造业，然后才能发展服务业。一个国家可以以地区间的专业化协作和分工解决这种生产力配置问题。

第二，作为知识性投入，生产性服务业规定着制造业技术水平、竞争力和效率。在"微笑曲线"中，生产性服务业作为高端的知识性投入，规定着生产过程的技术水平和国际竞争力，以全球价值链高端治理者的角色，控制加工—制造—装配—生产过程，并由此决定价值链贸易的收益分配，获取高端收益。因此，所谓的产业升级或攀升价值链高峰，就是要向其两端不断地升级。

第三，在空间上，生产性服务业与制造业具有协同定位的趋势。制造业中心往往有特大城市集聚的服务业作为支撑。生产性服务业的中间投入特性、面对面服务的质量要求、降低服务成本等因素，驱动企业选择协同定位。引力模型可以作为描述两者协同定位的方法之一。

第四，高级生产性服务业（APS）的 FDI 具有追随本国下游制造业 FDI 的倾向。APS 需要频繁地与所服务的客户交流，难以直接出口，所以服务贸易往往是通过 FDI 实现的。服务业跨国企业很难在初始阶段就吸引到东道国本地客户，而本国的制造业 FDI 企业可能已经熟悉其服务，信息、文化等障碍的存在，使外国客户在购买服务前很难评估其服务质量，即生产性服务业是经验产品而不是视察性产品，容易发生道德风险。故本地客户一般倾向于购买他们所熟悉的服务提供商所提供的服务；反之，从 FDI 投资国出来的制造商，也会倾向于选择来自本国服务业 FDI 企业的服务。

我们重点考察制造业对生产性服务业的影响问题。严格来说，这种影响是通过需求拉动来实现的。制造业发展增加了对生产性服务业的市场需求，从而拉动生产性服务业发展。这主要可以从生产性服务业规模的扩大以及服务质量和效率的提高这两个方面来体现。

第一，制造业发展带来的需求扩大了生产性服务业发展的规模。在工业化早期，由于制造业本身规模较小，因此无法形成对生产性服务业较大的需求，外部服务提供商缺乏生存空间。因此，在这种情况下，大多数企业都倾向于自我服务，即普遍追寻"大而全、小而全"的发展模式，尤其是一些市场经济不发达的国家，通过构建企业集团来实现管理总部为其内部企业提供所需要的服务，如融资、管理咨询、法律等。因此，生产性服务业往往隐含在制造企业内部。在这种情况下，不仅生产性服务业被明显低估，而且也会使外部小规模服务提供商缺乏市场和竞争力，从而无法形成专业化的服务市场。随着制造业发展水平的提高，生产性服务业的市场空间越来越大，市场容量的扩大使专业化分工进一步加剧，并逐步脱离制造业而形成独立的产业。Bhagwati（1984）发现，生产过程在国内和国际都在不断地分化，因此原来在制造业内部的生产性服务业现在正逐渐分离出来，从而导致生产性服务业比重不断增加。更重要的原因是制造业的结构转型，从而使得生产过程中对中间性服务性投入的需求也越来越多。他进一步指出，信息技术和通信业的发展在这种分化中起着重要的作用。此后更多的研究（Francois，1990；Rowthorn and Ramaswamy，1999；Klodt，2000）也支持了他们的结论，认为制造业作为生产性服务业发展的中间需求对生产性服务业发展起着非常重要的作用。

第二，制造业产业特性差异以及竞争力提升的内在要求也有助于提高服务质量和服务效率。Guerrieri 和 Meliciani（2005）指出，不同的制造业特性对生产性服务业的要求也具有较大的差异性。他们的研究认为，一些技术密集和知识密集型的制造业企业，如计算机通信、电子设备、化学工业和医药制造业等，对生产性服务业的需求更多，尤其是金融保险和商务服务等；而另外一些劳动密集型制造业，则对服务的需求相对较少。这也就意味着，随着制造业技术水平的不断提高，对于高端服务的需求也日益增加，从而为高端服务提供了更多的市场，因而有助于服务提供企业提高服务质量和水平；而一些劳动密集型企业，随着市场竞争程度的增加，也需要在全球价值链中提升其国际竞争力，因而也需要增加高级要素投入来提高其生产率，这也促进了生产性服务业整体水平的提高。整个经济的运行也为服务产品质量提高和效率提升奠定了基础。制造业的发展使社会专业化分工更细，使规模经济变得可能。可编码的、标准化的服务活动随着规模扩大成本不断降低，因此生产性服务业自身的效率也得到了极大的提高。

6.2.2 中国制造业与生产性服务业的割裂

中国制造业主要从事附加值较低的加工组装环节，基本上以低端制造业为主。这些低端制造业大多只需要低端的服务投入，而对高级生产性服务业的需求极为有限。而本土代工企业在进行功能升级时，即开展非实体的研发、设计、品牌、营销等高端服务业活动时，往往会受到处于价值链高端的跨国公司的限制，如以不给订单等相威胁，从而使本土制造企业的服务化进程受阻，制造企业被俘获的地位难以得到突破。

（一）本土制造企业缺乏对生产性服务的需求

中国本土企业发展历史短、规模有限导致其缺乏足够的实力去大规模投资生产性服务。中国虽然已经建立起较为完善的工业体系，但是建立时间较短，新中国成立后经过社会主义改造，直至 20 世纪六七十年代后完善独立的工业体系才逐步建立。加之中国资本市场发展历史也不长，并且在制度建设中还存在各种不足，所以中国大多数企业难以通过资本市场获得高速发展的机会。这些都导致中国企业普遍发展历程较短、规模偏小。但是通过对生产性服务业的研究，我们发现，像研发设计、品牌培育和具有战略意义的营销网络建设与管理、供应链建设与管理等重要的生产性服务，都具有很强的规模经济性。这就意味着只有规模较大、实力较强的制造业企业才有可能对其形成有效需求，并有实力去具体从事生产性服务。结合中国本土制造业企业普遍规模较小的特点，如果将其与跨国公司相比，这一特点显然制约其产生对于生产性服务的需求。

企业管理方式也不利于企业家形成对未来的长远预期，这影响了对生产性服务业的需求。国有企业领导人员是对国有独资和国有控股企业中国有资产出资人代表、党组织负责人和经营管理者的统称。多年来，中国一直沿用党政领导干部的管理方式来管理国有企业领导人员，随着改革的逐步深化，这种方式越来越不适应国有资产管理体制改革和国有企业改革发展的要求。一方面，对党政领导干部和企业领导人员来说，虽然政治标准是一致的，但企业领导人员的业务标准更加具有专业性，业绩较党政领导干部来讲更加量化和具体；另一方面，企业要实现市场化、国际化经营，必须按照市场经济规律办事，按照国际惯例进行经营管理。

本土企业尚未大规模“走出去”，无法产生对本土生产性服务的巨大需求。企业在“走出去”的过程中将产生对于生产性服务的多样化旺盛需求。这主要是涉及法律、金融、会计、营销、管理、财务等方方面面的生产性服务，如果这部分对于生产性服务的需求被有效释放，那么显然会极大促进中国本土生产性服务业的发展。虽然中国实施“走出去”战略以来取得了一定进展，但中国企业跨国经营的历史不长，经验不多，综合竞争力不强，对外投资合作的规模还很小。中国本土企业“走出去”还面临一些问题，其中包括企业获取、判别海外投资环境信息的能力有限，信息、人才、资金不足；“走出去”的方式较为单一；企业管理方式相对落后等等。即使中国部分本土企业“走出去”获得成功，但限于中国本土生产性服务业发展水平相对较低，前者在“走出去”过程中更多考虑选择国外生产性服务商。这种现象在中国本土企业试图国外兼并收购案例中表现得非常明显。最终的结果就是中国生产性服务业的发展难以从中国本土企业“走出去”的过程中获得市场需求扩张的机会。

（二）FDI 制造业没有形成对本土生产性服务业的需求

中国有大量的外资代工，即跨国公司直接以 FDI 的形式在中国建立合资企业，由这些合资企业以及外商独资企业来承接订单，进行加工组装，最后将产品出售给跨国公司。这就形成了中国代工生产中普遍存在的外资代工模式。外资代工模式形成了一种封闭的网络生产体系，从而割裂了制造业与高级生产性服务业之间的产业关联度。这也意味着制造业增加值中很大一部分是由 FDI 企业创造的，在封闭网络体系下，制造业的繁荣并没有逻辑地形成本土高级服务业的市场需求。

第一，跨国公司价值链活动的全球战略部署，决定了其缺乏对中国本土生产性服务的需求。根据价值链理论，企业的价值创造是通过一系列活动构成的，这些活动可分为基本活动和辅助活动两类，基本活动包括内部后勤、生产作业、外部后勤、市场和销售、服务等；而辅助活动则包括采购、技术开发、人力资源管理和企业基础设施等。这些互不相同但又相互关联的生产经营活动，构成了一个创造价值的动态过程。在企业众多的“价值活动”中，并不是每一个活动都创造价值。企业所创造的价值，实际上来自企业价值链上某些特定的价值活动，这些真正创造价值的经营活动，就是企业价值链的“战略环节”。企业在竞争中的优势，尤其是能够长期保持的优势，实质是企业在价值链某些特定战略价值环节上的优势。跨国公司要保持其在全球市场上的竞争优势，并不需要在价值链所有活动中都保持垄断地位，关键是在价值链“战略环节”中保持垄断优势。所以跨国公司在管理全球价值链中将战略环节紧紧控制在企业内部，而将非战略环节外包出去，利用外部市场降低成本。跨国公司全球配置价值链环节的最显著特点就是生产制造环节的全球化与价值链核心环节的母国化。

这些决定跨国公司经营成败和效益的战略环节可以是产品开发、工艺设计，也可以是市场营销、信息技术，也就是我们通常认为的“微笑曲线”两端环节。而这些环节显然都是需要投入大量生产性服务要素的环节，例如产品外观设计中专业的工业设计人员发挥着核心作用，营销活动中市场调研公司的作用更是不容忽视。这些生产性服务要素往往属于高人力资本、高前期投入的劳动要素，专业性很强。所以跨国公司在决定其价值链活动的全球战略部署中，鉴于这些生产性服务业密集型活动或环节的战略意义，必然是将其配置在母国或公司总部。这就导致跨国公司在中国的子公司一方面无须在中国当地采购生产性服务，可以从国外母公司获得生产性服务的供给；另一方面则是无权在中国当地采购生产性服务，只能接受国外母公司所提供或指定的生产性服务。

第二，知识转移的难度导致跨国公司以内部市场交易方式来满足其在中国的分支机构对生产性服务的需求。生产性服务多属于知识密集型行业，而知识在外部市场转移难度过大，只能通过内部市场交易的方式来获取。根据知识转移理论，企业的知识分为不同层面，首先是操作性知识，例如制造某零件的技术和加工工艺、会计核算知识，它们是针对某一具体业务的知识；其次是协调性知识，例如对团队内员工行为的协调，某大型项目不同研究单元间的协作，这是针对行为层面的知识；再者是理念性知识，例如认为什么更重要、什么值得干、什么行为应受到支持或鼓励的知识，它是企业运作中所形成的价值判断和倾向态度。从操作性知识到协调性知识，再到理念性知识，知识的复杂程度和隐性化程度逐步增加，知识的可转移性则逐步降低。尤其是理念性知识，往往反映的是隐藏在企业行为背后的深层次的价值观和行为准则，由于其隐性程度高，转移往往需要人们在亲身经历中逐步领会，因而需要的时间更长、成本更高、转移更困难。

生产性服务中所需要的知识包括这三个层次上的知识类型，而且从一定意义上看，理念性知识的比重更高。这是由于生产性服务体现为人对人的面对面交流，所以理念与价值观是否能够保持一致成为生产性服务需求方选择供给方的重要标准。而在外部市场中，由于缺乏统一的文化价值观熏陶，跨国公司分支机构会发现中国当地生产性服务业提供者与其自身在协调性知识、理念性知识方面差异较大。所以从其自身便利角度出发，虽然除了生产制造以外的价值链环节都在向中国转移，但是地理空间上的转移并没有改变这些环节中的核心生产性服务要素投入仍然来自国外母公司，或者即使不是直接来自跨国公司总部，也必然是来自母国具有长期协作关系的生产性服务提供商。无论是第一种情况，还是第二种情况，它们都可以被视为是内部化的知识转移交易形式，该市场对中国本土生产性服务企业封闭。知识转移的难度导致中国本土生产性服务提供商难以获得来自跨国公司在中国分支机构的生产性服务需求订单。

6.3 实证分析

6.3.1 中国的特征事实

为了分析制造业对服务业的需求程度，我们用制造业的服务投入率这个指标来衡量。制造业的中间投入包括物质投入和服务投入两部分，服务投入与中间投入的比值就是服务投入率，这体现了制造业对服务业的需求程度。其中，制造业对生产性服务的需求程度可以用生产性服务投入率来衡量，即制造业的所有中间投入中生产性服务所占的比重。从定义上来看，生产性服务投入率越高，说明制造业对生产性服务业发展的市场支持作用就越大，制造业发展对生产性服务业发展的需求拉动作用也越明显。

根据中国投入产出表，我们计算了历年来细分制造行业的服务业投入率和生产性服务投入率，其中生产性服务的界定见表 6—1。

如表 6—3 所示，从 1997 年到 2002 年，制造业中间投入中服务业所占的比重从 12.56%提高到了 16.7%，其中，生产性服务投入占中间总投入的比重也从 12.26%上升到 15.24%，然而，此后短短三年期间，服务业和生产性服务在制造业中间投入的比重急剧下降，到 2005 年仅分别为 13.84%和 12.14%。这也意味着虽然中国制造业在不断增长，但对服务业的需求却在不断下降。2005 年制造业中间投入中大约 86%都是物质投入，制造业某种程度上更依赖于制造业本身，而对生产性服务需求并不大，两者呈现出独立发展的态势。

表 6—3　　中国制造业的服务投入率和生产性服务投入率（%）

行业名称	1997		2002		2005	
	服务业	生产性服务	服务业	生产性服务	服务业	生产性服务
整体制造业	12.56	12.26	16.70	15.24	13.84	12.14
食品制造及烟草加工业	9.83	9.69	17.24	16.03	13.56	11.97
纺织业	10.89	10.75	13.53	12.3	10.00	8.59
服装皮革羽绒及制品业	12.02	11.79	19.37	17.47	17.46	14.83
木材加工及家具制造业	16.81	16.35	20.14	18.78	16.87	15.48
造纸印刷文教用品制造业	14.5	14.07	20.76	18.96	17.11	15.13
石油加工炼焦核燃料加工	10.74	10.59	12.66	11.43	13.26	12.21
化学工业	12.36	12.09	16.22	14.63	13.24	11.5
非金属矿物制品业	17.89	17.66	26.6	24.64	19.99	17.86
金属冶炼及压延加工业	11.9	11.69	14.99	13.66	10.92	9.38
金属制品业	17.55	17.06	17.33	15.48	14.3	12.24
通用专用设备制造业	12.90	12.37	17.67	15.99	15.7	13.19
交通运输设备制造业	9.44	9.13	14.51	13.27	13.19	11.55
电气机械及器材制造业	12.36	11.93	17.97	16.58	15.55	14.09
通信设备计算机其他电子	10.06	9.62	13.25	12.27	11.38	10.08
仪器仪表及文化办公用品	13.85	13.3	16.08	13.32	14.67	11.85
其他制造业	15.32	14.86	19.38	17.98	15.38	13.88

注：1997 年投入产出表的行业分类较为特殊。在计算各行业的服务资本品率的基础上，我们将生产性服务业界定为货物运输及仓储业、邮电业、商业、饮食业、旅客运输业、金融保险业、社会服务业和综合技术服务业这 8 个服务行业。整体制造业的服务投入率是以各服务行业总产出为权重的加权算术平均数。

从细分行业来看，对生产性服务需求较多的制造业主要是资本密集型和技术密集型行业，如食品制造及烟草加工业、非金属矿物制品业、造纸印刷文教用品制造业、通用专用设备制造业、电气机械及器材制造业等。随着中国外向型程度的提高，这些行业中生产性服务投入率也呈现出下降趋势，以非金属矿物制品业为例，2002 年生产性服务投入率为 24.64%，到 2005 年，该比例下降为 17.86%，这就意味着约 82%的投入都是依赖物质投入，因此对服务业和生产性服务业的需求也在不断减少。

6.3.2 基于长三角地区的实证分析

长三角地区是中国外向型经济最发达的地区，因此，可以利用长三角地区的数据检验制造业是否对服务业有市场支撑。接下来进行相关的实证分析。

（一）变量、联立模型设定与数据

根据投入产出表的分析，制造业和服务业互为中间投入，因此两者具有双向影响关系，那么这两个变量在估算模型中就应该是潜在的内生变量。为解决内生性问题，需要建立联立方程模型。为体现服务业作为中间要素的作用，我们选取效率指标来说明制造业发展水平。

不同的研究对制造业的效率指标选取也有较大差异。国外的研究中常用的指标是产出率（增加值与产值的比率）、效率指数（某行业产出占全国 GDP 比例与该行业劳动投入占全国总劳动投入比例的比值）、劳动生产率（行业总产出与就业人数的比值）。国内陈立敏和谭力文（2004）则选取了产业利润率、市场份额和劳动生产率这三个指标来衡量制造业的竞争力。由于开放程度较高的长三角地区是本地以及中国中西部地区劳动力就业的主要吸纳地，因此为充分考虑就业因素，我们用人均增加值 *Pro* 作为衡量制造业效率的主要指标①，即规模以上工业企业工业增加值除以从业人员年平均数。

虽然服务业中的生产性服务与制造业的关系更为直接，现有研究大多基于生产性服务的视角（顾乃华等，2006；江静等，2007），然而在前文基于投入产出表的分析中我们可以看出，各类服务业都构成了制造业的部分投入，而不仅仅是单纯的生产性服务。从另一方面看，经济统计中的有些服务业，如交通运输服务和银行服务等，既可以看作是为居民和一般消费者服务的消费性服务，也可以看作是为企业服务的生产性服务，只是不同服务行业的侧重点有所不同（程大中，2006）。因此我们依然从整体服务业视角来衡量。这里用国民经济统计中的第三产业来代替服务业，考虑到长三角地区人口密集度较高，我们用地区人均服务业产值 *ser* 来代表服务业发展水平。②

因此，我们建立如下联立方程：

$$Pro_{it}=\alpha_0+\alpha_1 Ser_{it}+\alpha_2 Pgdp_{it}+\alpha_4 Exp_{it}+\alpha_5 Cap_{it}+\alpha_6 Firm_{it}+\varepsilon_{it} \tag{6—1}$$

$$Ser_{it}=\beta_0+\beta_1 Pro_{it}+\beta_2 Pgdp_{it}+\beta_4 Exp_{it}+\beta_5 Urban+\beta_6 Policy_{it}+\mu_{it} \tag{6—2}$$

其中，α 和 β 为常数项，ε 和 μ 为随机扰动项。下标 i 为地区，t 为时间。联立方程中的控制变量分别为经济发展水平 $Pgdp$ 和开放程度 Exp，经济发展水平用地区人均国民生产总值来表示，开放程度则是地区出口总值与 GDP 的比值。

---

① 由于缺乏历年来的制造业细分指标，我们近似地用工业代表制造业。

② 这里的服务业总共包括交通运输仓储及邮电通信业、批发零售贸易餐饮业、金融保险业、房地产业、社会服务业、卫生体育社会福利业、教育文艺广播电影电视业、科学研究和综合技术服务事业、国家机关政党社会团体及其他服务业共 10 个行业。

考虑到数据的可获得性，我们采用 2000—2007 年长三角 16 个城市面板数据进行分析①，数据变量采用自然对数。具体相关变量说明和数据来源详见表 6—4。

表 6—4　　相关变量说明和数据来源

变量	变量说明	数据来源
Pro	制造业效率指标：规模以上工业企业人均增加值的自然对数	作者根据历年《中国城市统计年鉴》和《中国区域经济统计年鉴》计算
Ser	服务业发展程度：地区人均第三产业总额的自然对数	《中国城市统计年鉴》、《中国区域经济统计年鉴》
Pgdp	经济发展水平指标：地区人均 GDP	《中国城市统计年鉴》、《中国区域经济统计年鉴》
Exp	出口比例：地区出口总额与 GDP 比例的自然对数	《长江和珠江三角洲及港澳特别行政区统计年鉴》、《中国城市统计年鉴》
Cap	固定资产：规模以上工业企业人均固定资产净值年平均余额的自然对数	《中国城市统计年鉴》、《长江和珠江三角洲及港澳特别行政区统计年鉴》
Firm	竞争程度：规模以上工业企业数的自然对数	《中国区域经济统计年鉴》、《中国城市统计年鉴》
Urban	城市化水平：非农人口占地区总人口比例的自然对数	《中国城市统计年鉴》、《中国区域经济统计年鉴》
Policy	政策哑变量：政府服务业发展政策	2003 年之前取值为 0，2003 年及之后取值为 1

（二）工具变量选择

识别联立方程关键是要为潜在的内生变量找到工具变量。我们将规模以上企业人均固定资产净值年平均余额和规模以上工业企业数作为内生变量 *pro* 的工具变量，分别用 *Cap* 和 *Firm* 来表示。长三角地区呈现出一种为出口而进口的态势，即制造业竞争力的提高通常与其进口的机器设备高度相关，而机器设备的引进则主要体现为固定资产净值。我们认为，固定资产是通过影响制造业效率进而影响服务业发展的，因为制造业效率提高过多地依赖机器设备更新，那就对服务业无法产生更高需求，进而可能对服务业发展形成制约。规模以上工业企业数衡量的是竞争程度，企业数量越多，竞争程度越高，企业进行技术创新的动机就越强，从而也会直接影响制造业效率。

工具变量必须满足的第一个条件是与被工具变量高度相关，这较为容易验证。将 *Cap* 和 *Firm* 分别对 *Pro* 回归，发现其系数都在 1%的水平下显著为正②，这表明了其与制造业效率提高有较大的相关性，并且回归系数的符号也与理论预测相一致。工具变量必须满足的第二个条件是变量的外生性，即与服务业发展方程的残差项不相关。由于这里使用的是两个工具变量，我们需要对其进行过度识别检验（over-identifying test），即 Sargan-Hansen 检验，其零假设为选择的工具变量是有效的工具变量。我们发现，Sargan-Hansen 检验值为 0.048，服从自由度为 1 的卡方分布，其 p 值为 0.83，这就接受了零假设。上述检

① 这 16 个城市是上海，江苏的南京、苏州、无锡、常州、镇江、南通、扬州、泰州和浙江的杭州、宁波、嘉兴、湖州、绍兴、舟山、台州。

② 两者的系数分别为 0.58 和 0.02，都通过了 1%的显著性水平检验。

验表明，我们可以接受将 *Cap* 和 *Firm* 作为 *Pro* 的工具变量的假设。

内生变量 *Ser* 的工具变量则为地区城市化水平 *Urban* 和政策变量 *Policy*。城市化水平用地区非农人口占总人口比重来表示。Riddle（1986）的研究发现，服务业发展受城市化发展水平的制约，城市化水平越高，服务业发展越快。政策变量则主要反映政府政策对服务业发展的影响。中国正处于转型时期，政府对经济发展起着主导作用，因此其在服务业方面的政策变动也会对服务业发展产生重大影响。在 2000 年中央经济工作会议上，政府首次提出要改造提高传统服务业以及发展新兴服务业；2001 年 12 月中国加入 WTO，服务业成为中国对外开放的重点领域，包括电信和金融保险等领域的对外开放力度都在不断扩大（张二震、方勇，2008），这对中国服务业发展起了很大的促进作用。考虑到国内促进服务业各项具体政策出台的滞后性以及各个服务领域开放时间表和开放程度的不一致性，我们将 2003 年作为分界线来衡量政策影响。这两个工具变量也通过了 Sargan-Hansen 检验。

（三）联立方程识别检验及回归结果

表 6—5 是联立方程模型的估计结果。我们首先通过回归结果看联立方程是否能够恰好识别（just identification），主要是检查联立方程的秩条件（rank condition）和阶条件（order condition）。首先，由于系统内方程（6—1）所未包含的变量（包括内生变量和外生变量）在方程（6—2）中对应系数所组成的矩阵的秩为 1，正好与系统内去掉方程（6—1）后剩余的方程个数相等，因此我们称结构方程（6—1）是可识别的，这样就满足了秩条件①；其次，根据表 6—5 的回归结果，*Pro* 和 *Ser* 的回归系数乘积为－2.144，不等于 1，说明两者不存在线性关系，因此也不存在过度识别（over identification）。在现有工具变量的前提下，该联立方程是属于恰好识别的联立方程，随机联立方程只有一组参数估计值。这也意味着本章所设定的联立方程是较为合理的。

表 6—5 **联立方程回归结果**

方程（1）：被解释变量为 *pro*				方程（2）：被解释变量为 *ser*			
解释变量	回归系数	标准误	*p* 值	解释变量	回归系数	标准误	*p* 值
Ser	0.39***	0.15	0.011	*pro*	－0.42	0.27	0.117
Pgdp	0.82***	0.11	0.000	*pgdp*	－0.12	0.11	0.273
Exp	－0.18**	0.08	0.027	*exp*	0.61***	0.06	0.000
Cap	0.39***	0.14	0.005	*urban*	0.28***	0.09	0.002
Firm	0.02	0.10	0.813	*policy*	0.18***	0.04	0.000
常数	－1.74*	0.94	0.065	常数	4.27***	1.02	0.000
R^2	0.43			R^2	0.73		
obs	128			obs	128		

注：根据 Stata10.1 软件计算，*、**、*** 分别表示在 10%、5%、1%的水平上显著。

（四）简要的分析

第一，从回归结果来看，服务业发展能够明显促进制造业效率的提升，其回归系数为

① 也可以这样来说明，系统内每个方程都包含了被另一个方程排除的两个外生变量，且回归系数比为零，因此满足联立方程的秩条件。

0.39，并且通过了1%的显著性水平检验。这就意味着人均服务业提高1个百分点，制造业的人均增加值可以增加0.39个百分点，充分说明了服务业作为制造业的高级要素投入，较大程度上促进了制造业的发展，这与前文基于投入产出表的分析以及现有研究结论是完全一致的（顾乃华等人，2006；江静等人，2007）。

第二，制造业效率提高对服务业发展的促进作用并不明显。其回归系数为−0.42，而且并没有通过显著性水平检验，这意味着长三角地区制造业效率的提高并没有促进服务业发展。在全国经济增长最快的长三角地区，其制造业的发展不仅没有对服务业产生中间需求而形成服务业发展的市场支撑，相反还可能对服务业产生了挤出效应。我们认为，这可能与长三角地区制造业发展的特殊性有关。作为托起“中国制造”的长三角地区制造业主要依靠劳动密集型环节融入国际产业分工体系，主要通过加工组装来为国际大买家代工，从而处于全球价值链的低端。低端制造业大量依靠手工劳动完成生产过程，而对高端的服务业需求极为有限。此外，代工模式中的高级FDI制造业所需要的生产性服务大多来自跨国公司总部，这也降低了对长三角本土服务业的需求。更为严重的是，跨国公司还纷纷在长三角地区设立研发中心加强技术垄断，咨询、法律、营销等商务服务FDI也纷纷进驻长三角，从而对本土服务业发展形成较大的挤出效应。以研发机构为例，仅仅是苏州工业园区，外商设立的研发机构就已经超过50家，如松下电气研究开发（苏州）有限公司、爱默生环境优化技术（苏州）研发有限公司、三星半导体（中国）研究开发有限公司、世宏科技（苏州）有限公司、安德鲁电讯器材研发中心等。这些跨国公司的服务业FDI，限制了本土高级服务业的发展。

第三，制造业发展以及效率提升对服务业发展的制约作用还可以通过方程（6—1）中固定资产净值的回归系数来得到进一步说明。从回归结果来看，Cap 的系数为0.39，并且在1%的水平下显著，这意味着制造业效率提升很大程度上得益于机器设备的使用，这在某种程度上验证了长三角地区制造业“为出口而进口”的现状，制造业劳动生产率的提高基本上通过引进机器设备来实现。而这种基于机器设备引进的制造业效率越高，则对服务业的直接需求越小，其间接需求都发生在了跨国企业母国而对本地服务业需求较少。

复习题

1. 学会利用投入产出表对生产性服务业进行定量界定。
2. 分析制造业与生产性服务业的产业关联机理。
3. 中国外向型经济发展模式中的这种“产业关联假说”是否会得以实现？

第 7 章

消费性服务发展

7.1 现有的相关研究

消费性服务作为国民经济的重要行业，在社会经济生活中正日益发挥越来越重要的作用。中国在“十一五”规划中首次提出消费性服务的概念。“十一五”规划指出，为适应居民消费结构升级趋势，继续发展主要面向消费者的服务业，扩大短缺服务产品供给，满足多样化的服务需求，重点发展商贸服务业、房地产业、旅游业、市政公用事业、社区服务业和体育产业。“十二五”规划中改成“生活性服务”的提法。① “十二五”规划中指出，要“大力发展生活性服务业，面向城乡居民生活，丰富服务产品类型，扩大服务业供给，提高服务质量，满足多样化的需求”，要重点发展商贸服务业、旅游业、家庭服务业、体育事业和体育产业等。

冯建林（2004）认为，长期以来，消费领域中存在的重大认识缺陷就是“重物质性消费轻服务性消费”。夏杰长、毛中根（2012）指出，服务消费在居民总消费中的占比将会逐年提高，其优化消费结构和拉动内需的作用也日益显现。

公共性服务业的发展主要依赖政府的投入，生产性服务的发展主要依赖产业互动中制造业对其市场的支撑，而消费性服务因为直接面向广大消费者而更依赖于居民的国内消费需求。

市场需求对产业发展的影响主要是用来分析制造业竞争力和产业升级问题。Griliches

① “十二五”规划中提出“生活性服务”，而“十一五”规划中提出的是“消费性服务”，两者在内涵上并没有本质区别，因此本书将两者等同，不作区分。

(1957) 以美国杂交玉米为例，分析不同的市场需求条件对企业创新活动的影响。Schmookler (1966) 在此基础上提出了著名的 Griliches-Schmookler 假说，即在市场化国家，某种商品所隐含的创新技术与该国的市场需求密切相关。Pavitt (1984) 指出，在新产品的市场推广阶段，消费者的需求、政府的公共采购以及其他企业和专家的需求是至关重要的。Porter (1985) 在进行行业分析时，提出了著名的五力模型 (five forces model)，其中重要的一个力量就是来自"购买者的力量"。波特 (Porter) 指出，所有的公司都要密切关注顾客的需求，因为需求市场的差异性会导致在购买者力量、他们压低价格的能力以及影响产品质量水平方面都存在较大的差别。Porter (1990) 研究的每个产业中都能看到本国市场的影响力，他认为内需市场凭借其规模经济的影响力而提高效率。可见，需求对一个产业的发展有着非常重要的影响，内行而挑剔的消费者就是实际上的产品开发者。顾客不挑剔，产业升级的动力不足，企业往往缺乏创新动力。某些制造业产业，如纺织业、印刷业、电子及通信制造业、仪器仪表业等，都非常注重消费者的需求，尤其是消费者的潜在需求，这些行业中的超前的内行而挑剔的消费者 (lead users) 是产业创新的直接推动力，也是产业主动创新的方向。

目前对于市场需求与产业发展关系的研究，大多聚焦于制造产业，对服务业的研究相对较少，尤其是缺乏对消费性服务的研究。程大中和汪蕊 (2006) 表明，提高消费者的消费性服务支出会带来未来收益的稳定预期，能够促进服务业健康发展并实现整体经济的长期增长。

7.2 中国城镇居民消费性服务支出的特征

根据《中国统计年鉴》的"指标解释"，消费性服务支出指的是用于支付社会提供的各种文化和生活方面的非商品性服务的费用。现有的研究在分析服务性消费时，通常计算了医疗保健、交通和通信、教育文化娱乐和其他服务这四大类别。我们的研究发现，在其他物质产品消费中的细分类别中，也有非物质的消费性服务支出，例如食品消费中的食品加工服务费，衣着消费中的衣着加工服务费，以及家庭设备用品及服务中的家庭服务等。因此我们对此进行了整理，并考虑到统计数据的可获得性，将消费性服务支出定义为如下八大类：食品加工服务费、衣着加工服务费、居住服务、家庭服务、医疗保健、交通通信、文化娱乐与教育服务、其他服务费。

根据历年《中国统计年鉴》的相关数据，我们计算了 1997—2011 年全国城镇居民家庭全年人均服务性消费的支出情况，如表 7—1 和表 7—2 所示，发现目前中国居民消费性服务支出具有如下特点。

第一，城镇居民消费性服务支出有了大幅度攀升。表 7—1 显示，1997 年城镇人均消费性服务支出总额为 1 488.74 元，到 2011 年，总额增长到 7 843.13 元人民币，翻了 5.26 倍，平均每年增长 13.6%。从服务性消费占消费总额的比例来看，1997 年占比为 35.57%，此后稳步上升，到 2003 年达到最高值 58.65%，此后几年稍有回落，但基本稳定在 50%以上，到 2011 年消费性服务支出占总消费支出的比重约为 51.73%。

表 7—1　　1997—2011 年全国城镇居民家庭全年人均消费性服务支出　　单位：元

	1997	1999	2001	2003	2005	2007	2009	2011
食品加工服务费	204.23	572.53	315.02	439.46	608.52	762.85	977.71	1 184.97
衣着加工服务费	15.69	10.95	7.86	6.80	6.67	7.39	7.77	9.56
居住费	358.64	453.99	547.96	699.39	808.66	982.28	1 228.91	1 405.01
家庭服务费	28.43	37.80	49.22	27.79	35.72	39.90	54.98	72.81
医疗保健费	179.68	245.59	343.28	475.98	600.85	699.09	856.41	968.98
交通通信费	232.90	310.55	457.02	721.13	996.72	1 357.41	1 682.57	2 149.69
文化娱乐与教育服务费	448.38	567.05	690.00	934.38	1 097.46	1 329.16	1 472.76	1 851.74
其他服务费	20.79	23.75	28.62	514.00	104.62	130.27	165.65	200.37
服务性消费总计	1 488.74	2 222.21	2 438.98	3 818.93	4 259.22	5 308.35	6 446.76	7 843.13
总消费支出	4 185.64	4 615.91	5 309.01	6 510.94	7 942.88	9 997.47	12 264.60	15 160.90
服务性消费比重（%）	35.57	48.14	45.94	58.65	53.62	53.10	52.56	51.73

资料来源：根据历年《中国统计年鉴》相关数据整理。

第二，城镇居民服务性消费结构有了一定优化，但总体比例还不平衡。从消费性服务支出结构来看，各类别所占比重差异非常大，见表 7—2。

表 7—2　　1997—2011 年全国城镇居民家庭全年人均消费性服务支出结构（%）

	1997	1999	2001	2003	2005	2007	2009	2011
食品加工服务费	13.72	25.76	12.92	11.51	14.29	14.37	15.17	15.11
衣着加工服务费	1.05	0.49	0.32	0.18	0.16	0.14	0.12	0.12
居住费	24.09	20.43	22.47	18.31	18.99	18.50	19.06	17.91
家庭服务费	1.91	1.70	2.02	0.73	0.84	0.75	0.85	0.93
医疗保健费	12.07	11.05	14.07	12.46	14.11	13.17	13.28	12.35
交通通信费	15.64	13.97	18.74	18.88	23.40	25.57	26.10	27.41
文化娱乐与教育服务费	30.12	25.52	28.29	24.47	25.77	25.04	22.85	23.61
其他服务费	1.40	1.08	1.17	13.46	2.44	2.46	2.57	2.56
合计	100	100	100	100	100	100	100	100

资料来源：根据历年《中国统计年鉴》相关数据整理。

以 2011 年为例，交通通信占比最高，为 27.41%，其次是文化娱乐与教育服务，占比为 23.61%；此外，居住费用和医疗保健占比分别为 17.91%和 12.35%，都处于支出比例较高的位置。从发展变化趋势来看，交通通信占比提高较快，从 1997 年的 15.64%提高到 2011 年 27.41%，这说明随着收入水平的提高，居民最低层次的需求得到一定满足后，开始关注情感交流、旅游等高级需求，这也在一定程度上体现出服务性消费结构的升级。医疗保健、食品加工服务费、衣着加工服务费、家庭服务等，近14年来占比基本保持稳定；而居住费用、文化娱乐与教育服务支出占比则出现了显著的下降，其中，文化娱乐与教育服务支出占比从1997年的30.12%降至2011年的23.61%，这在一定程度上也反映出消费结构有待进一步优化。

7.3 影响中国城镇居民消费性服务支出的因素分析

根据经典的微观理论，影响消费需求的主要因素是收入（包括收入水平和收入差距）和价格，所以服务消费则在某种程度上取决于其供给的可能性，因此城镇化发展水平对城镇居民服务消费以及服务业发展有着较为重要的作用。本节将对上述因素进行具体分析。

7.3.1 居民可支配收入水平

居民的可支配收入水平是居民进行各种消费的物质基础，因而是影响居民消费的最主要的因素。凯恩斯的绝对收入假说理论对消费函数进行了高度抽象，利用边际消费倾向来分析收入与消费之间的关系，认为当前消费主要依赖于当前收入。虽然凯恩斯的绝对收入假说后来受到生命周期假说（life cycle hypothesis）和持久收入假说（permanent income hypothesis）的挑战，但后两者的观点也支持收入影响消费的主要论断。方福前（2009）的研究也表明，中国居民消费需求持续低迷的原因之一就是国民收入分配中居民占有份额不断下降。消费性服务支出不仅受当期居民可支配收入水平的影响，还会受未来收入预期的影响。失业率的增加以及社会保障体系的不完善也直接加大了居民收入的不确定性。中国社会科学院2013年《社会蓝皮书》指出，2012年城镇登记失业率虽然稳定在4.1%左右，但是在所谓的新成长失业青年中，应届高校毕业生失业率占51.4%。而此前2009年的《社会蓝皮书》表明，全国调查城镇失业率高达9.6%，而官方统计仅为4%。孙光德、董克用（2000）的研究表明，1991—1994年占中国人口80%的农民只享有10%左右的社会保障费用。[①] 而且据统计，中国目前大约有4亿人没有任何社会保障。恩格尔定律指出，随着收入水平提高，食品支出占比会不断下降，这与马斯洛的需求理论以及Clark（1940）的需求层级假设是一致的。Fuchs（1968）也指出，服务消费的收入弹性大于1，这就意味着随着收入水平的提高，消费性消费支出会提高得更快。

7.3.2 服务价格指数

居民的服务性消费还受到服务价格的影响。自1985年以来，中国服务项目价格指数大大高于居民消费物价指数、商品零售价格指数、工业品出厂价格指数、原材料燃料动力购进价格指数以及固定资产投资价格指数等各类指数（程大中，2008）。程大中（2008）指出，由于服务部门劳动生产率增长相对滞后、服务需求缺乏价格弹性，服务价格又在不断上涨，服务支出比重增加，因此中国在服务消费方面已经显露出“成本病”迹象。程大

---

① 随着一部分地区农村社会养老保险、农村新型合作医疗制度和最低生活保障制度的实施，更多的农村人口也被纳入社会保障的范畴。

中（2009）的进一步研究表明，服务价格上涨对整个经济结构的影响主要取决于实际的服务需求。如果以实际值表示的服务需求保持不变，则服务价格上涨仅仅使服务的名义支出份额上升。

服务价格上升一定程度上表现为居民服务性消费支出上升，从而给人以服务业已经充分发展的假象，因为消费者服务支出的扩大可能并不是基于实际供给能力的增加，而是基于服务价格的上升。此外，根据需求法则，一种商品的价格提高会导致消费者对该商品需求量下降。服务价格的提高在一定程度上减少了服务性消费需求，有可能限制消费服务业发展。考虑到服务消费的需求价格弹性的特殊性，一个可能的结果是，居民的消费性服务支出可能随着服务价格指数的提高而降低，这需要通过实证分析来检验。

7.3.3 收入差距

根据凯恩斯的绝对收入假说理论，平均消费倾向随着可支配收入的增加而不断下降。在收入分配极端不均的情况下，如果收入集中于少数高收入阶层，整个社会的平均消费倾向就会较低。且由于高收入水平群体有着较低的边际消费倾向，也会导致收入分配差距拉大后全社会的边际消费倾向降低，而服务性消费由于需求收入弹性相对较大而会受到更大的冲击和影响。

中国收入分配不均体现在城乡、地区和行业等多个层面。城乡差距主要表现在城镇居民可支配收入与农村居民纯收入的差异，行业差距则表现为最高行业平均工资与最低行业平均工资的倍数，地区差异可以用收入最高地区人均可支配收入和收入最低地区人均可支配收入的倍数来衡量。以城乡差距为例，2012 年城镇居民可支配收入和农村居民纯收入分别是 24 564.7 元和 7 916.6 元，两者收入差异绝对数为 16 648.1 元，城市是农村的 3.103 倍。综合收入差距可以用基尼系数来反映。1997—2012 年中国基尼系数一直维持在 0.4 以上，表明中国收入差距非常明显，一直高于所谓的国际警戒线。统计局最新公布的结果表明，2008 年中国基尼系数达到 0.491。

7.3.4 城市化发展水平

城市化是农村自然经济向城市集约经济的转变，农村人口转变为城市人口。在这一转变过程中必然伴随着农村生活方式向城市生活方式的转变，包括消费观念、消费习惯、消费行为以及消费能力等。李林杰等（2007）的研究表明，城市化进程的加快能够提高居民的收入水平，改变原来农村人口的消费习惯，加快城乡沟通和居民消费环境的改善，同时也能拓展不同的消费领域并产生“累积效应”。因此，城市化水平的提高对国内消费需求的改善有着重要影响，尤其是消费性服务支出比例会大幅度提高。

7.3.5 服务产业发展水平

服务业发展水平是一国居民进行服务性消费的基础，服务业发展为服务性产品的生产提供了基础，服务产业结构的完善、市场的成熟度以及服务产品质量的提升也能进一步刺激居民的服务消费需求。部分服务行业，如通信和交通、金融与保险等，其行业垄断和管制不仅降低了服务业的质量，从而降低了居民进行服务性消费的意愿，而且导致服务性消费的价格水平虚高，增加了居民生活负担，使居民服务性消费水平降低得更多。我们认为，服务产业发展水平越高，居民消费性服务支出也越多。

我们接下来对上述因素进行实证检验。

7.4 实证分析

根据上述分析结果，我们建立如下计量模型：

$$Cser_{it}=\alpha+\beta_1 Cser_{it-1}+\beta_2 Inco_{it}+\beta_3 Pser_t+\beta_4 Gini_t+\beta_5 Urban_{it}+\beta_6 Ser_{it}+\varepsilon_{it}$$

其中，$Cser$ 和 $Cser_{-1}$ 是当期和滞后一期的中国城镇居民的消费性服务支出，$Cser$ 是被解释变量，考虑到消费性服务支出刚性，我们将滞后一期的消费性服务支出纳入解释变量。我们选择的解释变量是城镇居民可支配收入和服务价格指数，分别用 $Inco$ 和 $Pser$ 表示。此外，还选择如下控制变量：$Gini$ 是基尼系数，反映收入差距水平；$Urban$ 是城市化发展水平；Ser 是服务业发展水平。α 是常数项，β 是各解释变量的系数，ε 是随机扰动项。i 代表不同的省，t 代表不同的时间。

变量的具体含义及数据来源如表 7—3 所示。我们利用 1997—2011 年全国省级数据进行实证分析。

表 7—3　　相关变量说明和数据来源

变量名	变量含义	指标选择	数据来源	预期符号
Cser	消费性服务支出	城镇居民家庭全年人均消费性服务支出的对数形式	《中国统计年鉴》	
Inco	收入水平	城镇居民人均可支配收入的对数形式	《中国统计年鉴》	+
Pser	服务价格指数	衣着加工服务、家庭服务及加工维修服务、医疗保健服务、个人服务、车辆使用及维修费、市区公共交通费、城市间交通费、通信服务费、教育服务费、文娱费、旅游费、租房租金等 12 个方面综合	2001 年以前的服务价格指数可以从统计年鉴上直接获取；2001 年以后的数据是笔者根据《中国统计年鉴》计算而得	?
Gini	收入差距水平	基尼系数	2003 年前由作者收集；2003 年以后的数据来自统计局公布的公开数据资料	—
Urban	城市化水平	城镇人口占总人口比重	《中国统计年鉴》	+
Ser	服务业发展水平	第三产业占地区 GDP 比重	《中国统计年鉴》	+

我们首先对两个主要的解释变量，即人均可支配收入和服务价格指数分别进行回归，回归结果如表 7—4 中的模型 1 所示。然后再加入基尼系数、城市化和服务产业发展水平等其他解释变量进行回归，其结果如表 7—4 中的模型 2 所示。由于居民消费具有路径依赖，因此我们将被解释变量的滞后项纳入回归模型。由于模型中含有因变量的滞后项，我们采用 GMM 方法进行估计，回归结果如模型 3 和模型 4 所示。

我们发现，四个模型虽然回归系数略有差别，但总体趋势一致，因此，我们根据模型

4 进行了分析，从实证分析中可以得到如下结论。

第一，居民的消费性服务支出具有一定的刚性，当期消费性服务支出受前期的影响较大。这符合我们对消费行为一般规律的认识。

第二，个人可支配收入与消费性服务支出呈明显的正相关关系，其回归系数为正，并且通过了在 1%水平的显著性检验。模型 4 的回归结果显示，个人可支配收入每提高 1 个百分点，居民消费性服务支出提高 0.3 个百分点。这使得消费性服务支出的“收入需求假说”得到一定的验证。然而，与 Fuchs（1968）提出的“服务消费的收入弹性大于 1”的论断不相符合的是，我们的实证结果表明，中国城镇居民的服务消费的需求收入弹性小于 1。这可能与中国的特殊国情有关。中国公共性服务提供不足，包括养老、失业、医疗等在内的社会保障体系不健全，导致中国居民存在收入和支出的不确定性，由此在一定程度上限制了消费性服务支出，进而直接导致其需求收入弹性小于 1。

表 7—4　　实证结果

解释变量	模型 1	模型 2	模型 3	模型 4
$Cser_{-1}$			0.346*** (0.024)	0.231*** (0.091)
Inco	0.433*** (0.027)	0.343*** (0.034)	0.398*** (0.098)	0.301*** (0.032)
Pser	1.675*** (0.076)	1.467*** (0.056)	1.506*** (0.274)	1.449*** (0.212)
Gini		−0.356*** (0.045)		−0.345*** (0.024)
Urban		0.672** (0.331)		0.612* (0.343)
Ser		0.912*** (0.291)		1.236*** (0.032)
常数项	2.030*** (0.592)	1.046*** (0.254)	3.421*** (0.123)	2.342* (1.24)
R^2	0.68	0.75		
观察值	450	450	420	420

注：回归结果由 Stata11.0 计算而得。*、** 和 *** 分别代表 10%、5%和 1%的显著性水平。括号里的值是标准差。

第三，服务价格指数与消费性服务支出成正相关关系。实证结果显示，服务价格指数提高 1%，消费性服务支出提高 1.449%，并且通过了 1%的显著性检验。这意味着居民的消费性服务支出不仅仅是服务价格的提高引起的，居民的实际服务消费量也有不同程度的提高。

第四，基尼系数的提高会导致消费性服务支出下降，回归系数为−0.345，并且在 1%的显著性水平上显著。这意味着在收入差距加大时，由于服务需求的收入弹性相对较高，社会会分化为较低边际消费倾向的高收入群体（少数人）和较高边际消费倾向的低收入群体（多数人），整个社会对于服务的边际消费倾向降低，进而直接减少了城镇居民的整体消费性服务支出。

第五，城市化水平提高和服务产业的发展都会显著增加居民的消费性服务支出水平。

城镇居民的消费性服务支出要显著大于农村人口，因此城市化水平提高有助于增加消费性服务支出，其回归系数为0.612，并且通过了10%的显著性水平检验。一国服务业发展水平越高，居民消费性服务支出也越高，实证研究表明，服务业占GDP的比重每提高1%，居民的消费性服务支出水平就提高1.236%。

复习题

1. 了解中国城镇居民消费性服务支出的现状。
2. 消费性服务支出受哪些因素影响？

第 8 章

服务业发展的独立性："自增强"假说

8.1 "自增强"假说的提出及其度量

8.1.1 "自增强"假说的提出

前工业化时期，农业是社会生活中的主要产业；工业化时期，工业取代农业成为社会中的主要产业；后工业化时期，农业在三大产业中的份额进一步下降，服务业逐渐超越第二产业成为主要产业。服务业内部也经历着不断的发展，早期的服务业以交通运输及仓储业、批发零售业、餐饮与住宿业等为主体，被称为传统服务业，主要属于资本与劳动密集型行业。其后，随着社会分工的深入发展和技术水平的进步，以金融业、信息技术行业等为代表的现代服务业占据了更为重要的地位，这些行业主要由资本与技术密集型行业构成。如表 8—1 所示，服务产业内部结构的演进对其投入要素产生了不同的要求，现代服务业对金融资本、知识、技术等要素等有了更高的要求，而这些要素的提供将更多地来自服务业自身，随着传统服务业比重的相对下降和现代服务业比重的相对上升，服务业将越来越依赖和促进自身的发展，形成自我促进的循环机制。目前有些研究将这种服务业依赖自身发展的效应称为"自增强"机制。

表 8—1　　服务业发展阶段演进

发展阶段	传统服务业	现代服务业
代表行业	交通运输、餐饮零售等	计算机与信息技术、金融等
投入要素	物资资本、简单劳动力	金融资本、知识、技术
要素来源	农业、工业	工业、服务业

"自增强"(self-enforcing)，最早来自系统论，其本意是系统内部在没有或者很少的外部力量的作用下，凭借自身的某些力量可以完成某种状态的改变。

服务业发展的“自增强”可以被定义为服务业发展过程中的一种自我服务、自我强化和自我实施的驱动力，在工业化早期，服务业的发展确实主要依赖于制造业等其他产业的外部关联需求，而在工业化的后期，服务业的发展可能更加依赖于其自身的内部产业关联。服务业发展的“自增强”机制是基于产业关联和要素流动的耦合而形成的一种服务业自我服务、自我强化和自我实施的发展动力系统（曾世宏，2013）。

Park（1994）在分析服务业增长驱动力时，首次提及服务业发展的“自增强”机制。他认为随着城市化和工业化的加速，服务部门趋于快速增长。服务部门快速增长主要有三个源泉：第一个来自制造业与服务业之间的交易增加，带动了生产性服务的就业和产出份额增长；服务业增长的第二个源泉是随着收入水平的提高，人们会提高对消费者服务和公共服务的需求水平；第三个源泉是服务业内部之间的自我加强效应，一方面，生产性服务需求的增加会引致消费者服务和公共服务需求的增加，另一方面，消费者服务和公共服务需求的增加也会相应提高对生产性服务的需求，从而形成服务业内部的自我加强良性循环效应。Greenhalgh 和 Gregory（2001）也指出，在知识密集型经济或者新服务经济的时代，服务部门在产出增长和就业机会创造方面已经成为一个关键的部门，并且开始依靠自身的力量在服务部门内部取得了长足的发展。

Pilat 和 Wölfl（2005）的研究结果表明，相对于制造业，服务业更独立于其他非制造业部门，生产性服务所必要的大多数中间投入直接来自服务部门自身。在此基础上，曾世宏（2013）提出了关于服务业结构变迁的“自增强”假说。他认为，欧、美、日等工业化国家服务业内部的产业关联主要表现在两个方面：第一，生产性服务也是生活消费类服务和公共性服务的重要中间投入；第二，生活消费类服务和公共性服务是生产性服务发展的重要保障。生活消费类服务和公共性服务的效率提高需要生产性服务的中间投入，从而增加了生产性服务的需求，而生产性服务的需求增加也会要求增加消费者服务的需求，生产者和消费者服务需求的提高要求公共服务的增加，而公共性服务的需求增加反过来又会引致生产性服务和消费性服务的需求增加。

国际经验表明，工业化国家的服务业发展，特别是生产性服务业的发展，是在现代先进制造业的分工细化和创新压力加大，产生了对生产性服务业产业需求的条件下出现的。也就是说，金融保险、技术咨询、风险投资、软件服务等生产性服务业的产生是以现代制造业生产环节的高端化、生产过程的迂回化和生产技术的信息化为条件的，这是生产性服务业发展的外部产业关联和外部冲击。有了生产性服务业发展的外部冲击和外部产业关联需求条件，生产性服务必定会加大创新力度，提高生产性服务的供应数量和质量水平。生产性服务的大规模提供，又会主要以其他服务业作为它的中间投入，催生其他服务业的增长规模，而这些服务业为了提高服务供应的规模和质量，又会加大对生产性服务的需求水平。这样，服务业发展和产业发展会走上以生产性服务驱动的“自增强”的良性循环道路（曾世宏，2013）。

由于服务业结构变迁或者“自增强”机制的实现一般是由服务业的外部产业关联驱动，产生对生产性服务的引致性需求，再通过生产性服务的创新产生生产性服务对其自身与其他服务业的中间投入需求，从而推动服务业的良性发展，所以，服务业发展“自增强”机制的实现也能够促进服务业发展的合理性和高级化。

8.1.2 “自增强”的度量

（一）产业关联系数

产业关联的分析方法最初是由美国经济学家（Hirschman，1958）在《经济发展战略》（*The Strategy of Economic Development*，New Haven：Yale University Press）一书中提出来的，旨在分析前后向关联、关键部门与经济增长三者之间的关系，从而判断出经济增长中的关键部门。这种分析的核心假设是高经济增长的国家或地区，其经济活动由具有相对较高的前后向关联的产业部门占主导，如重工业；而低经济增长的国家或地区，其经济活动由具有相对较低的前后向产业关联部门占主导，如农业生产；中低经济增长的国家或地区，其经济活动是由具有较高后向关联、较低前向关联的部门，如最终制造部门，或者较低的后向关联部门、较高的前向关联部门，如中间投入部门组成的。

在 Hirschman（1958）产业关联分析的基础上，假定服务业作为中间投入品具有较低的后向关联和较高的前向关联。但是，进行产业关联分析的目的是确定服务部门作为中间投入和最终消费之和的总需求水平，所以，核心假设是具有相对前向产业关联程度较高的服务部门，其需求水平就越高，为了满足这种较高的需求水平，政府部门就应该促进优质生产要素向该类服务部门的流动。所以，相对产业关联分析是服务业发展分析的基础和前提。产业关联分析方法能够揭示出服务产业与其他产业之间以及服务产业内部各行业之间内在联系的各种经济数量关系。

判断服务业内部发展是否会呈现一种“自我强化”机制，主要分析服务业内部发展的产业关联依赖程度。如果在工业化早期和中期，制造业或者农业的发展（产值和就业数量的绝对增加）同时依赖于服务业内部生产性服务业、消费性服务行业和公共性服务行业的发展；而在工业化的中后期，制造业或者农业的发展主要依赖于生产性服务业的发展，并且服务业内部的生产性服务业、消费性服务业与公共性服务业主要依赖于生产性服务业发展，即生产性服务业已经成为整个经济体各行业的重要中间投入时，服务业发展就产生了一种“自我强化”机制，表明服务业进入了良性循环的发展轨道，此时生产性服务业与其他各行业的前向产业关联度增加。

Park（1994）采用的产业关联依赖程度的测度公式，即为 $d_i^j = a_i^j / \sum_i a_i^j$，其中 a_i^j 是直接投入消耗系数矩阵 A 中第 i 行和第 j 列对应的元素，相应地，$\sum_i a_i^j$ 是直接投入消耗系数矩阵 A 中与第 j 列对应的第 i 行所有投入系数的总和。运用该公式可以测度制造业对各服务业的关联程度或者依赖度，以及服务业内部之间的关联度，从而确定制造业对服务业的关联需求和服务业内部之间的关联需求，为服务业发展的分析奠定实证基础。一般来说，产业关联度高的产业其需求水平较高，或者说被依赖程度较高的产业需求水平较高，这些产业应该作为主导产业重点发展。

（二）服务资本品率和服务投入率

服务资本品比率：作为中间投入的服务产出占服务部门总产出的比重，反映服务部门的生产资料特性；服务部门中间投入服务资本品率：具体指某一服务部门作为中间投入的那部分产出中，用于服务业投入的产出所占到的比重，该指标越大说明该服务部门的产出中用作服务业资本品的中间投入占总的中间投入的比重越大，反映了该服务部门对服务行业的支持作用，该服务部门的发展能为服务产业的发展提供较好的支撑。

服务投入率：服务投入占总投入的比重，反映服务化程度。服务部门中间使用服务投入率：具体指某一服务部门中间使用中服务投入所占到的比重，即该服务部门每一单位的产出所需的服务业总产出，该指标越大说明该服务部门对服务投入的需求越大，反映了该服务部门对服务行业的带动作用，该服务部门的发展会拉动服务产业的发展。

8.2 部分工业化国家的服务业“自增强”效应分析

世界主要工业化国家的服务业发展基本上呈现了一种“自我强化”的产业关联良性发展道路，对于这种服务业发展一般演化规律的产业关联“自我强化”机制，我们可以运用各国的投入产出表和标准产业经济学教材里介绍的关于产业关联的若干测度公式进行实证分析。

（一）美国

服务业发展的“自增强”机制可以更好地通过美国制造业和各服务行业的产业关联依赖程度表现出来，见表8—2。

美国作为传统的工业化国家，服务业发展与制造业的产业关联依赖程度以及服务业发展的“自我强化”机制表现得最为典型。从表8—2可以清楚看出，在工业化早期，服务业各行业的发展严重依赖制造业，而在工业化的中后期，服务业各行业对制造业的产业关联依赖程度显著降低，而对生产性服务业的产业关联依赖程度明显增强（曾世宏，2013）。

表8—2　　美国服务业发展的产业关联依赖程度（%）

产业部门	物流服务		通信服务		生产服务		个人服务		社会服务	
年份	1975	1985	1975	1985	1975	1985	1975	1985	1975	1985
总制造业	37.87	25.23	32.98	18.76	41.34	20.53	32.05	14.26	31.28	17.95
物流服务	10.12	13.43	8.75	12.54	11.21	13.54	12.31	15.72	8.90	6.31
通信服务	21.03	23.41	5.83	7.83	13.32	14.48	21.35	18.52	9.65	15.81
生产服务	8.96	21.21	14.56	25.45	9.54	29.71	7.58	21.34	11.23	24.57
个人服务	9.85	4.32	21.28	14.76	18.67	9.21	9.74	5.48	17.94	12.86
社会服务	10.01	11.29	13.31	10.94	12.49	10.02	16.59	14.73	16.72	15.68
总服务	59.97	73.65	63.73	71.52	65.23	77.96	67.57	75.79	64.44	75.23

（二）日本

从表8—3可以看出，在早期，日本物流服务业、通信服务业、生产服务、个人服务的发展主要依赖于总制造业、物流服务业和生产服务业；在后期，物流服务业、通信服务业、生产服务、个人服务的发展对总制造业和物流服务的产业关联依赖程度降低，而对生产服务的产业关联依赖提高。所以在工业化前期，制造业与服务业各行业的产业关联依赖程度都很高，说明了在工业化前期，制造业的发展比较均衡地依赖于服务业各行业，但在工业化后期，服务业各行业对制造业、物流服务、通信服务的产业关联更多的是依赖于生产服务业，说明生产服务对服务业的发展起到了“自增强”的作用。

表 8—3　　日本服务业发展的产业关联依赖程度（%）

产业部门	物流服务		通信服务		生产服务		个人服务		社会服务	
年份	1975	1985	1975	1985	1975	1985	1975	1985	1975	1985
总制造业	36.14	23.10	18.85	14.54	24.02	21.81	34.08	39.00	40.40	42.50
物流服务	24.90	18.70	20.62	11.36	8.01	4.91	19.62	13.62	16.07	12.02
通信服务	2.37	3.36	5.26	7.35	2.95	3.59	1.51	1.92	1.72	2.57
生产服务	25.09	37.30	23.10	37.02	28.58	41.07	13.09	16.54	20.72	19.50
个人服务	0.01	0.06	0.03	3.65	4.50	5.09	2.13	3.65	0.54	0.93
社会服务	0.67	2.08	1.34	7.74	0.50	1.91	0.63	2.82	0.46	3.35
总服务	53.04	61.50	50.35	67.13	44.59	56.58	36.99	38.55	39.52	38.38

资料来源：曾世宏（2013）根据 Park 等（1994）的结论整理得出。

（三）韩国

服务业发展的“自增强”机制在韩国的服务业发展中表现得尤为明显。从表 8—4 可以看出，在早期，韩国服务业内部各行业均表现出了对制造业很高的产业关联依赖程度，然后是物流服务和生产服务（通信服务除外）；在后期，服务业各行业对制造业的产业关联依赖程度显著降低，而对生产服务的产业关联依赖程度显著增强。这说明了在工业化前期，韩国的服务业发展主要依赖于制造业，而在工业化后期，生产服务业对服务业的发展起着“自增强”的作用。

表 8—4　　韩国服务业发展的产业关联依赖程度（%）

产业部门	物流服务		通信服务		生产服务		个人服务		社会服务	
年份	1975	1985	1975	1985	1975	1985	1975	1985	1975	1985
总制造业	44.97	42.07	50.70	30.96	28.39	23.10	36.00	24.79	44.41	51.36
物流服务	21.98	19.82	18.44	7.58	7.52	5.00	11.70	4.79	12.37	8.56
通信服务	3.74	7.51	0.16	32.07	3.94	3.86	5.14	5.00	3.11	2.08
生产服务	9.86	15.30	5.60	8.45	19.00	30.30	14.77	38.57	7.06	11.15
个人服务	0.45	0.06	0.55	0.07	9.25	6.04	6.41	2.95	0.46	0.18
社会服务	0.63	1.47	0.22	1.05	0.65	3.01	0.51	1.23	0.90	1.03
总服务	36.65	44.19	24.77	49.50	40.36	48.21	38.53	52.55	23.91	23.01

资料来源：曾世宏（2013）根据 Park 等（1994）的结论整理得出。

（四）新加坡

新加坡的情况稍有不同（见表 8—5），因为新加坡传统上不是以制造业为主的国家。从表 8—5 可以看出，虽然新加坡是以服务贸易为主的国家，制造业不发达，在服务业发展的早期，物流服务、通信服务和生产服务对制造业的产业关联依赖程度不是很高，更多的是依赖物流服务、通信服务和生产服务，只有个人服务和社会服务对制造业的产业关联依赖程度较高，但是不管是在工业化早期还是工业化中后期，服务业各行业对生产服务的产业关联依赖程度都是很高的，并且在工业化中后期，随着物流服务、通信服务和生产服务对制造业的产业关联依赖程度提高，服务业各行业（物流服务除外）对生产服务业的产业关联依赖程度明显增加，这说明在新加坡，服务业发展的“自增强”机制依然存在。

表 8—5　　新加坡服务业发展的产业关联依赖程度（%）

产业部门	物流服务		通信服务		生产服务		个人服务		社会服务	
年份	1975	1985	1975	1985	1975	1985	1975	1985	1975	1985
总制造业	13.74	25.59	8.92	22.80	15.46	21.07	42.59	38.65	66.34	63.45
物流服务	47.24	41.67	4.58	5.01	8.46	9.05	3.72	9.82	2.64	5.88
通信服务	2.60	2.70	66.99	23.09	5.32	4.55	2.13	2.32	2.55	0.86
生产服务	25.62	21.04	10.60	23.84	54.14	52.55	12.91	20.13	7.44	14.20
个人服务	5.12	6.65	3.86	11.17	4.28	6.75	3.25	8.73	3.20	3.09
社会服务	1.62	0.54	0.24	2.33	2.02	2.22	1.86	1.37	8.71	2.23
总服务	82.20	72.61	86.26	65.44	74.23	75.13	23.87	42.37	24.54	26.26

资料来源：曾世宏（2013）根据 Park 等（1994）的结论整理得出。

8.3　中国服务业“自增强”实证分析

8.3.1　特征事实

（一）总量分析

程大中（2008）采用投入产出法对中国以及 13 个 OECD 经济体的生产性服务业发展水平、部门结构及其影响进行了比较研究，指出中国服务业受其他部门需求的拉动作用不大，并且生产性服务投入率较高，更多地依赖于自身的投入，但其研究重点在于服务业与第一、二产业的产业互动，未能明确阐述服务业的自我促进效应。

曾世宏（2013）的研究表明，与主要工业化国家相比，中国服务业发展“自增强”机制的自我强化作用表现得还不是十分明显（见表 8—6）。

表 8—6　　中国服务业发展的产业关联依赖程度（%）

产业部门	物流服务		通信服务		生产服务		个人服务		社会服务	
年份	2005	1985	2005	1985	2005	1985	2005	1985	2005	1985
总制造业	45.46	48.99	75.32	74.81	60.49	57.97	43.52	57.35	47.89	53.65
物流服务	9.24	9.47	8.51	8.25	14.24	13.97	14.76	10.72	23.12	14.95
通信服务	1.25	0.05	0.82	0.10	6.98	5.09	5.43	0.52	4.56	2.50
生产服务	25.17	23.30	2.13	0.19	4.21	3.81	1.23	0.42	2.34	0.22
个人服务	1.35	2.96	4.41	7.39	2.34	8.17	1.09	4.96	7.21	14.57
公共服务	8.21	7.19	2.56	3.98	4.67	3.31	1.45	1.36	5.31	6.61
总服务	45.22	43.24	18.43	19.90	32.44	34.34	23.96	17.97	42.54	38.85

从表 8—6 可以看出，从改革开放初期到 21 世纪初，中国服务业发展主要依赖于制造业，对生产性服务，特别是对以计算机和软件为标志的现代信息通信技术等综合性技术服务的产业关联依赖程度较低，而对消费者服务和公共性服务的产业关联依赖程度较高。说明中国服务业发展主要是由制造业的产业关联驱动，其他服务业对生产性服务业的产业关联依赖程度较低，因此，这种以消费者服务和公共性服务推动的服务业内部产业关联冲击不能很好地促进服务业内部结构变迁的良性循环。

（二）分地区的考察

考察中国30个省市的整体服务业的两种效应，对2002年和2007年30个省市整体服务业的两个指标分别进行计算。对整体服务业的指标的计算，先计算每个省市每一个服务部门的中间投入服务资本品率和中间使用服务投入率，然后以16个[①]具体部门的增加值为权重计算整体的比率，具体服务部门的增加值反映了各个服务部门对该省市地区经济生产总值的重要程度。对整体服务业的指标的计算可以从总体上度量各个省市服务业对自身的支持与拉动效应。

表8—7归纳了中国30个省（市、区）2002年及2007年整体服务业的两个指标。分析该表可以看到：30个省（市、区）2002年及2007年整体服务业中间投入服务资本品率的均值分别为53.48%及50.65%，2002年有20个省（市、区）该指标超过50%，2007年为16个，这说明从整体服务业水平看，大多数省（市、区）的服务业对自身的发展发挥了明显的支持作用；30个省（市、区）2002年及2007年整体服务业中间使用服务投入率的均值分别为55.21%及53.84%，2002年有24个省（市、区）该指标超过50%，2007年有22个，这说明从整体服务业水平来看，大多数省（市、区）的服务业对自身的发展发挥了明显的拉动作用；从全国范围来看，各省（市、区）都较明显地体现出了服务业对自身的支持或拉动作用，但不同省（市、区），其作用存在较大差异，如北京、上海这两个特大城市的服务业对自身的支持与拉动效应尤其突出，2007年北京的两个指标分别达到了81.50%和61.98%，上海分别为59.68%和69.32%，在全国居于领先地位，福建、浙江等省市的整体服务业对自身的支持效应较弱而拉动效应比较强，2007年浙江的两个指标分别为40.87%和55.70%，青海等省（市、区）的整体服务业对自身的拉动效应较弱而支持效应相对较强，2007年两个指标分别为61.75%和40.78%。

表8—7　　30个省（市、区）整体服务业的中间投入服务资本品率和中间使用服务投入率（%）

	整体服务业中间投入服务资本品率		整体服务业中间使用服务投入率	
	2002	2007	2002	2007
北京	66.17	81.50	65.87	61.98
上海	59.32	59.68	64.30	69.32
广东	52.94	44.59	63.65	59.43
湖北	47.86	48.29	58.59	62.39
浙江	44.95	40.87	53.88	55.70
福建	44.08	38.25	58.80	53.89
贵州	53.04	57.82	54.81	62.85
海南	67.79	47.73	60.73	56.54
广西	51.16	51.99	59.58	53.91
安徽	55.14	53.00	56.04	50.90
天津	47.78	42.96	62.19	60.84
云南	57.25	52.55	53.12	52.19

① 国家统计局2003年发布的《三次产业划分标准》对服务业具体部门进行了调整，2007年的投入产出表与2002相比具体部门有所不同。

续前表

	整体服务业中间投入服务资本品率		整体服务业中间使用服务投入率	
	2002	2007	2002	2007
湖南	62.27	52.68	58.68	56.06
甘肃	63.09	58.14	56.66	48.97
吉林	45.80	52.82	47.87	41.21
重庆	63.30	52.70	53.25	48.41
江苏	53.47	36.08	50.35	53.64
宁夏	53.26	57.23	58.23	55.11
四川	55.66	50.05	57.70	54.73
辽宁	48.11	48.50	49.22	54.77
青海	54.37	61.75	50.02	40.78
新疆	53.09	43.64	57.76	57.42
黑龙江	46.69	50.44	44.81	49.53
河北	43.44	51.26	47.29	49.96
内蒙古	41.81	48.03	43.95	56.25
山东	61.22	39.35	61.16	44.84
山西	61.35	48.68	45.87	46.16
陕西	57.72	55.78	52.31	52.26
江西	53.31	44.78	54.06	50.62
河南	49.72	48.31	55.46	54.51
30省（市、区）均值	53.48	50.65	55.21	53.84

（三）行业分析

接下来进行行业的结构性分析。考察服务产业的16个具体行业的两种效应，结果如表8—8所示。由于2002年和2007年投入产出表编制时服务产业具体行业部门的分类标准有所不同，16个具体部门并不完全一致（相较于2002年的投入产出表，2007年的投入产出表减少了旅游业、科学研究事业，增加了研究与试验发展业以及水利、环境和公共设施管理业，同时将其他服务业调整为居民服务和其他服务业。）。分析表8—8我们看到：16个服务部门中中间投入服务资本品率均值超过50%的部门，2002年有13个，2007年有10个，其中以邮政业，信息传输、计算机服务和软件业，住宿和餐饮业，房地产业，教育，文化、体育和娱乐业，公共管理和社会组织等部门的支持作用最为突出，2007年分别达到了72.43%，69.20%，72.53%，78.63%，77.56%，72.14%和71.81%，这些行业的中间投入中绝大部分仍用于服务业的发展，体现了对自身较强的支持作用；16个服务部门中中间使用服务投入率这一指标的均值超过50%的部门，2002年有12个，2007年有8个，其中以批发和零售业、邮政业、金融保险业、租赁和商务服务业、公共管理和社会组织等部门的拉动作用最为突出，在2007年分别达到了75.48%，57.52%，68.29%，60.43%和61.85%，这些行业的中间使用中绝大多数来自服务业自身，呈现出对自身较强的拉动效应；各部门对服务业的作用形式有所不同，邮政业，信息传输，计算机服务和软件业，金融保险业，房地产业，租赁和商务服务业，教育，公共管理和社会组织等行业对服务产业的支持与拉动作用都非常明显，2007年邮政业的两个指标分别达到了72.43%和57.52%，信息传输、计算机服务和软件业为69.20%和51.79%，金融保险业为50.99%和68.29%，房地产业为78.63%和51.70%，体现出了较强的自我促进效应。这些行业大多也同时属于生产性服务业的范畴，这就从投入产出的角度说明了生产性服务业对提升服务业整体水平的重要作用，生产性服务业不仅能较好地推动制造产业的升级，也是促进未来服务产业发展的重点关注领域。

表 8—8　　16个服务产业具体行业的中间投入服务资本品率和中间使用服务投入率数据（%）

	服务部门中间投入服务资本品率		服务部门中间使用服务投入率	
	2002	2007	2002	2007
交通运输及仓储业	33.97	34.02	41.40	40.82
邮政业	61.98	72.43	65.24	57.52
信息传输、计算机服务和软件业	71.34	69.20	57.71	51.79
批发和零售业	24.82	24.02	72.10	75.48
住宿和餐饮业	62.40	72.53	22.67	23.31
金融保险业	51.85	50.99	65.67	68.29
房地产业	88.64	78.63	55.16	51.70
租赁和商务服务业	53.01	54.16	66.79	60.43
综合技术服务业	40.24	19.28	57.21	49.09
其他服务业	57.81	56.33	44.34	38.11
教育	68.72	77.56	55.90	50.50
卫生、社会保障和社会福利业	75.78	25.27	26.86	18.40
文化、体育和娱乐业	72.43	72.14	53.60	48.08
公共管理和社会组织	71.52	71.81	62.66	61.85
旅游业	65.01		87.01	
科学研究事业	57.92		62.05	
研究与试验发展业		14.54		41.04
水利、环境和公共设施管理业		48.38		44.78

8.3.2　经验分析

（一）计量模型和数据说明

接下来用中国相关数据对服务产业"自增强"效应进行实证检验，考察当期服务业发展水平受前期发展水平的影响，从其影响程度来度量服务业自我促进效应的特征。对服务业发展水平的测度有规模指标（服务业增加值、服务业从业人员等）、结构指标（服务业增加值占GDP比重、服务业某行业产值占GDP比重等）、效率指标（人均服务业增加值、服务业劳动生产率等）。

参考谷彬（2009）的研究成果，模型设定时还选取国有化程度、对外开放、政府规模等制度变革相关指标，同时考虑服务业尤其是现代服务业的技术含量、城市化水平和服务业固定资产投资额对服务业发展水平的影响。基于以上考虑以及各数据的可获得性，选取30个省（市、区）2003—2011年间的面板数据，构建如下回归方程。

$$Ser_{it}=\beta_0+\beta_1 Ser_{it-1}+\beta_2 Mon_{it}+\beta_3 Fin_{it}+\beta_4 Exp_{it}+\beta_5 Urb_{it}+\beta_6 Tec_{it}+\beta_7 Inv_{it}+\gamma_i+\mu_{it}$$

其中，下标 i 代表 30 个省（市、区），选取的样本不包括西藏自治区和港澳台地区；t 代表时间，从 2003 年至 2011 年，时间跨度为 9 年；c 为截距项；γ 代表不同样本的特质，不随时间变化；μ_{it} 代表随时间和个体变化的误差项；Ser 是被解释变量，代表服务业劳动生产率，选取第三产业增加值与第三产业从业人员之比值；Ser_{it-1} 项是对被解释变量滞后一期的数值。其余各变量的含义如表 8—9 所示，数据主要来自中国各省市历年《统计年鉴》、国家统计局数据库、国研网数据库等，部分变量部分年份存在数据缺失，利用移动平均法和前后年份的数据对缺失的数据进行修正与补齐。其中 Exp 和 Fin 两个指标对服务业劳动生产率的提升预期有正反两方面的作用主要基于以下考虑：对外贸易额的增长既能刺激服务行业的发展，吸收外国经验，促进效率提升，也能对本国服务业产生低端锁定效应，抑制生产率提高；而政府规模一方面能为服务业劳动生产率的提高创造良好环境，另一方面也可能造成政府干预范围过广、支出方向偏误而不利于服务行业发展的局面。变量的描述性统计结果见表 8—10。

表 8—9　　各变量的含义及计算

变量名	含义	计算	预期相关关系
Mon	垄断程度	非国有经济单位职工数占全社会职工数的比重	—
Exp	对外贸易	对进出口总额（单位：亿元人民币）取对数	+/—
Fin	政府规模	财政支出占地区 GDP 的比重	+/—
Urb	城镇化率	城镇人口占地区总人口的比重	+
Tec	技术水平	每千人常住人口中科技人员的数目	+
Inv	服务业投资额	对地区第三产业固定资产投资额（亿元）取对数	+

表 8—10　　各变量的描述性统计（2003—2011 年）

变量	观察值	均值	标准差	最小值	最大值
Ser	270	4.88	2.91	1.51	18.18
Mon	270	8.21	5.11	2.92	22.18
Exp	270	18.48	31.57	3.58	172.22
Fin	270	18.38	8.02	7.92	65.08
Urb	270	48.25	14.73	25.02	89.30
Tec	270	4.22	4.84	0.01	30.03
Inv	270	7.54	0.99	4.94	9.51

（二）回归结果

由于设定的模型中含有被解释变量的滞后项，本章参考 Arellano 和 Bover（1995）、钱学锋（2009）使用的动态面板 GMM 估计方法，分别用差分 GMM 估计（difference-GMM）和系统 GMM 估计（system－GMM）两种方法对模型进行估计，系统 GMM 估计修正了差分 GMM 估计在过度识别方面的不足，同时在计量过程中调整滞后期数进行观察。

表 8—11 列出了两种估计方法的回归结果。在表 8—11 中前两列利用差分 GMM 估计，后两列利用系统 GMM 估计，两种估计的结果在方向上保持了一致性，并且解释变量

服务业劳动生产率的滞后一期和滞后二期值在统计上都显著。同时检验结果显示估计方程的误差项不存在二阶序列相关，不能拒绝工具变量有效性的零假设（Hansen test 的 p 值显著大于 0.1），这总体上说明了模型设定的合理性。因此，可以论证中国服务业的当期劳动生产率受到前期的显著影响，服务业劳动生产率的提升很大程度上受到其自身的影响，这从效率的角度证实了前文所做的假设：服务行业对自身的发展有一定的促进效应。另外，根据回归结果，各控制变量的系数与预期基本保持一致，国有经济单位垄断程度的下降能提升服务业劳动生产率，城镇化率、科技水平和服务产业固定资产投资额的提高都有利于服务业劳动生产率的提高，但除了科技水平和固定资产投资额的系数在统计上比较显著，其余两个指标的系数并不显著。而对外贸易、政府规模对服务业劳动生产率的影响系数并不稳定，同时在统计上也不显著，这一方面如前文所述，对外进出口总额与财政支出占 GDP 的比重对服务业劳动生产率的作用是多方面的，另一方面也可能是由于数据选择和模型设定的偏差导致的。但总体上来说，使用不同的估计方法，服务业劳动生产率的自我促进效应都能得到体现。同时，为了更好地考察对外开放进程对服务业劳动生产率的影响，在计量过程中，借鉴钱学锋（2009）的研究方法，采用了 FDI 数据代替 *Exp* 数据[①]，但计量得到的结果并未有明显差别，这将有待利用服务贸易的进出口数据与第三产业 FDI 数据进行进一步的修正与后续研究。

表 8—11　　模型计量回归结果

变量	差分 GMM		系统 GMM	
	滞后一期	滞后二期	滞后一期	滞后二期
Ser _（*i*，*tn*）	0.71*** (0.084)	0.29** (0.13)	0.75*** (0.061)	0.45*** (0.11)
		0.27* (0.16)		0.39** (0.15)
Mon	−0.04 (0.04)	−0.01 (0.04)	−0.08** (0.037)	−0.07* (0.037)
Exp	−0.021 (0.012)	0.003 (0.012)	−0.001 (0.007)	0.01 (0.01)
Fin	0.017 (0.020)	0.007 (0.019)	0.025 (0.018)	0.019 (0.017)
Urb	0.145** (0.057)	0.075 (0.058)	0.024 (0.03)	0.014 (0.04)
Tec	0.23*** (0.063)	0.49*** (0.11)	0.12** (0.047)	0.18** (0.08)
Lnv	0.021 (0.33)	0.054* (0.035)	0.61** (0.23)	0.82** (0.30)
观察值	210	180	240	210
AR(2) -p 值	0.713 7	0.238 7	0.923 8	0.111 3
Hansen test-p 值	0.756 2	0.456 7	0.758 7	0.836 7

说明：***，**，*分别表示在 1%，5%，10%的统计水平上显著，括号中为标准差。*AR*(2) -p 值:零假设为差分后的残差项不存在二阶序列相关，该值的计算在回归中设置了选项 vce（robust）；Hansen test 的零假设为过度识别检验是有效的。该说明适用于其后的估计分析。

---

① FDI：外商直接投资额按当年汇率折算成人民币后取对数而得。

（三）稳健型检验

以上回归结果初步检验了服务业的“自增强”假说。可以说明中国的服务业存在着一种自我促进和发展的机制。接下来，要对这种机制的存在和特点做出更细致和深入的分析。为了更好地验证这种自我促进的效应及其具体表现，根据前文分地区与行业的投入产出分析方法，对分地区和分行业的数据分别作回归分析进行稳健型检验。

首先，按中国东、中、西三个地区的传统划分分别对全国30个省（市、区）的面板数据进行检验，东部地区的省（市、区）有北京、天津、河北、辽宁、上海、江苏、浙江、福建、山东、广东、海南等11个，中部地区的省（市、区）有黑龙江、吉林、山西、安徽、江西、河南、湖北、湖南等8个，西部地区的省（市、区）有：内蒙古、广西、重庆、四川、贵州、云南、陕西、甘肃、青海、宁夏、新疆等11个。表8—12列出了分地区的实证分析结果。根据计量结果，三个地区的服务业劳动生产率滞后一期的值都对其产生了正效应，并且计量结果都在统计上显著。但具体而言，东部与中部地区的促进作用表现比较明显，而西部地区的自我促进效应要弱一些，这可能是由于西部地区的服务业发展相对比较滞后。垄断程度和对外贸易对东部地区服务业劳动生产率的负面影响比较明显，政府规模对东部与中部地区的正向作用比较明显，城市化水平对三个地区的正面作用都很明显，技术水平的正向作用主要体现在东部地区，而服务业固定资产投资额对中西部的正面作用比较明显。

表8—12　　分地区实证分析结果

变量	东部		中部		西部	
	差分GMM	系统GMM	差分GMM	系统GMM	差分GMM	系统GMM
*Ser*_(*i*，*t*1)	0.575*** (0.167)	0.788*** (0.105)	0.771*** (0.111)	0.899*** (0.072)	0.22* (0.14)	0.17* (0.12)
Mon	−0.063* (0.033)	−0.103** (0.036)	−0.017 (0.056)	−0.071* (0.044)	0.07 (0.097)	−0.014 (0.081)
Exp	−0.020*** (0.004)	−0.002 (0.009)	−0.013 (0.035)	0.002 (0.038)	−0.037 (0.043)	−0.026 (0.035)
Fin	0.088** (0.045)	0.064 (0.054)	0.021 (0.035)	0.051* (0.029)	−0.010 (0.021)	0.014 (0.016)
Urb	0.19* (0.11)	0.082 (0.065)	0.012 (0.035)	0.055** (0.025)	0.349** (0.128)	0.155** (0.057)
Tec	0.326** (0.119)	0.136** (0.071)	0.085 (0.069)	0.050 (0.062)	0.110 (0.213)	0.036 (0.190)
Lnv	0.22 (0.70)	0.64 (0.56)	0.646** (0.364)	0.022 (0.200)	0.063 (0.614)	0.992*** (0.299)
观察值	77	88	56	64	77	88
AR(2) -*p*值	0.941 6	0.928 7	0.696 1	0.489 4	0.301 5	0.772 3
Hansen test-*p*值	1.000 0	0.830 9	1.000 0	1.000 0	0.999 9	1.000 0

其次，按照服务业各行业的分类对面板数据进行检验，由于国家统计局对服务业的划分以及历年各行业的数据统计相对比较模糊，根据数据的可得性，选择交通运输和仓储

业、批发和零售业、金融业以及房地产行业等四个行业进行实证分析。本章利用各省（市、区）各服务业分部门的产值数据以及各省（市、区）城镇的各服务业分部门的就业人口数据求出产值/劳动比，并利用城镇人口与总人口数的比例关系对其进行调整。① 表8—13 列出了分行业的实证分析结果，每个行业的当期劳动生产率都会对后期劳动生产率有比较强的促进作用，并且这种促进作用的差异并不明显。同时，总体来看，垄断程度和进出口贸易都对各行业的劳动生产率有负向作用，而城市化率对各行业的劳动生产率有比较显著的促进作用。另外，就技术水平来看，对资本与劳动密集型的行业（交通运输及仓储业、批发与零售业）产生了负向影响。值得注意的是，如果把该处的 *Exp* 替换为 FDI，可以发现 FDI 对交通运输及仓储业、批发和零售业的作用表现为负向的，而对金融行业、房地产业的作用表现为正向的，这也许说明了 FDI 对金融等现代服务行业存在着促进作用。

表 8—13　　分行业实证分析结果

变量	交通运输及仓储业		批发和零售业		金融业		房地产业	
	差分 GMM	系统 GMM	差分 GMM	系统 GMM	差分 GMM	系统 GMM	差分 GMM	系统 GMM
Ser＿(*i*, *t*1)	0.676*** (0.101)	0.742*** (0.074)	0.576*** (0.056)	0.696*** (0.045)	0.561*** (0.063)	0.694*** (0.072)	0.549*** (0.079)	0.902*** (0.052)
Mon	−0.115 (0.132)	−0.219** (0.114)	−0.785** (0.279)	−1.310*** (0.272)	−0.068 (0.155)	−0.365* (0.272)	−1.279* (0.756)	−1.421** (0.617)
Exp	−0.028 (0.038)	−0.124*** (0.026)	−0.337*** (0.077)	−0.246*** (0.068)	−0.215*** (0.046)	−0.103** (0.043)	−0.192 (0.201)	−0.075 (0.123)
Fin	−0.067* (0.055)	−0.032 (0.050)	−0.114 (0.124)	−0.088 (0.096)	0.088 (0.076)	0.125 (0.119)	0.296 (0.419)	−0.023 (0.173)
Urban	0.596*** (0.179)	0.712*** (0.124)	1.332*** (0.316)	1.095*** (0.153)	0.778*** (0.222)	0.559*** (0.178)	2.137** (0.872)	0.789** (0.418)
Tec	−0.034 (0.172)	−0.276* (0.149)	−0.589 (0.412)	−0.154 (0.333)	0.889*** (0.261)	0.114 (0.175)	1.158* (0.777)	0.811 (0.679)
Inv	0.998* (0.693)	0.151 (0.562)	1.375 (1.832)	0.977 (1.344)	0.206 (0.234)	0.647** (0.434)	0.493 (0.579)	0.394 (0.322)
观测值	210	240	210	240	210	240	210	240
AR(2) -*p* 值	0.404 5	0.639 8	0.297 6	0.153 6	0.678 1	0.303 8	0.304 8	0.581 5
Hansen test-*p* 值	0.525 5	0.756 8	0.466 9	0.774 2	0.510 3	0.914 8	0.808 6	0.938 3

复习题

1. 服务业具有自我增强独立发展的规律吗?
2. 服务业“自增强”假说如何度量?

① 具体来讲，根据城镇人口占总人口之比推算城镇服务业就业人口占总服务业就业人口之比。

第 9 章

中国"逆服务化"的新解释：基于公共财政的视角

9.1 基本的逻辑分析框架

根据前文的分析，服务业按照服务对象的不同可分为三类，分别是现代公共服务、现代消费性服务和现代生产性服务。

公共服务、消费性服务和生产性服务，这三方面是构成中国现代服务业的有机组成部分，并且相互之间互相影响。我们认为，当前现代服务业比重偏低以及长期内处于低水平稳态发展可能与改革以来中国政府公共职能的缺失和经济增长模式有直接的联系。以 GDP 增长为导向的发展目标和政绩考核要求，使政府将资源过多投资于与基础设施等与经济增长直接相关的领域，而在诸如医疗卫生、教育和社会保障等有关民生的领域投入不足，这导致了公共服务供给不足；政府公共职能缺失加上包括住房、医疗、教育、社保等体制的改革带来了居民未来支出和收入的不确定性，直接降低了居民消费倾向，消费性服务发展缓慢，从而带来内需不足；在内需不足的条件下，经济增长只能依靠出口拉动，劳动力成本较低的比较优势必然使中国选择代工生产和加工贸易，生产性服务需求不足，从而限制了生产性服务的发展。由此可见，中国现代服务业发展滞后的核心在于政府公共职能的缺失，从而直接带来公共服务提供不足和消费性服务需求不足，最终阻碍了生产性服务的发展。具体逻辑框架如图 9—1 所示。

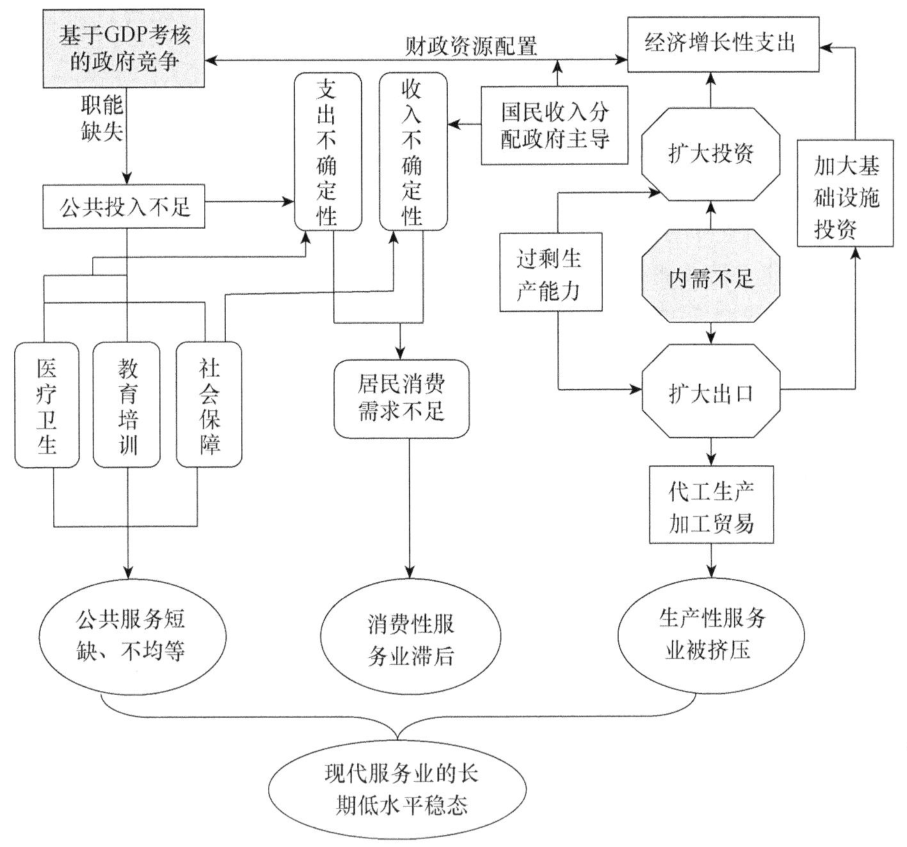

图 9—1　现代服务业发展的分析框架

9.2　政府竞争、公共职能缺失与公共服务业

诺思（1991，1994）曾经指出，非洲经济不增长的根本原因是缺少专注于经济增长的政治制度。在他看来，东亚地区经济增长的奇迹很大程度上是因为政府在经济增长问题上达成共识，从而形成了能成功执行与保障经济高速增长的“政府治理”模式。这种模式得以保持长盛不衰的主要机制则在于地方政府的竞争。就中国的经济增长而言，财政分权改革是导致中国出现经济增长奇迹的关键性制度安排。政府组织治理结构中自上而下的集中体制安排的特征是上级领导拥有任命地方官员的绝对权威，并且中央又根据经济增长来考核地方官员，从而使得这种基于 GDP 考核的政治晋升激励大大强化了中国地方政府的竞争的程度（周黎安，2007）。因此，地方政府具有在经济和政治上的双重激励，从而使得其有动力来努力发展本地经济（Blanchard and Shleifer，2000）。

然而，这种基于经济和政治的双重激励导致了政府公共职能的严重缺失。政府将 GDP 增长视为唯一目标，从而将资源都集中于经济增长相关的领域，而没有将资源分配至可持续发展的领域，所以导致公共服务提供不足。张晏等（2005）指出，政府竞争的重要策略就是为地方经济“招商引资”，尤其是竞相吸引外商直接投资。这就派生了对地方政府改善基础设施的激励（张军等，2007）。政府会不断增加基础设施投入，从而吸引外资并最大限度地加快其经济增长速度。

随着社会主义市场经济体制的建立，政府职能也正在由建设型政府向公共服务型政府转变，每年预算内经济建设费占财政总支出的比重也开始逐渐降低。① 如图 9—2 所示，1978 年该比例为 64.08%，到 1990 年降为 44.36%，2006 年约为 26.56%。然而，这是建立在财政支出这个分母也大幅增加的基础上的，其绝对数增加并不低。1990—2006 年间，大部分年份经济建设费增长率维持在 13%以上而高于同期 GDP 增长，1999 年政府的经济建设费增长率甚至达到 20.1%，远远超过同期名义 GDP 增长率 6.2%的水平。②

从政府预算内资金按项目分类支出来看，对医疗教育和社会保障等与民生相关的投入并没有随着经济增长而得到显著改善。

从图 9—2 我们可以看出，政府财政总支出中科教文卫支出比例一直在 18%～20%徘徊，1996 年以后还呈现出明显下降的趋势。2004 年以后科教文卫支出绝对水平的增长率虽然有所提高，但占财政支出的比例依然只有 18%左右，这个比例和 20 年前基本持平。将科教文卫支出进行细分，我们可以发现，拥有全球近五分之一人口的中国，其教育经费只有全世界的 1%左右，人均教育公共支出在世界 153 个国家和地区中名列 145 位（易富贤，2007）。2007 年全国教育经费支出占 GDP 比重为 2.85%，远远低于联合国要求的 6%的水平。2007 年中国医疗卫生支出总额为 1 989.96 亿元，占全年 GDP 的 0.8%和财政支出总额的 4%，占全球总卫生经费支出的比例仅为 2%左右。

社会保障支出的性质比较特殊。从理论上来说，作为经济发展的稳定器，社会保障支出与经济发展有着此消彼长的关系，经济繁荣则社保支出较少，经济萧条则社保支出较多。但这只是在市场经济较为完善的发达国家中较为适用。中国的社保制度呈现出明显的城乡二元结构。孙光德和董克用（2000）的研究表明，1991—1994 年间占中国人口 80%的农民只享有 10%左右的社会保障费用。③ 而且据统计，中国目前大约有 4 亿人没有任何社会保障。这意味着中国的社保支出并不能单纯从经济增长中得到解释。如图 9—2 所示，从 1996 年开始，社会保障支出额有较大幅度的提高，这主要是因为国有企业改革导致大

---

① 随着 1994 年分税制的改革，地方政府的预算外收支也越来越多。政府的预算外资金目前缺乏法律体系和中央政府监督，因而更会倾向投资于城市基础设施建设等见效快的政绩工程，而难以投向教育、医疗、社保等公共产品领域。平新乔（2006）指出，按现有的统计口径计算的预算外收入与支出，仅仅是地方政府预算外财政收入与支出的一部分。预算外收入是国家法律允许的地方政府的非税收入，主要是行政事业收费与地方政府基金收入，没有包括非预算收入和土地出让收入，而土地出让收入对于地方政府来说，尤其是东部经济发达省份是至关重要的。他的研究表明，预算外支出对政府公共服务提供有着重要的影响。实证研究表明，当其他条件相同时，预算外收入增加（减少）导致地方政府提供教育的效率越低（高），而地方政府修建公路的效率越高（低）。这说明地方重视的是与招商引资有关的基础设施投入，这进一步验证了地方竞争会导致地方政府重视经济建设投入而忽视其他基本的公共服务。

② 从图 9—2 来看，1994 年经济建设费增长率高达 30.5%，这是由当年经济高涨带来的泡沫引起的，1994 年通货膨胀率高达 24.1%，因此实际建设费增长仅为 6.4%。而 1999 年由于受东南亚金融危机影响，中国经济步入紧缩时期，政府也加大固定资产投资于基础设施，考虑到当年通货膨胀率为－1.4%，1999 年实际基本建设费支出增长高达 21.5%。

③ 随着一部分地区农村社会养老保险、农村新型合作医疗制度和最低生活保障制度的实施，更多的农村人口也被纳入社会保障的范畴。

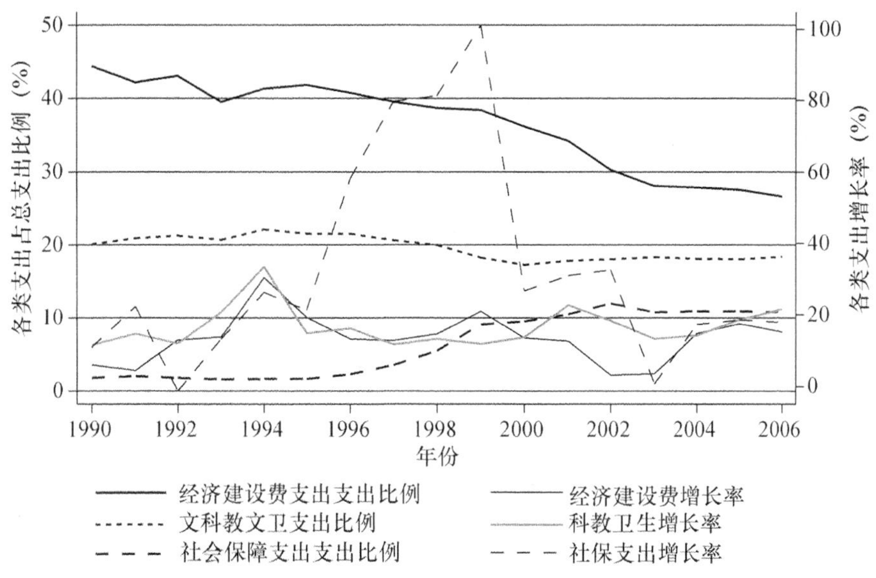

图 9—2　政府预算内各项支出比例及支出增长率

量工人下岗，由此带来的社会救助、优抚安置、社会保险支出大幅增加，此后 2002 年还一度出现增幅下降的趋势，至 2005 年以后，又恢复每年 20%左右的增长率。2007 年中国社会保障支出总额为 5 447.16 亿元，仅占 GDP 的 2.2%，占财政支出总额的 10.94%。社会保障支出尽管在逐年增加，但是离我们要达到的 15%～20%的目标还是相差甚远①，同期欧盟发达国家社会保障支出占财政总支出的比重都在 45%以上。

正是因为中国政府将大量的资源集中于与经济增长相关的基础设施建设，而对医疗、卫生、教育、社保等投入过少，导致这些公共服务的供给严重不足，再加上政府在这些公共服务部门的市场准入限制，又限制了民营资本和境外资本进入这些行业，公共服务业的发展因此只能单纯依靠政府力量来推动。由此带来的公共服务提供不足也是显而易见的。以医疗为例，中国城镇职工医疗保险改革是从公费、劳保制度过渡来的，很多非正规就业和城市居民难以加入，非参保人员得不到任何资助；新型农村合作医疗制度还未建立起一个长效筹资机制，乡镇卫生院基础设施差，医务人员缺乏，技术服务跟不上；药品方面，价格低、用量少的药品遭市场排挤，药品流通秩序混乱。这些都与政府投入较少有着紧密的关系。

9.3　不确定预期、国民收入不均等分配与消费性服务业

政府进行的一系列对于住房、教育、医疗、养老等制度的改革，虽然在长期有利于经济持续发展和人民生活水平的提高，但是在政府公共职能缺失、公共服务提供不足的情况下，反而短期内提高了居民对未来支出和收入的不确定性预期，使得居民的谨慎性储蓄动

① 2000 年国务院制定的《关于完善城镇社会保障体系的试点方案》中提道，在加强社会保障资金的筹集和管理方面，要调整财政支出结构，逐步增加社会保障支出，逐步将社会保障支出占财政支出的比重提高到 15%～20%。

机大大增强。消费性服务业失去市场支撑而发展缓慢。

首先，从支出角度来看，医疗改革、教育改革和住房改革使许多原来由国家和社会承担的支出转由个人承担，居民消费结构中教育、医疗、住房等支出不断提高，导致支出的不确定性提高。以教育为例，在社会福利良好的发达国家，到高中都是义务教育，高校学生家庭所分摊的高校教育成本比例通常在13%～15%，而目前中国学生家庭分摊的教育成本占高中全部投入的70.1%，占大学的66%（易富贤，2007）。根据统计，2006年全国卫生总费用中，政府、社会和个人的卫生支出分别为18%、32.6%和49.4%，个人承担的医疗卫生费用几乎占了一半。① 一项对于日本社会保障制度的研究表明，健全的社保制度有助于降低个人储蓄率（Yamada and Yamada，1988）。Gruber 和 Yelowitz（1997）对于美国 Medicaid（一项针对低收入阶层妇女和儿童的医疗保险项目）的研究也支持了该结论。

图9—3显示了1990—2007年中国城镇居民人均消费支出结构。随着人民生活水平的提高，城镇居民用于食品支出的比例越来越小，从1990年的54.25%下降到2007年的36.29%；与此同时，医疗等费用正在大幅度攀升，1990年人均医疗费用为25.67元，占总支出的2.01%，到2007年人均支出增加了26倍，同期个人可支配收入只增长了8倍多。2007年中国《社会蓝皮书》指出，“看病难、看病贵”是三大突出的社会问题的之一。教育和住房支出也在不断提高，这是中国住房改革和教育体制改革的必然结果。消费结构中较高的医疗、住房和教育支出提高了居民预期消费的不确定性，从而增加了家庭的储蓄倾向，最终形成全社会的消费不足。

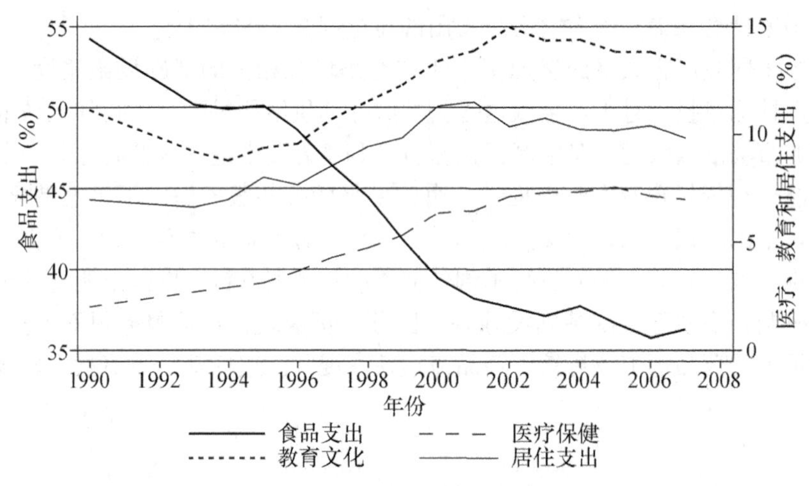

图9—3 城镇居民消费结构

其次，从收入角度看，失业的增加以及社会保障体系的不完善也直接加大了居民收入的不确定性。1997—2003年，国有企业改革的减员增效使职工下岗问题比较突出。2003年以后由于经济增长，就业市场相对稳定，然而随着全球性金融危机的爆发，内外需求疲软导致企业新增投资冻结，失业人数迅速增加，制造业和建筑业是最严重的行业。中国社科院发布的《社会蓝皮书》指出，2008年城镇经济活动人口失业率约为9.4%，远远超过

① 参见《政府提供的卫生经费太少》，载《南方日报》，2008-01-19。

人力资源和社会保障部公布的4%的城镇登记失业率。而且预计2009年上半年失业率将升至11%。与此同时，社会保障严重不足，居民对未来风险和收入预期的不确定性使他们不得不谨慎对待当期消费。

此外，国民收入的不均等分配也在一定程度上降低了居民的消费能力。图9—4是1991—2007年政府、城镇居民和农村居民名义收入增长率与名义GDP增长率的比较。我们发现，1994年税制改革以后，从1996年开始，人均财政负担的增幅就高于城镇居民、农村居民和GDP的增幅，并且十几年来一直维持这种分配格局，到2005年以后，这种分配的差异性更加明显。统计资料显示，2007年国家税收收入绝对额增加了45 612.99亿元，同比增长33.7%，而同期，名义GDP增长为16.95%。国民收入的不均等分配使得政府最大限度地享受了经济增长的好处。在这种情况下，政府掌握的财力较多，居民占有财富较少，收入份额的相对下降使其对消费性服务的需求不足，从而阻碍了消费性服务业的发展。

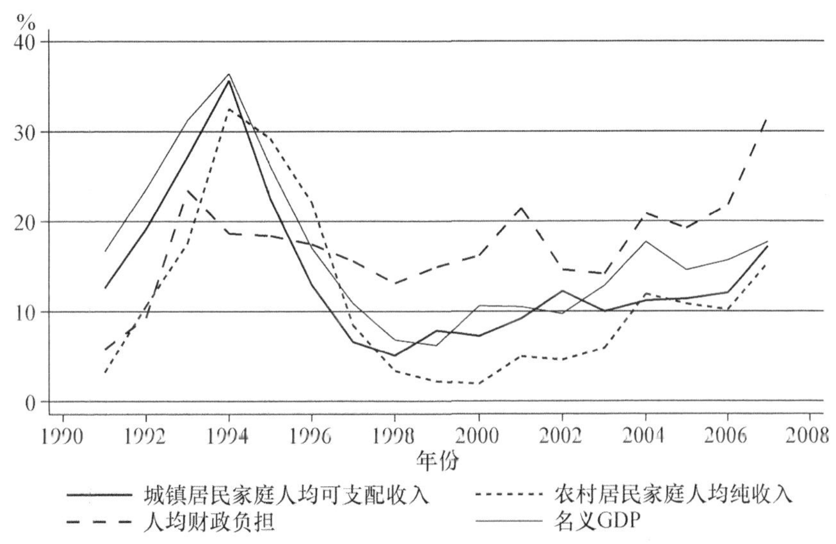

图9—4　政府、城镇居民、农村居民名义收入和GDP增长率

居民未来预期的不确定直接导致谨慎性储蓄的提高，居民消费性支出占可支配收入的比例开始持续下降。图9—5是历年来中国城镇居民家庭消费情况。1990年，中国城镇居民家庭人均消费支出占可支配收入的比重是84.69%，然而随着人民生活水平的提高，消费支出的增加却严重滞后于个人可支配收入的增加，消费支出比例逐年下降，到2007年降至72.52%，与此相对应的是家庭储蓄率不断上升。① 从国际经验来看，储蓄率较低的国家和地区其服务业相对较为发达。例如，欧美发达国家服务业占GDP比重一般都在70%以上，1999年以来，欧盟27国的家庭储蓄率一直稳定在11%～12%之间，美国的储

① 这里的储蓄率是指城镇家庭人均可支配收入中用于储蓄的部分。由于中国资本市场不发达，从全国范围来看，居民可支配收入中用于投资的相对较少，消费性支出以外的大部分都进行储蓄。对于农村人口来说，由于缺乏社会保障，其个人储蓄倾向一般高于城镇家庭。此外，国民储蓄率是衡量一个国家储蓄水平的指标，是国民收入核算中总储蓄与GDP的比值，包括居民储蓄、企业储蓄和政府储蓄。2007年中国的国民储蓄率就已经接近51%。

蓄率 1998 年以后仅为 1%～2%。

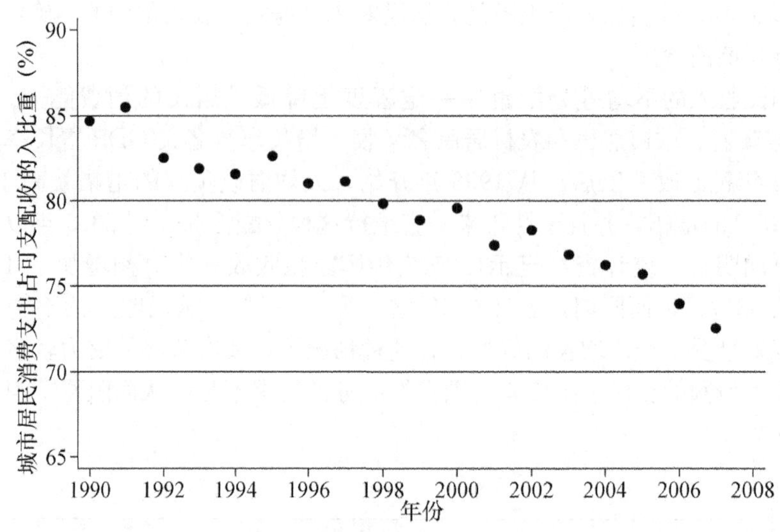

图 9—5　城镇居民消费支出占可支配收入的比重

从 1985 年以来，中国服务项目价格指数大大高于居民消费物价指数、商品零售价格指数、工业品出厂价格指数、原材料燃料动力购进价格指数以及固定资产投资价格指数等各类指数（程大中，2008）。① 我们认为，服务价格的提高在一定程度上减少了消费需求，从而限制了消费服务业发展。服务价格上升也在一定程度上表现为居民服务支出上升，从而制造了服务业已经充分发展的假象。事实上，消费者服务支出的扩大并不是基于实际供给能力的增加，而是基于服务价格的上升。程大中（2008）的研究进一步指出，由于服务部门劳动生产率增长相对滞后、服务需求缺乏价格弹性，服务价格又在不断上涨，服务支出比重增加，因此中国在服务消费方面已经显露出"成本病"迹象。

9.4　代工生产、加工贸易和生产性服务业

居民消费倾向的降低导致本国内需严重不足，储蓄率的不断提高导致国内生产能力的严重过剩，出口成为消化过剩生产能力的唯一渠道，中国经济增长开始大量依靠出口来拉动。图 9—6 是 1978—2007 年中国的三大需求，即最终消费支出、资本形成总额以及货物服务净出口对 GDP 总值的贡献率。从图 9—6 可以看出，20 世纪 90 年代前，国内最终需求对 GDP 增长的贡献率一直维持在 50%以上，然而进入 21 世纪，内需的贡献率出现显著的下降趋势。资本形成总额的贡献率则相对较高，这反映了政府为追求 GDP 增长而加快基础设施建设增加固定投资，2000 年以来，其贡献率有不断上升的趋势，在 2003 年甚至达到了 63.7%，固定资产投资已经失去了进一步推动经济增长的空间。在消费贡献率下降

① 2001 年以前的服务项目价格指数可以直接从《中国统计年鉴》上查询，2001 年以后的服务项目价格指数是程大中（2008）基于 10 个分项目服务价格指数的平均值计算得到。具体 10 个项目是家庭服务及加工维修服务费、医疗保健服务、个人服务、市内公共交通费、城市间交通费、通信服务、学杂托幼费、文娱费、旅游及外出、租房。

而投资贡献率无法进一步提升时，经济增长的引擎则开始转向出口。比较一下图9—6中消费和出口的贡献，我们发现两者具有明显的互补性。这意味着在投资相对稳定的情况下，内需不足需要依靠出口来弥补。这在1986年、1994年和1997年这三年内显得尤其明显。随着内需贡献率的不断下降，短期内依靠投资来进行弥补，然而当资本形成总额达到一定程度时，只能依靠外需即出口扩大来解决，这在2004年以后变得更加显著。

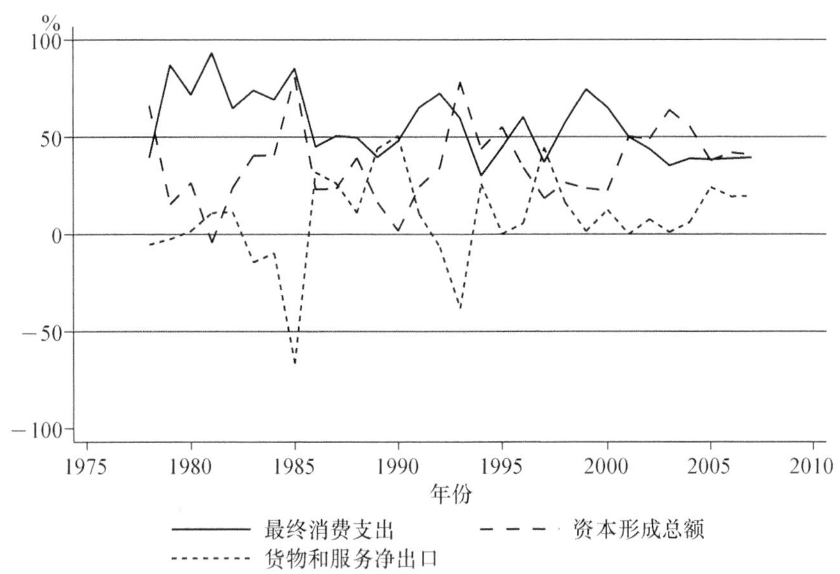

图9—6 最终消费、资本形成以及货物服务净出口对GDP增长贡献率

在发展外向型经济时，中国的优势在于较低价格的要素成本，包括劳动力和土地等。因此，充分发挥比较优势融入全球经济的唯一途径就是吸引外商直接投资，通过代工生产发展加工贸易，中国由此形成了世界制造中心。代工生产和加工贸易使中国制造业陷于全球价值链低端，不仅只能获取较低的附加值，而且也使中国生产性服务发展受到较大的制约，这主要可以在以下四个方面得到体现。

第一，现代生产性服务的需求层面。当前代工企业主要有本土代工制造业和外资代工制造业两类。目前中国本土制造业处于全球价值链低端的代工生产环节，基本上是“世界操作工”，因而只需要低端服务投入，从而对生产性服务的需求极为有限，由此直接导致了高级生产性服务业发展失去市场需求的支撑。外资代工制造业中，跨国公司形成了一种封闭的网络生产体系，从而割裂了制造业与高级生产性服务业之间的产业关联度。这也意味着制造业增加值中很大一部分是由FDI企业创造的，在封闭网络体系下，制造业的繁荣并没有形成对本土高级服务业的市场需求。

第二，现代生产性服务的供给可能性。位于价值链高端的生产性服务业，主要配置在发达国家，尤其是其核心的知识密集型服务业，是其控制发展中国家的主要工具，不会轻易向中国本土企业转移。它们主要选择了服务业FDI的形式进入中国，从而满足其高端制造业FDI的需求，并且加强跨国公司的技术垄断，从而限制中国企业向产业链高端攀升。近年来，随着中国加入WTO后服务贸易开放程度的提高，服务业FDI规模也不断扩大。2002年服务业FDI占总使用外资金额比例为20.28%，生产性服务FDI比例约为4.41%；2007年服务业FDI增加到309.83亿美元，占总FDI的41.44%，生产性服务FDI比例也上升为 15.36%。[①]

第三，代工制造企业的实际运作层面。代工企业在进行功能升级时，即进行非实体的研发、设计、品牌、营销等高端服务业活动时，往往会受到处于价值链高端的跨国公司的限制，如以不给订单等相威胁，从而使本土制造企业的服务化进程受阻，制造企业被俘获的地位难以得到突破。

第四，全球价值链与国内价值链的层面。中国当前主要利用比较优势加入全球价值链，而国内价值链的发展较为缓慢。事实上，全球价值链中的升级主要强调产品升级和工艺升级，缺乏功能升级的能力和动机，而事实上，功能升级恰恰是发展现代生产性服务的重要载体。国内价值链大多是基于市场竞争的网络体系，虽然产品升级和工艺升级不如国际大买家主导的全球价值链，但是主要在国内市场进行设计研发，自打品牌和营销网络，因此有利于生产性服务发展。在这个意义上，注重全球价值链的代工生产外向型经济发展模式也限制了本国现代生产性服务的发展。当然，我们也并不是完全否定全球价值链的模式，而是要求国内制造企业能同时在几种不同的价值链中运作，把在全球价值链中学习到的技术和知识运用到国内价值链体系中，从而促进生产性服务的发展。

从另外一个层面来说，过多发展代工制造业也会产生挤出效应，从而限制生产性服务业发展。代工制造业在诸如资金、高素质人才等生产要素方面与服务业形成激烈的竞争。代工制造业发展越快，越会阻碍生产性服务业发展。代工制造业发展使得在相对较低的投入情况下，中国企业也能获得相对较高的利润，企业无须发展生产性服务业。此外，较低的绝对利润也导致企业没有能力发展生产性服务业。这样就形成了一种恶性循环，代工制造业发展越快，则对生产性服务产生更多的挤出效应，从而导致服务业发展成本更高，发展代工制造业越具有比较优势，生产性服务发展就越受影响。

中国现代服务业发展相对滞后并不能仅仅从经济体制、收入差距以及政府法制水平等视角来解释。我们的研究表明，如果从公共服务、消费性服务和生产性服务来界定现代服务业的内涵，那么中国现代服务业长期低水平稳态发展的根本性原因在于政府公共职能的缺失。基于 GDP 考核的政治晋升压力使资源更多地配置于与经济增长直接相关的领域，这导致医疗卫生、教育和社会保障等公共服务供给不足；公共服务的稀缺提高了城乡居民未来收入和支出的不确定性预期，消费倾向大幅度降低，由此消费性服务缺乏市场支撑；储蓄率过高要求通过出口缓减多余的产能，而内需不足也要求通过出口来拉动经济增长，在此基础上形成的处于全球价值链低端的代工生产和加工贸易又限制了生产性服务的发展。政治晋升的压力迫使政府追求附加总值的增加，因而在财政支出中调整结构，进一步加大投资于基础设施而减少公共服务供给，又带来新一轮消费性服务和生产性服务的萎缩。中国现代服务业陷入了恶性循环的发展路径。

因此，当前要从根本上解决中国现代服务业发展问题，核心就在于改变基于 GDP 的考核目标，确立公共投入的强制机制[②]，政策导向更多立足于人的发展。当然，改变现代服务业发展现状，还可以根据各类服务业的特性来区别对待，例如通过放松管制允许公共

---

① 这里的 FDI 都是实际使用金额，数据来自 2003 年和 2008 年《中国统计年鉴》。

② 目前在涉及城乡居民利益的公共服务部门，只有教育领域对财政投入有明确法律规定。因为明确了各级政府的法律责任，教育经费目前成为各项公共服务中最有保障的部分。

服务的竞争性提供，通过减税等政策提高消费者可支配收入以增强其消费性需求，通过财税和金融政策的优惠发展生产性服务发展等。

复习题

1. 公共财政职能缺失如何影响现代服务业发展？其逻辑机理是什么？
2. 探讨中国现代服务业发展的影响因素。

第 10 章

服务业与制造业的产业关联及空间定位

10.1 服务业发展与制造业效率提升

郎咸平（2006）曾经讲过一个传统的服装行业在现代服务业的支撑下提高国际竞争力的故事。目前世界大约有 28%的服装属于尖端服装，一件新款服饰晚一天销售要贬值 7%，早 10 天卖可以节省这 7%，同时还可以增加 13%的利润。因此，减少服装上市的前导（从设计到销售）时间，用最快的速度将流行的成衣推向市场，是服装行业竞争的核心，而这需要大量高级生产性服务的投入。西班牙的莎拉服装公司，在自己的 400 家缝纫工厂和高科技裁剪工厂之间修起了 200 公里的地下隧道，用于加快物流运输；全程控制各个分店，将各个店当日销售最好的几个款式迅速传到总部，200 个设计师组成的团队迅速对热销产品进行适当改良，用最短的时间设计出类似的款式，并迅速推向市场，从而减少了服装的前导时间。莎拉服装公司在资金、人才、技术上都不具备非常明显的优势，却在几年内成为与路易·威登、范思哲比肩的世界级时装公司，主要原因就在于通过高级要素，如设计和物流等生产性服务的投入，加快了对市场的反应能力，最终提升了效率。

上述案例充分说明服务业可以促进制造业效率提升。日本学者并木信义（1990）指出："国际竞争的舞台中相互角逐的是制造业产品，而服务业则在制造业的背后，间接地决定着制造业的产业竞争能力。"目前发达国家的制造业的充分发展，已经呈现出高度的"服务化"新趋向，即在制造业的附加值中，有越来越大的比重来源于服务业，而不是加工制造过程，如 GE 公司，明确提出要由制造业公司转变为服务业公司，并且已经进行了战略调整。制造业的效率提升和竞争力增强，不是来自制造业本身，而是来自其高级要素——服务业的投入。

从本质上来说，制造业使用服务业的程度，主要依赖于以下几个方面：第一，制造业企业提升效率、降低成本和增强竞争力的压力，这主要取决于面临的国内和国外的竞争程度；第二，服务业的可获得性，这主要取决于经济发展过程中服务业的发展程度；第三，相对于内部生产，外包服务业相对价格的便宜程度，这主要取决于服务性企业的生产规模以及工人工资等其他因素。

因此，我们需要分析制造业在使用服务业中间投入后促使其效率提高的机理。

10.1.1 服务业与制造业成本降低的机理

企业利润最大化也意味着成本的最小化。作为高级生产要素，服务业不仅降低了制造业的生产成本，也降低了交易成本，从而对制造业效率的提升和竞争力的增强有着明显促进作用。Hansen（1990）指出，在柔性的知识技术主导型生产体系中，服务业，无论是作为制造业内部的某个部门，还是独立的企业，在扩展劳动分工、降低制造业成本、提高劳动生产率等方面，都发挥着关键作用。Glasmeier 和 Howland（1994）也发现，一个地区内生产性服务业的发展提高了该地区其他产业的竞争力。这其中的作用机理主要源自以下三个方面。

机理 1：制造业企业内部制造环节和服务环节的分离降低了企业的固定成本，并有助于形成企业核心竞争力。

激烈的全球经济竞争使得跨国企业需要按照比较利益原则，不仅在国内而且更重要的是在全球范围内进行产业的战略配置。因此，“外包”成为了全球化时代世界变平的主要特征和重要推动力。外包和产业的战略配置相结合，从全球价值链的分析框架来看，主要体现为两个方面：

第一，制造业企业通常专注于基于核心技术的制造业务和部分研发、营销等服务活动，而将其非核心的服务环节，如法律服务、金融服务等外包给专业性的服务型企业，从而使得这些服务环节逐步从制造业企业中分离出来。其中的主要原因在于服务环节的装置成本（set-up cost）相对较高，将这些本身不太擅长经营且平时不太经常使用的服务环节外包，交给专业化的服务公司来提供，可以将企业的这些固定成本转化为可变成本，从而降低企业的成本，提高企业的效率。而制造业企业生产过程复杂程度的提高及新技术的运用程度提高，也需要相互之间增进协调，进而提高制造业企业的服务内容。第二，某些制造业企业开始专注于产业链中创造价值的高端活动，把与技术活动和市场活动等有关的服务业务牢牢抓在手中，而把缺乏比较优势的制造活动转移出去（刘志彪，2006），从而使自己逐步成为从事服务增值为主的专业化服务厂商。在这方面最典型的是美国 GE 公司。这种情况是制造业企业升级的极端形式，企业成功实现了转型，从制造业企业升级为服务型企业。目前，在某些高技术的产业中，为了控制技术的外泄，或专注于系统的集成，或集中精力做深做精产品，服务业企业也开始把某些服务过程外包，从而深化了专业分工。Abraham 和 Taylor（1996）认为，更多的企业也更愿意通过外部市场来购买专业化的生产性服务，而不愿意进行内部自我提供，其主要原因在于外购可以节约劳动力成本并使得服务业能进行专业化生产。

机理 2：社会化的专业分工有助于形成规模经济，并且在产业关联度上形成制造业和服务业的互动。

随着专业化分工的加剧，服务业的规模不断扩大，从而逐渐从制造业中分离出来，形成独立的部门。制造业的发展对服务的需求不断增加，形成了巨大的市场，而市场容量的扩大使专业化分工进一步加剧，并逐步脱离制造业而形成单独的产业，导致服务部门的快速扩张。专业化分工也有利于形成规模经济，进而提高服务业自身的效率，促进经济的增长。到 21 世纪初，世界主要发达国家，如美国、日本和英国等，服务业增加值占 GDP 比重以及服务业就业占全部就业的比重，大多已经超过 70%。不仅如此，发展中国家的服务业也逐渐发展，如印度，这个原英属殖民地，在不断融入全球化的进程中，以软件业为代表的服务业得到了迅速发展。

服务环节从制造环节的不断分离，使作为中间要素投入的服务业不断发展，从整个经济运行来看，社会的专业化分工更细，使规模经济变得可能。服务业需要大量的初期投资，而一旦投资以后，边际成本则相对较低，在这些领域，规模经济效应显著。可编码的、标准化的服务活动随着规模扩大而成本不断降低，本身就降低了制造业的中间投入的成本，一定程度上提高了制造业的效率。服务环节是制造环节价值实现的关键，现代经济增长的本质是由服务业主导的增长过程。从动态角度分析价值链，我们发现，越来越多的价值链的增值空间开始向其两端的服务环节集中，而作为中间环节的加工组装等生产环节的增值空间日益萎缩，越来越受制于位于高端的服务业环节。

作为制造业的中间投入，生产性服务业所内含的知识资本、技术资本和人力资本，可以大幅度地提高制造业的附加值和国际竞争力。生产性服务有两个特点：知识密集型和差异化（Markusen，1989）。知识的获取需要大量的初始投资，而一旦投资以后，边际成本则相对较少，因此在这些领域，规模经济发挥着很大作用。这样，有能力使其产品差别程度增加的企业拥有较强的市场势力，从而使服务业处于垄断竞争的市场格局。生产性服务业所呈现出的这种市场结构特性，与当代处于寡头市场格局的制造业相互融合，无论是在产出的能力和技术水平方面，还是在控制市场的能力和价值增值的幅度方面，都有别于传统制造业的增长模式。此外，Hansen（1990）也指出，在柔性的知识技术主导型生产体系中，生产性服务业和制造业相互融合，无论是作为制造业内部的某个部门，还是独立的企业，在扩展劳动分工、提高劳动生产率以及人均收入方面，都发挥着关键作用。作为制造业的高级要素投入，高质量的技术服务嵌入制造业的生产环节，通过技能的提升降低了制造业的生产成本，从而有利于制造业产业升级。

机理 3：服务业与制造业地理上的“客户—供应商”关系，一定程度上降低了制造业的交易成本。

一般来说，制造业和服务业在空间分布上具有协同定位效应。Anderson（2004）指出，生产性服务分布是制造业分布的函数；反之，制造业分布也是生产性服务分布的函数。这种联动效应主要基于两者之间的“客户—供应商”关系，即制造业需要在较近的空间距离中充分利用生产性服务的投入。Raff 和 Ruhr（2001）则基于 FDI 对制造业和生产性服务业的空间分布做了研究。他们首先通过构建一个模型，说明了生产性服务业的 FDI 具有明显追随下游制造业的 FDI 的倾向，然后运用美国 1976—1995 年在 25 个东道国投资的面板数据，检验了相关假设，经验分析结果表明，生产性服务业的 FDI 通常都追随制造业的 FDI。Glasmeier 和 Howland（1994）也发现，一个地区内生产性服务业的发展提高了该地区其他产业的竞争力。国内学者则分析了制造业和生产性服务业之间协同定位的原因。江静和刘志彪（2006）基于商务成本的构成，即要素成本和交易成本之间的关系进行了阐述。他们的研究表明，在一定区域内，随着商务成本提高，对交易成本较敏感的生产性服务业主要集中在中心城市，而对要素敏感的制造业分布在中心城市外围地区，形成区域内生产性服务业和制造业的协同定位效应。Raff 等人（2001）的研究也表明，生产性服务的多样性降低了东道国的制造业成本，使当地的投资环境变得更有吸引力，从而使制造业的 FDI 也相应增加。刘志彪（2006）指出，脱胎于制造业母体的现代生产性服务业，可以降低服务业投入成本和提高投入品质，并且有利于制造业的专业化和精细化。顾乃华等人（2006）基于面板数据进行了经验分析，指出发展生产性服务业有利于提升制造业的竞争力，市场化程度越高的地区（如中国东部地区），生产性服务与制造业的互动关系越突出，那些企业无法自身提供的生产性服务（如金融服务）对制造业竞争力提升的作用更为明显。生产性服务的专业化通过干中学效应和规模经济效应变得更有效率，这也是促使生产性服务业从制造业中分离出来的主要原因。

10.1.2 理论模型

构建一个理论模型，分析生产性服务对制造业效率提升的内在机理。对柯布-道格拉斯生产函数进行拓展，将生产性服务作为除劳动和资本外的另一投入品，并用投入的劳动数量来衡量。借鉴 Ciccone 和 Hall（1996）的模型，使用 D-S 垄断竞争框架分析生产性服务业，用 S 代表各种中间投入的组合，即

$$S=\left\{\int_0^n [x(i)]^{1-1/\sigma}\mathrm{d}i\right\}^{1/(1-1/\sigma)} \tag{10—1}$$

令 σ 为各种生产性服务之间的替代弹性，$\sigma>1$，其中，n 是制造业生产过程中各种生产性服务的类别。

生产函数为柯布-道格拉斯函数：

$$f(L,S,K)=A\,(L^{\beta}S^{1-\beta})^{\alpha}K^{1-\alpha} \tag{10—2}$$

因此，劳动投入有两种用途，一是用来生产最终产品，二是提供最终产品的中间投入——生产性服务。

在标准的 D-S 模型中，垄断竞争的服务业企业实现边际成本定价，并且自由进入使其均衡利润为零。因此，均衡时每种服务的边际成本加成（mark-up）等于弹性的倒数，生产性服务的价格 $p=\dfrac{mc}{1-1/\sigma}$，mc 为生产性服务的边际成本。在 Ciccone 和 Hall（1996）的基础上，我们引入了反映技术进步等引起的服务效率提高的参数 a，假设生产 x 单位的生产性服务需要 $ax+v$ 单位的劳动投入，这里 v 相当于以劳动投入衡量的从事生产性服务生产的固定成本，设单位劳动报酬为 w，$mc=aw$，单个服务企业最大化其利润函数 $\pi=px-w(ax+v)$，均衡时利润为：

$$\pi=px-w(ax+v)=\frac{1}{\sigma-1}wax-wv \tag{10—3}$$

再假设生产性服务市场可以自由进入，则 $\pi=0$，

$$x=\frac{v(\sigma-1)}{a} \tag{10—4}$$

根据（10—2）式的生产函数，最终产出分配给劳动的份额为 α，这就意味着分配给那些直接从事最终产品生产的劳动份额是 $\alpha\beta$，即 $wL=\alpha\beta f(L, S, K)$，分配给劳动以外的所有份额是 $1-\alpha$。在分配过程中，除了分配给资本的份额以外，所有产出都分配给劳动，假设生产过程中总的劳动投入是 N，则 $wN=\alpha f(L, S, K)$，由此可见，$L=\beta N$，则剩下的 $(1-\beta)N$ 的劳动专门从事生产性服务业活动。

$$n=\frac{(1-\beta)N}{ax+v} \tag{10—5}$$

将（10—4）式代入，则得

$$n=\frac{(1-\beta)}{\sigma}\frac{N}{v} \tag{10—6}$$

由此可见，随着从事生产性服务的劳动投入增加，生产性服务的专业化程度越高，其规模也越大。假设所有生产性服务都具有对称性，则由（10—1）式可得

$$S=n^{1/(1-1/\sigma)}x \tag{10—7}$$

每种生产性服务投入 ax 单位的劳动，共有 n 种生产性服务，则劳动总投入为 nax，我们用生产性服务业的产出率 R_s 表示其劳动生产率，则有

$$R_s=S/nax=n^{(\frac{1}{\sigma-1})}/a \tag{10—8}$$

由于 $\sigma>1$，则 $\frac{\partial R_s}{\partial n}>0$。

由此，我们可以看出，一方面，技术进步等因素通过参数 a 的下降直接作用于生产性服务业，从而提高其效率。另外，由于经济一体化等原因引起的市场规模扩大①，通过规模报酬递增提高了生产性服务自身的产出效率。②

为了考察生产性服务业的发展对制造业效率提升的影响，此处我们不直接分析对制造业产量的影响，而是分析单位制造业产品耗费的成本的变动，单位成本的下降意味着制造业效率的提高。我们假设生产一单位最终产品所需的资本数量不变，并且资本价格外生给定，这样我们可以不考虑资本成本变动从而简化分析。只考虑劳动和生产性服务两种投入，因此单位产量的成本构成分别为劳动者工资 w 以及投入的生产性服务成本 P，即 $f(L, S)=L^{\beta}S^{1-\beta}$，

$$\min C(w,P)=w*L+P*S$$
$$\text{s. t. } f(L,S)=1$$

根据一阶最优条件，推导出其成本函数

$$C(w,P)=\frac{1}{\beta}\left(\frac{1-\beta}{\beta}\right)^{\beta-1}w^{\beta}P^{1-\beta} \tag{10—9}$$

---

① 该结论是根据等式（10—6）得出。

② 需要指出的是，此处生产性服务业规模扩张体现在其种类的增加上，这是 D-S 类垄断竞争模型的一个特性，行业规模经济体现在类别而非单个企业产量增加之上。

令 p_i 为某种生产性服务的价格，根据对称性和前面的分析，在均衡时每种服务的价格为 $p=\mu w$，生产性服务总的价格指数①为：

$$P(n,p)=(np^{1-\sigma})^{1/(1-\sigma)}=n^{1/(1-\sigma)}p=n^{1/(1-\sigma)}\frac{aw}{1-1/\sigma} \tag{10—10}$$

代入成本函数，得

$$C(w,P)=\frac{1}{\beta}\left(\frac{\beta\sigma}{(1-\beta)(\sigma-1)}\right)^{1-\beta}n^{-(\frac{1-\beta}{1-\sigma})}w \tag{10—11}$$

（10—11）式对 z 求偏导，得

$$\frac{\partial C(w,P)}{\partial n}=\frac{1-\beta}{n(1-\sigma)}C(w,P) \tag{10—12}$$

由于 $\sigma>1$，$\beta<1$，

$$\frac{\partial C(w,P)}{\partial n}<0 \tag{10—13}$$

由以上分析，我们可以得出一个假说：

生产性服务业作为制造业的高级要素投入，其规模的扩大降低了制造业的单位生产成本，直接提高了制造业效率和产业竞争力。

10.1.3 投入产出分析

基于投入产出表的分析可以从产业关联视角考察服务业对制造业的投入程度，进而判断服务业在制造业发展中的贡献。

用于制造部门的服务资本品的投入比例指标，可以反映服务业在制造业发展中的重要性，反映服务业作为要素投入在制造业中的使用程度。

首先简单解释服务资本品和服务资本品率的含义。服务部门总产出的一部分是作为其他部门的中间投入而重新进入生产过程的，反映了服务业多大程度上被其他产业发展所需求，体现为服务部门生产资料的特性，而这部分作为中间投入使用的产出就被称为服务资本品。服务资本品占服务部门总产出的比重称为服务资本品比率（程大中，2008）。基于投入产表的分析可以看出，长三角两省一市的服务资本品率呈现出下降趋势，以上海为例，该比率 2002 年为 59%，到了 2005 年则降为 49%，下降了 10 个百分点。从投入产出表提供的数据中，我们可以计算 16 个行业的服务资本品率，再以各行业总产出为权重，得出平均的服务资本品率。2002 年江苏和浙江的服务资本品率分别为 62.7%和 62.1%，而到了 2005 年，两地该比例分别下降为 47.6%和 59.9%。此外，我们还可以通过中间需求率来反映服务部门作为中间生产要素对其他产业的投入程度，该比率是服务业用于中间投入与最终消费的比率（其中最终消费等于总产出扣除中间使用再加上外省调入总额与进口总额）。计算表明，2002—2005 年间，上海服务部门的中间需求率基本持平，江苏出现显著下降，而浙江则呈现出显著上升的势头。在这其中，金融保险业的影响较大，2002

① 价格指数的推导与 Fujita 等（1999）类似，在此不再赘述。

年江苏和浙江金融保险业的中间需求率分别为15.8%和6.1%，而到了2005年，江苏下降为4.2%，而浙江则高达86%。此外，江苏批发和零售贸易业作为中间投入的大幅度下降也是江苏服务部门中间需求率降低的重要原因。

2005年服务资本品率较高的行业分别是租赁和商务服务业、金融保险业、邮政业和综合技术服务业等。以上海为例，租赁和商务服务业的资本品率甚至超过了100%，这是因为该行业外省调入和进口的产值超过了最终需求部门，从而表现为总产出小于中间使用。

我们再来考察服务资本品的中间使用结构，分析服务资本品被制造业使用的程度。表10—1是用于制造部门的服务资本品投入比例。

表10—1　　用于制造部门的服务资本品投入比例（%）

细分15个行业	上海		江苏		浙江	
	2002年	2005年	2002年	2005年	2002年	2005年
整体服务业*	36.01	40.58	35.68	46.78	44.87	42.48
交通运输及仓储业	33.26	40.35	51.49	60.97	59.74	59.65
邮政业	30.44	34.52	26.21	45.77	36.59	42.03
信息传输计算机服务软件	18.12	20.93	21.44	33.35	26.58	29.5
批发和零售贸易业	72.47	76.02	62.52	63.95	75.24	74.52
住宿和餐饮业	40.14	52.32	26.38	43.16	37.84	40.85
金融保险业	27.68	37.06	37.22	56.9	54.14	50.18
房地产业	7.29	9.76	8.1	36.81	10.55	12.57
租赁业和商务服务业	41.01	37.86	19.93	24.22	28.79	31.72
旅游业	8.18	11.23	9.07	15.76	0.48	0.25
科学研究事业	81.63	82.93	15.58	24.26	45.39	51.06
综合技术服务业	18.24	16.33	17.94	35.04	18.77	21.19
其他社会服务业	56.07	58.33	16.19	30.15	23.07	24.42
教育事业	42.42	53.51	23.35	37.00	27.67	30.53
卫生社会保障和福利业	7.92	15.66	18.98	25.00	6.79	8.73
文化体育和娱乐业	16.51	8.78	13.47	25.46	25.5	27.78

注：*整体服务业中，制造业的服务资本品投入比例是根据各行业总产出为权重计算的加权算术平均数。

投入产出表的42部门共有16个细分服务行业。由于公共管理和社会组织服务业基本不用于制造部门而主要用于最终消费和服务部门投入，因此我们将其忽略。我们发现，从2002年到2005年，除了浙江出现小幅下降以外，其他两个地区用于制造部门的服务资本品投入比例都有明显提高，这说明，作为高级要素投入，服务业在制造业中的贡献呈现出不断上升的势头，三个地区的平均投入比例都超过了40%。分行业的指标显示，交通运输及仓储业、批发和零售贸易业、金融保险业等，用于制造部门的比例都超过了50%。

与江苏和浙江相比，上海的金融保险业用于制造业的投入比例较低，2002年为27.68%，虽然2005年有了较大幅度增长，但其绝对值也只有37.06%，这似乎与上海的金融中心地位不太相符。然而深入考察我们就会发现，这正体现了上海在长三角地区的金融中心地位。我们的统计指标是基于省级层面的投入产出数据来考察的。因此，该比例并不能反映上海金融保险业对长三角以及全国其他地区制造业的辐射作用。而另外一方面，房地产业、旅游业以及卫生社会保障和福利业用于制造业的投入则相对较低。这个结论也为我们提供了一种区分服务业类型，即生产性服务业和消费性服务的客观方法。

10.1.4 实证分析

由于服务业统计数据不易获得，现有对于生产性服务和制造业关系的实证分析所利用的数据年限都相对较短（顾乃华、毕斗斗、任旺兵，2006），或者是基于全国层面进行分析（江静、刘志彪、于明超，2007）。作为一个转型中的（发展中）国家，中国东中西部差异非常大，尤其是西部地区，服务业发展严重滞后，因此在这种情况下，通过经济较为发达的长三角地区来进行生产性服务和制造业之间的关系检验，可能更具有代表性。因此，在江静等（2007）的研究基础上，本章利用长三角地区的数据进行实证分析，不仅支持了江静等（2007）的研究结论，而且通过三个省市的比较区分出生产性服务各细分行业在长三角内部各省之间作用的差异性，这是对其研究结论的有益补充。

（一）指标、计量模型和数据

不同的研究对制造业的效率指标选取也有相当的差异。国外的研究中常用的指标是产出率（增加值与产值的比率）、效率指数（某行业产出占全国 GDP 的比重与该行业劳动投入占全国总劳动投入的比重）、劳动生产率（行业总产出与就业人数的比值）。国内的陈立敏和谭力文（2004）则选取了产业利润率、市场份额和劳动生产率这三个指标来衡量制造业的竞争力。我们采用全部国有及规模以上非国有制造业企业全员劳动生产率来衡量产出效率。①

我们选取服务业的产值作为重要的解释变量，从而分析服务业发展对制造业企业效率提升的影响。一般而言，生产性服务对制造业的发展所起的作用更为直接，而消费性服务对制造业的效率的影响则多为间接性的。然而，在现实经济统计中，有些服务业（如交通运输服务、银行服务业）既可以看作是生产性服务业（为企业服务），也可以看作是消费性服务业（为居民和一般消费者服务），只不过不同服务行业的侧重点有所不同而已（程大中，2006）。本章在进行一般分析时，选取的服务业主要是统计年鉴上列出的各服务业产值总和。② 具体的计量模型如下：

$$\ln pro_{it}=c_0+c_1\ln Serv_t+c_2\ln Fix_{it}+c_3\ln Comp_{it}+c_4\ln Con_{it}+\varepsilon_{it} \qquad (10—14)$$

其中，$\ln pro_{it}$是行业 i 在第 t 年制造业的全员劳动生产率的自然对数值，是本模型的被解

① 由于《江苏统计年鉴》、《上海统计年鉴》和《浙江统计年鉴》公布的是各省国有及规模以上非国有工业企业经济指标和效益指标，缺乏制造业统计口径的数据，我们这里各省国有及非国有制造业企业的指标主要是将工业企业扣除煤炭采选业、石油和天然气开采业、黑色金属矿采选业、有色金属矿采选业、非金属矿采选业、木材及竹材采选业、电力蒸汽热水的生产和供应业、煤气生产和供应业以及自来水的生产和供应业这 9 个行业而得到。

② 这里的服务业总共包括交通运输仓储及邮电通信业、批发零售贸易、餐饮业、金融保险业、房地产业、社会服务业、卫生体育社会福利业、教育文艺广播电影电视业、科学研究和综合技术服务事业、国家机关政党社会团体及其他服务业共 10 个行业。

释变量。行业分类是国家统计局公布的两位数分类法，分类号从 13 到 41 共 29 个细分行业①；$\ln Serv_t$ 是所有行业在第 t 年服务行业总产值的自然对数，该变量没有下标 i，表示对所有细分行业都产生整体影响；$\ln Fix_{it}$ 是行业 i 在第 t 年人均固定资产净值年平均余额的自然对数，其含义是资本有机构成，资本的有机构成提高与劳动生产率的提高成正相关关系。

为分析服务业中各个行业对制造业效率影响的差异，我们还对服务业的细分行业与制造业效率的关系进行了更为深入的考察。我们设立模型如下：

$$\ln pro_{it}=c_0+c_1\ln Tra_t+c_2\ln Sale_t+c_3\ln Fin_t+c_4\ln Est_t+c_5\ln Comp_{it}+c_6\ln Con_{it}+\varepsilon_{it} \quad (10—15)$$

其中，*Tra*、*Sale*、*Fin*、*Est* 分别代表交通运输邮电业、批发零售贸易餐饮业、金融保险业和房地产业这四个服务行业。

在计量模型（10—14）和（10—15）中，我们还选取以下控制变量：$\ln Comp_{it}$ 是行业 i 在第 t 年企业数量的自然对数，反映的是该行业的竞争激烈程度；$\ln Con_{it}$，表示制度层面的影响，体现为市场自由化的程度，用行业 i 在第 t 年国有企业和集体企业占制造业总在岗人数比例的自然对数来表示。

我们选取的是江苏、上海和浙江三个省市，制造业 29 个细分行业 2000—2007 年共 8 年的面板数据。② 数据来源于历年《江苏统计年鉴》、《上海统计年鉴》、《浙江统计年鉴》、《长江和珠江三角洲及港澳台统计年鉴》和《中国劳动统计年鉴》。

（二）计量结果

表 10—2 给出了江苏、上海和浙江这三个省市 29 个制造业细分行业面板数据的分析结果，Hausman 检验表明接受虚拟假设，适用随机效应模型。可以得出以下结论。

（1）长三角地区的服务业发展与制造业效率提升具有显著的正相关关系，然而，江苏、上海和浙江这三个省市服务业促进制造业效率提升的程度各不相同。从统计数据来看，江苏地区的服务业产值每增长一个百分点，可以带动制造业增长 1.793 个百分点，并且在 1%的水平上显著；而上海和浙江该系数仅为 0.773 和 0.546。一个可能的原因是长三角地区的功能分布。目前长三角地区已经形成了以上海为服务业中心，周边浙江、江苏等城市为制造业外围的格局。作为长三角的中心，上海的服务业不仅仅为了本地区服务，其服务范围更多地扩散到周边地区，从而表现为其带动本地制造业增长的作用反而较弱。从另外一个角度来看，江苏制造业发展中，服务业的带动效应尤其明显，但也在一定程度上高估了本地服务业的作用，其部分原因在于接受了上海服务业的辐射，但在实证过程中我们无法将这部分作用进行剥离。

---

① 这 29 个制造业细分行业分别是：农副食品加工业、食品制造业、饮料制造业、烟草加工业、纺织业、纺织服装鞋帽制造业、皮革毛皮羽毛（绒）及其制造业、木材加工及竹藤棕草制品业、家具制造业、造纸及纸制品业、印刷业记录媒介复制、文教体育用品制造业、石油加工炼焦及核燃料加工业、化学原料及化学制品制造业、医药制造业、化学纤维制造业、橡胶制造业、塑料制品业、非金属矿物制品业、黑色金属冶炼及压延加工业、有色金属冶炼及压延加工业、金属制品业、通用设备制造业、专用设备制造业、交通运输设备制造业、电气机械及器材制造业、通信设备计算机及其他电子设备制造业、仪器仪表及文化办公用品机械制造业和工艺品及其他制造业。

② 浙江省部分数据缺少，因此剔除工艺品及其他制造业这个细分行业，仅选择了 28 个制造业细分行业。

表 10—2　　服务业发展与制造业产业链攀升的实证检验

解释变量	江苏	上海	浙江
c_0	−1.148 (−1.024)	−0.722*** (−3.394)	3.552*** (21.385)
Serv	1.793*** (6.611)	0.773*** (11.853)	0.546*** (12.223)
Fix	0.455*** (6.161)	0.374*** (8.360)	0.245*** (3.672)
Comp	−0.546*** (−8.221)	−0.456*** (−10.371)	−0.495*** (−10.784)
Con	0.122 (1.197)	—	0.107 (1.555)
F 值	41.482	89.564	59.244
R^2	0.538	0.772	0.751
n	232	232	224

注：括号内为 *t* 检验值；*** 表示在 1%水平上显著，表 10—2 使用 Eview5.1 计量软件完成；上海市制造业细分行业就业总人数无法获得，故在实证分析中忽略该指标。

（2）人均固定资产净值年平均余额对三个省市制造业效率提高都有显著的正相关作用，从系数来看，江苏最高，为 0.455，浙江最低，为 0.245，而上海则为 0.374。这说明了江苏的制造业发展很大程度上依赖于固定资产投入，而上海和浙江地区对固定资产投入的依赖相对较弱。同时，人均固定资产年平均余额还可以反映资本的有机构成。这意味着：资本的有机构成的提高，能够促进制造业劳动生产率的提升。随着生产性服务的专业化分工不断深入，竞争不断加强，对技术和知识提出了更高的要求，一定程度上提升了本土企业的创新能力，技术不断进步，导致资本有机构成的提高，进而提升制造业的劳动生产率。而从根本上说，资本有机构成不断提高也是生产性服务分工不断深化的结果。

（3）长三角三个省市都存在过度竞争的局面，这主要是因为该地区各省市之间产业同构现象比较明显，再加上跨国公司的激烈竞争，同时缺乏企业退出机制，因此不可避免地出现过度竞争的局面。从实证分析结果来看，制造业各行业的企业数增加一个百分点，其效率反而出现了不同程度的降低，并且都在 1%的水平上显著。而制度层面的影响则均不显著，这也在一定程度上说明了长三角地区目前制度制约相对较少，已经无法通过进行大规模的企业改制来实现制造业向产业链高端攀升。

表 10—3 是江苏、上海和浙江三个省市服务业细分行业对制造业效率影响的实证分析，Hausman 检验的结果表明接受随机效应模型。

我们发现，在江苏省内，交通运输邮电业促进了制造业的效率提升，其产值每增加 1%，则制造业全员劳动生产率提高 5.288 个百分点，而在上海和浙江都没有这么明显的作用。

金融保险业对制造业升级的作用在江苏尤其显著，其系数为 2.007，并且在 1%的水平上显著；而在上海，金融业的发展对本地制造业效率提升作用相对较弱，其系数约为 0.354。我们认为，作为长三角地区的金融中心，上海的金融业更多的是发挥扩散和溢出效应，而非仅仅服务于本地。我们将上海金融业与江苏制造业效率进行相关性检验，发现其相关系数高达 0.95，这也从另一个角度阐明了上海金融业发展的扩散效应。浙江省金融保险业的发展与其制造业升级几乎没有相关性，我们认为这主要是因为浙江制造业以民营企业为主，其融资渠道往往是地下钱庄和民间融资，没有被纳入官方的金融统计数据，从而在实证结果上表现为不具有显著性。

表 10—3　　服务业细分行业发展对制造业产业链攀升的影响

解释变量	江苏	上海	浙江
c	−31.734*** (−14.030)	−1.296 (−0.930)	−0.850 (−0.160)
Tra	5.288** (2.123)	0.184 (0.172)	−1.439 (−1.093)
Sal	0.694 (0.239)	−0.122 (−0.560)	3.501 (0.929)
Fin	22.007*** (18.630)	0.864* (1.857)	−0.901 (−0.497)
Est	−14.813*** (−13.598)	0.354* (1.740)	0.801 (1.579)
Comp	−0.230*** (−3.355)	−0.263*** (−3.467)	−0.397*** (−8.148)
Con	0.147* (2.441)	—	0.047 (0.748)
R^2	0.894	0.564	0.662
F 值	233.702	43.507	52.542
n	174	203	168

注：括号内为 *t* 检验值；*** 表示在 1%水平上显著，表 10—3 使用 Eview5.1 计量软件完成。

此外值得指出的是，江苏省的实证研究表明，房地产业的发展反而阻碍了其制造业的发展。从 2000 年江苏的投入产出表来看，江苏只有 3.64%的房地产业被用来作为制造业的中间投入，因此，房地产的快速发展，并没有直接或间接地促进制造业的升级，相反还在劳动力、资金方面与制造业形成激烈的竞争，从而阻碍了制造业的效率提高和升级。

10.2　制造业与服务业的空间定位

服务的无形性要求服务生产和消费同时进行。与产品运输不同，服务的“不可运输性”意味着必须以某种方式使不同空间位置上的服务业生产者和消费者实现对接。这就是说，给定生产者和消费者的空间距离，服务销售成本远远高于能够直接运输的实物产品，因此对服务业的研究必须考虑空间因素。

10.2.1　商务成本：一个分析框架

根据以往的研究，本章将商务成本界定为要素成本和交易成本两大类。要素成本主要是指劳动力、土地等生产要素的成本；交易成本主要是在交易过程中发生的间接成本，与当地市场体系的完善程度、政府行政效率、基础设施以及法律法规的完善程度等有着密切的联系。本章构建了商务成本构成要素互动关系的分析框架（见图 10—1）。

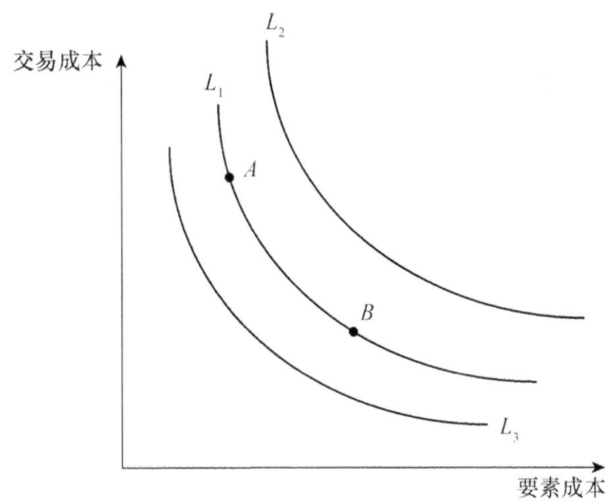

图 10—1 交易成本和要素成本的关系

图 10—1 反映的是一个国家或地区随着经济发展水平的提高，要素成本和交易成本变化的发展趋势。横轴表示要素成本，纵轴衡量的是交易成本。无差异曲线 L_1 凸向原点，代表一定的商务成本总水平，距离原点越近，表示商务成本越低，反之，则商务成本越高。

L_1曲线上 A 点反映的是商务成本的初始组合，代表了较低经济发展水平下商务成本的构成：由于有充裕的土地和无限供给的劳动力，在需求不足的情况下，必然是土地和劳动力价格较低，从而带来较低的要素成本；较低的经济发展水平导致的直接后果是对基础设施建设的忽视，政府控制着较多的资源，直接采用行政命令干预经济，市场体系不完善，法律法规不健全，无法形成统一开放竞争有序的市场秩序，由此交易成本极高。

随着经济发展水平的提高，要素成本和交易成本也发生了相应的变化。因此，图 10—1中 A 点沿着无差异曲线L_1 向右下角移动到 B 点。B 点对应的是较高的要素成本和较低的交易成本的组合。主要原因在于随着人均 GDP 水平和人均收入水平提高，经济发展对土地和劳动力的需求不断上升，劳动力价格水平也不断上涨；同时由于土地资源供给的约束，土地价格也将不可逆转地上升，因此，要素成本会出现大幅度上升。当然，这是各国经济发展过程中的普遍现象。纽约、东京、巴黎和中国香港地区在其发展过程中，都经历了要素成本迅速提高的过程。同时，经济的发展对基础设施、市场体系和法律制度等提出了更高的要求，地方政府因此加大基础设施建设，完善市场和法律体系，企业在生产经营活动中的交易成本显著降低。

由此可见，要素成本和交易成本的关系在某种程度上是此消彼长的过程。这种此消彼长的关系形成商务成本的两种组合：较低的要素成本必然伴随着较高的交易成本，而较高的要素成本也与相对较低的交易成本并存。

从动态角度来看，随着经济发展水平的提高，商务成本的总体变动也表现为三个方面：（1）当要素成本上升幅度大致等于交易成本下降的幅度时，商务成本不变，在图

10—1中表现为商务成本沿着 L_1 曲线移动；（2）当要素成本上升幅度高于交易成本下降幅度时，商务成本增加，在图 10—1 中表现为商务成本向右上方平移，即由 L_1 移动到 L_2；（3）当要素成本上升幅度小于交易成本下降幅度时，商务成本下降，在图 10—1 中表现为 L_1 曲线向左下方平移至 L_3，向原点靠近。

一般而言，在经济发展过程中，商务成本的总体趋势是不断上升，国外发达国家的工业化进程也表明了这一点。因此，本章也是基于商务成本不断提高的趋势，从结构角度分析商务成本上升对区域内企业选址和产业分布格局形成的意义。

10.2.2 制造业与服务业的空间布局

一般而言，传统的制造业企业大部分处于价值链低端，基本属于劳动密集型行业，劳动力价格的提高会导致企业成本显著增加，因此，这类企业对要素成本比较敏感，而对交易成本相对不敏感。最后形成的格局是：对要素成本敏感的制造业通常分布在区域内低要素地区，往往是中心城市周边地区，由此形成了制造业集聚。而且这种集聚有加剧的趋势。因为随着地区经济发展水平不断提高，商务成本不断上升，直接导致了制造业企业利润率降低，制造业企业在选址中更加会优先考虑要素成本较低的地区。当然，在制造业内部，由于要素密集程度不同，各行业对土地价格、劳动力成本等要素成本的敏感程度也有差异，导致制造业中各行业分布存在地区差异。

服务业与制造业的情况则完全不同。考虑到与制造业的产业关联度，这里主要分析的是生产性服务业。制造业企业主要是生产有形的商品，而生产性服务业则是那些为其他商品和服务的生产提供中间投入的服务（Gruber，Walker，1989），如金融服务、商务服务、技术信息与网络通信服务、教育培训与卫生保健服务、第三方物流服务以及一部分被新技术改造过的传统服务等，作为商品和服务生产过程中的投入而发挥中间功能。因而随着商品价值链的拉长，经济服务化趋势日益明显，知识经济日趋增强，生产性服务也越来越成为现代经济增长的基本动力来源。生产性服务业大部分是知识和技术密集型部门，对于土地和劳动力价格等要素成本极其不敏感，而对交易成本的高低有着非常明显的反应。通常来说，由于中心城市的市场、法律体系比较完备，政府对直接经济活动的干预较少，且相对更具有效率，具有较低的交易成本，因此生产性服务业通常会在这些地区集聚，并以中心城市为核心，形成了 CBD 地区。

从发达国家的经验看，迄今为止还没有哪个城市将服务业和制造业混合配置在一个大城市或者特大城市内部。一般的配置格局是：在整个制造中心的区域范围内，大城市或者特大城市内部主要配置服务业特别是生产性服务业，以及某些对制造成本不敏感的现代高科技制造业；大量的一般性制造业因为对土地成本、劳动力成本和环境处理成本高度敏感，往往配置在特大城市的周边地区或卫星城市，特大城市除了要与这些周边地区有发达的交通和通信联系外，还要为周边地区制造业提供紧密的生产和生活服务，特别是金融服务、技术研发服务、管理咨询服务、流通服务、航运服务等各种现代生产性服务（刘志彪，2005）。

因此，在同一个区域内，制造业和生产性服务业往往形成一种协同定位的趋势，主要表现为一种产业分布新格局：中心城市集聚大量的生产性服务业，而中心城市外围则有大量的制造业集聚。在特定的区域内，制造业和生产性服务业的这种协同定位主要是各类企业根据其对要素成本和交易成本的敏感差异程度，从而在企业选址上基于成本最小化目标的选择，这在客观上导致了区域内各城市功能定位的差异化以及某些城市的产业结构升级。

下面我们从经济发展的动态角度，分析某一区域各类产业在空间上的分离。中心城市的经济发展速度一般来说高于周边地区，经济的快速增长会引致旺盛的需求，必然导致劳动力和土地等稀缺要素的成本较快上升。这种以要素成本上升引致的整个商务成本上升时，会形成两种效应：第一，大量对要素成本敏感的制造业企业出于降低成本的考虑纷纷移出中心城市；第二，另一部分企业则利用先进的技术、知识和资本，使对要素成本不敏感的生产性服务业不断剥离出来，在中心城市不断发展这些对交易费用敏感的生产性服务业。这样形成的制造业和服务业的协同定位，在地理空间上表现出了产业分布的新格局：即中心城市是现代生产性服务业集聚，形成 CBD 地区；中心城市的外围形成了制造业集群。这种空间上的分离使得中心城市的结构调整和产业升级得以顺利进行，城市性质发生变化，城市功能定位更加明确；而中心城市的现代生产性服务业又作为外围城市制造业的知识性投入而不断提升制造业的竞争力，促进了区域内产业结构的升级。此外，将生产性服务尤其是高级生产性服务配置在高度发达的中心城市，一方面可以有效利用这些城市的生产要素，尤其是人力资本等，同时可以发挥这些中心城市对周边地区的制造业辐射功能，降低制造业的交易成本，从而导致制造业在这些地区的进一步集聚。

制造业与服务业的空间定位如果扩展到全球视野下，则与服务业 FDI 与制造业 FDI 的追随有关。此部分内容，详见第 13 章全球价值链视角下的服务业发展。

复习题

1. 作为高级要素投入，服务业对制造业效率提升的机理是什么？
2. 服务业和制造业在空间定位上有什么规律？为什么会出现这种规律？

第11章

服务业的生产率

“乐队五重奏，半个小时的表演要求2.5个小时的人工费用。任何试图提高生产率的打算都会受到在场观众的批评。”①

这使得人们开始关心一个问题：服务业生产率能否提高？

11.1 鲍莫尔的“成本病”理论

经济学中的一个传统观点是，服务部门作为一个整体，比其他生产部门具有更低的劳动生产率。这种观点起源于鲍莫尔（Baumol，1967）发表在《美国经济评论》上的一篇文章《非均衡增长的宏观经济学：城市病的剖析》。鲍莫尔在文章中提出了一个两部门非均衡增长的宏观经济模型，这一模型研究的出发点是当时美国城市日益增长的财政危机问题，但后续研究将此模型用于服务业的分析。

根据鲍莫尔的观点，服务业中劳动本身就是最终产品，服务产品的质量直接以劳动的数量来衡量。他把服务部门称为“停滞部门”（stagnant sector），劳动生产率保持不变；把制造部门称作“进步部门”（progressive sector），劳动生产率呈指数型增长。除了劳动成本，其他所有费用均被忽略；两经济部门的工资水平相等且随着生产率的增长而增长。所有劳动力市场存在一定程度的流动性，生产率增长的部门货币工资随单位小时劳动产出的增加而迅速增加。

生产函数可以表述为

$$Y_{st}=aL_{st}\text{；}Y_{pt}=bL_{pt}\mathrm{e}^{rt} \tag{11—1}$$

① ［意］埃内斯托·费利、福里奥·C·罗萨蒂、乔瓦尼·特里亚主编，李蕊译：《服务业：生产率与增长》，上海，格致出版社，2011。

其中，Y_{st}和L_{st}分别表示停滞部门在t时的产出与劳动投入，Y_{pt}和L_{pt}分别表示进步部门在t时的产出与劳动投入，a和b为技术参数，r为进步部门的劳动生产率增长率，根据假设，$r>0$，且工资$W_t=We^{rt}$。

由此，鲍莫尔得出以下几点结论：第一，如果进步部门单位产出成本不变，则停滞部门的单位成本将随着时间的推移而上升并趋于无穷大；第二，如果对停滞部门产出的需求富有价格弹性，则停滞部门的相对产出将趋于零，即该部门的产出可能会逐渐下降，甚至在国民经济体系消失；第三，如果对停滞部门产出的需求缺乏价格弹性，则劳动力将不断转移到该部门，而进步部门的劳动力比重将趋于零；第四，如果要实现均衡增长，总体经济增长率将趋于零，即如果要保持两个部门的实际产出不变，越来越多的劳动力将进入停滞部门。在非平衡生产率的现实世界中，为了获得平衡的增长，必然会导致相对于劳动力增长率而言的总产出增长率下降。

如果经济体中一个部门的单位劳动时间的生产率相对于另一个部门累积性地增长，虽然两个部门的工资同等增长，那么停滞部门的相对成本也会不可避免地上升。进步部门的生产率增长将部分抵消工资上涨，但在停滞部门，由于生产率保持不变，每次工资上涨都导致成本累积性增加。因此，进步部门的每次技术进步都会不可避免地带来没有技术进步的停滞部门成本的增加。由于这些部门的成本提高，其产出可能会减少，但为了维持相对的产出份额不变，更多的劳动力必然会通过各种渠道进入这些部门，因此，整个经济的增长速度就会相应降低。这就是著名的鲍莫尔的“成本病”理论。

鲍莫尔的非均衡增长模型表明，在生产率增长内在不均衡的经济中，由于名义工资的同水平增加，停滞部门即服务部门的成本（主要是工资成本）将不可避免地不断累积，无限上升。其结果是，如果该停滞部门的需求价格弹性较低，则对其产品即服务消费的成本将越来越大，即出现了鲍莫尔所说的“成本病”现象。如果该停滞部门有较大的价格弹性，则消费者会因为消费成本越来越高而不得不减少对该服务的消费，则最终会导致市场逐渐萎缩甚至消失。服务业部门的“成本病”不仅会给政府带来严重的财政困难（因为消费者无法完全负担服务费用，只能由政府提供财政资助），而且会给服务业自身发展带来消极影响，即导致服务质量下降与服务提供的家庭化和非市场化。

鲍莫尔的模型对服务业增长具有较强的解释力，但是也遭到了一些批评。后来，鲍莫尔对其进行了修正，在原有两部门模型的基础上，引进第三个部门，即同时具有“进步成分”和“停滞成分”的“渐进停滞部门”（asymptotically stagnant sector）。三类部门的生产率非均衡表现为，进步部门生产率增长较快，停滞部门生产率缓慢甚至停止增长，渐进停滞部门生产率一开始增长较快但此后会逐渐停滞。如果要保持三类部门的实际产出均衡增长，则劳动力将会不断转移到停滞部门和渐进停滞部门，这两个部门在产出总成本中的比重也将不断上升。鲍莫尔认为，停滞的服务部门的“成本病”对整个经济的影响要比早期模型讨论的更严重。理论上来说，任何产业都可以分解为“进步成分”和“停滞成分”。如果以劳动生产率来衡量，“进步成分”中劳动被资本替代，表现为资本不断深化的工业化工程。“停滞成分”则相反，表现为劳动替代资本的反工业化过程。

此外，鲍莫尔“成本病”理论的核心是服务业相对较低的生产率增长会导致整体经济增长速度的下降。显然，该理论依赖的主要是服务业部门生产率低增长的假说，而这种假说又是建立在服务劳动充当最终消费品的基础上的。因此，鲍莫尔模型的主要缺陷是只注意到了作为最终消费品出现的消费性服务，而忽视了当代经济生活中大量从制造业中分离出来的以中间劳动投入形式出现的生产性服务。如果把服务劳动作为中间投入而纳入经济增长模型，鲍莫尔的这些结论就不一定适用。因此将整个服务部门笼统地看作一个"停滞"部门是一个不太符合现实的前提假设。服务业部门，尤其是生产性服务，是知识密集型产业，其生产率水平相对较高，也已经不再是一个生产率水平不变且落后于制造业部门的滞后部门。

Oulton（2001）和 Wöfl（2007）试图修正鲍莫尔模型中服务业仅仅充当最终消费品的假设前提。在 Oulton 模型中假设服务完全充当中间消费品，而 Wöfl 考察了当服务在中间品和最终品需求中发挥重要作用时就业从制造部门向就业部门转移怎样影响总增长率，其构建的模型是鲍莫尔模型和 Oulton 模型的一般推广，其研究结论表明，假设服务业部门的生产率增长速度慢于制造业部门生产率的增长速度，从长期来看，经济增长的总速度会下降，服务部门的就业份额会增加。

此后，富克斯（Fuchs）则从考察美国经济中日益重要的服务业就业开始，探究了可能引起服务业就业较快增长的三个原因。第一，服务需求的收入弹性大于 1，即当实际人均可支配收入增加时，实际人均服务消费将以大于收入增长率的速度增长，因此，服务不仅消耗了国民收入的越来越大的份额，而且吸纳了国民就业的越来越大的份额；第二，随着经济增长与分工深化，原来在公司内或者家庭内部提供服务变成了在市场上购买服务。服务提供变得更加市场化，专业化程度的提高导致了较低的平均成本和服务质量提高，进而导致对这些服务的需求和生产增加；第三，与制造业相比，服务业劳动生产率增长率较低，这说明国民经济中服务业就业日益重要。低于平均水平的服务业生产率增长率意味着服务业平均成本高于整体平均水平。如果服务需求对于价格上升相对不敏感，随着国民经济的进一步扩张，服务业就业在总体就业中的比重将会不断增加。富克斯基于美国 1929—1965 年服务业收入进行了宏观计量分析，得出的结论是：虽然上述原因部分地解释了服务业的增长，但对于美国经济中日益重要的服务业就业的最重要解释则是服务业的劳动生产率增长滞后。

后人将鲍莫尔和富克斯的假说称为"鲍莫尔-富克斯"假说。其基本观点可以概括为以下几点：

第一，与其他产业特别是制造业相比，服务业劳动生产率增长滞后；第二，服务业就业增长相对较快，其原因是多方面的，但主要原因是服务业劳动生产率增长相对滞后；第三，服务业的需求弹性对服务业增长有重要影响。较低的价格弹性会带来"成本病"问题，且经验研究发现，服务需求的收入弹性并不明显大于 1。

"鲍莫尔-富克斯"假说引起了理论界的极大兴趣，进而引发了一些有价值的后续研究。Haig（1975）以澳大利亚 1960—1970 年服务业增长的事实，验证了富克斯提出的关于服务业就业增长的三个原因。Spann（1977）将鲍莫尔的非均衡增长模型用于公共部门扩张原因的讨论。Summer（1985）、Saxonhouse（1985）和 Leveson（1985）分别从跨国和跨部门的角度、日本和美国的角度，对鲍莫尔-富克斯假说进行了检验，他们的研究基本上都支持了这一假说。索洛（Solow，1987）提出了著名的"索洛悖论"，即"除了在生产率的统计数据上，你可以在任何方面看到计算机时代的来临"。Triplett（2000）发现很多服务业部门的生产率增长很低，甚至为负值。

库兹涅茨（S. Kuznets）、钱纳里（H. Chenery）等还从产业结构的角度，讨论了服务业的特殊性：就业比重不断上升，劳动生产率因产值份额不变而停滞或下降。①

而近年来，随着现代服务业的兴起，鲍莫尔的“成本病”理论越来越受到广泛的质疑和批评。这些质疑和批评主要是基于以下观点（Rubalcaba，2007）。

第一，有必要把间接效应、服务业生产率的度量和指标一起考虑。目前对服务业的概念、统计方法等还不统一，研究者甚至是统计部门还存在着较大的争论。Griliches（1992）认为，由于服务部门的“不可测度性”，服务业的产出与生产率核算存在误差，现行的统计方法大大低估了服务业的产出和生产率的增长。Riddle（1986）指出，不能孤立看待服务生产率，服务业的发展因其“黏合剂”的作用而提高了经济总体增长率。

第二，劳动投入并不是服务业生产率增长的唯一决定作用，还需要考虑其他因素的作用。目前对于服务业生产率的研究中，涵盖了诸如技术、知识等其他要素。这些要素的投入与服务业性质、服务市场的组织和构成等密切相关。

第三，鲍莫尔理论的应用只能限制在最终消费性服务业，对作为中间投入的服务业显然不适应。虽然同一服务产业的生产率是滞后的，但是流向作为中间投入服务的资源不是作为生产率下降的结果来解释，而应作为生产率提高的因素来解释（Oulton，2001）。

第四，有部分研究表明，欧洲和美国，与ICT相关的服务业部门生产率都非常高。部分服务业行业也存在规模报酬递增现象，可能与鲍莫尔的假设相矛盾（Wöfl，2003）。

然而，鲍莫尔的“成本病”理论的经济含义在于，如果服务部门生产率增长比制造业生产率增长低，那么经济体中服务业就业份额会随着人均收入的增加而增加，但这种增加的份额相对其产出份额的增加会更大。如果想消除劳动力参与的差异，这就要求服务部门有更多的技术进步以提高服务业生产率。但是我们也应该看到鲍莫尔“成本病”理论的前提或者局限始终在于它只把服务业当作纯粹的最终消费需求品，而没有把服务业当作制造业的中间投入品看待，更没有看到服务产业内部各行业之间互为中间投入的情形，单纯从服务业比制造业具有更低生产率这一假设来推导服务业就业份额的变化，很难客观地分析服务业的就业份额变化对产业结构变迁的影响，更难分析服务产业内部结构的联系和变化，以及这种联系和变化对服务产业内部结构优化的影响。

11.2 服务业生产率测度

分析服务业生产率的前提是测量生产率。服务业的兴起带来了传统经济分析方法的改变。富克斯（Fuchs，1965，1968）认为从农业经济向工业经济的转型始于英国，随后西方世界大多数国家一直在跟进这种转型，经济史称这种转型为工业革命，而就业从工业部门向服务部门的转移，在美国的前进速度最快，在所有的其他工业化国家这种进程也相当明显，这种服务经济的出现不仅对经济社会产生了重要影响，而且对经济分析的方法也提

① 参见库兹涅茨：《现代经济增长》，北京，北京经济学院出版社，1989；钱纳里、鲁宾逊、赛尔奎因：《工业化和经济增长的比较研究》，上海，上海三联书店，上海人民出版社，1995。

出了新的挑战，主要表现在服务业的产业特征与传统的制造业不尽相同，有其自身特点。

这些独特的服务产业特征会给传统的产业经济分析方法带来冲击：在生产投入和分配模式中土地变得越来越不重要，物质资本变得越来越重要；不完全竞争，短期供给曲线不再完全无弹性；规模报酬递增的可能性越大；服务消费者和提供者的交互关系影响服务生产率；服务劳动体现越来越多的技术变迁，服务交易的时间和规模影响服务生产率，存在的问题主要是服务产出度量的困难，由此导致服务生产率测度不准确等。

服务产出无形、不可储存的特质使对它的测量成为服务业计算中出现的首要问题，随之而来的定义问题至今仍是学术界争论的焦点。

Griliches（1992）的论述是这方面的经典。他认为，服务业产出测量和以下三个方面有关：一是交易的内容和性质，例如医生提供的服务，是医疗中的过程、诊断，还是治愈的结果？二是服务由使用者参与的性质使它很难标准化和定价。三是服务的质量变化很难察觉，也很难计价。因此，服务业是“不可测度的部门”。服务业生产率的计算关系到采用哪些指标、使用哪些数据和使用哪些方法去度量这三个问题。选用的指标、数据和方法不同，测度出来的生产率也不相同。

富克斯（Fuchs，1965）首先提出了服务经济的生产率概念，他认为服务经济的生产率就是服务业使用资源的效率，传统的经济理论，如土地投入、完全竞争、规模报酬递减等不完全适用于服务经济的分析。因为服务业比制造业具有更少的土地投入和更大的价格与收入需求弹性，由于合约、道德承诺或者更高的雇佣成本，特定个人长期依附于某个特定组织而不容易自由流动，这在服务产业中更为常见；交易的规模和需求也会对服务业效率产生影响。

早期对于服务业生产率的研究主要集中在服务业的劳动生产率方面。所谓服务业的劳动生产率是指投入服务部门的人均服务产出。尽管这种定义有一定的局限性，但依然是测度服务业部门劳动生产率的传统指标。这种定义涉及两个指标的选取，第一是投入的劳动力指标，第二是服务产出指标。而在具体分析服务部门时，这些指标的获取存在一定问题。

服务产出的定义、指标的选取和数据获取也较为困难。大部分服务产出的无形性、复杂性和即时性使得服务产品价值增值很不容易用产品产出数量与售价的乘积统计出来。很多服务部门，尤其是那些“非售”服务，其增加值实际上等于劳动要素的使用成本。

服务业生产率中关于度量偏差争论的焦点是当期和不变价格产出的选择。许多服务活动很难把由于质量变化而导致的价格变化和由于纯粹价格变化而导致的价格变化进行区分，因此，很难用服务质量进行价格指数调整。

后来，有学者用“全要素生产率”这个指标来研究服务业生产率。Triplett 和 Barry（2002）把服务业生产率增长分解为劳动生产率增长和全要素生产率增长，并认为全要素生产率增长是服务业劳动生产率增长的主要贡献者，全要素生产率是服务产业劳动生产率增长的主要源泉。

Gouyette 和 Perelman（1997）比较了 Frontier analysis 和 Divisia index 两种服务业全要素生产率估算指标，并估计了 13 个 OECD 国家在 1970—1987 年服务业和制造业的生产率，认为与制造业相反，尽管服务业的增长率很低，但服务业生产率水平仍然出现趋同，而且新的投资对服务业活动的全要素生产率增长施加了未预期到的抑制作用。

Wolff（1999）提供了服务业全要素生产率度量的两种间接指标方法，第一种方法是基于直接的投入产出系数的变化，第二种方法是服务部门中就业的职业构成变化。

鲍莫尔（Baumol，2001）认为，服务业就业份额的转移不是来自对服务业最终需求的改变，而是来自生产率增长的差异。他认为服务业就业份额的变化是一个纯粹的价格效应，因为当用不变价格测度时最终需求的服务业份额没有发生改变，而当用当时价格测度时，最终需求的服务业份额增加。类似地，就业中的服务份额上升不是来源于对服务真实需求的改变，而是由于服务生产率增长的缺乏。如果服务业中的工资增加与经济体中平均工资增长率一致，但服务业技术滞后，例如，服务业生产率增长速度比其他部门更低，或者根本不增长，那么用当前价格测度的服务产出份额将上升，即使用不变价格测度的对服务业的最终需求保持不变。用当前价格测度的服务业产出份额增加理所当然反映的是技术滞后，而不是对服务最终需求的增加。

Boskin 等（1998）认为，由于一些产品，像微波炉、个人电脑等进入 CPI 体系比较迟，这样，当它们进入市场以后，它们的价格下降了 80%左右。这种体系导致 CPI 每年上升 0.6%，从而使价格估计过高，过高的价格估计反过来使真实产出的增长被低估，从而使服务产业生产率被低估。

但是也有一些学者对上述观点提出了质疑。Appelbaum 和 Schettkat（1999）认为真实需求的服务份额不变假设只有在服务需求价格弹性为零时或者负的服务需求价格弹性效应刚好被正的服务需求收入弹性效应所抵消时才成立。而不仅仅是鲍莫尔所说的服务真实最终需求份额不变是由于用不变价格和当时价格测度的原因所致。

Curtis 和 Murthy（1998）用 1977—1992 年的美国、法国和德国的 NIPA 数据估计了服务需求的价格弹性和收入弹性，得出的结论是：服务需求的收入弹性大于 1，而服务需求的价格弹性较小，两者之和为零的概率很小，也就是说，服务需求的价格弹性不能被服务需求的收入弹性所抵消，即 Appelbaum 和 Schettkat（1999）所认为的服务真实最终需求不变赖以存在的前提条件不满足，所以鲍莫尔仅仅从价格水平来推测服务最终真实需求不变的依据是存在缺陷的，进一步地说，仅仅从服务产业相对制造产业具有更低的生产率水平来说明服务业的就业份额变化，这掩盖了服务产业内各部门的真实联系所导致的就业份额变化，从而不能从服务产业的内部联系来说明其内部结构调整和优化。

Bailey 和 Solow（2001）认为度量服务部门生产率的挑战是服务产出很难反映服务的质量水平，因此，服务产出可能经常被误测。另一方面也很难得到可靠的服务部门的资本投入，这也是人们很少去测度服务部门资本生产率的原因。

Bosworth 和 Triplett（2001）认为正是由于服务产出存在被严重低估的情况，鲍莫尔的服务业生产率低于制造业生产率的假说以及由此推导出来的鲍莫尔“成本病”假说可能并不存在，事实上，在知识经济时代和服务贸易自由进程加快的条件下，由于传统服务业充分吸收现代信息通信技术而成长成现代服务业，现代服务业更主要的是作为中间投入品而被消费，服务业的生产率水平得到了很大程度的提高，甚至在某些行业和部门超过了制造业，因此，鲍莫尔“成本病”可能被治愈。

由此可见，服务业生产率是能够得到有效提高的，尤其是为制造业投入的生产性服务业。生产组织方式、激励机制等发生的变化，往往会促使生产效率得以“真实”提高。首先是专业化分工的深化。生产性服务诸如研究设计、供应链管理、市场和客户服务等，都是高度专业化的知识密集型服务，每一项业务所需要的专业能力积累和人力资本构成不同，这些服务项目如果仅仅由内部提供，则业务量非常有限，不可能形成高度专业化的团队。将这些业务外包给专业服务企业，可以显著提高专业化水平。其次是扩大规模经济效应。单个企业对生产性服务的需求有限，而且往往具有间隔性。以售后服务为例，推出新产品后一段时期需求较大，此后趋于稳定。专业化的客户服务公司能为多个企业错期提供服务，需求峰谷互补，达到规模经济。有了足够规模，就能够使用最先进的设备和聘用更专业的人才，降低成本并提供更好的服务。再者是促进人力资本能力积累。专业化有利于工作能力的提高，这种现象在IT行业最普遍。专业化IT企业中的员工有机会参与不同项目，能力积累很快。如果一个企业自建IT系统，技术人员就要守着一个不变的系统进行维护类的工作，因此留住优秀技术人员困难。还有一类服务是企业中的非核心业务，例如已中止业务的老客户服务、保洁保安服务、餐饮服务等，员工没有好的升迁前景，没有自豪感，缺乏激励，难以管理。如果将这些业务外移出去，交给专业公司提供，这些业务就是专业公司的主业，员工有更多的发展机会和激励。

11.3 中国的服务业生产率研究

11.3.1 中国服务业生产率的相关研究

目前有部分研究对服务业的生产率进行了核算。郭克莎（1992）根据增长核算法发现，1979—1990年中国服务业全要素生产率的平均增长率为2.58%。程大中（2003）发现，从20世纪90年代开始，中国服务业增长的驱动力发生转换，资本—产出比增长率对服务业人均产出增长率的贡献开始超过全要素生产率增长率的贡献，中国服务业技术进步属于略微资本增强型。杨向阳等（2004）从生产率与规模报酬角度研究了要素投入的边际变化对中国服务业产出的影响。徐宏毅等（2004）利用随机前沿模型，发现1992—2002年中国服务业全要素生产率的平均增长率为4.8%，且这一贡献主要来自技术进步。

然而，也有一些研究持相反的态度。顾乃华（2005）利用随机前沿模型，发现1992—2002年全要素生产率对中国服务业增长的贡献非常小，且技术效率低下。顾乃华、李江帆（2006）利用随机前沿模型研究了市场化程度、人力资本对中国服务业技术效率区域差距的影响，发现三大地区服务业技术效率均呈下降趋势。杨向阳、徐翔（2006）利用DEA-Malmquist方法对中国服务业全要素生产率增长率进行分解，发现三大地区服务业技术效率基本没有提高，甚至有所下降。

另外一些研究则认为，服务业生产效率呈现出阶段性和波动性。杨勇（2008）利用C-D生产函数测算了中国服务业全要素生产率，发现其对产出的贡献率经历了由波动向平稳的转变过程。谷彬（2009）利用超越对数生产函数的随机前沿模型，基于经过普查修订的历史数据，对改革开放以来中国服务业技术效率进行测算，发现其效率演进过程存在阶段性特征，1992年为分界点，其后产生区域差距问题，差距的拉开主要发生在东部与中、西部之间。

总结分析发现，目前中国服务业生产率测算的文献使用的方法基本上有四种（见表11—1），并且集中在宏观层面，缺乏对企业层面的生产率分析；生产率的测算是对服务业整体的测算，较少有细分到各部门。以上研究存在可以改进之处：第一，根据服务业内部的异质性，讨论服务业细分行业的生产率，可以体现服务业不同行业在不同地区的发展特点。第二，宏观上服务业增加值由于核算范围不全、服务计价过低等原因，存在被低估的缺陷（岳希明和张曙光，2002），微观层面的数据不能全面反映地区整体的发展趋势，如果能够把两者结合起来分析，就可以在一定程度上弥补各自的不足，从而准确地描述出我国服务业发展的现状。

表 11—1　　关于测试服务业生产率的文献及方法

方法	文献
索洛残差法	程大中（2003）；杨勇（2008）
SFA 法	杨青青等（2009）；谷彬（2009）；顾乃华等（2006）
DEA 法	顾乃华（2008）；史修松等（2008）
基于 DEA 的 Malmquist 指数	杨向阳等（2006）；刘兴凯（2009）；刘兴凯等（2010）；王恕立等（2012）

11.3.2　分行业服务业劳动生产率

这里所讲的服务业生产率，实质是服务业的生产效率。一般意义上的效率，指的是经济活动中产出和投入的比例。投入指的是用于生产的资源，如劳动力、物质和能源等等，而产出指的是服务或特定的产品。仅考虑单个要素投入的生产率指标被称为偏要素生产率，比如用产出除以劳动投入的劳动生产率（labor productivity），它反映了将劳动转化为产出的能力。

表 11—2 描述了各行业的偏要素生产率即劳动生产率的情况。从总体来看，各个服务业的效率并没有呈现出逐年上升的趋势，而是历年略有波动。劳动生产率最高的行业依次是居民服务业（84.24 万元/人）、房地产业（53.01 万元/人），较高的行业是信息业（32.35 万元/人）、住宿和餐饮业（29.04 万元/人）、租赁和商务服务业（21.01 万元/人）。

表 11—2　　分行业劳动生产率　　单位：万元/人

行业	2004	2005	2006	2007	2008	2009	平均
交运仓邮	15.57	16.48	16.51	16.82	17.65	18.97	17.00
信息软件	36.54	35.10	31.33	31.47	30.97	28.78	32.36
批发零售	26.09	27.93	27.32	28.44	30.68	33.78	29.04
住宿餐饮	22.97	23.47	22.32	35.90	49.87	28.30	30.47
金融	17.62	17.30	14.05	15.10	14.84	15.96	15.81
房地产	60.34	55.57	49.69	48.21	49.54	54.70	53.01
商务服务	24.89	22.98	17.33	17.69	24.32	18.81	21.01
科研服务	7.98	8.31	7.80	8.44	8.95	8.84	8.39
水环公管	4.56	4.97	4.72	5.85	4.04	4.09	4.71
居民服务	89.16	100.25	90.86	85.82	73.43	65.91	84.24
教育	3.97	3.95	3.77	3.79	3.72	3.84	3.84
卫社福利	4.98	5.13	4.91	5.13	5.09	4.92	5.03
文体娱乐	8.28	9.17	9.02	8.82	8.41	8.69	8.73
公管组织	5.10	5.02	4.93	4.94	5.25	5.34	5.09

11.3.3 分地区服务业生产率

这里使用 SFA 法来测算我国服务业的生产率。Farrell（1957）提出，技术效率指的是在给定投入的条件下，获取最优产出的能力。Farrell 用生产前沿面表示对于不同水平的投入获得的最优产出水平，以此反映产业的技术现状。在给定投入条件下，达到最优产出的生产者在生产前沿面上，被称为技术有效（technical efficiency）；达不到最优产出的生产者在生产前沿面下方，被称为技术无效（technical inefficiency）。技术效率就是指实际产出和最优产出的距离。

估算技术效率时常用的函数形式是超越对数生产函数（translog production function），但其参数过多，计算较为烦琐；柯布-道格拉斯生产函数假定又过于苛刻，影响分析结果的准确性。因此将生产函数设定为 CES（constant elasticity of substitution）生产函数，柯布-道格拉斯生产函数即是它的特例。

$$Y=A\left[\alpha L^{-\rho}+(1-\alpha)K^{-\rho}\right]^{-\beta/\rho},0\leq\rho\leq1,\beta>0。\tag{11—2}$$

该式取对数并在 $\rho=0$ 处按照泰勒二阶展开，最终得出随机前沿生产函数如下：

$$\ln Y_{it}=\ln A_{it}+\alpha\beta\ln L_{it}+(1-\alpha)\beta\ln K_{it}+\frac{1}{2}\alpha\beta\rho(\ln K_{it}-\ln L_{it})^2+v_{it}-u_{it}\tag{11—3}$$

估计服务业的生产率，即在上式的基础上，估计技术效率值 TE（technical efficiency）。它可以通过计算产出和对应的随机前沿面产出的比值求出：

$$TE_{it}=Y_{it}/f(X;\beta)\exp(v_{it})=\exp(-u_{it})\tag{11—4}$$

求解 TE 就是估算 u 的条件期望值。例如，u 可以服从半正态分布（half-normal distribution），也可以服从指数分布、Gamma 分布，等等。TE 值介于 0～1 之间，值越大，技术效率越高；TE 等于 1 表示生产单元是完全有效率的。

表 11—3 描述了各行业分地区①的技术效率值。按地区来看，各行业的技术效率基本按照东—中—西的顺序递减，东部综合技术效率最高，西部最低。具体来看，效率根据行业有所不同。中部的技术效率具有过渡性，某些行业效率接近东部，某些行业效率接近西部。例如，东、中部住宿和餐饮业的效率几乎相同。从各地区行业差距来看，地区差距最大的行业是批发和零售业，东部效率值（0.457）是中部的近两倍（0.246），两个地区都远远高于西部（0.097）；地区差距小的行业是住宿和餐饮业，各地区水平较为平均（分别为 0.394、0.394、0.3）。

按行业的全国平均水平来看，技术效率高（大于 0.5）的行业依次是卫生、社会保障和社会福利业，水利、环境和公共设施管理业，公共管理和社会组织，信息传输、计算机服务和软件业，大部分行业的效率处于 0.3～0.5 之间。低于 0.3 的行业仅有两个，一是居民服务业，二是金融业。技术效率符合一般印象的行业仅有交通运输、仓储和邮政业以及信息传输、计算机服务和软件业。其余各行业技术效率存在如下特点：

首先，通常认为劳动生产率低的行业，技术效率不一定低。鲍莫尔把劳动生产率比较

① 本章提道的东中西部分别是：东部：辽宁，河北，北京，天津，山东，江苏，浙江，上海，福建，广东，广西和海南（12 个省（市、区））；中部：黑龙江，吉林，内蒙古，山西，河南，湖北，江西，安徽和湖南（9 个省（市、区））；西部：陕西，甘肃，青海，宁夏，新疆，四川，重庆，云南，贵州和西藏（10 个省（市、区））。

低的教育、住宿、医疗、公共服务等行业称为“停滞性服务业”（stagnant services）。从表 11—2 可以看出，除了批发零售、住宿餐饮业外，这些所谓的停滞性行业劳动生产率确实比较低，但从表 11—3 又可以看出：这些行业的技术效率却并不低。它们技术效率大致处于相似的区间内，卫生和社会保障业的技术效率甚至超过信息和交通业，居于首位。这些行业所需资本均很低，这就说明它们发展的动力主要是靠技术水平提升，而不是靠资本要素的推动。也就是说，在现有技术水平一定的情况下，这些行业能更有效率地运用现有技术进行生产。

其次，通常认为高生产率的行业技术效率不一定高。资本密集型的行业不一定是高技术效率的行业。例如，房地产业技术效率居中（0.421），不与其高资本密集度的地位（1 777.14 万元/人）匹配；居民服务业的人均资本为 220.73 万元/人，劳动生产率为 84.24 万元/人，技术效率却为倒数第二。由此可知：这两个行业还停留在要素即资本推动效率的层面上。此外，金融业的技术效率不高，它的人均资本为 3.57 万元/人，并且逐年递减。出现这样的结果可能和本章采用固定资产投资估算资本存量有关，从年鉴数据来看，金融业固定资产投资额一直都很低，即使采用新增固定资产这个指标衡量，也依旧如此，比之其他行业，金融业在各地区之间的发展也很悬殊。从表 11—3 可以发现，东中部金融业的技术效率相近（0.38 左右），西部金融业仅是东中部的一半（0.146）。金融业中较严重的垄断与管制，是不是金融业技术效率落后的原因？这个现象还有待进一步探讨。

表 11—3　　各行业分地区之效率值估计

	全国平均	东部	中部	西部
交运仓邮业	0.422	0.5	0.435	0.319
信息软件业	0.518	N/A	N/A	N/A
批发零售业	0.33	0.457	0.246	0.097
住宿和餐饮业	0.366	0.394	0.394	0.3
金融业	0.231	0.381	0.388	0.146
房地产业	0.421	0.576	0.388	0.248
租赁和商务服务业	N/A	N/A	N/A	N/A
科研服务业	0.37	0.484	0.289	0.232
水环公管业	0.628	0.714	0.556	0.552
居民服务和其他服务业	0.267	0.271	0.356	0.082
教育业	0.419	0.442	0.415	0.359
卫社福利业	0.706	0.8	0.628	0.615
文体娱乐业	0.372	0.393	0.384	0.24
公管和社会组织	0.524	0.629	0.42	0.436

注：为节省篇幅，自本表起后文采用行业对应简称。N/A 表示数据不足以计算。

按时间变化来看，各行业在不同时期呈现出不同的变化趋势。2004—2007 年属于正常时期，而 2008—2009 年属于受到外生冲击（美国金融危机）时期。据此我们把研究时期划分为三段（参见表 11—4）。服务业总体技术效率在 2004—2007 年小幅上升，在 2008—2009 年出现下降趋势。然而与制造业不同的是，并不是每个服务业行业都随着总趋势变化。本书总结出四种变化类型（表 11—5）。

表 11—4　　各行业分时段之效率值估计

	2004—2005 年	2006—2007 年	2008—2009 年
交通运输、仓储和邮政业	0.555	0.619	0.507
信息软件业	0.352	0.575	0.741
批发和零售业	0.297	0.373	0.354
住宿和餐饮业	0.347	0.643	0.578
金融业	0.223	0.482	0.456
房地产业	0.489	0.41	0.352
租赁和商务服务业	0.536	0.597	0.554
科研服务业	0.397	0.437	0.438
水利、环境和公共设施管理业	0.659	0.894	0.679
居民服务和其他服务业	0.288	0.251	0.462
教育业	0.453	0.408	0.546
卫生、社会保障和社会福利业	0.641	0.653	0.709
文化、体育和娱乐业	0.436	0.306	0.419
公共管理和社会组织	0.539	0.688	0.595
总体	0.61	0.627	0.592

表 11—5　　各行业效率变化趋势总结（2004—2009 年）

变化类型	行业
持续上升	信息软件业，科研服务业，卫生、社会保障和社会福利业
持续下降	房地产业
先下降后上升	居民服务和其他服务业，教育业，文化、体育和娱乐业
先上升后下降	交通运输、仓储和邮政业，批发和零售业，金融业，租赁和商务服务业，水利、环境和公共设施管理业，公共管理和社会组织

大部分行业同制造业一样，属于和宏观经济同方向波动的类型，受外生冲击影响较大。而有一部分行业则具有特殊性：持续上升的行业即使在金融危机冲击下，也保持着增长的势头，具有抵抗外界经济波动的特点。持续下降的行业不仅本身发展趋势不良，而且没有抵抗冲击的能力。先下降后上升则表明该行业具有逆冲击的特点，即在正常时期表现平平，在萧条时期反而发展较快。这个结果正与各行业的特性相符，它的政策含义是：如果具有抗冲击特性的行业得到合理发展，就可以在一定程度上维持宏观经济的稳定。

总结一下，行业层面服务业技术效率的特点是：第一，各行业的技术效率随着时间的推移有不同的变化趋势。第二，资本密集行业的技术效率不一定比劳动密集行业高。第三，现代服务业的技术效率不一定比传统服务业高。第四，中西部有些行业的技术效率比东部高。第五，有些行业具有抗冲击或逆冲击的特性。第二、四点很可能是由管制的存在所引起的。

对服务细分行业的生产率进行分析有着鲜明的政策意义。第一，各行业的技术效率存在差异，说明针对不同的服务业细分行业，有必要采取不同的激励措施来分类管理。第二，各地区根据实际情况，可以发展有特色的服务业行业。第三，某些具有抗冲击特性的服务业行业，可以起到宏观经济稳定器的作用。第四，放松管制、降低民营资本进入壁垒，有助于减小行业间的差距，使整个行业得到全面发展。为提升行业的整体技术水平，有必要破除行政垄断和各种市场壁垒，大力鼓励民间资本进入服务业。

复习题

1. 试述鲍莫尔“成本病”理论的主要内容。
2. 服务业生产率如何测度?
3. 简述中国服务业生产率的测度。

第 12 章

服务业与宏观经济

12.1 服务业、经济增长和结构调整

12.1.1 服务业与经济增长

(一) 服务业的实际增长

江小涓（2011）曾经举过一个例子。1980 年，北京买一台 17 寸黑白电视机的价格约为 1 000 元，聘一位家务服务员的价格约为 500 元/年。简化起见，以它们分别代表商品消费和服务消费，则当时两者的比例关系为 2：1，商品消费为主。2008 年，北京买一台 21 英寸平面彩色电视机的价格约为 1 000 元，聘一位家务服务员的价格约为 15 000 元/年，两者比例关系为 1∶15，服务消费为主。再简化放大为国民经济结构，服务消费占国民经济的比重从 1987 年的 33% 上升到了 2007 年 94%。然而对消费者来说，消费结构并没有实质改变：仍然是买了一台电视机和聘用了一位家务服务员。决定服务消费支出结构变化的是制造和服务两者比价关系的变化。

这个案例说明了实际消费结构（以消费内容衡量）和名义消费结构（以支出结构衡量）的差异。服务消费的真实增长是指服务消费“量”的实质性增长。这可以从具体的服务消费类别中得到体现。

首先是消费性服务，这也包括两个增长源泉。第一是收入提高产生的服务需求，如高等教育服务、文化休闲服务、体育健身服务等。第二是技术发展提供的新业态和新品种，如随着互联网的兴起而衍生出来的各种服务，包括网络游戏、在线视频和在线购物等。第三是制造产品的增加所带来的关联服务消费，例如汽车服务、通信服务等。

其次是生产性服务消费，主要是制造业发展和升级所引致的服务需求量增加。技术变化、产业组织变化和最终需求变化，引致了较大的生产性服务需求。随着科技进步，新产品、新设计、新的加工工艺等不断涌现，作为中间技术投入源源不断地供应给农业、制造业甚至服务业自身。制造业越来越复杂的分工体系，要求有密集的服务网络如物流服务、供应链服务等将其联结成协作体系。产品复杂性的不断增加，要求有方便快捷的客户服务如培训服务、售后服务等。

最后是公共性服务，这主要体现在以下几个方面。第一是生活水平的提高使得人们的需求层次提高，对安全、教育、医疗等有了较大的需求。第二是城市化的不断深入要求公共基础设施、社会保障体系等进行相应的配套，这使得公共性服务需求也得到了空前的增长。

(二) 服务业的名义增长

以上三个方面都是服务业真实增长的体现。但是，服务业还存在着一定程度的名义增长。这主要表现在以下几个方面（江小涓，2011)。

第一，服务产值的增加是服务相对价格上升的体现。有一些直接提供劳务的传统性服务业，劳动生产率提升较慢。虽然制造业和服务业的工资水平都在提高，但制造业的工资上涨被劳动生产率的提高抵消，而服务业中工资上涨更多地表现为服务价格较快上涨。这就是前面例子中电视机和家务服务相对价格显著变化的原因。这种情况下，虽然以增加值衡量的服务产出比重上升，但服务量并没有相应等幅增长。由此可以看出，制造业和服务业价值比重变化并不等于“数量”比重的相应变化。制造业以产值衡量的产出比重虽然下降，但实物产出却在持续增加。而服务业产值比重上升并不代表服务量的相应上升。

第二，服务产值的增加是服务专业化和外移的结果。原来处于制造业生产过程中或制造企业内部的服务供给独立出来，由专业化企业提供，形成生产性服务业。原来的“福特模式”基础上的生产模式追求规模经济和范围经济，产品从设计、制造、销售到售后服务等，都在同一个企业内部完成。但随着技术进步和市场竞争日趋激烈，企业需要在有限的核心业务上集中精力而将其他业务外包给专业化企业。20 世纪 90 年代后信息技术和物联网的广泛使用，给服务外包提供了载体，服务内容从切割外移的服务，如信息系统维护、售后服务、后勤等“非核心业务”，逐步扩展到研发设计、供应链管理、人力资源管理等核心业务。这类中间服务增长在很大程度上是对原有制造体系中内含服务的“切割”和外移，服务从企业的内部环节转变为外部的市场关系，从内部分工转变为社会分工。此时的服务业增长并没有为国民产出提供一个增量，而只是生产方式和生产组织形式的变化。

第三，服务产值的增加是自我服务转为市场服务的结果。在社会成员流动性不强、社会分工不发达时，许多服务在家庭内部和亲朋之间无偿提供，不被计入国民生产总值之中。随着社会和家庭结构的变化，相当一部分家务服务社会化，成为有酬劳动，从而被计入 GDP。这个变化被形象地描述为“自己洗涮变为相互洗涮”。国家统计局在 2008 年对 10 个城市进行了无酬劳动时间的调查，有 79% 的受访者参与了无酬劳动；男性参与率为 60%，人均 2 小时 18 分/天；女性参与率为 97%，人均 4 小时 30 分/天；平均到全体国民，人均 2 小时 44 分钟/天，如果其中一半逐步转化为有酬劳动并取得社会平均收入，GDP 会增加 10%左右（江小涓，2011)。江小涓（2011）进一步指出，发达国家的经验表明，不可社会化的家务劳动大体占一半，其原因有如下三个方面：一是有些不宜或者不愿被社会化，例如照看亲人特别是儿童以及乐在其中的房屋和花园修整等；二是服务价格上涨阻止社会化，例如聘用全职保姆价格昂贵，从而出现了全职主妇；三是服务商品化，例如购买洗衣机代替洗衣服务等。

（三）服务业与经济增长的关系

程大中（2010）指出，服务业与经济增长的关系大致可以从如下三个方面说明。

第一是需求的角度，即从最终需求解释服务业与经济增长的关系（Clark，1940；Fuchs，1968；Falvey and Gemmell，1991），其主要观点是服务业需求的收入弹性大于1，因此服务需求随着收入水平的提高而增长，从而表现出服务支出的增加。服务价格上涨对整个经济的影响主要取决于服务需求比重的假设：如果以实际值表示的服务需求比重保持不变，服务价格上涨使服务的名义支出份额上升，就业从工业转向服务业，从而导致“去工业化”（deindustrialization）问题，经济总增长率会下降；如果假设服务的名义支出份额不变，则服务价格上涨导致实际服务需求比重趋于下降。

第二是供给角度。非均衡增长理论认为服务价格上涨是由于服务部门的生产率增长落后于制造业部门；在生产率增长非均衡的经济中，停滞部门即服务部门的相对成本将无限上升，如果两个部门的产出份额保持不变，则停滞部门占用的资源（劳动力）比重将不断上升，从而整个经济的劳动生产率增长率将趋近于停滞部门（Baumol，1967；Baumol et al.，1985、1989）。Kaldor（1966）的增长引擎论也认为制造业是经济增长的引擎，因为大量促进生产率增长的创新都发生在制造业，服务业扩张会降低整体技术进步率和长期经济增长率。两者都认为服务部门扩张与经济增长负相关。

Wilber（2002）的内生技术进步模型证明，服务部门扩张与经济增长的关系取决于制造业部门与服务部门的相对资本密集度：如果制造业的资本密集度高于服务部门，则服务部门的扩张将降低长期增长率；如果服务部门的资本密集度高于制造业部门，则服务部门的扩张将提高长期增长率。Oulton（1999）通过引入作为中间投入的服务，拓展了仅考虑最终服务的鲍莫尔模型，他认为即使作为中间投入的服务部门是停滞的，资源流向这些部门也将促进整体生产率的增长。

第三是基于代表性个体模型的一般均衡分析。有代表性的是Pugno（2006），他不仅把服务消费引入效用函数，而且引入人力资本积累函数，基于服务消费偏好、人力资本积累来分析服务业与经济增长间的关系。程大中和汪蕊（2006）基于Pugno模型并通过数值模拟方法破解“服务业悖论”（即尽管服务相对价格不断上涨，但以实际值衡量，相对于工业品需求，对服务的需求在长期内并没有下降；尽管服务业部门不断扩张，但总体经济增长并未出现下降或停滞）。此后，程大中（2010）又采用中国1991—2006年总体数据与1996—2005年省级面板数据对服务业与经济增长之间的一般均衡关系进行了经验分析和数值模拟，结果发现：提高服务业劳动生产率及其增长率（反映服务效率的提升）和增加服务业就业（表现为服务效果的提升）对于增加服务产出和供给同等重要；提高教育和健康服务，增进人力资本形成和积累的效率，对货物部门与服务部门乃至总体经济的增长产生永久性的正面影响；增强对服务消费所带来的未来收益的稳定预期，将会提高服务消费偏好和用于增进人力资本的服务份额，从而有助于促进服务业发展、人力资本积累以及整体经济的长期增长。

12.1.2 服务业增长与经济结构调整

（一）服务业发展与产业结构调整

产业结构调整具体表现为产业之间数量比例关系、经济技术联系和相互作用关系趋于协调平衡。随着经济发展水平的不断提高，产业结构调整意味着服务业增加值和就业人数占国民生产总值及全部就业人口的比重不断上升。从世界各国的经济发展阶段来看，在工业化阶段，工业是国民经济发展的主导部门；发达国家在完成工业化之后逐步向“后工业化”阶段过渡，服务业开始成为国民经济发展的主导部门。

按照库兹涅茨的理论，三次产业部门存在着生产率的差异，推动了要素的产业间转移，引致资源在产业间的分配。① 具体来说，劳动者可以在高效率部门获得更高的报酬，资本也会集中在高效率部门获得资本收益，产业随之变化。发达国家的经验是，当工业生产率高于农业时，大量农业人口就会快速进入工业；同样，当服务消费需求增加，而且服务业效率超过了制造业，也会引起要素从制造业转向服务业。裴长洪（2012）的研究表明，发达国家生产率的一个重要特征就是第三产业劳动生产率通常高于或等于第二产业。受生产要素边际收益递减因素的影响，产业间要素转移的结果是三次产业生产率水平大致均衡。这种特征成为经济“服务化”的根本效率基础。

通过发展服务业减少对资源环境等要素的依赖已经成为共识，但从三次产业结构来看，中国经济中存在第二、三产业生产率背离的特殊情况，这是扭曲资源配置、抑制中国产业有效向服务业转型升级的重要原因。当前，中国的二元经济结构导致了制造业生产率持续快速增长，并长期高于服务业的局面。虽然中国服务业比重逐渐提升，但是主要体现在餐饮、住宿、商贸、零售等传统服务业上，而生产率高的现代服务业，尤其是高端服务业由于受到管制、垄断等进入障碍的影响，发育过程受到抑制，可拓展的空间一直不大。由于传统服务业的生产率往往低于制造业，因此中国服务业的要素集聚功能往往是从第一产业直接转移到第三产业，而不是从制造业中吸引要素向第三产业流动。主要表现为：一方面，中国服务业的就业人口大量来自农村和农业，这些知识和技能不高的劳动力进入的主要是低附加值和低生产率的传统服务业；另一方面，制造业而非服务业成了吸收劳动力就业的蓄水池，而不是像发达国家那样，让制造业成为技术创新和创造国民经济效益的主要部门。这成为抑制我国产业整体向现代服务业调整的重要原因。

（二）服务业发展与制造业产业升级

一般而言，制造业产业升级包括三大变化趋势：第一，重化工业化，指在工业所创造的国民收入中，重工业和化学工业所创造的国民收入的比例持续上升，并占绝对的份额；第二，高加工度化，指以原材料为重心的工业发展转向以加工组装工业为重心的发展，加工过程延续，产业链拉长，工业发展对原材料的依赖相对下降，工业的附加值主要来自对原材料的不断的精细加工和灵巧的组装；第三，生产要素密集化，指产业所使用的生产要素结构发生颠覆性变革，呈现出“劳动密集—资本密集—技术密集—知识密集”的发展变化态势。

在全球价值链视角下，产业升级具有了新的内涵，一般包括以下四个方面内容。一是产品升级，通过创新，使功能更好的产品替代原来的产品；二是工艺升级，性能和效率更高的生产工艺替代原来的旧工艺；三是功能升级，即企业向“微笑曲线”的两端延伸或向

① 库兹涅茨在20世纪50年代，提出了经济发展与收入差距变化关系的倒U形曲线假说。以此为基础，将国民收入与劳动力在各产业的分布结合起来，分析各产业生产率相对变化的趋势，得出结论认为随着国民经济增长，工业在国民经济中所占的比重也存在倒U形的变化趋势。

价值链高端攀升，由实体性的加工、制造、装配、生产活动向非实体的研发、设计和品牌、营销、网络活动升级；四是链条升级，由低级产业链分工转向更高级产业链分工。

在当前，服务业作为知识和技术密集型的产业，在制造业升级中已经起着不可或缺的作用。尤其是生产性服务业，作为独立的产业部门，以其强大的支撑功能而成为制造业增长的牵引力和推进器，可以通过各种途径提升制造业的国际竞争力。这一结论已为各种实证研究所证实。

从理论上来说，生产性服务业的这种提高产业竞争力的效应与该产业的投入中包含有大量的密集的人力资本、技术资本和知识资本，从而其产出中含有更多的难以竞争和模仿以及持续创造价值的要素有关。加拿大学者格鲁伯和沃克得出的结论是：生产性服务业是把社会中日益专业化的人力资本、知识资本导入商品和服务生产过程的飞轮，它在相当程度上构成了这些资本进入生产过程的通道，因此能够提高商品和服务生产过程的运营效率、经营规模以及其他投入要素的生产率，并同时增加其产出价值。根据奥地利学派的观点，资本深化过程的典型特征就是伴随有生产的迂回性和专业化的增强。生产性服务业的成长与发展，无疑是这一观点的现代版例证，因为它本身就是生产迂回性增强与专业化分工深入的重要内容，同时它又伴随着现代新型资本——人力资本和知识资本的深化，而且这一深化过程本身还带有专业化增强的特征。

现代生产性服务业的发展提高制造业产业竞争力的机理，在当代经济发展中主要表现为其中的高级生产性服务发展的作用和重要性。高级生产性服务是由那些与知识的生产、传播与使用密切相关的行业组成的，它对于制造业结构优化调整的作用机理主要体现在以下几方面：第一，高级生产性服务所体现的各种具有核心竞争能力的隐含性知识，通过软件嵌入硬件特别是嵌入机器设备这类工作母机，提高了装备制造业产品以及用其所制造的轻重工业产品的市场竞争力；第二，高级生产性服务所围绕的各种产品研究与开发服务，如生产前的市场和定位调研服务等，研发中的设计服务、创意服务、模具服务等，生产中的工程技术服务、设备租赁服务等，营销中的物流服务、网络品牌服务、出口服务等，都具有增强产品差别化和区分竞争对手的作用，从而强化企业的定价能力和市场控制能力；第三，制造企业在生产经营和资本经营中所涉及的各类生产性服务，如金融服务、企业管理咨询服务、法律和知识产权服务等，对于提高企业的战略清晰度、增加市场份额、收购兼并成长等，往往具有决定性的作用。

总之，现代制造业发展升级依赖的科学技术、专有知识诀窍和人力资本均来自服务业对其独立的中间投入，尤其是脱胎于制造业母体的现代生产性服务业。只有从发展现代服务业的高度来推进制造业的结构调整和产业升级，其产业结构的调整优化政策才是切实可行的。如果只就制造业自身来谈其结构调整和优化，只会丢失现代制造业发展的灵魂，迷失制造业发展的方向。

12.2 服务业、就业与经济波动

12.2.1 服务业与经济波动

有研究表明，制造业劳动效率的长期改进速度是最高的。虽然服务业刚开始崛起的时候劳动生产率也很高，但持续的改进效率较慢。服务业效率持续改进的速度相对较慢是经济结构变化中的一个重要特征。发达国家从农业向工业转变的时候，其增长速度非常快，因为劳动效率改善速度非常快；从工业逐步向服务业过渡时，服务业效率比工业要高，但服务业的持续改善速度要慢于工业。当服务业劳动生产率持续提高的速度慢于工业时，如果把过多资源配置于服务业，就会出现经济增长速度放缓的现象。

服务业可以划分为传统服务业和现代服务业。在传统生产方式条件下，工业能够产生规模扩张的生产领域较多，其劳动生产率持续提高的空间较大，而传统服务业手工劳动的小规模经济较多。一旦突破规模扩张的约束，比如出现连锁经营，出现通过分工深化形成的扩张之道，劳动生产率也会出现持续提高。

服务业占比的提高导致经济发生结构性转变，能够有效熨平宏观经济的波动。富克斯（Fuchs，1968）通过计算 1957—1965 年美国经济扩张期和收缩期的就业及产出变化率的趋势净值，指出服务业对产出和就业周期性的波动不敏感，Cuadrado-Roura（2001）通过从波动性、一致性和同步性三个方面计算西班牙服务业的标准差和相关系数，发现服务业的波动幅度只有制造业的三分之一。Eggers 和 Ioannides（2006）发现产业结构的变换可以解释宏观经济约一半的稳定性，而波动性较大的制造业比重的减少和波动性较小的服务业比重的增加，在美国宏观经济的稳定中扮演了重要的角色。具体来看，服务业对宏观经济波动的熨平作用可以通过如下两个方面来体现。

第一，从产出角度来看，服务业产出比第二产业波动性小。一方面是因为消费者需求在一定时期内是稳定的，不容易受汇率以及国际竞争等外来因素的冲击；另一个方面是因为大多数服务业产品不可储存，生产和消费同时发生，再加上服务业多是知识密集型产业而非资本密集型产业，所以不容易受宏观政策，尤其是货币政策的影响。

第二，从就业角度来看，劳动力构成与供给具有相对稳定性。一方面是因为服务业的主要投入是人力资源，其中熟练的劳动力在短期内具有不可替代性和不可复制性，供给弹性较小，即便需求大幅度上升，也不会随需求大幅度增长。而随着技术进步，制造业劳动生产率提高使劳动力重要性下降，可以被替代。另一方面，服务业工资收入水平相比其他产业要高，这降低了服务业从业人员向其他产业转移的可能性。以中国为例，2009 年第一产业在岗职工平均工资 12 958 元，第二产业年平均工资 29 832 元，第三产业年平均工资 34 335 元。此外，服务业可吸纳不适合在其他产业就业的弱势群体就业。

另外也有一些学者对中国数据进行了检验。刘丹鹭（2011）建立了以人力资本为投入要素的服务业真实经济周期模型，运用中国 1978—2009 年的数据验证了服务业就业的强稳定性和产出的弱稳定性。

12.2.2 服务业与就业

早在 17 世纪，英国古典政治经济学家威廉·配第在其名著《政治算术》中认为，制造业比农业，进而商业又比制造业能够得到更多的收入。这种产业之间的相对收入差异，是劳动力在产业间自由流动的原因，促进了劳动力向收入更高的部门移动。其后，又有许多经济学家对产业结构的演进和劳动力的产业分布进行了理论上的分析。他们通过对经济现象的观察和对大量统计资料的分析，归纳出许多关于产业结构和就业结构变动的重要结论。其中，有代表性的是英国经济学家克拉克，他在 20 世纪 40 年代所著的《经济进步的条件》一书中，根据对二十几个国家各部门劳动力投入和产出的时间序列数据的分析，总结出了经济发展中劳动力在三次产业中分布变化的规律。即随着人均国民收入水平的提高，劳动力首先由第一产业向第二产业转移；当人均国民收入水平进一步提高时，劳动力便向第三产业转移；从劳动力在三次产业之间的分布状况来看，第一产业的劳动力比重逐渐下降，第二产业和第三产业劳动力的比重则呈现上升的趋势，特别是第三产业上升更为显著。克拉克的这一观点后来被称为"配第-克拉克定理"。根据这个定理，我们可以得知：人均国民收入水平较高的国家或地区，农业劳动力在全部劳动力中所占的比重相对来说较小，而第二、三产业中劳动力所占的比重相对来说较大；人均国民收入水平较低的国家或地区的情况正好相反。

美国著名经济学家西蒙·库兹涅茨在克拉克研究成果的基础上，通过对大量历史经济资料的研究，对各国国民收入和劳动力在产业间分布结构的演进趋势做了实证分析，他的研究成果也证实了配第-克拉克定理的有效性。世界银行前行长、经济学家钱纳里则通过实证研究得出结论：随着人均收入水平的提高，服务业就业比重会不断上升，他认为这是世界各国就业结构变动中表现出来的普遍趋势。

服务业内部包含的行业众多，既有劳动密集型行业，也有技术、资本、知识密集型行业。由于它们对劳动力需求有所不同，故其吸纳劳动力的能力也有很大差异。西蒙·库兹涅茨在《现代经济增长》中指出，在经济增长中，商业和其他服务业吸纳的劳动就业人口不断地、有规律地增长。其中，商业和金融业是服务业中最大的部门，其次是个人服务业，再次是政府部门。Gershuny 和 Miles（1983）对欧共体国家 1963—1978 年服务业内部各行业就业比重变动趋势的研究发现，生产性服务业和非市场方式提供的最终服务部门（主要包括教育、医疗卫生、社会福利、政府服务等）的就业比重上升迅速，其他服务部门就业比重要么下降，要么变动趋势不明显。

国内学术界也非常重视对服务业的研究，从研究方法上来说，既有理论研究也有实证研究，大家比较一致的意见是，服务业将会成为吸纳中国劳动力就业的主要行业。例如，李江帆（2003）对中国第三产业劳动力投入进行了分析，他认为第三产业的快速发展较之于第一、第二产业有更强的吸纳劳动力作用。

服务业与就业的关系可以通过就业增加值弹性这一指标来反映。就业增加值弹性是指某一时期内某一产业就业量变化百分比与增加值变化百分比的比值，它可以用来反映某一产业增加值增加对就业的带动能力，即该产业增加值平均每变动 1%，就业相应变动的百分比。就业增加值弹性表明产业的就业吸纳能力。张淑君（2006）通过计算服务业的就业增加值弹性，认为服务业是吸纳劳动力就业的主渠道。魏作磊（2003）通过计算广东第三产业的就业弹性说明，第三产业保持了较高的吸纳劳动力的能力，并成为吸收劳动力最强的行业；通过比较第三产业内部各个行业的就业弹性说明了第三产业内部各行业中，居民服务业，金融保险业，房地产业，公用事业，批发和零售贸易，餐饮业，卫生、体育和社会福利事业，教育文化艺术和广播电视事业等行业的发展对增加就业的促进作用比较大，故而他提出应注重发展这些行业，促进广东地区就业水平的提升。

郑吉昌等（2007）认为，现代服务业存在隐性就业增长机制，即现代服务业发展对就业的促进不仅在于产业本身吸纳劳动力，还在于本产业的发展能促进其他产业就业，他们从乘数效应、产业关联等角度论述了此机制。

邓于君（2011）分析了中国 1978—2007 年三大产业的就业增加值弹性，如表 12—1 所示。

表 12—1　中国 1978—2007 年三大产业的就业增加值弹性

时期	农业	工业	服务业
1978—1990 年	0.143	0.442	0.398
1991—2000 年	−0.098	0.106	0.297
2001—2007 年	−0.261	0.198	0.238

从表 12—1 中可以看出，1991—2000 年及 2001—2007 年，农业的就业弹性由正转负，说明农业就业吸纳能力显著下降。工业、服务业在这三个时期，就业弹性均为正，说明较之农业而言，工业和服务业具备较强的就业吸纳能力。第二、三个时期，服务业的就业吸纳能力强于工业。但是，无论是工业还是服务业，较之第一个时期而言，第二、三个时期的就业吸纳能力均有明显弱化趋势。2001—2007 年，尽管服务业就业吸纳能力（就业弹性）在三大产业中最强，但较前期，服务业自身的就业吸纳能力明显下降。1978—1990 年，服务业增加值每增加 1%，服务业就业会增加 0.398%；随着弹性系数下降，2001—2007 年，服务业增加值每增加 1%，服务业就业只会增加 0.238%。

再进行服务业就业的结构性分析，表 12—2 是 1978—2007 年中国服务业就业占全社会就业的比重。

表 12—2　服务业就业占全社会就业的比重（%）

行业	1978	1980	1985	1990	1995	2000	2005	2007
运输、仓储、邮政	2.4	2.5	2.6	3.8	3.9	4.1	4.4	4.4
商业	3.2	3.5	4.6	4.7	6.1	6.1	6.2	6.3
住宿餐饮	1.2	1.2	1.6	1.8	2.6	2.9	3.6	3.7
金融业	0.22	0.24	0.33	0.43	0.57	0.64	0.71	0.75
房地产业	0.05	0.05	0.08	0.13	0.17	0.20	0.24	0.26
科技商务服务	0.3	0.6	0.8	1.1	2.1	2.5	3.1	3.4
教育、文化、卫生、体育、社保	1.5	1.6	2.1	2.7	3.7	4.2	5.5	5.6
行政党政机关社团	1.7	1.9	2.1	2.2	2.7	2.9	3.3	3.4
居民服务及其他服务	1.6	1.6	2.6	1.7	3.0	4.0	4.4	4.6
整体服务业	12.2	13.1	16.8	18.5	24.8	27.5	31.4	32.4

注：科技商务服务业包括地质勘查水利管理业、科学研究与综合技术服务业、信息传输计算机服务与软件业、租赁与商务服务业等。

通过分析可以发现，服务业内部就业结构演变具有如下特征：

第一，传统流通服务业商业与运输、仓储、邮政就业占全社会就业的比重呈上升态势，这说明传统流通服务业仍然具有就业吸纳潜力。

第二，科技商务服务，金融业，房地产业，教育、文化、卫生、体育、社保，这几个行业就业年均增速亦高于服务业整体水平。这说明高端生产性服务业（advanced producer services，包括科技商务服务、金融业、商业、房地产业等），与旨在提升人们身心素质与生活水准的公共服务部门（教育、文化、卫生、体育、社保），就业吸纳能力与潜力都很大。

第三，金融业、科技商务服务与整体服务业的就业年均增速均呈现递减态势，说明此行业（产业）的就业吸纳能力在弱化。

接下来进行国际比较。表12—3是部分发达国家在21世纪初服务业各行业占全社会就业的比重。比较发现，在2003年英国、澳大利亚、加拿大等国家的服务业就业占全社会总就业的比重已经高达75%左右，远远高于中国的30%。从服务业就业结构来看，批发、零售贸易，机动车及个人、家庭用品修理业，房地产、租赁及商务活动、卫生和社会工作等行业服务业就业占比相对较高，这说明生产性服务和公共性服务吸纳劳动力的能力最强。

表12—3　　部分发达国家的服务业内部的就业结构（%）

<table>
<tr><th>行业</th><th>英国2003年</th><th>澳大利亚2003年</th><th>加拿大2003年</th><th>美国2002年</th></tr>
<tr><td>服务业合计</td><td>75.33</td><td>75.00</td><td>74.74</td><td>75.62</td></tr>
<tr><td>批发、零售贸易，机动车及个人、家庭用品修理业</td><td>15.59</td><td>20.07</td><td>17.30</td><td rowspan="2">20.59</td></tr>
<tr><td>饭店和旅馆业</td><td>4.28</td><td>4.92</td><td>6.49</td></tr>
<tr><td>运输、仓储和通信</td><td>6.96</td><td>6.34</td><td>7.13</td><td>6.02</td></tr>
<tr><td>金融中介</td><td>4.42</td><td>3.67</td><td>4.22</td><td rowspan="2">12.22</td></tr>
<tr><td>房地产、租赁及商务活动</td><td>11.09</td><td>12.04</td><td>11.93</td></tr>
<tr><td>公共管理和国防，社会基本保障</td><td>6.85</td><td>5.84</td><td>5.16</td><td rowspan="6">36.79</td></tr>
<tr><td>教育</td><td>8.55</td><td>7.21</td><td>6.67</td></tr>
<tr><td>卫生和社会工作</td><td>11.51</td><td>9.85</td><td>10.69</td></tr>
<tr><td>其他社区、社会和个人服务活动</td><td>5.52</td><td>5.02</td><td>4.66</td></tr>
<tr><td>雇人的私人住户</td><td>0.50</td><td>0.03</td><td>0.47</td></tr>
<tr><td>域外组织和机构</td><td>0.05</td><td>0.01</td><td>0.01</td></tr>
</table>

资料来源：根据《国际统计年鉴2005》相关数据计算得到。

12.3　服务业、物价水平与货币发行

12.3.1　服务业价格与物价水平

鲍莫尔（Baumol，1967）通过构造劳动生产率为零的停滞部门（服务部门）和劳动生产率增长率为正的进步部门（制造部门）的两部门非均衡增长模型，讨论了服务部门劳动生产率增长较低及其导致的“成本病”问题。模型表明，在不同部门生产率增长内在不一致的经济中，由于名义工资同水平增加，服务部门的成本（主要是工资成本）将不可避免地不断累积和上升。加上该部门的需求价格弹性（绝对值）较低，结果是对其产品即服务消费的成本将越来越大，服务价格日益高涨，即出现鲍莫尔所说的“成本病”现象。

毛中根等（2012）认为，服务价格是全社会物价总水平的一个重要组成部分。总的来说，服务价格对物价总水平的影响主要取决于以下三个因素：第一是一国或地区的总体经

济发展水平。由于服务的生产与消费具有面对面的同时性、不可移动和贮藏性，服务产品很大程度上是不可贸易品，这就决定了经济发达国家的总体服务价格水平要高于发展中国家的服务价格水平；在同一国范围内，经济发达地区的服务价格水平高于经济欠发达地区的服务价格水平。二是服务业的市场化程度。在价格制定主要由政府控制的情况下，服务价格对物价总水平的影响取决于国家相关的价格政策。三是服务业在国民经济中的地位。一国的服务业在国民经济结构中所占比重越大，其价格在价格总水平中所占比重也越大，因而对价格总水平的影响也就越大。

一般认为，由于产业规模的扩大及结构升级，各种生产要素包括资本、技术和劳动力等，必然要从农业向工业过渡，进而再向服务业转移。从世界各国经济实践来看，随着经济和社会的发展，服务业在各国经济发展中的地位不断上升是当今世界经济发展的一个基本事实和显著特征，因此，服务价格对物价总水平的影响呈上升趋势。

经济实践中，服务价格"成本病"发生的主要原因在于劳动力相对价格的不断上升，对于那些没有替代品的服务产品，其劳动生产率虽不能像工业制成品那样迅速提高，但等量资本要求获得等量利润，生产这些产品的劳动力要获得与其他部门相近的工资报酬，从而导致这些产品的相对价格也趋于上升。

从国际经验来看，无论是发达国家还是发展中国家，服务价格"成本病"与物价上涨普遍存在。例如美国，自 1972 年以来服务业的生产率几乎停滞，但其价格在绝大多数年份比物质产品的上涨幅度高得多。其中 1980—1996 年服务业人均附加值增长率仅为 6.9%（同期制造业为 48%，农业近 100%），年均增长仅 0.43%。而同一时期，物质产品价格年均上涨 3.9%，服务产品价格年均却上涨了 7.7%，服务价格指数是物质产品价格指数的 137 倍。对 1971—1990 年间欧洲国家和日本等国数据的考察也发现了类似的情况：几乎所有被考察国家的服务业均表现为生产效率的几乎停滞和相对价格的不断上涨。

从中国的情况看，中国服务价格的快速增长也是中国物价水平提高的重要原因。李迎君（2013）通过采用 1992—2011 年全国居民消费价格总水平、服务价格上涨率时间序列数据，建立 VAR 模型，运用脉冲响应函数和预测方差分解的方法对服务价格波动和我国物价总水平波动的互动关系进行实证研究。他们的计量结果表明，服务价格波动与我国物价总水平波动间存在单向因果关系，服务价格波动是我国物价总水平波动的格兰杰原因。服务价格波动 1%，会带来物价总水平 0.590 2%的波动。VAR 模型的动态分析表明，服务价格波动对我国物价总水平波动约有 5 年的影响。方差分解的结果说明服务价格波动对我国物价总水平波动的贡献率最大达到 38.4%。

12.3.2 服务业与货币发行

19 世纪末 20 世纪初，古典经济学家开始探讨名义价值如何决定的问题，发展了货币数量理论。该理论揭示了既定数量的总收入应该有相应的货币数量与之对应，认为利率对货币需求没有影响。美国经济学家、耶鲁大学教授欧文·费雪在 1911 年出版的《货币的购买力》一书中提出了交易方程：$MV=PT$。其中，M 表示一定时期流通中货币的平均数量，V 表示一定时期单位货币的平均周转次数，即货币流通速度，P 表示商品价格的加权平均水平，T 表示商品的交易数量。此后，剑桥学派又在此基础上进行了拓展，提出了著名的剑桥方程，即 $M^d=kpy$，其中，M^d 是名义货币需求，k 表示以货币形式拥有的财富占名义总产出的比重，P 代表价格水平，Y 代表总产出。费雪方程和剑桥方程的初衷是在包括交易量（总产出）和货币流通速度既定的假设前提下，提出物价与货币需求之间存在的线性关系，但我们也可以据此得出结论：如果要保持物价稳定，中央银行的货币发行量要与名义货币需求相等，这也意味着一个国家的货币发行量与总产出直接相关。

费雪和以马歇尔为代表的剑桥学派在界定总交易量和总产出时，并没有进行严格的商品和劳务的区分，因此，现有研究在利用货币数量论来分析流通中所需的货币或者货币发行时，也主要是将总产出界定为商品，而忽视了劳务，即没有将服务业产出考虑进去。早期服务业不发达的情况下，相对于较大份额的农业和工业产出，服务产出通常可以忽略不计。随着现代服务业的兴起，服务业产出占总产出的比重越来越高，目前服务业产值占GDP比重的世界平均水平都超过了60%，发达国家平均水平甚至高于70%。因此，货币发行已经不能仅仅考虑商品产出，也需要将份额日益增大的服务业产出考虑进去。这也意味着服务业产出的增加对货币当局的货币政策产生较大的影响。货币供应不仅是满足实物经济的需要，还需满足服务业发展的需要。

当前各国在考虑货币发行量时主要的参照物是GDP。然而，GDP只包含最终产品和服务，不包括中间产品，显然最终产品和服务的流通需要货币，中间产品的流通也需要货币，如果中间产品的流通没有相应的货币支撑，经济运行就无法正常开展。马克思指出，商品的价格可以分解为生产资料（c）、工资（v）和剩余价值（m），GDP统计相当于只统计了劳动工资和剩余价值部分，而并不包括生产资料部分。劳动工资和剩余价值的流通需要相应的货币，而生产资料的流通也需要相应的货币。因此，生产资料（c）在产品价格中的比例越大，GDP所反映的货币需要量和实际交易总量所需要的货币量之间的偏差就越大。这种偏差在农业、工业和服务业中的表现是不同的，尤其是第三产业，它的新增价值相对于总交易量的比例很小。例如物流服务，仅仅计算物流在每一个阶段的增加值，如运输增加值、仓储增加值等，但整个物流的货运量非常大，这并不计入GDP但它需要相应的货币量。再比如，面值100亿元、年利率5%的债券交易，GDP仅计入5亿元的利息收入，实际上金融交易中的货币需求量是105亿元（范从来，2014）。因此，差异化的服务业发展对货币发行提出了更高的要求。

近年来中国"货币超发"问题引发了大量争论。2013年11月8日《人民日报（海外版）》刊发的文章《我国货币投放量世界第一 人民币外升值内贬值》指出："到2013年第一季度末，广义货币（M2）已经超过100万亿元，而2002年年初为16万亿元，十多年中增长超过5倍。我国的货币总量与GDP之比已超过200%，我国的经济总量为世界第二，大约为美国的1/3，而货币投放量比美国高出1.5倍，位居世界第一。"此外，根据中国人民银行2014年1月15日公布的数据，2013年12月，我国的广义货币（M2）余额为110.65万亿元人民币，而美联储网站显示美国同期的M2余额为11.056 9万亿美元。按中国国家外汇管理局公布的2013年12月31日美元兑人民币的中间价609.69计算，美国的M2为67.41万亿元人民币，中国的广义货币量是美国广义货币量的1.64倍。据此，普遍的看法是中国已经进入"货币超发"阶段。事实上，随着产业结构变动和服务业比重的增加，货币量和GDP的偏差会越来越大，货币发行量的增长速度也会不断提高，单纯用M2与GDP的比重来判断一个国家是否存在货币超发是不太准确的。

复习题

1. 服务业对经济增长和经济结构调整有什么样的影响？
2. 服务业发展能熨平经济波动吗？
3. 服务业发展对就业有什么样的影响？
4. 服务业发展影响货币发行的机理是什么？

第 13 章

全球价值链视角下的服务业发展

13.1 全球价值链理论的一般理论

13.1.1 全球价值链理论的形成和发展

20 世纪 80 年代，波特（Porter，1985）在分析企业行为和竞争优势时，指出企业的价值创造过程主要由基本活动（包括生产、营销、运输和售后服务等）和支持性活动（包括原材料供应、技术、人力资源和财务等）两部分构成。这些活动在企业价值创造中是相互联系的，因此构成其价值链。不仅企业内部存在价值链，而且企业与其他经济单位的价值链也是相联系的。任何企业的价值链都存在于一个由许多价值链组成的体系中，而且该体系中各环节、各主体行为之间的联系，对企业竞争优势的大小有着至关重要的作用。

同期，Kogut（1985）提出了“价值增加值链”（value-added chain）的概念，他认为，“价值链基本上是由技术与原料和劳动力的融合而形成的各种投入环节，然后通过组装把这些环节结合起来形成最终商品，并通过市场交易、消费等最终完成价值循环过程。”他认为，国际商业战略的设定形式实际上是国家的比较优势和企业的竞争能力之间相互作用的结果。当国家比较优势决定了整个价值链各环节在国家和地区之间如何空间配置的时候，企业的竞争力决定了企业应该在价值链上哪个环节和技术层面上倾其所有，以便确保竞争优势。与波特强调单个企业竞争优势的价值链观点相比，这一观点更能反映价值链的垂直分离和全球空间再配置关系，因此对全球价值链理论的形成至关重要。

经济全球化使不同国家的企业参与特定产品生产过程中不同环节的生产或供应活动，而学者们对这种“通过空间分散化的形式展开的跨区域或跨国性的生产链条或体系”冠以各种称呼，如克鲁格曼（Krugman，1996）称之为“价值链切片”（slicing the value chain），Leamer（1996）将其归结为“本土分离”（delocalization），Werner 和 Trefler（1997）引入了“中间品贸易”（intra-mediate trade）的概念，Hummels 等（2001）称之为“垂直专业化”（vertical specializing），而 Feenstra（1998）则使用了“生产非一体化”（disintegration of production）概念。

克鲁格曼（Krugman，1995）探讨了企业将内部各个价值环节在不同地理空间进行配置的能力问题，使得价值链治理模式与产业空间转移之间的关系成为全球价值链理论研究中的一个重要领域。Arndt 和 Kierzkowski（2001）使用“碎片化”（fragment）来描述生产过程的分割现象，认为生产过程在全球分离是一种全新的现象，同一价值链条的生产过程的各个环节通过跨界生产网络被组织起来。Feenstra（1998）将“贸易一体化”和“生产的垂直分离”在全球经济中有机地联系起来。随着贸易的发展，全球生产一体化进程不断加深，发达国家将一些非核心的生产和服务等业务分离出去，这使得发展中国家有了融入全球价值链的机会。

以风靡全球的 iPhone 为例，虽然其软件的生产设计主要是在美国境内，但其零部件则主要是在其他发达国家生产。例如，日本东芝生产闪存、显示器模块和触摸屏，韩国三星生产应用处理器和随机存储器，德国英飞凌生产基带、摄像模块、射频收发器和 GPS 接收器等。这些零部件作为中间品出口至中国，再由富士康公司组装生产，最终通过出口销往美国和其他海外市场。

13.1.2 全球价值链的类型和治理

Gereffi（1994，1999）认为，根据驱动力来区分，全球价值链共有两种类型。一种是生产者驱动型，指由生产者投资来推动市场需求，形成全球生产供应链的垂直分工体系，投资者可以是拥有技术优势、谋求市场扩张的跨国公司，也可以是力图推动地方经济发展、建立自主工业体系的本国政府。另外一种是采购者驱动型，即拥有强大品牌优势和国内销售渠道的经济体通过全球采购和 OEM 等生产组织起来的跨国商品流通网络，形成强大的市场需求，拉动那些奉行出口导向战略的发展中地区的工业化。表 13—1 从动力根源、核心能力、进入障碍、产业分类、典型产业部门、制造企业的业主、主要产业联系、主导产业结构和辅助支撑体系等 9 个方面进行了比较研究（张辉，2004）。

表 13—1　　生产者和采购者驱动的全球价值链比较

	生产者驱动的价值链	采购者驱动的价值链
动力根源	产业资本	商业资本
核心能力	研发、生产能力	设计、市场营销
进入障碍	规模经济	范围经济
产业分类	耐用消费品、中间商品、资本商品等	非耐用消费品
典型产业部门	汽车、计算机、航空器等	服装、鞋、玩具等
制造企业的业主	跨国企业，主要位于发达国家	地方企业，主要位于发展中国家
主要产业联系	以投资为主线	以贸易为主线
主导产业结构	垂直一体化	水平一体化
辅助支撑体系	重硬环境，轻软环境	重软环境，轻硬环境
典型案例	英特尔、波音、丰田、海尔、格兰仕等	沃尔玛、国美、耐克、戴尔、锐步等

张辉（2004）认为，从全球价值链的驱动力的区别来看，不同的价值链条应该有着不同的游戏规则。以产业资本为原动力的全球价值链条更加强调技术的研究与发展、生产工艺的不断改进、产品的不断更新、通过产业的垂直一体化来强化规模经济效应和加强基础设施等硬件的建设等方面；而以商业资本为原动力的全球价值链条则强调通过市场营销、拓展销售渠道获得范围经济，将制造业从产业链条中分离出去，加强信息等软环境的建设。由此看出，在参与全球竞争的产业发展过程中，如果该产业参与的是生产者驱动的全球价值链条，那么以增强核心技术能力为中心的策略就是合乎全球竞争规则的正确路径，同样，那些参与采购者驱动的全球价值链的产业，就更应强调“销售渠道”等的拓展来获取范围经济等方面的竞争优势。

全球价值链研究的焦点是价值链中各种参与者之间的关系特征，即全球价值链治理。Humphrey 和 Schmitz（2002）根据交易成本经济学和企业网络理论，把全球价值链的治理模式分为科层制、准层级制、网络型和市场关系型四种。而 Gereffi，Humphrey 和 Sturgeon（2005）在此基础上建立了一个价值链治理的分析框架，他们指出，三个因素是研究全球价值链治理的核心，即企业之间交易的复杂程度、交易的可编码程度以及供应商达到购买者制定要求的能力。在此基础上，他们将全球价值链治理分为五种模式，即市场型（market）、模块型（modular）、关系型（relational）、俘获型（captive）和层级型（hierarchy），同时指出，价值链的治理是动态的，在一定条件下，各种治理模式之间可以相互发生转换。

上述模块型、关系型和俘获型均属于网络治理模式，张辉（2004）对市场、等级和网络这三种价值链治理模式进行了比较，见表 13—2。

表 13—2　　价值链的不同治理方式

关键因素	经济组织方式		
	市场（market）	等级制（hierarchy）	网络（network）
一般基础	合约——产权	雇佣关系	互补性分工、势力
交易方式	价格	公司规则	网络关系
冲突解决方式	杀价——法律强制执行	管理命令——监督	互惠互利——声誉
弹性程度	高	低	中
经济体中委托数量	低	中到高	中到高
组织氛围	不信任、斤斤计较	官僚体系、照章办事	相互依赖
行为体行为选择	独立，转换成本低	从属、依赖上级	相互依赖
相似之处	如同等级中的文件合约	与市场相似的特性：利润至上、转让价格	正式的规则、关联股东

在模块型治理模式中，厂商虽然会根据客户或简或繁的要求来提供产品和服务，不过

厂商可以依托自身的加工技术和限制投资专用性的办法，来为客户提供关键性产品和服务。该模式中，交易过程中所需的监督和控制程度都很低。关系型治理模式中厂商一般都是通过声誉而相互集聚在一起，其一般会表现出很强的社会同构性、空间临近性、家族和种族性等特性。该种治理模式最常见于“第三意大利”① 那样的产业区中（Piore and Sabel，1984）。领导型治理模式中众多中小厂商特别是小型厂商主要依附于几个大型厂商。由于改变这种依附关系要付出很高的变更成本，因而中小厂商在这种模式中是被大型厂商所领导的。该种模式中大型厂商一般对中小型厂商具有很强的监督和控制力。

13.2 全球价值链视角下的服务贸易

13.2.1 价值链与服务贸易

服务贸易是国际分工深化和国际产业转移的结果。20 世纪 50 年代以来，全球经历了三次国际分工的演变，也形成了三次大规模的国际产业转移。第一次国际分工是产业间分工，主要是在不同的产业间进行，促使不同要素密集的产业在不同区域集聚；第二次分工是产业内分工，包括同一产业内部的分工；第三次分工是产品内分工，分工按照同一产品的不用工序或者零部件进行分工。由这三次分工形成了三次大规模的产业转移，第一次是 20 世纪 50—60 年代美国将纺织、钢铁等转移到日本和德国；第二次是日本将纺织等劳动密集型产业转移给东亚“四小龙”；第三次产业转移是 90 年代以来以美国、日本和东亚“四小龙”等为主体的发达国家向发展中国家的产业转移，将整个产品价值链增值过程分为更细小的部分，再按比较优势在全球范围内分工。

根据联合国的产业发展报告，全球价值链是指为实现商品或服务价值而连接生产、销售、回收处理等过程的全球性跨企业网络组织，涉及从原料采集和运输、半成品和成品的生产和分销，直至最终消费和回收处理的整个过程，它包括所有参与者和生产销售等活动的组织及其价值、利润分配。

图 13—1 是全球价值链的分解图。从生产体系的各个环节来看，附加值最高的环节是微笑曲线两端的研发设计和品牌营销，而关键零部件的制造和拥有一定渠道的分销这两个环节的附加值低于研发设计和品牌营销，整个价值链中附加值最低的两个环节是一般零部件的制造和加工组装环节，处于整个价值链的低端。

以产品内分工为基础的第三次产业转移，其实质就是发达国家根据全球价值链理论在全球进行产业布局，发达国家控制了全球价值链中高附加值的两端，分别是研发设计和品牌营销，而将低附加值的加工制造环节转移到发展中国家；而发展中国家在承接发达国家的制造业外包的同时，也将部分研发设计环节主动逆向外包给发达国家，以利用发达国家的先进资源。从价值链不同环节来看，研发设计和品牌营销都是服务环节，因此，无论是哪种形态的产业转移，最终都以服务贸易和服务外包的形态表现出来，服务业发展因此也有了全球化的趋势。

---

① 20 世纪 70 年代末期以来，在欧洲国家普遍经济衰退的情况下，意大利的东北部到中部一带的农业地区获得超快速的产业增长，这一地区被称作“第三意大利”，其典型特征就是存在专业化的企业集群。

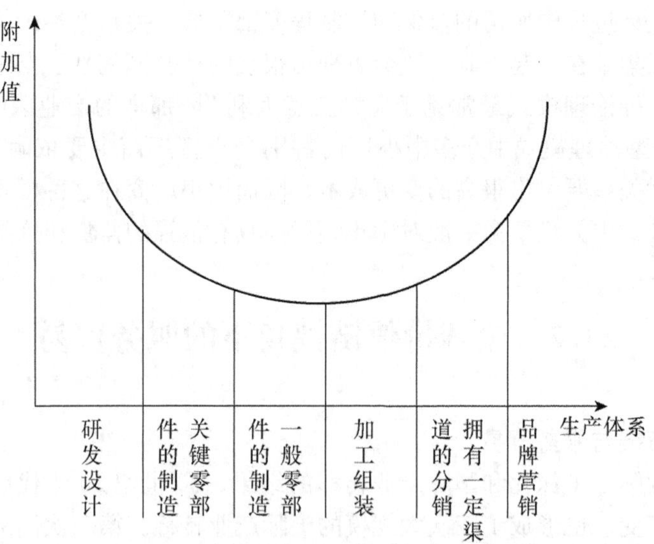

图 13—1　价值链各环节价值增值的“微笑”曲线

国际分工的不断深入使价值创造体系在全球范围内出现了前所未有的垂直分离。产品内分工使商品在到达消费者之前的生产过程中在地理范围内出现了严格的细分，其价值增值由多个国家完成。这种全球范围内的价值链增值，形成了越来越多的中间商品和服务的跨境流动，进而使各国的出口中包含了越来越多的进口品和中间产品，而服务贸易规模就在这种国际分工中变得越来越大。

13.2.2　服务贸易表现形式及发展现状

服务贸易与商品贸易的概念相差甚远。商品贸易主要的形式是商品的跨境交易，服务贸易却包括服务本身、生产要素、服务提供者或服务消费者中任何一项的跨境移动。

1994 年 WTO 签署的《服务贸易总协定》中关于服务贸易的定义为：跨境进行服务贸易的商业活动，主要体现为服务进出口、商业存在和自然人移动等贸易形式。只有在“生产要素的流动目的明确、交易不连续和持续时间有限”的前提下，才能视为服务贸易。并且将服务贸易界定为四种提供方式。

第一，跨境交付，指服务提供者在一成员方的领土内，向另一成员方领土内的消费者提供服务的形式。在该模式下，服务提供者和消费者处于不同的关境，但服务却通过现代通信技术跨越了关境，例如德国某建筑设计师通过传真或者电邮向瑞士某企业提供建筑设计服务，瑞典某医生通过视频通话向南非某医院提供医疗咨询服务。

第二，境外消费，指服务提供者在一成员方的领土内，向来自另一成员方的消费者提供服务的方式，在该模式下，服务消费者来到境外，消费当地服务者提供的服务。如美国游客到西班牙旅游，享受当地的餐饮、交通、导游服务；中国留学生到澳大利亚留学，接受当地的高等教育服务。

第三，商业存在，指一成员方的提供者在另一成员方领土内设立商业机构，在后者领土内为消费者提供服务的方式。在该模式下，服务提供者进入服务消费者所在关境提供服务，例如美国花旗银行在日本设立分行提供存款、贷款等服务，法国家乐福在中国开设连锁店提供零售服务等。

第四，自然人的流动，指一成员方的服务提供者以自然人的身份进入另一成员方的领土内提供服务的方式，即服务供应者跨境提供服务。在该模式下，服务提供者进入了服务业消费者所在关境，以机构雇员、合同人员和个人身份提供服务。如越南某法资企业雇佣的德国专家在越南提供技术服务；一名印度牙医在美国开设诊所，以个人名义提供牙医服务等。

根据 WTO 的统计，服务贸易分为三大类别，即交通运输、旅游和其他商业服务，其中其他商业服务（other commercial services）主要包括通信服务、建筑服务、保险、金融、计算机和信息服务、专利、版税和许可证费用、咨询、会计、法律、广告及文体娱乐服务等。

自 1986 年 10 月“乌拉圭回合谈判”以来，国际服务贸易规模发生了翻天覆地的变化。国际服务贸易也持续高速增长，日益成为国际贸易的主要源泉。进入 20 世纪 80 年代，服务贸易与货物贸易规模比例逐渐变大，1980 年世界服务贸易额为 7 674 亿美元，到 2011 年增加为 80 175 亿美元，是 1980 年的 10.4 倍。

从服务贸易的结构来看，交通运输、旅游与其他商务服务这三类中，其他商业服务是增长最快的类别。1980 年服务出口中三大类别比例分别是 36.8%、28.4%和 34.8%，到了 2011 年，该比例则为 20.6%、25.6%和 53.7%，其他商业服务比例提高了 18.9 个百分点，说明服务贸易在规模不断增加的同时，其结构和竞争格局也发生了较大变化，世界服务贸易正逐渐由传统的以自然资源或劳动密集型为基础的服务贸易转向以技术、资金、知识密集型为基础的现代服务贸易。

从部门结构和地区结构来看，服务贸易也存在着一定的不平衡性。20 世纪 90 年代以来，传统的运输服务和旅游服务的贸易占全球商业性服务贸易的比重逐渐下降，包含很多新兴服务的“其他商业性服务”比重逐渐上升。发达国家在服务贸易中占据主导地位，2007 年，位于服务贸易进出口前 40 位的主要是发达经济体，其贸易额占所有服务进出口总额约 90%以上。美国是最大的服务贸易国家，其占世界服务进口和出口的比率分别达到 13.9%和 10.9%。

表 13—3 列出了 2002—2012 年中国与美国、英国、德国、法国、日本五国的服务贸易开放度水平的具体数值（即一国服务贸易进出口总额占该国 GDP 的比率）。从表中我们可以看出，中国、美国和日本三国服务贸易开放水平都比较低，都在 10%以下，而英国、德国和法国则比较高，处在 10%以上。中国的服务贸易开放度始终处在 5%～8%之间，最高为 2007 年，达到 7.18%，最低为 2011 年，为 5.64%。总体表现比较平稳，并没有随年份的增加而有明显的上升或下降趋势。

表 13—3　　2002—2012 年各国服务贸易开放度（%）

年份	中国	美国	英国	德国	法国	日本
2002	5.88	4.45	14.60	11.95	10.51	4.26
2003	6.17	4.42	14.84	11.88	10.01	4.26
2004	7.08	4.80	15.27	12.30	10.33	4.84

续表

年份	中国	美国	英国	德国	法国	日本
2005	6.97	4.87	15.62	13.32	10.65	5.26
2006	7.07	5.15	16.21	13.93	10.63	5.72
2007	7.18	5.62	16.80	14.30	10.71	6.32
2008	6.73	6.09	17.73	14.97	10.75	6.47
2009	5.74	5.87	18.92	14.93	13.51	5.42
2010	5.96	6.08	18.74	15.40	14.19	5.36
2011	5.64	6.33	18.73	15.31	14.87	5.23
2012	5.72	6.35	18.33	16.06	14.65	5.32

资料来源：根据 WTO 数据库和世界银行数据整理得到。

Francois（1990）是较早研究服务贸易的学者之一。他以生产性服务为研究对象指出，生产性服务贸易的进口对整个经济部门的生产率的提高有着积极的促进作用。生产性服务贸易、其他服务贸易以及商品贸易是一种互补而又共同发展的关系，生产性服务贸易的进口对一国经济增长有积极的促进作用。Khoury 和 Savvides（2006）以金融和电信服务部门为例，选取了 60 个国家的面板数据，实证分析了经济增长与服务业市场开放之间的关系。其研究表明，服务业市场开放对不同收入国家的经济增长有明显的区别。收入水平较低的国家经济增长会受益于较高的通信服务部门的开放度，而高收入国家的经济增长对此则不明显。高收入国家的经济增长受益于金融服务部门的开放度的上升，而低收入国家的经济增长对此不明显。这一研究表明，具体服务业部门的开放对经济增长的影响与该国的经济发展水平和发展阶段有关。

13.3　全球价值链视角下的服务业 FDI

13.3.1　全球服务业 FDI 现状

20 世纪末以来，随着对外直接投资和跨国公司的发展，服务业国际转移正在全球化中扮演着越来越重要的地位。2004 年 9 月，联合国贸发会议（UNCTAD）发布了题为《2004 年世界投资报告：向服务业转移》（World Investment Report 2004：The Shift Towards Services）的报告，指出全球对外直接投资已经转向服务业，并且表现出其固有的特点与趋势。

该报告指出，外国投资的结构已经转向服务业。在 20 世纪 70 年代初期，服务业 FDI 仅占全球外国直接投资存量的四分之一，1990 年该比例约为二分之一，而到了 2002 年，服务业 FDI 比例已经上升到约 60%。在同一时期，农业部门外国投资存量占全球的比例从 9%下降到 6%，而制造业降幅更大，从 42%降至 34%。虽然服务业 FDI 主要是由发达国家所控制，但在彼此间的分配越来越趋于均衡。几十年前，服务业外国直接投资外流存量几乎全部为美国公司把持，但到了 2002 年，日本和欧盟已经成为重要来源，占全球服务业外商直接投资外流存量的份额由 1990 年的 1%上升至 2002 年的 10%。制造业跨国公司的贸易和辅助贸易服务的扩张尤为迅速，而商务服务、旅游、餐饮和金融服务业也在迅速增长。

服务 FDI 从本质上看，是国际分工深化以及开放程度不断提高，跨国公司进行全球战略扩张的产物。随着越来越多的跨国公司在海外建立研发、营销、人力资源管理、资金运作等服务中心，这种企业内部组织协调不再是简单的生产要素空间再配置，而是开始演变为一种全球产业组织运行的方式。随着国际分工形式由产业内分工向产品内分工的转化，生产和贸易都开始转向以要素分工为主体，因此生产要素的质量、价格和可获得性开始成为决定生产和出口竞争力的重要因素。各种生产要素的流动性具有明显差异。一般来说，技术、资本等生产要素跨国界流动障碍较少，而劳动力的流动性相对较差或者无法流动。新一轮国际产业转移主要表现为可流动的生产要素追逐不可流动的生产要素，进而实现资源在全球的重组与整合，进而表现为服务 FDI 的形式。

从 20 世纪 70 年代开始一直到 2008 年全球金融危机爆发前，服务业 FDI 总体呈上升趋势，其中绿地投资略有波动，但跨境兼并收购则逐年稳步上升。金融危机的爆发直接降低了服务 FDI 的规模。根据《世界投资报告 2013》的统计数据，2012 年全球外国直接投资下降了 18%，为 1.35 万亿美元。其中，服务业 FDI 中的绿地投资为 3 230 亿美元，同比下降了 16%（同期制造业绿地投资下降幅度高达 42%）；跨境兼并收购总额为 1 240 亿美元，同比下降 42%。这表明跨国公司对外直接投资依然十分谨慎。

13.3.2 服务业 FDI 的影响因素

服务业 FDI 的本质即新一轮的服务产业转移，这些价值链中高附加值的服务环节，如研发设计、品牌营销等，在对制造环节进行控制时，在“沟通成本最小化”约束条件下，需要基于客户—供应商关系进行面对面的交流和沟通，因此往往会跟随到距离其制造基地较近的地区，因此，接受制造业 FDI 较多的地区，其他国家对该地区的服务 FDI 也相对较多。Erramilli 等（1993）的研究表明，跨国公司是否到其他国家进行服务业 FDI 取决于该国与本国的文化相似度、国家风险指数、公司规模和所处的行业。Raff 和 Ruhr（2001）对美国企业在海外服务业 FDI 的分布进行了一项研究，他们构建的模型说明政府限制、文化差异和不完全信息等是公司进行服务业 FDI 时所要考虑的重要因素，因此，服务业 FDI 具有明显追随下游制造业 FDI 的倾向，此项研究也得到了 Banga（2011）、Elango 和 Ivan（2004）等的支持。Elango 等（2004）的研究发现，除了文化因素外，东道国的国家财富也是服务业 FDI 的较大影响因素。Banga（2005）认为，市场规模、文化差异、母国商业表现、东道国政府、竞争优势、服务业的可交易性、公司规模等都会影响服务业 FDI 的选择。

Raff 和 Ruhr（2001）则认为，服务业 FDI 具有追随本国 FDI 的倾向。母国的生产性服务业跨国公司与东道国当地的制造业之间，以及母国的制造业跨国公司与东道国当地的生产性服务业企业之间存在信息不对称，信息壁垒阻碍了它们之间的合作。由于同一来源国的生产性服务业企业与制造业企业之间的长期合作加强了相互之间的信任，因此它们在对外直接投资问题上也具有密切的联动关系，以降低在国际市场上的交易成本。他们根据制造业企业经营利润最大化的原则构建了一个数理模型，随后运用 1976—1995 年美国在 25 个国家的生产性服务业 FDI 的面板数据检验了该模型，并得出结论认为，生产性服务业 FDI 在进入东道国市场时会面临来自政府限制、文化差异和不完全信息的障碍，在生产性服务业产品供给方与需求方信息较为透明的前提条件下，生产性服务业 FDI 具有跟随本国下游制造业 FDI 流动到东道国的倾向。

唐保庆等（2011）认为，Raff 和 Ruhr（2001）以一次博弈结果为决策依据的理论研究存在逻辑上的缺陷，但他们注意到了一个被广泛忽略的影响生产性服务业 FDI 区位分布的因素——制造业 FDI。他们把生产性服务业 FDI 分为五类，利用 1985—2006 年美国对 OECD 国家中的 24 个国家 FDI 的面板数据，研究了制造业 FDI 和其他因素对生产性服务业 FDI 的区域分布的影响。其研究结果表明，除了批发贸易类生产性服务业 FDI 外，其他各类生产性服务业 FDI 在区位分布中都具有追逐制造业 FDI 的倾向。

当然，由于大多数服务具有不可存储性，生产和消费必须同时发生，无法通过贸易提供给其他地区，所以有一部分采取了服务业 FDI 的形式进入东道国。这类服务业 FDI 主要是服务于当地市场，是市场寻求型的。因此，这类服务业 FDI 主要看中的是东道国的市场规模和消费水平。这与看中生产要素的制造业 FDI 存在显著不同。

13.3.3 服务业 FDI 的影响

服务业 FDI 带来的影响是显而易见的，服务业 FDI 一方面促进了东道国的技术进步和生产效率的提高，提高了服务业质量，但另外一方面，也加剧了东道国服务行业的竞争。

第一，服务业 FDI 可以促进技术进步并提高下游制造部门的生产率。Rivera-Batiz 和 Rivera-Batiz（1990）从产业专业化分工的角度出发，认为服务部门 FDI 有利于加快产业分工和专业化进程，提高整个价值链的生产效率。OECD（2006）对服务市场开放以及相应的技术转移进行了研究，其结果表明，技术扩散的最重要途径是服务市场开放。服务市场开放在有效降低进口国技术进步的成本的同时，还为进口国技术进步提供了一条重要途径。对技术吸收国而言，服务市场开放成为了服务贸易技术扩散的主要渠道。服务市场开放引起的扩散效应和技术转移效应能够提高服务市场开放国所有经济部门的生产率，从而提高该国人均收入水平。Arnold，Javorcik 和 Mattoo（2007）对捷克斯洛伐克进行了研究，利用企业层面数据，着重考察了服务市场开放对相关制造业生产效率的影响。研究表明，国内下游制造企业的经营业绩与服务业 FDI 呈现出显著的正相关关系，对服务业 FDI 进行市场开放能有效提高下游制造部门的生产效率。

第二，服务业 FDI 会对东道国最终服务客户产生积极影响，也为使用中间服务的生产商提供更好的服务并产生外溢效果。服务业 FDI 从供应、成本、质量和服务种类等方面影响东道国经济中的服务提供，在某些行业，服务业 FDI 可以极大地增加东道国可获得的服务量。跨国公司的金融实力加上操作和管理复杂系统的能力，使它们能够迅速在电信和运输等复杂的资本密集型服务业扩大供应能力。Kostecki 和 Pietras（1996）专门分析了中东欧国家服务业 FDI，其实证研究表明，服务业 FDI 与这些国家的技术提高有高度的正相关关系，并能有效改善其服务质量，促使这些国家的金融、电信网络与全球连为一体。Stare（2001）针对斯洛文尼亚的研究也表明，服务业 FDI 对当地经济的溢出效应主要表现在知识和技术的转移，这些直接提高了服务业的生产效率和质量。Markusen（1989）指出，国外生产者高效率的服务投入使得原来需要进口的商品开始对外出口。总体来说，服务业 FDI 的竞争效应要大于替代效应。Hoekman（2006）的研究表明，在开放条件下，影响一个国家产品出口竞争力的直接因素为服务业基础设施和基础服务发展水平，引进金融、电信、交通运输等基础服务领域的 FDI 对发展落后国家的服务业具有重要的意义。

第三，服务业 FDI 可以促进东道国服务市场竞争，同时也可能对东道国服务企业产生挤出效应。服务业 FDI 可能与国内服务企业产生竞争，导致服务部门的竞争加剧，使国内厂商产出增加，导致国内对该服务生产要素的需求增加，同时也使得有些服务企业无法适应激烈的竞争环境而退出市场，对东道国服务企业发展产生挤出效应。例如，在银行业中，有时随着外国银行的进入，国内银行的放款量萎缩，这种状况损害到国内银行的潜在活力。国内银行由于缺乏地理分布上的优势和经验，以及融资能力有限、推出新产品成本高，在同外国银行竞争方面受到挑战。再如，在零售等行业，跨国公司往往采用新的经营方式、新的定价结构、经过改进的信息管理程序及新的销售和商品化方式，所有这些竞争措施都有可能将当地的服务生产商排挤出局。

第四，服务业 FDI 同其他部门 FDI 一样为东道国经济注入资金。就国际筹措资金的角度而言，它们为东道国带来资金流量的净增。如果资金是从母国当地筹措的，母国利息率可能上扬，对于国内企业来说资本成本增加，随着国家向国际资本市场开放，当地融资和国外融资之间的差别会缩小。大部分服务业 FDI 属于寻求市场的非交易性活动，不会对外汇收入做出直接贡献。相反，它们会引起如以利润汇出形式出现的对外支付。因此，服务业 FDI 可能对国际收支造成负面影响。而伴随服务业外国直接投资的支付（例如汇出利润），可能迅速抵消最初的资本涌入并加速国际收支危机。

当然，部分服务业具有社会和政治敏感性，对进入诸如文化、传媒、通信、网络等具有战略意义的行业，无论是东道国还是投资方，都需要考虑非经济因素的影响。东道国政府对开放这些行业也相对较为谨慎。对于母国来说，到东道国进行服务业 FDI 也存在着较大的风险，如体制风险、结构风险和意外风险等，这包括东道国缺乏有效的规章制度使其经济不稳定，管理私有化和公用事业的机构和手段薄弱会出现将国营垄断变成私人垄断的危险，外国直接投资在社会或文化敏感地区造成非故意的伤害等。

复习题

1. 试分析全球价值链的类型和治理模式。
2. 阐述全球价值链与服务业发展的关系。
3. 分析服务贸易的分类和发展现状。
4. 服务业 FDI 的影响因素有哪些?

第14章

服务外包

14.1 服务外包的概念及分类

14.1.1 概念界定

(一) 外包

从20世纪70年代开始，发达国家开始在制造业领域实施“空心化”战略（hollowing out），把生产过程的不同环节转移到成本较低的其他国家，如印度、爱尔兰、以色列以及中国大陆。最初涉及的行业主要是玩具和纺织业，到80年代，发展到电脑、办公用品、通信器材和重装备，90年代以后则主要是半导体、医疗设备等。

1989年，著名管理学家德鲁克提出，“任何企业中仅做后台支持而不创造营业额的工作都应该外包出去，任何不提供高级发展机会的活动与业务也应当采取外包的形式”。这是当代外包兴起的重要标志。

到1990年，Prahalad和Hamel（1990）才开始在理论上进行了总结，1990年他们发表在《哈佛商业评论》上的文章《企业的核心竞争力》一文中首次提出外包（outsourcing），并且将其定义为“外部资源的利用”。

Quinn和Hilmer（1994）对外包进行了完整的定义，指企业在内部资源有限的情况下，将其非核心业务通过合同方式分包给其他企业，而自己则专注于核心业务的发展。而Corbett（2004）则认为，外包是指大企业或者其他机构将过去自我从事的工作转移给外部供应商。

卢锋（2007）指出，这类把外包理解为企业生产活动“从内到外转移”的常识性定义具有认识价值，但并没有直接回答一个需要讨论的问题：是否企业所有的“从内到外转移”都属于外包？卢锋（2007）进一步指出，并非企业所有的“从内到外转移”活动都属于外包，比如IBM把PC业务出售给联想，对IBM来说PC业务的确发生了“从内到外转移”，但是这类转移显然属于整个业务的转手出售，而并非外包范畴。

因此，要准确界定外包，还需要在“从内到外转移”的基础上增加约束性条件作为概念内涵。外包的特征性内涵在于企业在保留特定产品生产供应基本定位的前提下，把生产过程涉及的某些环节区段的活动或工作，通过合同方式转移给外部厂商来承担。与特定产出所有生产活动“一揽子转移”不同，外包指特定企业在保持最终产出或者产出组合不变的前提下，把某些投入性活动转移出去。外包具有产品内分工的经济属性。

（二）服务外包

外包的实质是一种资源整合，即利用外部最优秀的专业化资源，达到降低成本、提高效率、充分发挥自身核心竞争力和增强企业对环境的应变能力的目的。根本上而言，外包是企业面临“内部生产提供”和“外部市场购买”的选择结果。当服务业的不断发展使全球产业结构呈现从“工业型经济”向“服务型经济”的转变后，外包也开始了由制造外包到服务外包的转换。

信息技术的革命给服务外包提供了载体，使外包业务超越国界和地域。1944 年，第一台电子计算机“马克 1 号”在 IBM 的资助下产生，它长 15 米，高 2.4 米，重达 31.5 吨。1964 年，IBM360 问世，标志着计算机进入大规模商业运用时期。1981 年 IBM 推出 PC，标志着电脑进入全社会普及阶段。20 世纪 90 年代初互联网的产生，给人们提供了以极低的成本在全球范围内搜索信息的机会。英特尔 CEO 安德鲁·格鲁夫指出：“互联网时代的通信使得坐在 9 700 公里以外的工程师与坐在隔壁办公室使用局域网的工程师没有什么两样。”

特定服务或流程的外包被称为服务外包。管理学权威工具书《商务大辞典》对服务外包的定义是：“依据双方议定的标准、成本和条件的合约，把原先由内部人员提供的服务转移给外部组织承担。”传统领域包括法律服务、运输服务、餐饮和保安服务，而新兴的领域包括 IT 服务、培训服务等。

江静等（2007）指出，服务外包主要是跨国公司将制造业价值链中的服务功能，如研发、设计、营销等非实体性环节，以及制造业的专业性服务，如金融、法律、人力资源管理等服务，通过 FDI 或者以合约形式提供给第三方经营的一种组织形式。

根据发生部门的不同，服务外包大致分为两种类型：一是以服务为最终产出的服务业企业和机构，把某些内部生产性服务活动或流程转移为外部提供，如美国银行和其他金融机构把顾客呼叫业务委托给印度或菲律宾呼叫中心。二是制造业等非服务企业和机构，把某些内部生产性服务活动或流程转移给外部提供，如联想把生产笔记本电脑需要的部分 IT 支持服务流程外包给 IBM。

14.1.2 服务外包的分类

根据外包的内容进行区分，服务外包主要包括信息技术外包（information technology outsourcing，ITO）、业务流程外包（business process outsourcing，BPO）两种类型。

（一）ITO

ITO，是指发包商在规定的服务水准基础上，将一部分信息系统作业以合约的方式委托给承包商，由其管理并提供用户所需要的信息技术服务。ITO 常见的外包内容主要是：系统开发、系统营运、网络设计和管理、数据托管、安全服务、IT 培训、系统集成和用户支持等。ITO的代表性企业是惠普（HP），居“全球外包100强”第4位，在北京设立了亚太区IT外包服务响应中心，覆盖整个亚太区的300个城市，能提供包括中、英、日、韩四种语言全天候的IT支持服务，爱立信、国家开发银行、宝洁等公司都是其客户。开设在大连的惠普全球运营中心，把软件服务研发中心、呼叫中心、业务流程外包中心整合在一起，为客户交付服务，是惠普全球化战略的重要机构。

ITO的主要业务包括：(1) 系统操作服务（operation services）：将系统的某些操作服务进行外包。如企业将员工数据库的录入、查询以及报表生成等外包给第三方。例如，2007年3月25日，HP和BT联盟被选为英美资源集团提供数据营运、全球语音服务等业务，期限为7年，金额高达4.5亿美元。(2) 系统应用管理服务（application management）：企业将应用系统的设计、升级和维护等活动进行外包，如企业将ERP系统日常维护交给第三方。2006年11月，印度塔塔咨询服务公司与澳大利亚Qantas航空公司签订为期7年的价值9 000万美元的合约，为其提供信息通信应用、维护和改造服务。全球最大的IT服务提供商美国电子咨询系统公司（EDS）在2007年初与欧洲航天局签订为期5年的价值9 700万美元的协议，为其提供IT服务以及相关基础技术支持。(3) 技术支持管理服务（helpdesk management）：企业将系统支持交给专业公司，为员工在工作过程提供技术支持。

（二）BPO

BPO，是指基于事先定义并且可以度量的绩效指标，把一个或多个IT密集的商务流程指派给外部提供者来完成，服务提供商相应拥有、调配和管理这些流程，这些流程包括物流、采购、HR、财务会计、CRM以及其他面对顾客的商务功能（Gartner，2002）。BPO的代表性企业是埃森哲（Accenture），居“全球外包100强”第3位，在中国的运作包括管理咨询和信息技术服务等。2003年在大连和上海建立全天候运营的业务流程外包交付中心，负责为埃森哲在40个国家的客户提供19种语言的服务。业务流程外包服务包括：财务与会计、人力资源、采购到支付服务、学习解决方案、资本市场和保险与银行后台业务操作。

BPO的业务主要包括：(1) 人力资源管理外包（human resource outsourcing，HRO）：将过去由内部专门机构进行的人力资源管理职能由外部企业承担。英国石油公司（BP）花费6亿美元外包人力资源（HR）管理服务给Exult公司。这项外包业务是迄今为止最大的一笔外包合约。协议规定：将由Exult公司处理赔偿、工资发放、组织发展、绩效管理、雇员发展、培训、招聘和再配置56 000名美国和英国雇员等一系列管理事务。BP公司自身保留每一件需要进行判断和制定政策的事务。此项交易将削减BP公司约40%的HR职员，运营费用每年降低1 500万美元，节省了3 000万美元为技术而支出的资本成本。(2) 客户关系管理外包（customers relationship management outsourcing）：将非核心并难以低成本自行处理的客户业务，交给外包服务商进行管理（前台客户服务以及后台客户相关服务）。(3) 研发活动外包（R&D outsourcing）：将原本由企业内部投入大量资源进行的研究与开发工作，委托给外部在特定领域更加专业的企业、科研机构或学校完成。克莱斯勒通过外包研发甚至组装而推出新车Crossfire，丰田12个月完成新型花冠车（Corolla）也得益于研发外包。(4) 物流服务外包（logistics outsourcing）：又称第三方物流（the third party logistics）。从20世纪80年代中后期开始在美国流行，不仅包括仓储、运输和电子数据交换，还包括履行订货、自动补货、包装以及进出口代理等。例如，越海全球物流公司为英特尔供应链进行整合，使集中采购、分销和配送一体化成为可能。2007 年，该公司与世界 500 强的飞利浦公司签订的合同高达 30 亿元人民币。(5) 财务会计服务外包 (finance and accounting outsourcing)：除了为大企业提供审计财会以及债券股票上市等融资项目的会计服务外，内部常规会计服务也外包。例如埃森哲与英国石油 (BP) 合作发展财务会计外包，印度孟菲斯公司 (Mphasis) 承接美国各州和联邦政府很多财务外包，如纳税申报制度。美国会计将相关资料扫描到电脑服务器，印度会计师直接读取数据 (隐去姓名)，完成申报 (严格保密、安全)，美国会计主要集中精力进行更负责的工作，如税收规避、所得税减免、处理客户关系等。(6) 售后服务外包 (the post-sale service outsourcing)：售后服务外包在电子产品行业有比较突出的表现。售后服务外包动向之一是进入医疗领域，医院设备日益密集化，设备维护的服务外包市场不断扩大，如旭电早就为 GE 的心脏监视器设备、超频扫描设备、X 光机等提供 EMS 服务。美国众多的中小规模医院中，很多放射科医生将 CAT 扫描的读片工作外包给了印度和澳大利亚的医生 (CAT 和 MRI 的影响本身已经是数字格式，可以通过网络传递)，这些医生在美国接受过培训。(7) 文件服务外包 (document management service outsourcing)：以文件管理为主要内容的办公系统服务外包。例如富士施乐商业服务 XBS (Xerox Business Service)，全球文件咨询外包服务的领导者，该企业将传统的打印机销售和服务，拓展为文件管理服务外包。全球文件打印费用为 1 170 亿美元，相关流程服务费用为 7 020 亿美元，说明 1 美元的文件打印，需要 6 美元多的流程费用，包括生成、制作、审查、发放、储存以及相关管理。

BPO 发展到高级阶段就是 KPO (knowledge process outsourcing)，即知识流程外包，即将知识密集的业务，或者那些需要先进的研究与分析、技术与决策技能的流程交给第三方来执行。一般来说，KPO 的中心任务是以业务专长而非流程专长。这些流程需要由有广泛的教育背景和丰富的工作经验的专家们完成。工作的执行要专家对某一领域、技术、行业或专业具有精准、高级的知识。KPO 的主要方面包括研究、分析和其他共三类，其中研究类主要是包括商业计划书的起草、市场研究 (如客户满意度调查等、股票金融和保险研究等)；分析类主要是包括财务数据分析、数据挖掘、咨询服务；其他类主要包括法律流程外包、工程外包等。

据美国权威咨询公司 Gartner 的市场分析，ITO 占据了近 60%的全球服务外包市场，BPO 约占 40%。

Kedia 和 Lahiri (2007) 把国际服务外包分成三种类型，分别是策略性外包 (tactical outsourcing)、战略性外包 (strategic outsourcing) 和变革性外包 (transformational outsourcing)。

策略性外包是基于市场的公平交易 (arm's length)，其主要目的是减少发包方的投资以降低成本。因此，劳动力越便宜、高技术工人越多的国家越容易与那些降低成本欲望强烈的企业和国家形成策略性外包关系。

在战略性外包和变革性外包中，发包方和承接方的主要关系是稳定并且是长期的。战略性外包关系主要是基于发包企业专注于其擅长的领域，形成核心竞争力的需要，他们对承接服务外包企业的选择主要是看这些企业是否具有较强的学习能力，从而累积更多的技能和经验。

变革性外包是国际服务外包的最高形态，承接服务方变成了发包方风险共担的同盟者，要求进行密切合作和持续的知识分享和交流，从而使企业更加灵活以适应变化的市场，这要求承包者具有较多的创新型人才和世界一流的交货能力。

14.2 服务外包的动因及发展趋势

14.2.1 服务外包的动因

当今世界技术和管理技能的进步，正在从本质上改变着我们对全球贸易和商务组织方式的思考。这种变化主要受到两种因素的驱动：一是新技术改变了企业的业务流程和成本结构，公司可以利用新技术和新的管理理念重新组织和控制复杂的产品生产和工艺流程。随着廉价的电讯宽带和网络的普及，企业可以通过重组其工作和任务，把大量的原本由白领所做的工作交给国外的供应商以降低成本。二是以全球价值链为特征的生产和贸易方式，在很大程度上替代了公平市场交易和公司内贸易，成为组织和控制国际商品和服务贸易的主要方式。这两个因素是驱动世界越来越走向“平坦化”的动力。作为管理流程再造的最有力措施，跨国公司内部服务业的外包，是目前国际经济贸易领域中最强劲的发展趋势。

经济全球化以跨国企业为主体。跨国企业的全球制造、全球营销和全球研发的战略安排，是世界经济一体化的发动机。跨国企业大力提倡和推进内部服务业的外包，使以中国和印度等为代表的发展中国家有了深度进入“平坦化世界”的新机遇。

第一，跨国企业为了优化财务结构而外包服务业，使中国和印度等发展中国家有了承接大规模、专业化的服务业的机会。一方面，由于比较优势、规模经济的存在，将部分服务交给专业化的服务商来提供，可以显著提高效率和降低成本；另一方面，服务业的外包可以把跨国企业的固定成本转化为变动成本，节省其固定资本投资和固定费用的支出。研究表明，通过外包部分业务，跨国企业可以降低70%的成本（Belcourt，2006）。例如美国Delta航空公司将全球机票订座系统业务外包给印度的Wipro公司，仅此一项，2003年一年的成本就下降了2 600万美元；波音公司在俄罗斯设立工程制图中心，工程制图成本就节约了50%。这主要是因为外部的服务供应商在为许多发包者提供专业化的服务时，可以把高额的服务成本在使用者之间分摊，从而获得规模经济。

第二，跨国企业为集聚战略性业务而外包服务业，使中国和印度等发展中国家有了承接企业非核心的、外围服务业的机会。跨国企业为了摆脱创造低附加值的活动，把耗人、耗时、费钱的其他所有工作全部外包给外部供应商，专注于自身核心能力的建设。根据Prahalad和Hamel（1990）的看法，竞争优势的实际来源不是产品而是在变化的环境中巩固技能和技术的管理能力。这种能力是技术、管理和集体学习的综合产物。如耐克公司的核心能力主要是产品设计，它把除此之外的几乎所有工作都外包了。

第三，跨国企业为从外部获取内部难以开发或开发成本较高的互补性技术和知识而外包服务业，使中国和印度等发展中国家有了承接某些高技术、知识和技能密集的服务业的机会，也有了向跨国企业团队学习、交流扩散技术和经验的机会。人们通常把外包作为有利于组织降低营运成本的途径，可是实际上跨国企业经常把那些具有复杂性和互补性的技能外包给其他组织。这是跨国企业在全球化条件下从外部获取互补性知识的一个重要途径。当代企业产品/服务的生产、工艺过程和管理活动越来越复杂，如企业的投融资、人力资源管理、管理信息系统的开发和决策支持等功能，在某个企业内部可能不具备，或者自己在内部建立这些功能不具有经济性，在外部专家更具有竞争优势和能力的情况下，企业内部的专家团队与外部专家团队之间建立知识互补性的外包联系，可以保证对这些任务和所移交的工作的理解，同时监督工作质量。

第四，跨国企业为改进服务质量和提高服务品质而外包服务业。这是成熟经济中企业外包服务的另一个中心问题。当今，“别人做得比你更好就外包”（outsource when somebody can do it better than you）的口号之所以深入人心，是因为与企业内部员工提供的服务相比，外包服务更具市场的选择性。那些具有较好纪录的服务外包公司更容易得到外包订单，发包企业也更具有选择弹性。

在上述因素的驱动下，以跨国企业为主体的发达国家服务业外包如火如荼，正在改写新一轮的世界经济版图。以中国、印度和俄罗斯等为代表的相对后进的经济体，可能是服务业外包的受益者。服务业外包是世界“变平”的一个强大的信号和引擎，对发展中国家经济崛起有着长期的影响。服务业外包也使发达国家和发展中国家之间的经济实力、制度、竞争条件、知识投入、收益分配等方面的相对差距逐渐缩小。

此外，服务外包的另外一个动因是可以接近市场并消除文化差异。例如，美国大片《宝莲灯》的制作，其中的部分动画设计和制作环节必须要放在中国进行，因为中国的动画工作者对中国人物的刻画和把握更为准确。

当然，服务外包本身也会带来自身的成本，如商务成本、协调成本和潜在的风险等。服务在交易过程中可能会存在运输费用，且可能会耗时，并且离岸外包中还存在过境的交易成本等；服务外包过程中还需要信息的交流、谈判和协调；服务外包过程中可能存在各种风险，如战略风险、法律风险、信用风险等。例如，2004 年 12 月，印度孟菲斯公司职员获取花旗银行美国客户密码，开设虚假账户，转移资金，2005 年 4 月被拘捕，涉嫌金额 42.6 万美元。这是第一起涉及国际服务外包的金融盗窃案。

14.2.2 服务外包离岸化及其趋势

随着全球化的发展，服务外包也越来越从“概念”变成一种“范式”，离岸外包也越来越盛行。离岸外包是指发包方和接包方来自不同国家的一种外包。在经济全球化进程中，通过国际合作，利用国家或者地区的比较优势来进行有效的离岸外包，是提高效率的重要途径。

2005 年，弗里德曼从微观角度阐述宏观的全球化现象，用“世界是平的”这样的比喻，来唤醒国家、企业和个人来应对全球化的挑战。他将全球化分为三个阶段：全球化 1.0 版是“国家”的全球化，哥伦布代表国家利益探索世界，开启了 1.0 版的全球化时代，直至 1800 年工业时代的来临；全球化 2.0 版是“企业”的全球化，从 1800 年开始到 2000 年结束；而 2000 年开始的全球化则升级到了 3.0 版本，这一阶段的全球化是“个人”的全球化。前两阶段的全球化的技术驱动力是远洋轮船、铁路火车、电话电报和电脑，而“世界变平”的全球化 3.0 时代，服务外包是其主要特征和重要的推动力。

全球化 3.0 时代孕育了巨大的外包市场。企业把工作流程与售后服务的维护等后勤工作外包，从而创造了全新的商业模式，供应链变成一种水平式的合作，在供货商、零售商、顾客之间创造价值。随着互联网和通信设施的建设，越来越多的企业加入了离岸服务外包的行列，其发包者不仅仅是财富 500 强中的美国、欧洲和日本的跨国公司，还包括了众多的中小企业，它们主要的发包对象是那些劳动力素质较好、基础设施完善、市场化程度和开放程度较高的发展中国家。[①] 服务贸易发展较快的有商务服务计算机及相关服务、影视文化服务、互联网相关服务和各类专业服务等，涉及软件、电讯、金融服务、管理咨询、芯片、生物信息等多个行业。

从当前服务外包格局来看，发包方和承接方还主要限于发达国家和发展中国家之间的"南北合作"。发达国家最初看中的是发展中国家的廉价劳动力以及相对较高的劳动力素质，策略性外包是跨国公司进入发展中国家的第一步，主要是一些技术含量相对较低的劳动密集型服务业；随着发展中国家学习能力的提高和技能的积累，跨国公司开始着力于将一些技术密集型服务外包给发展中国家，从而开始向策略性外包转变。从外包方式来看，这种"南北合作"式的服务外包主要还是由跨国公司通过 FDI 直接设立海外服务中心，并非采取直接与第三方的市场交易模式，这是因为传统意义上服务贸易往往会受到知识产权保护、贸易壁垒以及习俗文化等因素的制约，而通过 FDI 方式的服务外包一方面可以绕开贸易壁垒，享受东道国的优惠政策，另一方面，发包方可以对服务进行监控从而保证其服务质量。

然而，从长期趋势来看，第三方交易形式是服务外包的主流，其外包目的也越来越倾向于战略合作和风险共享，从而使服务外包格局从"南北合作"向"北北合作"转变。因此，发展中国家随着低成本优势丧失，不仅与其他发展中国家，还需要与某些发达国家站在同一平台上自由竞争，这对发展中国家发展服务外包提出了新的挑战。

14.3 服务外包与中国经济发展战略选择

14.3.1 中国承接服务外包的好处

中国服务业外包上升空间极大。在新一轮经济全球化过程中，服务业外包应该成为像中国这样的发展中国家经济发展的重要国家战略，成为中国经济增长的助推器。

第一，外包，特别是复杂产品、高技术产品和知识密集型的现代服务业外包，溢出效应往往比较大，便于中国承包企业学习和掌握发包者的核心技术、知识、经验和技能。发包者把中国作为制造和服务平台的同时，也会使承包者（供应商）接受近乎苛刻的国际标准和要求，获得发包者有关产品和工艺升级的技术、知识和技能培训。一般认为国际知识转移的途径，主要集中在 FDI、合资企业和特许权等方面。实际上，承接国际外包业务也会获得这种效果。Deardorff 和 Djankov（2000）曾经运用捷克布拉格地区 373 个制造企业 1993—1996 年的数据，研究承接外包作为知识转移的途径如何提高效率。他们的研究表明，承接外包的代工合约安排与企业员工培训之间存在着显著的正相关关系。这种代工也

① 中国加入 WTO 是导致离岸服务外包的一个重要推动力。

与企业的变动成本的降低和股票市场的溢价相联系。因此，发展服务业外包是学习国际新理念、新技术、新知识、新技能、新信息和新管理的最佳途径，是把中国企业推向经济全球化最前沿的有效方式。

第二，服务业外包的发展，有利于改善中国企业作为劳动密集型产品供应商的市场地位，获取产业发展的主动性。服务业外包的发展规模和水平，是发包者提供技术、管理技能的函数，即只要服务业外包的发展规模和水平达到一定的临界点，发包者与承包者之间的能力不对称现象就会得到缓解或者相对均衡，发包者控制市场的力量就会发生演变，其利用市场势力压榨供应商的能力就会有所下降，从而有利于承包者在承包关系中形成较强的议价能力，在产业发展中获得主动性，如加快技术和管理技能的学习速度，形成更有利于自己的收益分配关系等。

第三，发展服务业外包，是逐步解决中国区域发展不平衡问题的最佳手段。中国沿海地区从简单的制造业外包升级为服务业外包的国际基地，可以使服务业外包成为加速引进新技术和投资资金进入广大内陆地区的经济平台。主要表现在：首先，沿海地区升级为服务业外包国际基地以后，现有的制造业外包业务可以向内陆地区转移，从而形成新的国际—国内经济循环的价值链。与全球价值链不同，这种以国内经济为主的价值链，具有“模块化”的网络特征，它以产业集群的形态出现，产业循环和关联关系具有相对的完整性。其次，沿海地区城市形成以服务业为中心的城市功能之后，其周边地区必然向制造业集聚形态转化，从而塑造出区域性的“服务业中心—制造业集聚”的产业布局，有利于形成服务业中心降低交易成本，而周边地区制造业集聚降低生产成本的良性互动格局。再次，经过多年制造业外包的集聚发展，沿海地区城市的制造成本急剧上升，如过度拥挤、污染、住宅短缺、劳动力和土地成本上升等，特别是土地和劳动力短缺，已经成为其原有模式发展中不可克服的瓶颈。因此沿海地区率先发展对制造成本不敏感而对交易成本很敏感的现代服务业外包，转移出一般的制造业外包产业，既对这些地区转换经济结构和增长方式有利，又可以在中西部地区集聚起新的生产力。

第四，更为重要的是，发展服务业外包有利于中国尤其是以北京、上海、广州为代表的城市群形成以现代服务业为中心的城市功能结构，有利于中国劳动力就业领域从“蓝领”向“白领”转变，有利于中国在全球分工体系的转变，这将会产生以下三大效应。首先是极化效应。在一定时期内，中国的大城市尤其是特大城市，对软件和硬件基础设施进行大量集中性投入，这会进一步带来以跨国企业为主的各种生产要素的聚集和集中，在城市繁华中心地带形成以承接和外包全球企业商务订单为主的各种商务中心和服务业集群，有利于中国吸收高端的服务业 FDI，从而有利于中国形成基于城市商务中心的国际外包基地。其次是扩散效应。中国的大城市尤其是特大城市的商务中心和服务业集群形成之后，会大大地降低其周边地区发展制造业的交易成本，有利于周边地区先进制造业承接更多的国际外包订单，有助于这些中心城市服务功能的发挥。最后是裂变效应。服务业外包在特定的条件下，将使中国经济中原有的生产要素潜力得以重新组合，释放出新的发展力量。如中国企业过去一直沿用自我服务方式，并不习惯于竞争和专业化分工所导致的服务外包模式。因此中国在制造企业内部隐藏着巨大的服务经济发展的能量。服务业外包所产生的巨大需求、市场容量以及先进的理念，将促进中国制造企业服务外包化进程的加快，促使一大批服务外包骨干企业的建立或者再造。

14.3.2 中国承接服务外包的优势

当前，中国服务外包产业已经从无到有迅速扩大，中国已经成为继印度之后的第二大服务外包强国。中国服务业外包迅猛发展的可能性和潜在的上升空间，主要与以下几个因素有密切的关系，因而具有良好的发展条件。

第一，中国的教育体系可以独立地培养服务业外包所需要的各类人力资本，每年的工程和技术专业的毕业生已经达到100多万。英语教育的普及也为服务业外包提供了交流和沟通的基础。这是看似简单、实际上却是十分重要的核心问题。因为语言可以帮助我们清楚地了解客户的需求和信息，这也是印度服务业外包兴旺的原因之一。

第二，近年来，中国政府为了改善人民生活水平和优化投资环境，在城市建设和各种基础设施尤其是城市通信网络的建设上，投入了巨额资金，地方政府为发展而竞争的体制安排，也极大地调动了地方对基础设施投资的积极性，有效地改善了现代服务业发展的载体质量和技术条件，它们是中国未来发展服务业外包最重要的硬件支撑体系。

第三，中国加入WTO、举办奥运会和世博会等一系列事件，给了中国全面展示优良投资环境的机会，给了中国企业甚至普通的中国人全面展示自己的业务知识、专长以及创新成果的机会，也给了中国企业联系外部客户、改进业务价值链、创造自己外包品牌的机会。那些对中国还存在某种认识偏差的外国人，可以直观地认识和感受中国人力资本密集和教育、文化的状况，这有助于改变他们对中国的偏见和认识误区。

第四，服务业外包的兴起必然激发出中国经济中所蕴藏的现代服务业发展的巨大能量，将会极大地唤醒中国人的服务意识，有助于中国企业纠正长期的制造业偏好，树立服务创造更高附加价值的发展理念，反过来进一步促进服务业外包的发展环境和基础的优化，同时助推中国政府进行各种有利于服务经济发展的制度改革和服务竞争的规制放松。

另外，目前国际上某些势力出于各种政治动机和利益的考虑，经常发出一些反对或者阻止中国把外包作为国家战略的言论。它们主要从西方某些不希望中国崛起的人士的立场出发，认为放任跨国企业对中国外包，特别是高技术产业的某些环节和现代服务业的外包会使自身的竞争能力恶化；会导致对中国供应商的高度依赖，从而丧失产业主动性；以技术换取中国的市场，会冒着知识产权被侵犯的巨大风险；对中国的外包，必然会促使中国的经济崛起，从而给国家之间的政治、军事关系带来影响。

需要指出的是，世界经济运行历来是受国家之间的利益影响的，每一个国家都不会持续地、大规模地去做零和博弈的游戏。那种单纯强调国际外包对发达国家福利不利的观点，忽视了外包潜在和动态的收益。如Glass和Saggi（2001）在研究国际外包的创新和工资效应时指出，国际外包增强了发达国家对发展中国家低工资劳动力的利用，从而通过低成本节约增强了发达国家的盈利能力。既然通过低成本创新，所增加的利润给发达国家企业提供了改进产品和服务的激励，国际外包逻辑上就必然会鼓励创新。随着创新速度的加快，国际外包就能够潜在地创造出足够的收益去抵消发达国家的工资衰退，而且，欠发达国家利用廉价劳动力生产的最终商品也会使发达国家的民众受益。所以，忽视了问题的动态方面会导致片面的悲观主义结论。

14.4 逆向外包

14.4.1 概念界定及动因

(一) 逆向外包的概念界定

2005 年 8 月《印度日报》一篇题为《为了解决飞行员短缺问题 印度和中国开始招募国外飞行员》的报道第一次提出了“逆向外包”这个名词，但是这并没有引起足够的重视。直到 2007 年 7 月，《金融时报》题为《班加罗尔的工资刺激“逆向外包”》的专栏文章的出现，逆向外包现象终于引起了媒体较大范围的关注。

在班加罗尔设立分支机构的发达国家企业中，印度工程师的工资成本上涨过快，导致发包方已经无利可图。例如，班加罗尔的硅谷初创企业 Like. com（一家图像搜索引擎公司），将其设在印度的工作岗位移回美国加州。

“逆向外包”又称为“逆向离岸外包”。不同的学者对于逆向外包给出了自己的理解。Tholons（2008）指出，逆向外包是发展中国家（印度、菲律宾和中国等）的服务提供商，为了完成来自客户国（美国、英国和日本等）的离岸服务外包交付工作，而在客户国雇用专业技术人员的现象。江小涓等（2008）则认为，逆向外包是服务外包提供商在发包企业所在国家或者地区建立子公司或离岸中心，以寻求发包客户，开拓市场的活动。Wilson 和 Ceuppens（2011）认为，逆向外包是为了完成来自西方发达国家客户国企业的需求分析任务或者离岸外包交付业务，东欧或者亚洲的系统集成商在客户国雇用销售人员或负责人的活动，也包括西方发达国家企业将先前离岸外包的工作撤回到本土，转为在岸外包的活动。刘丹鹭等（2011）则认为，逆向外包是一种由低劳动力成本的发展中国家作为主动发包者的发包过程，而 Bunyaratavej 和 Hahn（2012）认为是发展中国家作为发包方，向其他国家（包括发展中国家和发达国家）提供离岸服务外包的活动。

虽然逆向外包定义呈现出明显差异，但是根据外包订单的路径，可以分为三类活动：第一是发达国家企业将先前离岸到发展中国家的外包撤回本土进行的活动；第二是发展中国家开始成为全球外包的发包方，但是其目的是完成来自发达国家企业的发包任务；第三，部分发展中国家成为独立的发包商，是由发展中国家企业主动向发达国家的单向外包。

逆向外包的概念可以进行一般化界定：它是由传统的低劳动力成本的国家（包括发展中国家和发达国家）作为离岸服务外包发包方，为了某种目的（如完成来自客户国企业离岸外包任务或交付任务、开拓国外市场、降低成本、满足国内市场需求以及创新产品等），采取直接雇用他国专业技术人员、在他国建立子公司、离岸中心和并购他国企业等一系列战略活动。①

(二) 逆向外包的动因

与发达国家主导的传统外包不同，驱动逆向外包现象的因素更加复杂而多样。主要有

① 参见张月友、刘丹鹭：《逆向外包：中国经济全球化的一种新战略》，载《中国工业经济》，2013 (5)。

以下几个方面。

第一，服务质量的满足和获得创新资源。随着发展中国家对产业升级的要求越来越迫切，发展中国家对知识密集型服务人才的需求也越来越迫切，因此，寻求服务质量满足，获得创新资源，是部分发展中国家实行逆向外包的最主要驱动力。发展中国家缺乏创新人才，需要通过逆向外包来解决高级劳动要素的供给。

第二，相对成本套利。追求规模经济和低成本是服务外包的动力因素。虽然有研究者认为成本套利在近期还无法成为重要的驱动因素，但是如果引入相对质量的劳动用工成本（用工成本除以服务质量）的概念，则可解释逆向外包现象的发生。随着发展中国家尤其是印度、中国等国家用工成本不断上升，发达国家和发展中国家的工资差距正在减少，当劳动力成本套利空间较小的时候，发达国家服务提供者因为有语言以及文化优势，能够提供给本国消费者提供更好的服务，因此发达国家会选择将一部分原来离岸外包的业务撤回本土进行。即使发达国家绝对用工成本高，但是其服务质量也通常较高，这样相对用工成本也较低，这样也会使得发达国家加大离岸服务外包的撤回速度和撤回规模，甚至发展中国家也会主动通过逆向外包来进行成本套利。

第三，国家或者企业战略。在某种程度上，逆向外包是公司内涵式和外延式的扩张，是公司的一种特定战略决策。江小涓（2008）认为，发展中国家企业通过逆向外包战略，服务提供商在本土以外建立离岸中心或外包基地，吸引当地优秀员工并开辟市场，可以进一步扩大实力，有利于成长为具有全球竞争力的跨国公司。刘志彪（2012）则将逆向外包上升到国家战略层面，认为以中国为代表的发展中国家可以模仿发达国家的发包方式，使用逆向外包战略，依靠本国需求和市场，将存在技术困难而本国难以研发的技术向发达国家发包。

第四，关注规避或者靠近市场。Tholons（2008）指出，发展中国家通过逆向外包可以规避发达国家的签证关注，在发达国家建立基地和办事处、招聘当地工作人员，也能够更加靠近市场，方便对发达国家进行离岸交付，此外，在客户所在国内进行数据处理及提供知识产权服务，也有助于开发那些不希望自己的知识产权外包至境外的发达国家的更大客户群。①

14.4.2 中国逆向服务外包

（一）中国制造行业的逆向服务外包测算

Feenstra（1997）以及 Feenstra 和 Hanson（1999）将服务外包定义为服务投入品占中间品总投入的比重。陈启斐和刘志彪（2013）借鉴其计算公式，计算了中国制造业的服务业外包指数。该指数表达式为：

$$FH_{it} = \sum_{j}\left(\frac{X_{ij}}{Y_i}\right)\left(\frac{M_j}{D_j}\right)$$

各变量具体含义为：X_{ij} 表示制造业 i 的中间服务品 j 的投入量，Y_i 代表行业 i 中间投入品总量，M_j 表示服务品 j 的总进口量，D_j 表示服务品 j 的总消费量。

---

① Tholons Inc.，"Reverse Offshoring：Trend or Strategy，" *Tholons Services Globalization Review*，2008.

$$D_j = P_j + M_j - E_j$$

其中，P_j 代表服务部门 j 的总产出量，M_j 是服务部门 j 的总进口量，E_j 表示服务部门 j 的总出口量。

在进行了相关行业匹配以及数据处理后①，陈启斐和刘志彪（2013）计算出了中国制造行业逆向服务外包指数（见表 14—1）。

表 14—1　　　　2003—2011 年中国制造业逆向服务外包指数

行业	2003	2004	2005	2006	2007	2008	2009	2010	2011
食品制造及烟草加工业	0.016 0	0.017 2	0.016 0	0.015 8	0.002 3	0.001 9	0.001 4	0.001 5	0.001 4
纺织业	0.007 4	0.007 8	0.007 3	0.007 3	0.023 4	0.021 9	0.018 0	0.017 9	0.017 9
皮革、毛皮、羽毛（绒）及其制品业	0.042 1	0.046 8	0.043 4	0.043 7	0.011 1	0.010 7	0.008 7	0.009 0	0.009 1
木材加工及家具制造	0.042 3	0.038 6	0.035 0	0.031 7	0.024 1	0.020 0	0.015 3	0.014 2	0.013 3
造纸印刷及文教用品制造业	0.025 4	0.026 8	0.025 4	0.025 6	0.010 1	0.008 9	0.007 4	0.007 6	0.007 8
石油加工、炼焦及核燃料加工业	0.014 7	0.014 0	0.012 1	0.011 5	0.007 6	0.006 6	0.006 2	0.005 6	0.005 1
化学工业	0.018 2	0.018 3	0.016 8	0.016 3	0.003 5	0.003 1	0.002 5	0.002 4	0.002 2
非金属矿物制品业	0.026 8	0.027 4	0.025 8	0.024 4	0.041 6	0.034 0	0.025 7	0.024 4	0.022 0
金属冶炼及压延加工业	0.017 4	0.013 9	0.012 6	0.011 6	0.006 0	0.005 2	0.004 8	0.004 8	0.004 4
金属制品业	0.024 3	0.024 5	0.022 5	0.020 7	0.031 9	0.026 7	0.022 4	0.022 6	0.022 5
通用、专用设备制造业	0.020 7	0.010 6	0.018 5	0.017 2	0.001 0	0.003 3	0.002 6	0.002 5	0.002 5
交通运输设备制造业	0.010 3	0.011 3	0.011 6	0.010 7	0.013 8	0.012 3	0.008 9	0.008 3	0.008 3
电气机械及器材制造业	0.013 1	0.012 5	0.011 8	0.010 8	0.013 1	0.011 5	0.009 5	0.008 9	0.008 4
通信设备、计算机及其他电子设备制造业	0.008 4	0.008 1	0.007 7	0.007 6	0.008 8	0.008 7	0.007 7	0.007 4	0.007 2
仪器仪表及文化、办公用机械制造业	0.013 0	0.013 1	0.012 0	0.011 3	0.090 0	0.086 4	0.077 7	0.075 1	0.070 7
工艺品及其他制造业	0.020 4	0.021 8	0.020 5	0.019 8	0.009 1	0.008 3	0.006 9	0.006 6	0.005 9

资料来源：以上数据由历年中国统计年鉴、联合国贸发数据库以及 2002 年、2007 年两张投入产出表中数据计算获得。

按照行业性质将样本中 16 个行业划分为劳动密集型行业、资本密集型行业、技术密集型行业以及整体制造业（谢建国，2003），分别计算 2003—2011 年各个行业的逆向服务外包指数，结果见图 14—1。我们可以发现：第一，整体上看，在样本区间内我国制造业

① 具体行业匹配和数据处理情况，参见陈启斐、刘志彪：《反向服务外包对我国制造业价值链提升的实证分析》，载《经济学家》，2013（11）。

的逆向服务外包存在明显的下降态势，从 2003 年的 0.320 5 下降到 2011 年的 0.208 7。第二，从行业性质上看，不同行业的逆向服务外包存在明显的差异。劳动密集型行业和资本密集型行业的逆向服务外包持续下降。技术密集型行业的逆向服务外包虽然存在一定幅度的波动，但是整体处于上升趋势，从 2003 年的 0.089 5 上升到 2011 年的 0.103。第三，从时间上看，由于受到金融危机的冲击，2008 年之后我国逆向服务外包存在较为显著的加速下滑态势。第四，从内部结构上看，技术密集型行业的逆向服务外包占整体制造业逆向服务外包的比重不断上升，从 2003 年的 23.8%上升至 2011 年的 49.35%。技术密集型行业逆向服务外包占比的提高说明我国制造业逆向服务外包结构在不断优化。

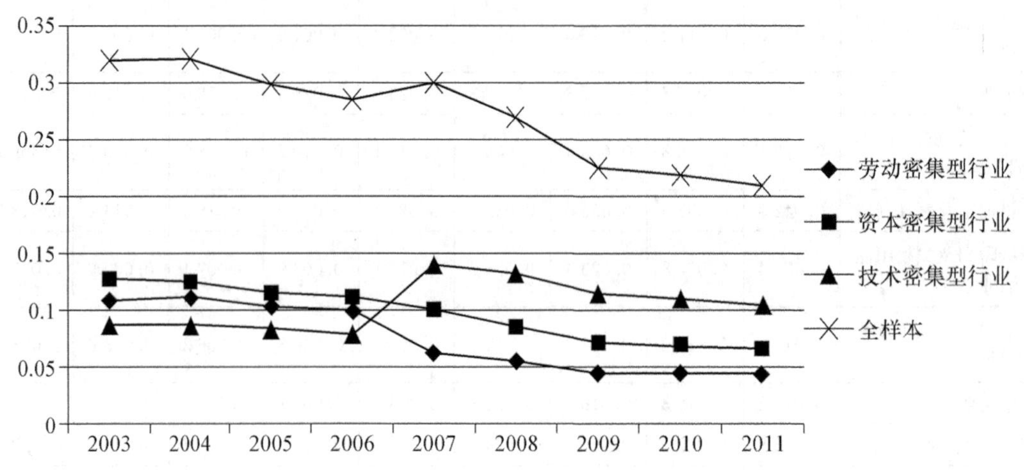

图 14—1 2003—2011 年不同类型行业逆向服务外包指数（FH）

（二）中国逆向服务外包与制造业向产业链高端攀升

金融危机之后，全球经济进入深度调整期，发达国家面临经济衰退的危险。为了鼓励出口增加就业，服务品价格相对降低。这就为我国制造业“走出去”提供了机遇，国内企业应该主动与国外的研发、营销和管理咨询企业进行合作，寻找优质原材料，开拓新市场。此时，我们应当通过功能优化和城市再造扩大经济规模，利用庞大的内需积极主动地逆向发包，积极吸纳国外高级创新要素，让国外一些剩余的服务要素为我所用（刘志彪，2013）。

中国的逆向服务外包对中国制造业向产业链高端攀升的作用机理主要如下。

第一，通过发展逆向服务外包，可以降低生产成本，扩大中间投入品的种类和质量，提高专业化程度和生产率。我国制造业企业向发达国家进行外包，最重要的作用是弥补本身服务业发展滞后的不足，利用国外高端的服务要素，提高生产能力。主要通过以下四种渠道：(1) 相较于发达国家，我国的服务业无论是生产规模还是发展水平都相对落后，这意味着，从外部进口的服务成本相对较低（Amiti and Wei，2009），降低了单位产品的生产成本，有利于我国制造业向价值链高端攀升。同时，由于外部购买的服务品价格低廉，在生产过程中可以增加对服务品的购买，提高中间服务品的使用比例。这会提高我国工业品的服务品密集程度，强化国际竞争力。(2) 通过服务进口，可以扩大下游企业中间投入品的种类，提高投入服务品质量，进而提高制造业的生产效率（Amiti and Konings，2007）。(3) 通过剥离非核心业务，可以提高制造业的专业化程度，有利于发挥规模经济，进而提高生产率（斯密法则）。(4) 通过逆向服务外包，不仅可以提高发包企业的生产率，还能通过技术外溢促进产业内相关企业生产率的提高，进而带动整体产业的技术进步。产业的技术进步再通过关联效应发挥产业间的技术和知识外溢，这样就会提升我国总体制造业的生产能力。

第二，通过发展逆向服务外包，实现企业组织形态进化，提高组织效率。在信息技术的支撑下，企业可以利用外包降低组织成本（Baldwin and Venables，2013）。企业决定进行服务外包时，可以将效率低下的服务部门从企业内部剥离，优化企业的组织形态，提高企业的专业化程度。随着规模的扩张，企业内部的层次不断被拉伸，管理成本急速提高，管理效率却在下降；同时随着信息技术的革新和生产性服务业创新速度加快，从市场上购买服务的成本不断降低。因此，企业更加倾向于从外部购买服务而不是内部生产。伴随业务的分离，企业不仅可以解雇部分低劳动效率的工人，提高整体劳动率，还能精简管理机构，降低管理成本，提高管理效率。当制造业内部的服务环节外部化之后，产业结构也会随之改变。主要体现在制造业的专业化程度提高，产业组织更加柔性化。由于专注自身的核心竞争环节，制造业的增值能力大大加强，可以走出总量大、增量小的困境。此外，专业化提高还有利于发挥干中学，提高部门的生产率和创新效率。

第三，通过发展逆向研发外包，可以降低创新成本，提高创新效应。我国制造业的发展基本是依靠劳动、土地和环境等物质资源的比较优势，现在这种比较优势的优势地位已经明显衰减（洪银兴，2013），建立在这种比较优势基础上的开放型经济无力提高自身在价值链中的地位。随着土地价格和工资的上涨，我国制造业利润空间进一步被压缩，单纯依靠增加低级要素拉动增长的方式无以为继。优化产业结构，提高技术进步率，从“要素驱动”转向“创新驱动”是转变经济发展方式的核心，实现由粗放型的发展方式向集约型的发展方式的转变。但是，相较于欧美发达国家，我国尚未构建起有效的创新体系，创新激励不足，创新的成本过高。这个时候可以通过逆向服务外包尤其是逆向研发外包，利用国外完善的创新体系、高效的研发系统，降低我国制造业的创新成本，提高创新效率。同时可以让我国技术人员主动参与国外的研发过程，学习国外先进的技术，提高本土技术人员的知识存量。通过雇用国外的高级工程师以及科研人员，对本土企业员工进行培训，通过知识溢出快速提高我国制造业人力资本水平，将制造业静态的技术转化为动态的技术开发能力（刘丹鹭、岳中刚，2009）。

第四，通过发展逆向商业服务外包，可以有效地降低营销成本，开拓新市场，通过全球化战略，提高自身配置资源效率。向价值链高端攀升，不仅应该努力提高自身的研发能力，还应该重视品牌营销能力对于提高我国制造业在价值链中地位的重要作用。企业间的竞争是国家比拼的重要载体，建立高端品牌形象不仅可以增加议价能力、提高市场势力，还能降低进入别国市场的成本，提高国际市场份额。通过发展服务外包，可以借助合作者在其本土的品牌价值，提升我国企业的品牌形象，并且利用合作企业的营销网络和顾客群，降低营销成本，将潜在顾客群转变为产品的消费者。

通过逆向服务外包可以开拓新市场，有助于我国企业顺利实现全球化战略。突破地域的限制之后，我国企业可以在全球范围内寻找生产资料，降低生产成本。在和不同国家和地区的企业竞争、学习中提高自身的研发、生产和创新能力。在提高资源配置效率的同时，顺利实现向价值链高端攀升的任务。

复习题

1. 什么是服务外包？服务外包有哪些分类？

2. 中国承接服务外包的优势有哪些？承接服务外包会给中国带来什么样的好处？

3. 什么是逆向服务外包？中国为什么要发展逆向服务外包？

4. “美电信公司程序员鲍勃拿高年薪而每天在办公室看猫咪视频，却连续几年在公司的绩效评估中获得高分。他编写的软件代码质量高且完成工作及时。秘诀在于他私自将自己的工作给了沈阳的一家咨询公司，而他付给对方的报酬不到他几十万美元年薪的五分之一。”试用服务外包理论对上述现象进行解释。

第 15 章

服务产业国际竞争力及影响因素

全球化的不断深入和服务经济的兴起，使得越来越多的学者开始关注服务产业的国际竞争力问题。Dick 和 Dicke（1979）在服务产业国际竞争力方面进行了开创性研究，他们首次借助 RCA 指数分析知识密集型服务贸易，如运输服务和其他私人服务。我们需要对服务产业的国际竞争力进行分析，并考察其影响因素。

15.1　服务产业国际竞争力国际比较

15.1.1　出口市场占有率

服务的出口市场占有率，是指一国服务出口总额占世界服务出口总额的比重。很明显，出口市场占有率可以很容易反映出一国服务业在国际上的竞争能力强弱，市场占有率越高，表明该国的服务业国际竞争力越强，反之，国际竞争力越弱。

表 15—1 所列出的是 2002—2012 年中国、美国、英国、德国、法国和日本的服务贸易出口市场占有率情况。根据表 15—1，中国服务贸易的市场占有率始终处在比较低的水平，和其他国家相比始终存在较大的差距。特别是美国，各年度服务贸易出口市场占有率始终保持在 10%以上，中国与之相比，差距非常明显。然而值得肯定的是，在其他五国均有不同程度的下降趋势的前提下，中国的服务贸易出口市场占有率仍然在平稳上升，2002—2012 年，出口市场占有率从 2.47%上升到了 4.38%，虽然年平均上升幅度并不大，仅为 5.9%，但是始终保持了稳中有升的态势。

表 15—1　　2002—2012 年各国服务贸易出口市场占有率（%）

年份	中国	美国	英国	德国	法国	日本
2002	2.47	17.56	8.15	6.00	5.31	4.06
2003	2.51	15.61	8.40	6.26	5.29	4.10

续前表

年份	中国	美国	英国	德国	法国	日本
2004	2.87	14.83	8.63	6.18	5.07	4.22
2005	2.94	14.48	8.12	6.27	4.83	4.30
2006	3.22	14.26	8.17	6.36	4.49	4.05
2007	3.56	13.88	8.33	6.31	4.33	3.71
2008	3.81	13.58	7.32	6.52	4.27	3.81
2009	3.69	14.22	7.31	6.69	5.44	3.61
2010	4.22	14.13	6.91	6.26	5.00	3.63
2011	4.13	13.82	6.81	6.11	5.25	3.35
2012	4.38	14.28	6.44	5.91	4.84	3.27

资料来源：根据 WTO 数据库整理计算得到。

15.1.2 贸易竞争优势指数

贸易竞争优势指数（trade competitive index，简称 TC 指数），是指一国贸易进出口差额与该国进出口总额的比值，用来反映一国某一行业生产的产品相对于世界上其他国家供应的同种产品来说是否具有竞争优势。用公式表示如下：

$$TC_{ij}=\frac{X_{ij}-M_{ij}}{X_{ij}+M_{ij}}$$

其中，TC_{ij}是指 i 国 j 产业的贸易竞争优势指数，X_{ij}是指 i 国 j 产业当年的出口总额，而 M_{ij}是指 i 国 j 产业当年的进口总额。该指数的取值范围是［−1，1］，并且数值由小到大的变化代表着 i 国 j 产业的贸易竞争优势由弱变强的过程，如果 TC 指数小于 0，表明该国这一产业生产效率低于国际水平，处于竞争弱势地位，相反，若 TC 指数大于 0，表明该国该产业生产效率高于国际水平，处于竞争优势地位。2002 年以来部分国家服务行业的贸易竞争优势指数的比较折线图如图 15—1 所示。

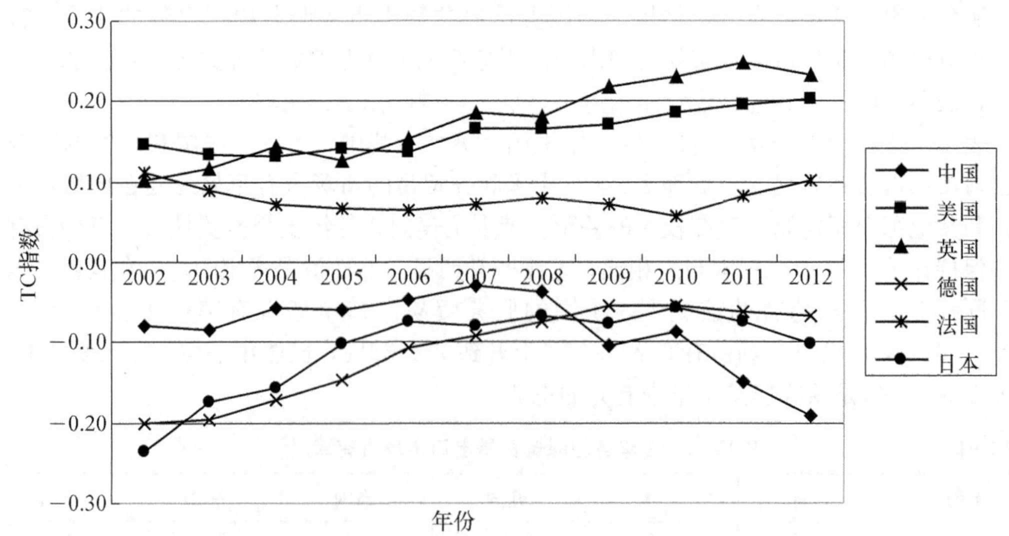

图 15—1　2002—2012 年各国服务贸易竞争优势指数

资料来源：根据 WTO 数据库整理计算得到。

可以很明显地看到，中国的 TC 指数在 2009 年之前一直处在［0，－0.1］的范围内，但是从 2009 年起有下降的趋势，TC 指数跌破－0.1，到 2012 年已经逼近－0.2。所以可以得出结论：中国的服务贸易生产效率是低于国际水平的，处于竞争劣势的地位，并且近几年，竞争能力有进一步下滑的趋势。从图 15—1 中还可以看出，美国、英国和德国三个国家的 TC 指数始终保持在 0 以上，并且在缓步上升，可见这三个国家在服务贸易竞争中处于优势地位。

15.1.3 显示性比较优势指数

美国经济学家巴拉萨（Balassa）于 1965 年提出了显示性比较优势指数（revealed comparative advantage index，简称 RCA）。RCA 是指一国某种商品出口额占该国出口总值的份额与世界出口总额中该类商品出口额占总出口份额的比值。它是用来衡量一国某种商品或服务在国际竞争中的地位的一项非常具有说服力的指标。用公式表示为：

$$RCA_{ij}=\frac{X_{ij}/X_{it}}{X_{wj}/X_{wt}}$$

其中，RCA_{ij} 是指 i 国 j 产业的 RCA 指数值，X_{ij} 是指 i 国 j 产业当年的出口额，X_{it} 是指 i 国当年的总出口额，同样，X_{wj} 是指世界 j 产业当年的出口额，而 X_{wt} 则是指当年世界的所有产品或服务的总出口额。

最初的研究将出口商品定义为货物出口，因此 RCA 主要是用来衡量制造产业国际竞争力，此后，Dick 和 Dicke（1979）进行了开创性研究，借助 RCA 指数分析知识密集型服务贸易，如运输服务和其他私人服务。此后利用 RCA 指数分析服务贸易和服务国际竞争力的学者还有 Peterson 和 Barras（1987）、Peterson（1988）以及 Hoekman（1995）。随着中国服务贸易规模和份额的不断扩大，国内也有不少学者开始尝试利用 RCA 指数来分析中国服务产业国际竞争力（胡昭玲，2006；张国强、郑江淮，2010）。

表 15—2 是中国、印度与 OECD 国家 2004—2009 年的服务业显示性比较优势指数的比较。

表 15—2　　服务业显示性比较优势的国际比较

国家	2004	2005	2006	2007	2008	2009
中国	0.534	0.509	0.502	0.520	0.546	0.532
印度	1.491	1.540	1.600	1.566	1.565	1.444
澳大利亚	1.062	1.000	0.960	0.973	0.894	0.872
奥地利	1.106	1.159	1.157	1.132	1.179	1.151
比利时	0.817	0.813	0.793	0.787	0.853	0.910
加拿大	0.783	0.779	0.788	0.768	0.764	0.823
智利	0.741	0.709	0.592	0.575	0.693	0.608
捷克共和国	0.623	0.689	0.684	0.641	0.693	0.702
丹麦	1.282	1.330	1.398	1.390	1.442	1.317
爱沙尼亚	1.286	1.239	1.170	1.223	1.261	1.245
芬兰	1.072	1.115	1.042	1.101	1.280	1.334
法国	0.971	1.014	1.002	0.988	1.019	0.999

续前表

国家	2004	2005	2006	2007	2008	2009
德国	0.781	0.813	0.824	0.806	0.843	0.868
希腊	1.960	1.933	1.888	1.596	1.905	1.743
匈牙利	0.888	0.924	0.854	0.841	0.854	0.877
冰岛	1.343	1.469	1.381	1.282	1.184	1.301
爱尔兰	1.540	1.597	1.704	1.731	1.774	1.637
以色列	1.335	1.331	1.348	1.279	1.315	1.303
意大利	0.945	0.968	0.971	0.917	0.896	0.864
日本	0.796	0.846	0.875	0.849	0.894	0.917
韩国	0.750	0.773	0.793	0.840	0.883	0.808
卢森堡	2.086	2.112	2.134	2.134	2.149	1.979
墨西哥	0.335	0.348	0.303	0.299	0.286	0.275
荷兰	1.030	1.012	0.959	0.922	0.926	0.936
新西兰	1.156	1.162	1.113	1.067	1.026	0.975
挪威	1.059	1.033	1.038	1.066	1.011	1.075
波兰	0.728	0.755	0.781	0.813	0.851	0.799
葡萄牙	1.205	1.199	1.250	1.247	1.291	1.247
斯洛伐克共和国	0.621	0.641	0.614	0.574	0.567	0.495
斯洛文尼亚	0.811	0.817	0.786	0.764	0.860	0.828
西班牙	1.300	1.342	1.369	1.356	1.387	1.309
瑞典	1.194	1.098	1.248	1.286	1.322	1.305
瑞士	1.282	1.337	1.333	1.320	1.343	1.310
土耳其	1.077	1.072	0.968	0.881	0.897	0.924
英国	1.556	1.537	1.538	1.620	1.613	1.537
美国	1.342	1.346	1.350	1.346	1.348	1.322

资料来源：根据WTO官方网站提供的数据计算。

日本贸易振兴会（JERTO）指出，当RCA数值大于2.5时，该产业的国际比较优势极强，当RCA在0.8～1.25之间，该产业具有中等比较优势，当RCA低于0.8，则该产业的国际竞争力处于比较劣势。表15—2显示，2004—2009年中国服务业的RCA指数一直稳定在0.5左右，说明中国服务业国际产业竞争力处于相对劣势。美国、英国等国家服务业的国际竞争力相对较高，2004—2009年的平均RCA指数分别为1.342和1.567，且历年来几乎保持不变。人均GDP全球最高的卢森堡，其服务业国际竞争力也相对较高，RCA指数高达2.0。同为发展中人口大国的印度，近几年服务业RCA指数高达1.5，甚至超过了美国。

事实上，有不少国内学者重点关注了中国服务产业国际竞争力的水平。程大中（2003）较早对中国服务贸易的显示性比较优势状况进行了定量分析，他的研究表明，无论是在“51个经济体模型”，还是在“12个经济体模型”的框架下，中国与其他经济体相比，其服务贸易在总体上都处于很弱的竞争地位。在分部门研究中，中国只是在通信服务、旅游服务方面具有较高的显示性比较优势，但其他服务部门则表现不佳。王小平（2003）从服务业的产业特征、竞争战略、竞争优势、竞争力评价等方面构建了服务业竞争力的理论体系，并且研究了开放经济环境下国内服务市场的对外开放与国际服务贸易竞争力的问题，并将其运用于中国零售服务业竞争力分析；霍景东（2006）从服务出口市场占有率、竞争优势指数、显示性比较优势指数各个指标对中国服务业国际竞争力做了比较，发现服务贸易在国际上缺乏竞争力；贺卫等（2005）、郑吉昌等（2005）、彭柯（2008）均从不同方面对服务业的国际竞争力问题做了相关研究，得出的结论基本是一致的，即中国服务产业国际竞争力相对较差，且中国的服务贸易也存在着严重的结构性失衡。

15.2 服务产业国际竞争力影响因素的实证分析

15.2.1 指标与模型

波特是较早分析产业国际竞争力的学者之一，他在其"钻石模型"的理论分析中，将国际产业竞争力的影响因素概括为如下几个方面：第一是生产要素，如通过投资或者长期训练才能创造出来的高级要素；第二是需求情况，主要是国内需求；第三是相关的产业支撑；第四是企业的战略结构与竞争优势；第五是政府作用；第六是外部不可预期的机遇。我们的模型即参照此理论模型的分析框架，选择政府规模和法治水平作为主要的解释变量，以人力资本代表该模型中的高级生产要素，以信息化代表企业的竞争优势，以收入水平代表国内的需求，以货物出口代表相关及支撑的产业，以外商直接投资代表外部的机遇，构建了如下经济模型：

$$\mathrm{RCA}_{it}=\alpha_0+\alpha_1 Gov_{it}+\alpha_2 Law_{it}+\alpha_3 Hr_{it}+\alpha_4 Inf_{it}+\alpha_5 Pgdp_{it}+\alpha_6 Exp_{it}+\alpha_7 Fdi_{it}+\varepsilon_{it}$$

被解释变量是 RCA，是一个国家的服务产业显示性比较优势指数，反映该国服务产业国际竞争力。Gov 和 Law 是主要的解释变量，分别代表一个国家的政府规模和法治水平。数据来自《世界经济自由度年度报告》。该报告提供了政府一般性消费支出、转移支付和补贴、政府投资和国有企业、边际税率这四个方面对政府规模的综合评分。评分值为 0～10，评分值越高意味着政府规模越小；并且从各国司法的独立性、法庭的公正性、产权的被保护程度、法律制度的完整性、合约的法律执行力等方面来对法治水平进行综合评估，评分值范围为 0～10，评分值越高意味着该国法治水平越高。

模型还选择如下变量作为控制变量。Hr 代表人力资本，用高等院校的入学率来衡量，对于个别缺失数据，以其相近年份按平均增长率加权值近似代替。Inf 代表信息化水平，以每 100 人中互联网用户数衡量。$Pgdp$ 指收入水平，以人均 GDP 衡量，单位为万美元（按现价美元计）。Exp 代表一国货物出口能力，以该国货物出口占世界总货物出口的比例衡量。Fdi 表示的是外商直接投资额，选取的数据是外商直接投资净流入，单位为百亿美元（按现价美元计）。以上控制变量中，除 Exp 来自 WTO 数据库外，其余均来自世界银行。

15.2.2 数据及描述

本章选取中国、印度和全部 OECD 国家 2004—2009 年数据进行样本分析。OECD 成员国提供了全世界近 60%的商品和服务，是世界范围内最为发达的经济体。

我们对各国政府规模进行综合评分并进行了国际比较（如图 15—2 所示），中国的评分基本上是最低的，这也意味着中国政府规模最大。在2009年中国政府规模虽然有所降低，但依然高于其他发达国家，这也与中国是政府主导型经济的发展状况相吻合。值得一提的是，同为发展中国家的印度，其政府规模非常小，这表明印度政府与中国走的是不同的经济发展道路，其更加注重市场的作用。而像法国、德国、日本、英国和美国等发达国家，其政府规模适中，这意味着，这些发达国家并不一味地强调市场的作用，它们同时注重政府在经济发展中的控制与影响。

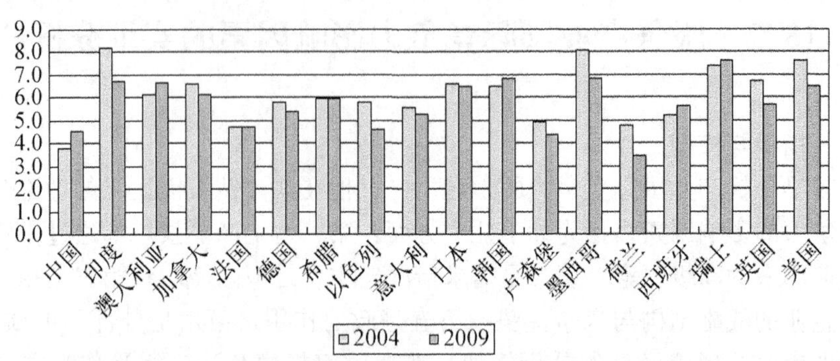

图15—2　中国、印度和主要OECD国家政府规模的比较

资料来源：根据《世界经济自由度年度报告》(2006、2011) 整理绘制。

自由世界网站（www. freetheworld. com）提供了世界各国契约、产权等有关经济发展的法治水平的评分，评分值范围为0～10，分数越高代表法治水平越高。本章选取部分国家的法庭公正度、财产权的保护度和契约的法律执行力这三方面（如图15—3所示）进行国际比较发现，中国的法治水平总体不高，特别是在法庭的公正度、财产权的保护方面同西方发达国家相比还有较大差距。而从西方主要发达国家来看，其在财产权保护方面普遍都做得很好，得分大都在8分左右，而私有财产权的有效保护，被多数学者证明是促使经济发展的一个关键性制度因素。

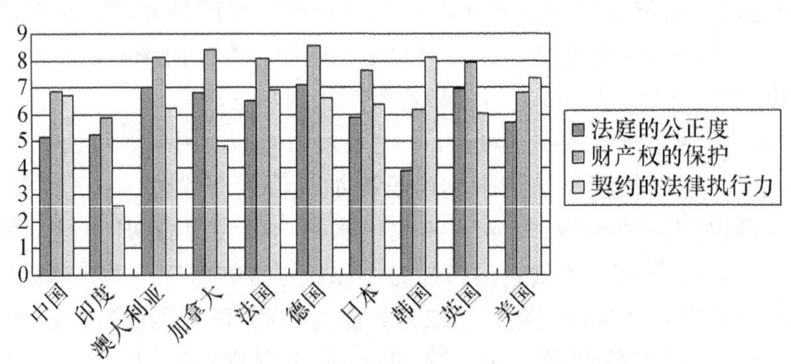

图15—3　2009年各国法治水平的比较

资料来源：根据《世界经济自由度年度报告》(2011) 整理绘制。

表15—3是对相关变量的描述性统计。表15—3显示，政府规模的平均值为5.797，在0～10的评分标准中基本处于平均规模；法治水平评分是7.405，在0～10的评分标准中处于较高水平，这也意味着OECD国家及中国和印度的平均法制水平发展比较高。

表 15—3 相关变量的描述性统计

变量名	样本数	均值	标准差	最小值	最大值
RCA	216	1.084	0.377	0.275	2.149
Gov	216	5.797	1.185	2.405	8.187
Law	216	7.405	1.178	4.470	9.414
Hr	216	0.599	0.213	0.103	0.978
Inf	216	0.580	0.226	0.020	0.922
Pgdp	216	3.246	2.078	0.064	11.203
Exp	216	0.204	0.024	0.0003	0.099
Fdi	216	3.389	5.721	−3.174	34.007

15.2.3 实证分析结果

由于本章采用的是短面板数据，因此任何由于时间维度而产生的序列非平稳性都可以被截面维度吸收，故此可以避免虚假回归，使被估参数具有一致性。那么我们可以直接采用 Hausman 检验选定面板数据的估计模型，检验结果显示不能在 5%的显著性水平下拒绝原假设，故使用随机效应模型。估计结果如表 15—4 所示。

模型 1 是将主要的控制变量首先进行回归。结果发现，信息化水平、人均 GDP 和出口水平这三个控制变量对服务业国际产业竞争力有显著的影响，而人力资本和外商直接投资的作用不显著，因此在模型 2 中将这两个变量剔除，并将主要解释变量——政府规模和法治水平纳入回归方程。考虑到中国外向型经济中外商投资以及人力资本在现有研究中对于服务业发展水平的影响，我们尝试将外商投资水平和人力资本逐步纳入计量模型，回归结果如表 15—4 中的模型 3 和模型 4 所示。

表 15—4 政府规模、法治水平对服务业国际产业竞争力的影响

解释变量	被解释变量：2004—2009 年各国服务业 RCA 指数			
	(1)	(2)	(3)	(4)
Gov		−0.011 (0.009)	−0.011 (0.009)	−0.001 (0.009)
Law		0.024*** (0.014)	0.025*** (0.014)	0.026*** (0.014)
Hr	0.097 (0.134)			0.086 (0.137)
Inf	0.130*** (0.008)	0.148** (0.070)	0.152** (0.070)	0.124 (0.084)
Pgdp	0.027* (0.010)	0.032* (0.010)	0.031* (0.010)	0.030* (0.010)
Exp	−0.360* (1.307)	−0.404* (1.339)	−0.413* (1.333)	−0.406* (1.337)
Fdi	0.001 (0.001)		0.001 (0.001)	0.001 (0.001)

续前表

解释变量	被解释变量：2004—2009 年各国服务业 RCA 指数			
	(1)	(2)	(3)	(4)
常数项	1.200* (0.088)	1.031* (0.124)	1.030* (0.124)	1.057* (0.132)
N	216	216	216	216

注：***，**和*分别表示估计参数在10%、5%和1%的水平上显著，括号内的值为参数估计值的标准差。

第一，政府规模对服务产业国际竞争力的影响并不显著。有研究表明，高评分的政府规模，即“小政府”不利于服务业国际竞争力的提升。本章的实证结果中虽然系数为−0.001，但没有通过显著性检验。迈克尔·波特（Porter，1990）曾经提出，在一国产业参与国际竞争时，政府的作用主要表现在政府对该产业、产业内的企业创造能力的激励，以及对于高等要素形成的关键性孵化作用。例如政府大量科研支出能够孵化出有潜在生产力的科研机构，从而创造和培育高等要素。因此，政府规模这个变量对产业竞争力可能产生的是间接影响，即通过影响其他变量从而间接影响服务产业竞争力。然而，服务产业差异较大。运输服务中的铁路运输、通信服务中的电信等具有高度自然垄断；计算机、软件的研发和旅游等存在较强的正外部性；金融、保险等专业性需求的服务领域信息不对称；教育、医疗等基本公共服务领域所要求的社会公平等，都要求政府的参与，进而促进服务业的发展和产业国际竞争力的提升。政府规模的过度扩张，政府权力的不断膨胀，很可能导致寻租活动的产生，扭曲资源配置。另外，从效率考虑，国有部门较之私营部门有着相对较弱的利润动机，进行技术和管理创新的激励较弱，从而可能导致竞争力的提升较为缓慢。这可能在一定程度上抵消了大的政府规模对服务业国际竞争力提升的促进作用，进而导致在回归模型中没有通过显著性检验。中国政府相对较为强势，但对中国服务业产业国际竞争力相对较低并没有直接促进作用。

第二，法治水平越高的国家，其服务产业国际竞争力越大。实证结果显示，一国的法治水平评分高于其他条件均相同的他国1分，其服务业RCA指数相应高出0.026，这意味着健全的法律制度、良好的法治环境能够促进服务业国际竞争力的提升。现实情况也证实了这点，以计算机与信息技术服务为例，美国在20世纪60年代颁布施行的《版权法规》、《计算机软件保护法》，不仅为其国内服务业的发展提供了良好的软环境支撑，还助力美国在信息革命中保持领先地位；印度自20世纪90年代起就相继制定了《信息技术法》、《软件技术园区（SPT）计划》、《国家电子/IT硬件制造政策》、《信息权利法》等法律法规，极大地培育了印度软件产业，使其一跃成为全球最大的软件外包承接国。中国服务产业国际竞争力低可能与法治水平相对较差有关。更需要指出的是，中国对知识产权保护的欠缺直接导致服务产业竞争力较低。

第三，在其他条件不变的情况下，一国信息化水平每提高1个百分点可以带动该国服务业RCA指数提高0.148，如表15—4模型2所示。信息技术通过降低交易成本、扩充知识含量、拓展市场规模和变革经营手段改变了企业竞争的基础。目前在发达国家，信息技术设施几乎已经成为各类服务业提升其竞争力的一个必不可少的平台。美国的布鲁金斯学会（Brookings Institution）2002年通过对27个国家的信息化与服务业增长及服务业劳动生产率之间的关系进行研究发现，服务业已成为美国经济中信息技术最密集的行业。然而模型 4 的回归结果并没有通过显著性检验，这可能是因为中国的信息产业大多属于加工组装等低技术密集环节，因此并没有对服务产业国际竞争力有明显的影响。

第四，人均 GDP 每增加 1 万美元，该国服务产业竞争力则会提高 0.030。人们的收入较低时，消费的主要是物质层面的、主要由制造业提供的产品，而随着收入的逐步提高，人们开始消费精神产品，如听音乐会、旅游、看电影等。这种对服务业的需求能促进其迅速成长，提高服务的质量和档次，不断创新发展，从而提升其国际竞争力水平。

第五，一国的货物出口占世界货物出口总额的比例每提高 1 个百分点，该国服务业的 RCA 指数将降低 0.406。长期来看，国际货物贸易对服务贸易存在着溢出效应，货物的出口引致了许多服务贸易的发生，如国际运输、保险、信贷等生产性服务，流通环节中的服务和售后服务，从而细分和专业化了国内的服务业；在货物出口市场领先的国家或地区，通过货物贸易积累了丰富的渠道经验，能为其服务商品在国际上迅速打开市场提供方便，促进其服务贸易的发展，最终促进服务业竞争力的提高。但从短期来看，货物出口规模的持续扩大可能会引发国际贸易摩擦，并且在短期一国资源既定的条件下，过于发展货物贸易将会在一定程度上挤占服务业的发展资源，从而不利于服务贸易出口的增长。由此，可以解释为什么从短期数据回归结果来看，货物出口能力越强的国家拥有着相对较低的服务业 RCA 指数。

第六，人力资本和外商直接投资对一国服务产业竞争力的影响没有通过实证检验。由于服务产业内部人力资本的国际统计资料的缺失，我们只能使用笼统的整个国民经济体系的人力资本数据作为分析样本，这就导致了回归系数的显著性不高。而在类似研究中，贺卫等（2005）曾通过运用 1982—2002 年中国以高中和中专以上学历的第三产业就业人数为变量指标，证实了人力资本因素对中国服务贸易的国际竞争力有着十分显著的正向影响。同样的情形也适用于外商直接投资这一控制变量。从 Moon（1995，1998）等人将“跨国经营”纳入“广义双重钻石模型”开始，学者们就在不断地研究开放经济下国际资本流动对产业国际竞争力的影响。从理论上说，外商通过直接投资、在东道国设立企业，能提供先进的技术和创新活动，并通过产业链传导和员工培训等方式实现“外溢”效应，从而可以带动东道国企业的技术水平、管理手段和人力资本的升级，进而提升相关产业的国际竞争力水平。但我们在进行国际面板数据的实证研究时，不能忽略的一个问题是，外商直接投资的产业结构因国家和年份而异。以中国为例，根据商务部外资司的统计数据，2004 年中国合同外资金额中第一、二、三产业分别占比 1.84%，74.98%和 23.18%；而 2009 年，外商直接投资的产业结构则变化为 1.52%、53.24%和 45.25%。因此，仅仅凭借国别外商投资额不能准确度量出其对服务业产业国际竞争力的影响。

复习题

1. 试用出口市场占有率、贸易竞争优势指数和现实性比较优势指数来分析各国服务产业竞争力。

2. 影响服务产业国际竞争力的主要因素有哪些?

第 16 章

服务产业转移与收入分配

16.1 价值链视角下的服务产业转移

16.1.1 跨国公司：从组织结构优化到全球价值链治理

随着企业规模的不断扩大以及企业组织理论研究的深入，越来越多的企业开始对其组织结构进行改变，具有代表性的就是总部分支机构与事业部制。而国际分工深化以及开放程度的不断提高使更多的跨国公司进行了全球战略扩张。随着越来越多的跨国公司在海外建立研发、营销、人力资源管理、资金运作等服务中心，这种企业内部组织协调不再是简单的生产要素空间再配置，而是开始演变为一种全球产业组织方式的革新。

随着国际分工形式由产业分工向产品内分工的转化，生产和贸易都开始转向以要素分工为主体，因此生产要素的质量、价格和可获得性开始成为决定生产和出口竞争力的重要因素。各种生产要素的流动性具有明显差异性。一般来说，技术、资本等生产要素跨国界流动障碍较少，而劳动力等流动性相对较差或者无法流动。新一轮国际产业转移主要表现为可流动的生产要素追逐不可流动的生产要素，进而实现资源在全球的重组与整合（江静、路瑶，2010）。

虽然要素分工直接造就了中国“世界制造基地”的地位，但从动态优势来看，随着中国技术能力的提高，同时也是为了更好地控制其制造基地的生产环节，跨国公司开始进行全球价值链治理，即将企业总部搬迁至中国沿海地区的中心城市，从而开始了新一轮的服务产业转移，因为企业总部所承担的主要是研发设计、品牌营销等高附加值的服务环节，这些服务环节在对制造环节进行控制时，在“沟通成本最小化”的约束条件下，需要基于客户—供应商关系进行面对面的交流和沟通，因此往往会跟随到距离其制造基地较近的地区，因此，随着中国接受制造业 FDI 的不断增加，发达国家对中国的服务产业转移也越来越多。Erramilli 等（1993）人的研究表明，跨国公司是否到其他国家进行服务业 FDI 取决于该国与本国的文化相似度、国家风险指数、公司规模和所处的行业。Raff 和 Ruhr（2001）对美国企业在海外服务业 FDI 的分布进行了一项研究，他们构建的模型说明政府限制、文化差异和不完全信息等是公司进行服务业 FDI 时所要考虑的重要因素，因此，服务业 FDI 具有明显追随下游制造业 FDI 的倾向，此项研究也得到了 Banga（2005）和 Elango 等（2004）的研究支持。

随着中国开放程度的不断提升，中国经济高速增长，综合实力不断提升，再加上中国巨大的国内市场和较大规模的制造业 FDI，跨国公司对中国的服务产业转移呈现出逐年上升的势头。服务产业转移的价值载体是全球价值链，这些 FDI 大多是研发设计、品牌营销等高附加值环节，而其组织载体则主要表现为跨国公司企业总部。这里需要指出的是，对中国沿海地区进行服务业 FDI 的企业，大都是制造业跨国公司。这些大型制造企业将部分服务环节分离出来，追随其下游制造环节而到中国设立地区服务总部。此外，一些大型的跨国公司服务提供商，也开始进驻中国（包含部分内陆地区），其行业主要是软件业和金融业。这些企业来中国的主要目的是中国巨大的市场。

16.1.2 本土企业：服务产业转移的微观基础

随着跨国公司服务产业转移的不断增加，沿海地区开始成为跨国服务产业集聚的中心，进而产生了集聚效应。第一是信息交流效应。Lovely 等（2005）的研究表明，产业的集聚有利于信息交流。对于中国本土企业来说，信息尤其是国外市场的需求等信息的交流是其本土企业能够持续获得竞争力的关键因素。因此，中国本土企业往往会根据战略发展需要，将研发和管理部门设立到跨国公司较多的地区，从而获得国外的特定市场信息等，在竞争中立于不败之地。第二，降低成本效应。一般来说，包括要素成本和交易成本两大类。要素成本主要是指劳动力、土地等生产要素的成本；交易成本主要是在交易过程中发生的间接成本，与当地市场体系的完善程度、政府行政效率、基础设施以及法律法规的完善程度等有着密切的联系（江静、刘志彪，2006），服务产业的集聚有助于大幅度降低交易成本。第三，城市功能升级效应。跨国公司对中国沿海地区的服务产业转移使中国的城市功能发生了根本性改变，从原来的制造中心逐渐转化为现代服务业中心（刘志彪等，2009），这些城市通常有更好的基础设施建设、更高级的要素和更为宽松的市场环境。因此，中国本土企业也往往会充分利用城市功能升级的优势，将企业研发中心等服务环节设立在这些中心城市。

因此，中国本土企业也根据其集聚效应而使其组织形式在国内价值链体系下发生了根本性改变，具体来说主要有两类产业转移，虽然其表现形式不同，但其本质上反映了同一种趋势，即服务环节与加工基地不断分离，这是基于国内价值链的企业资源配置新方式，也是服务产业转移的微观基础路径。

第一，沿海地区企业根据企业战略发展需要，将服务总部搬迁至沿海地区的核心城市。如春兰、杉杉、苏宁电器等企业在经营过程中纷纷将总部迁往上海；浙江“吉列”将总部从台州迁往杭州；总部原设在北京中关村的全球最大中文搜索引擎百度公司，也在上海设立研发中心，重点研发百度日本市场。此外，还有一些沿海企业将服务核心部门留在当地，将价值链中附加值低的生产制造环节转移到内陆地区。这些制造基地的搬迁主要是基于成本节约的考虑，由于东部地区劳动力、土地成本的上升，企业为节约生产成本，往往将这些对交易成本提高不敏感的生产制造中心搬迁至生产成本较低的内陆地区（一般来说，内陆地区的基础设施较沿海更不健全，市场开放程度相对较低，因此会带来较高的交易成本）。如全球最大的毛绒玩具制造商德林国际早在 2007 年就关闭了上海附近的毛绒玩具厂，将生产活动集中于内陆城市；此后 2009 年又出售了在江苏太仓的厂房，将制造基地搬迁至中国内陆地区。此外，钢铁企业也开始了大搬迁，首钢也开始向唐山等地搬迁。深圳富士康公司也开始将生产基地转移至河南郑州，在当地掀起了声势浩大的员工招聘活动。

第二，原来内陆地区企业保留制造环节在本地而将公司的服务总部搬迁（或设立）至沿海地区。例如，集农业、重化工为一体的特大型民营企业东方希望集团，早在 1999 年就将集团总部从成都搬迁至上海，希望立足上海面向世界，利用上海经济、航运的优势来实现进一步发展；武汉的东风汽车公司将东风雪铁龙品牌总部正式迁入上海，这一战略性举措旨在吸纳人才、资本、信息等创新要素，整合优化东风雪铁龙营销网络，加速提升东风雪铁龙品牌形象，以全面促进东风雪铁龙品牌的发展壮大。另外一些企业，如山西“纱纬纺织”、湖南长沙的“远大”等则将总部迁往另一个核心城市北京，以充分利用当地服务产业的集聚优势。

16.2　模型分析

对于产业转移的研究起始于跨国公司在全球范围内的资源配置，因此相当多的研究也以此为立足点，分析跨国公司总部在全球选址的动因，而对于产业转移和地区收入差距问题的研究相对较少。事实上，服务产业的大规模转移和集聚能提升城市的辐射力，强化对周边地区的经济辐射功能。“服务中心—制造基地”的布局模式通过企业内部高效的组织结构取代市场交易成本，为整合经济资源、促进区域经济合作协调发展提供了新思路。刘志彪等人（2008）的开创性研究表明，通过立足于全球价值链来发展总部经济，是中国实现产业升级和缩小地区差距的较为可行的路径。在借鉴 Klundert 和 Smilders（1996）研究成果的基础上，本节建立数理模型来说明服务产业转移对地区收入差距的影响。

16.2.1　基本假设及基本模型

（一）基本假设

假设 1：根据全球价值链理论，假设将价值增值活动分为两类：一类是服务业，主要包括研发设计、品牌营销等，用 H 表示，这类产品的提供具有较高的技术含量；另一类活动主要是制造活动，包括加工组装等生产环节，用 M 表示，这类产品的技术含量相对较低。两类产品的购买者主要是跨国公司，这个假设也符合全球化进程中发达国家对中国产品的需求偏好。

假设 2：根据地区发展不平衡的特征，将中国分为沿海（用 c 表示）和内陆（用 i 表示）两个地区。在初始条件下，沿海地区和内陆地区都是参与全球价值链进行生产，两地区都分别能够提供 H 和 M，沿海和内陆生产的 M 是同质的，但 H 是差异化产品，并且存在替代效应，跨国公司对两地提供的 H 偏好符合 CES 效用函数，其中替代弹性 $\varepsilon>1$。

假设 3：跨国公司对沿海和内陆提供的 H 和 M 具有相同的效用函数，$U=H^{\alpha}M^{1-\alpha}$，其中，α 是跨国公司总预算中消费 H 的比例。

假设 4：在进行 M 和 H 的生产过程中，劳动是唯一的要素投入，由此沿海和内陆地区 H 和 M 的生产函数分别是：

$$M^{c}=L_{M}^{c},M^{i}=L_{M}^{i} \tag{16—1}$$

$$H^{c}=h_{c}L_{H}^{c},H^{i}=h_{i}L_{H}^{i} \tag{16—2}$$

其中，h_c 和 h_i 分别表示沿海和内陆提供较高技术含量的 H 产品的生产效率，是衡量技术水平的变量。沿海地区作为较高技术水平的地区，具有对内陆地区的溢出效应，区域之间的溢出效应的程度与技术差距相关。沿海和内陆地区的技术差距 d 可以用它们生产较高技术产品 H 的相对生产效率来表示，即 $d=h_i/h_c$，这可以用来反映沿海地区对内陆地区的溢出效应。

假设 5：沿海和内陆地区的劳动力总量相同均为 L，即

$$L_{H}^{c}+L_{M}^{c}=L,L_{H}^{i}+L_{M}^{i}=L \tag{16—3}$$

假设 6：沿海和内陆提供 H 和 M 两类产品都是完全竞争的，因此，产品的价格等于劳动成本，因此有：

$$P_{M}^{c}=w_{c},P_{M}^{i}=w_{i} \tag{16—4}$$

$$P_{H}^{c}=w_{c}/h_{c},P_{H}^{i}=w_{i}/h_{i} \tag{16—5}$$

其中，w_c 和 w_i 分别为沿海和内陆地区的工资水平（这也是衡量两地收入差距的指标），$w_i<w_c$，P_H^c、P_M^c、P_H^i 和 P_M^i 分别为沿海和内陆两个地区提供的 H 和 M 的价格。

（二）基本模型

由柯布-道格拉斯效用函数 $U=H^{\alpha}M^{1-\alpha}$，根据单位货币边际效用相等的原则可得.

$$\frac{1-\alpha}{\alpha}=\frac{M^{c}P_{M}^{c}+M^{i}P_{M}^{i}}{H^{c}P_{H}^{c}+H^{i}P_{H}^{i}} \tag{16—6}$$

将（16—1）、（16—2）、（16—4）和（16—5）式代入（16—6）式，可以得出

$$\frac{1-\alpha}{\alpha}=\frac{L_{M}^{c}w_{c}+L_{M}^{i}w_{i}}{L_{H}^{c}w_{c}+L_{H}^{i}w_{i}} \tag{16—7}$$

由（16—3）式可得

$$L_{M}^{c}=L-L_{H}^{c},L_{M}^{i}=L-L_{H}^{i} \tag{16—8}$$

将（16—8）式代入（16—7）式，整理可得

$$w_{c}L_{H}^{c}+w_{i}L_{H}^{i}=\alpha(w_{c}+w_{i})L \tag{16—9}$$

将 w 定义为沿海和内陆这两个地区的相对劳动力价格，即相对工资水平，则 $w=w_i/w_c$，

化简（16—9）式得

$$L_{H}^{c}+wL_{H}^{i}=\alpha(1+w)L \tag{16—10}$$

根据假设 2 中跨国公司对沿海和内陆两区域提供的产品 H 具有 CES 偏好假设（ε 是不变替代弹性，$\varepsilon>1$），因此，沿海和内陆这两个地区 H 的相对需求与两地的价格和替代弹性满足如下等式：

$$\frac{H^c}{H^i}=\left(\frac{P_H^c}{P_H^i}\right)^{-\varepsilon} \tag{16—11}$$

将（16—2）、（16—5）式代入（16—11）式，并且根据 $d=h_i/h_c$，可得

$$L_H^i=w^{-\varepsilon}d^{\varepsilon-1}L_H^c \tag{16—12}$$

由（16—10）式和（16—12）式可得

$$L_H^c=\frac{\alpha(1+w)}{1+w^{-\varepsilon+1}d^{\varepsilon-1}}L \tag{16—13}$$

16.2.2 服务产业转移对沿海和内地收入差距的影响

不管是跨国公司在沿海地区设立研发中心，还是中国本土企业将管理总部设在沿海地区，服务产业转移的最终表现就是沿海地区会更多地将劳动力配置在 H 产品的生产上并减少 M 的生产。在技术水平不断提高的情况下，必然会对生产 H 的劳动力有着更高的需求，这也就意味着 L_H^c 会不断提高。根据（16—12）式可知，$L_H^{c\prime}(w)>0$，L_H^c 是 w 的单调递增函数，因此，当其他条件都不变时，随着 L_H^c 的提高，w 也会不断提高。w 反映的是内陆和沿海两个地区的相对工资水平，$w=w_i/w_c$，因此，w 的提高意味着两地工资水平差距的不断缩小。

此外，内陆地区企业将服务环节转移至沿海地区，也会使内陆地区本来生产 H 的劳动力过剩，因此，在劳动力无法异地顺畅流动的情况下，就会有大量的劳动力开始进入生产 M 的企业，即内陆地区生产 M 的劳动力供给不断增加。

假设两地提供的 M 产品是同质并且可以完全替代的，因此跨国公司在消费 M 时会选择到价格相对较低的地区购买。根据（16—4）式，$P_M^c=w_c$，$P_M^i=w_i$，而由于历史原因，中国沿海地区的平均工资水平要普遍高于内陆工资水平，$w_i<w_c$，这也意味着 $P_M^i<P_M^c$。因此，跨国公司只会选择内陆生产的 M 来购买。迫于市场压力，沿海地区会停止生产 M 开始专业化生产 H，内陆则生产所有的 M。由于跨国公司对 H 有着不同的偏好，因此内陆也生产一部分 H。这也意味着内陆同时提供 H 和 M 两种产品，而沿海只提供 H 产品。两地区劳动力市场的供给可以写成：

$$L_M^c=0, L_H^c=L, L_H^i+L_M^i=L \tag{16—14}$$

根据（16—2）、（16—5）和（16—10）式，可以得出

$$H^i=d^{\varepsilon}w^{-\varepsilon}H^c \tag{16—15}$$

由（16—14）可得内陆地区生产 M 的劳动力供给函数为

$$L_M^i=L-L_H^i \tag{16—16}$$

根据（16—2）式，$H^i=h_iL_H^i$，即 $L_H^i=H^i/h_i$，将其与（16—15）代入（16—16），同时由于 $L_H^c=L$，整理即可得内陆地区生产 M 的劳动力供给曲线为：

$$S = L_M^i = (1 - d^{\varepsilon-1} w^{-\varepsilon}) L \tag{16—17}$$

此外，由于 $L_M^c = 0$，将（16—2）、（16—5）和（16—15）代入（16—6）式，经过整理，可得出内陆地区生产 M 的劳动力需求曲线为：

$$D = L_M^i = \frac{1-\alpha}{\alpha}(w^{-1} + d^{\varepsilon-1} w^{-\varepsilon}) L \tag{16—18}$$

我们发现，内陆地区 M 产品的劳动力供求曲线是两地相对平均工资水平的函数，如图 16—1 中的 S^0 和 D^0 所示。当其他条件都基本不变时，劳动力市场的供求关系决定了均衡的相对工资水平 w^0。

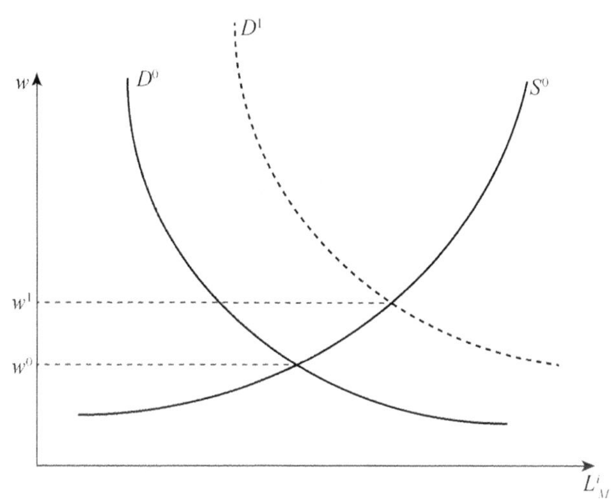

图 16—1　市场均衡与区域收入差距

内陆地区企业总部向沿海地区不断搬迁意味着内陆生产的 H 不断减少，企业会将更多的劳动力投入生产 M，因此，生产 M 的劳动力沿着供给曲线大幅上升，而此时由于沿海地区停止生产 M，因此跨国公司在内地的预算中消费 M 的分配也大大提高，即 α 不断下降，这也直接导致内陆地区生产 M 的劳动力需求曲线大幅度上移至 D^1（如图 16－1 所示），进而形成了新的市场均衡 w^1，其均衡点对应的是两地区新的相对工资水平。均衡相对工资水平从 w^0 上升到了 w^1 说明沿海和内陆这两地区工资差距的缩小。

由此可以得出的结论是：服务产业在中国沿海地区和内陆地区的转移缩小了两地收入差距水平。

16.3　实证检验

16.3.1　模型及数据

用于衡量收入差距的重要指标是基尼系数，然而目前基尼系数大多衡量的是总体收入差距和城乡内部差距，地区层面收入差距的衡量指标需要重新构建。这里，我们用两个层面的指标来进行衡量：第一个是反映地区之间经济综合水平的人均 GDP，具体用内陆各省区人均 GDP 与沿海地区人均 GDP 均值的比值来衡量，表示为 $Ggap$。第二个是根据上文的数理模型而直接用平均货币工资水平来表示，具体指标是用内陆各省区平均货币工资与沿海地区平均货币工资均值的比例来衡量，表示为 $Wgap$，这个指标能直观地反映就业人员在服务产业转移过程中的直接受益程度。这是我们模型中的主要被解释变量。其中，内陆各地区分别是山西、内蒙古、吉林、黑龙江、安徽、江西、河南、湖北、湖南、重庆、四川、贵州、云南、山西、甘肃、青海、宁夏、新疆共 18 个地区，沿海地区主要是 11 个省（区、市），具体为北京、天津、河北、辽宁、上海、江苏、浙江、福建、山东、广东、广西。①

全球化进程中，服务产业转移主要表现为跨国公司在华设立以研发设计等服务环节为主的企业总部，而且中国本土企业在沿海和内地进行的产业转移的重要推动力也是由跨国公司服务产业集中在沿海地区所产生的集聚效应。因此，我们用中国吸收服务业 FDI 占总 FDI 的比重来表示中国服务产业转移的发展水平，在模型中用 $sfdi$ 来表示，这也是模型的主要解释变量。

模型还选择了如下控制变量，经济外向型程度 Exp，用内陆地区各省区货物出口占该地区 GDP 的比例来衡量；城市化发展水平 $Urban$，用内陆地区各省区城市人口占总人口的比重来表示；固定资产投资 Cap，用内陆地区各省区全社会固定资产投资与沿海各地区全社会固定资产投资均值的比值来衡量。

我们建立如下两个计量模型：

模型 1：$Ggap_{it}=\beta_0+\beta_1 sFdi_t+\beta_2 Exp_{it}+\beta_3 Urban_{it}+\beta_4 Cap_{it}+\mu_{it}$

模型 2：$Wgap_{it}=\beta_0+\beta_1 sFdi_t+\beta_2 Exp_{it}+\beta_3 Urban_{it}+\beta_4 Cap_{it}+\mu_{it}$

上述模型中，i 的取值为 1～18 的自然数，指的是 18 个内陆省份，t 是年份，考虑到数据的可获得性，数据的时间跨度是 1997—2010 年共 14 年。数据来源主要是历年《中国统计年鉴》和《新中国 60 年统计资料汇编》。

16.3.2 回归结果

表 16—1 是基于 1997—2010 年 18 个地区面板数据的回归结果。Hausman 检验表明可以在 1%的显著性水平下接受随机效应模型，因此表 16—1 列出的是随机效应模型的估计结果。我们发现，地区差距不管用人均 GDP 来衡量还是用平均货币工资来衡量，服务产业转移对缩小地区收入差距、促进中国沿海和内陆地区经济协调发展都是有着正向作用的。

表 16—1 的实证结果显示，排除任何其他因素，服务产业转移与地区人均 GDP 差距的回归系数为 0.30，并且在 1%的显著性水平下通过检验，即服务业 FDI 占总 FDI 的比例每提高 1 个百分点，地区人均 GDP 差距可以缩小 0.3 个百分点，加入了衡量经济全球化水平的出口发展水平后，其回归系数约为 0.23 基本保持不变。然而，加入全社会固定资产投资差距以及城市化发展水平后，服务产业转移与收入差距之间的关系表现得并不明显，并且没有通过显著性水平检验。对此，我们得出的可能结论是：地区人均 GDP 差距

① 考虑到地区的代表性，沿海地区不包括海南，内陆地区剔除西藏。

可能因为其核算范围过于综合而并不能完全体现出就业人员在服务产业转移过程中的收益程度。事实上，由于前文逻辑说明和数理模型都是在企业的背景下考虑的，因此，我们重点考虑模型 2 的结果。

表 16—1　　服务产业转移对中国地区收入差距的影响

变量	模型 1			模型 2		
服务产业转移	0.30*** (0.11)	0.23** (0.12)	−0.05 (0.10)	0.36** (0.16)	0.31** (0.16)	0.43*** (0.14)
外向型程度		0.45** (0.22)	0.49*** (0.17)		0.32 (0.3)	−0.08 (0.25)
城市化水平			0.42*** (0.05)			0.16** (0.07)
固定资产投资			0.18*** (0.03)			−0.13*** (4.56)
常数项	31.5*** (3.25)	31.0*** (3.23)	15.4*** (3.21)	58.0*** (4.59)	57.5*** (4.61)	53.3*** (4.56)
Wald chi2 (p 值)	7.11 (0.007 6)	11.92 (0.002 6)	116.38 (0.000)	5.31 (0.021 3)	6.46 (0.039 6)	26.00 (0.000 0)
R^2	0.72	0.78	0.70	0.65	0.49	0.52
样本量	252	252	229	252	252	229

注：本表根据 Stata10 软件估算。** 和 *** 分别表示在 5%和 1%的水平上显著。

从模型 2 的实证结果我们可以发现，以平均货币工资差距来衡量的地区差距受服务产业转移的影响较大，回归系数为 0.43，并且通过了 1%显著性水平的检验。这也意味着服务业 FDI 占总 FDI 的比例每增加 1 个百分点，中国沿海和内地的就业人员收入差距会缩小 0.43 个百分点。这也完全验证了本节的逻辑判断和数理模型的结果。

此外，城市化对缩小地区差异的效果也是非常明显的，这也与现有的研究结论相一致。由此得出的政策结论可能是利用城市化来促进地区经济协调发展。全社会固定资产投资对人均 GDP 和平均货币工资的影响虽然都通过了 1%的显著性检验，但符号完全相反，分别为 0.18 和−0.13，这可能与国民收入分配政策相关。

16.3.3　简短的结论

近年来，地区收入差距以及区域协调发展问题广受研究者的关注，而这种关注随着国际分工的演变和新一轮产业转移的加快而越来越无法脱离全球化这个大背景。当我们将目光关注于全球化背景下的区域协调发展问题时，一个重要的视角则是服务产业的转移，这既包括了全球价值链治理下的跨国公司开始将企业研发设计和品牌营销等服务环节设在中国沿海地区，也包括了国内价值链治理下的中国本土企业面临跨国公司横向竞争和纵向压榨时在沿海和内陆地区进行的服务产业与制造产业的空间配置。

要素分工直接造就了中国“世界制造基地”的地位，但从动态优势来看，随着中国技术能力的提高，跨国公司的产业转移开始以服务环节为主要内容。为了更好地控制其制造基地的生产环节，跨国开始把企业的研发、管理总部从发达国家搬迁至中国沿海地区的中心城市，而这也直接带来了中国服务业 FDI 的大幅增加。服务产业转移的增加在沿海地区形成了服务业集聚，在发挥信息交流效应、降低成本效应和城市功能升级效应的作用下，中国本土企业也根据其集聚效应而使得其组织形式在国内价值链体系下发生了根本性改变：原来总部在沿海地区（非核心城市区）的企业可能会根据企业战略发展需要，将研发和管理总部搬迁至核心城市；部分沿海地区企业保留总部在当地，而将价值链中附加值低的生产制造环节转移到内陆地区；原来内陆地区企业保留制造环节在本地而将公司管理总部搬迁（或设立）至沿海地区。

服务产业转移能提升城市的集聚力和辐射力，强化对周边地区的经济辐射功能。“服务中心—制造基地”布局模式通过企业内部高效的组织结构取代市场交易成本，为整合经济资源、缩小收入差距提供了新思路。本章通过构建数理模型分析了服务产业转移对中国收入差距的影响，得出的结论是服务产业转移缩小了中国沿海和内地的收入差距水平。基于 1997—2010 年的面板数据分析表明，以服务业 FDI 来衡量的服务产业转移对中国地区收入差距的缩小有着明显的正相关关系，回归系数通过 1%的显著性水平检验，这也从实证层面支持了该结论。

复习题

1. 跨国公司进行服务产业转移的动因是什么？其微观基础是什么？
2. 服务产业转移对地区收入分配有什么样的影响？

第17章

服务创新

与制造业相比，传统的服务部门向来被视为创新性不强的部门，在创新体系中仅起辅助作用，服务企业也不是创新计划的积极参与者，因此长期以来“服务创新”一直是个被忽视的议题。然而随着传统服务业向现代服务业发展，服务创新的需求和创新能力逐渐增强，其创新性甚至高于一般的制造业。

17.1 服务创新概述

17.1.1 服务创新研究演变

自熊彼特开始的学者都赞同创新关系到动态生产率的增长，是企业利润的源泉。相对于制造业，服务业创新并没有被非常广泛地研究。传统观点中，服务业技术停滞、生产率低就等同于服务业创新性很弱。然而随着服务业的发展，尤其是知识密集型服务业的发展，服务业已经不再被认为是没有创新的行业。

20世纪80年代，西方学术界开始了关于服务创新的系统性研究。Coombs和Miles（2000）将有关服务创新的研究归纳为三类。(1) 同化型（assimilation approach）。服务创新基本类似于制造业创新，并且使用制造业中的创新概念和指标来衡量创新。这类研究把服务创新等同于技术创新和新技术、新设备的采用（例如ICT），对于创新的认识有限（Coombs and Miles，2000；Djellal and Gallouj，2000；Drejer，2004）。(2) 区分型（demarcation approach）。服务创新和制造业创新是有差异的，因此需要专门的理论来诠释，并且着重关注服务业创新的非技术层面。法国学者在这方面做了大量工作（Djellal and Gallouj，2000；Sundbo and Gallouj，2000）。举例来说，服务产品生产消费的一体性、与消费者的交互性模糊了传统创新如产品创新、流程创新和组织创新的边界；服务不能标准化和量产化，每个服务都是独一无二的，就无从区分服务多样化和服务创新；而当服务对象参与到产品的生产中来，创新的来源也不能界定了。但对批评者来说，这类区分服务类型的文献还是缩小了创新概念的范围，而且混淆了创新投入、过程以及产出（Drejer，2004）。（3）综合型（synthesis approach）。服务业和制造业并没有完全不同的创新模式，它们有许多共通之处。不少高端制造业正越来越服务化，而高端服务业也越来越多地应用制造业创新的范式。将两者综合起来分析，才能够拓展以往经常被忽略的创新元素。综合型的研究试图建立一个能够包括制造业和服务业在内的通用理论框架。

以上三类在 Gallouj 和 Savona（2009）后来的归纳中，分别对应于技术型（technologist approach）、服务导向型（service-oriented approach）和整合型（integrative approach）。服务的特性给服务创新研究带来一定的困难，主要包括：第一，现有的理论主要建立在对制造业创新的分析基础上，需要拓展创新理论来解释服务创新。第二，正如服务业产出和生产率难以测度一样，服务创新的定量描述也是个难题。第三，服务业之间各部门异质性过强，因此很难总结出一个适用于各部门之间的普遍规律。这些困难推动服务创新的研究不断演变。总的来说，服务创新的研究从“技术”导向开始发展，并沿着“服务导向”的轨迹，向“整合”型研究转变。

技术型研究方法关注技术在服务创新中的应用，忽略非技术型的创新，认为服务业的发展日益技术化和资本密集化。传统被认为技术含量较低的服务部门，如运输、旅游等行业，信息技术在其中发挥的作用也越来越大（Djellal，2000）。

技术型研究假设服务创新也可以用研究制造业创新的方法来解决。研究内容主要包括：技术在服务业中的传播和扩散，技术应用对服务业各项变量如生产率、就业等的影响，技术在服务业中所引发创新的性质等等。Barras（1986）的逆向产品生命周期（reverse product cycle，RPC）理论是技术型理论中一个有影响力的理论。信息技术的引入使某些服务业中出现了与传统工业产品周期相反的逆向产品生命周期。这个生命周期分为三个阶段：效率提高的渐进性过程创新阶段、质量提高的根本性过程创新阶段、出现新服务的产品创新阶段。这三个阶段是连续的。信息技术的应用，起初是为了提高后台运作的效率。一开始企业学习使用各项新的技术，并将各种工作围绕新技术展开，从效率提升逐渐向质量提高转变。在对新技术的学习中，形成了更强的技术能力，使更多的创新有了出现的机会。通过前两个阶段技术与服务的相互作用，第三个阶段新服务最终出现。这三个阶段发展的案例有保险业（从计算机化的保单记录到在线保单报价，最后形成在线保险服务），会计业（从计算机审计到计算机化的账目管理，再到审计和账目的全部自动化）等等。RPC 模型为理解上述案例提供了概念性的框架，并把服务业创新和制造业创新联系起来，肯定了服务业的创新性，是描述信息技术类创新路线的有效基准。但 RPC 模型是一个单纯以技术为基础的模型，它没有考虑除了信息通信技术之外的其他技术，也没有考虑除了技术以外其他因素引发的创新。蔺雷和吴贵生（2003）指出，西方学者运用技术方法对服务创新的研究主要集中于三个方面：第一是分析技术的采用对服务业各经济变量产生的影响，第二是研究技术在服务业中引发的创新活动的性质、过程和演变规律，第三是考察技术在服务业中传播与扩散的速度与程度。

技术对服务业各经济变量的影响主要体现在信息技术方面。集中式的大型计算机主机系统（centralized or mainframe computer system，其实质是后台功能的计算机化）的使用使得任务可以标准化，利用规模经济节约服务交付成本；分布式的计算机与网络系统（decentralized computer system and networks，其实质是前台功能的计算机化）导致范围经济，压缩销售与咨询活动中烦琐的日常工作环节，产生服务的价值增值。

服务导向型方法的核心是以服务本身的特性为基础的创新分析。该方法更加重视非技术式的创新，如传递创新、专门化创新这些在服务业中更普遍的创新。从服务特性展开的创新研究开始崭露头角，如服务管理（Quinn，1992），与客户的互动（Kline and Rosenberg，1986）等等。服务导向型的研究最重要的贡献是发现了服务业创新特有的形式。

服务导向方法认为是服务本身的特性引发了诸多技术方法难以发现的创新形式。这些创新比技术引发的创新更为频繁，成为服务创新的主体。一方面，其新范畴遵循熊彼特的广义创新的定义，即除新技术引入导致的创新外，还包括组织创新及其他技术形式的创新，如传递创新、结构创新、专门创新等。另一方面，服务方法以服务业本身的特性尤其是“无形性”与“合作性生产”为基础，深入特定行业，研究独特的创新活动的特点与规律。

例如，Gallouj（1995）在对咨询业进行实证研究的基础上，发现了三类独特的创新形式，即专门化创新（ad hoc innovation）、预期创新（anticipatory innovation）和形式化创新（formalization innovation）。专门化创新是针对顾客特定问题研究提出新的解决方案的过程。这一过程是交互式的，顾客导向性明显，要求顾客的参与，表现为需求推动的创新活动。这类创新具有专门化、非程式化的特点，难以界定所有权，也难以复制和再生产。预期创新被界定为新知识、专门技术、专业化领域的创新，即新知识的积累、扩散、传播以及技术、经济、社会制度的变化催生新的专业化领域。形式化创新可分为两类：一类是在服务交付过程中引入新的、可感知的创新机制，也就是通常所说的过程创新；另一类是将新的理念、方法引入服务交付过程而产生的创新机制。

对于金融服务领域的创新研究，金融理论家主要集中在根据顾客个性化要求定制创新金融产品上。

制造业与服务业两者相互融合的趋势使研究走向整合型的方向。这方面的主要研究有：Gallouj 和 Weinstein（1997）运用整合方法提出的 6 类创新模型，以及 Den Hertog（2000）提出的创新四维度模型。创新四维度模型是一个描述多个创新要素的综合性模型，同时适用于制造业企业和服务企业。四个维度包括：(1) 服务概念，即受竞争者提供服务的影响和现有服务影响的创新。(2) 客户界面，即受现有客户和潜在客户特征影响的创新。(3) 服务传递系统，即受服务企业员工工作能力、技能和态度影响的创新。(4) 技术选择，即受到特定的技术协调的创新。但这并不是一个必要的维度，因为服务创新在无技术参与的情况下仍然可以发生。任何一种服务创新都是以上四个维度的多种组合，一项全新服务的出现意味着服务新概念的形成、员工方式的改变、新的服务传递系统以及新技术的应用。某项特定的服务创新可能是由以上四个维度的某一个维度相关的特征所主导，并引起其他三个维度发生的一系列变化。对于不同的服务、创新和企业来说，各个维度的权重和维度之间关系的权重也会有所不同。

整合型的方法揭示了服务创新和制造业创新两者内在的一致性，为创新提供了更广阔的研究角度。这类研究指出，无论商品还是服务，都是以其所具有的某种使用价值来满足消费者一定的需要。从这一意义上来讲，可以不对商品与服务作严格区分，整合方法就是在这一理念基础上产生的。在当今工业化社会，制造业的创新活动表现出服务创新活动的特征，包括较高程度的顾客化和市场导向、较少的标准化和更加灵活的生产组织以及渐进性创新占主导地位等。与此同时，服务创新在某些方面也正在向制造业系统的方向发展，如服务业不断的技术积累，创新活动更多通过研究和开发（R&D）推动等。采用整合方法对服务和产品进行分析正是以产品和服务边界的日益模糊与两者的相互融合、相互作用和相互增强为背景，揭示了两者之间的内在一致性，为创新研究提供了一种从更广阔角度考虑问题的方法。

在利用整合方法进行研究时，Belleflamme、Houard 和 Michaux（1986）引入了向量的概念，将创新活动以下述形式表示：$V = bP + cS + I$，其中，P 代表产品生产过程（production process），包括产品生产所需的所有物质资源（如工业生产所需的生产线、服务业所需的后台计算机设备等）；S 代表服务生产过程（service process），包括一系列与差别化和产品定制（consumerization）有关的资源与条件的集合；b、c 为系数，代表产品生产过程与服务生产过程分别所占的权重；I 为在一般的企业组织中的全部要素的集合。

当 $b>c$ 时，给定产品为物质产品；当 $b<c$ 时，则为服务。各种创新活动会使向量元素发生变化，从而导出四种可能的不同结果：（1）一种新服务（或新产品）；（2）一种新的或改进的产品生产过程（P）；（3）一种新的或改进的服务生产过程（S）；（4）以上三种的任意组合。

另外，一些学者还采用功能方法打破制造业与服务业的区分，总结了经济当中的三类创新活动：第一，功能性创新，主要是无差别的新的抽象的功能出现；第二，规范化创新，在功能性创新的基础上加入了差别化、个性化因素；第三，生产创新，就是通常所说的过程创新，这种创新活动基于后台技术系统，创新目的在于节约提供服务及产品的成本。

17.1.2 服务创新测度的困难

服务创新的复杂性和独特性，以及对服务创新量化研究的缺乏，使服务创新测度的方法有待进一步提高。目前，制造业技术创新活动的测度已经形成了体系，主要是使用R&D强度指标、新产品、新工艺和新专利数等等。但这些在制造业中发展出来的方法并不能完全照搬到服务业上，主要是基于以下几个方面的考虑：

第一，服务创新呈多样性，创新类型复杂、难以标准化。服务创新更多是在组织、流程等方面进行非技术创新，如新服务、新市场、新商业模式等，现有研究较少关注这些非技术性创新。在调查创新过程中存在的“技术偏见”，低估了服务互动中的创新。这些调查往往是为制造业企业设计的，没有对各种类型的创新进行区分，按照服务创新的分类来看，包含服务企业的创新调查至少应该突出组织创新、市场创新。

第二，由于服务本身是无形的，进行技术变革性创新较少，而更多是对服务过程和服务环节进行的改进，因此服务创新往往是“隐性”而不是“显性”的。很多服务创新活动的结果并不形成某个有形的产品，而是一个无形的过程，很大程度只能进行定性描述，无法用量化指标反映。具体来说，服务业服务的对象是客户，目的是满足客户的需求，除少数行业外，服务业多在“项目开发”、“质量管理”等名目下研发，而采用制造业的制度化和定式化研发活动较少，另一方面，对那些与客户关系紧密的服务企业来说，服务产品的生产销售和投入产出的同时性使企业无法分辨到底哪些经费投入到了研发活动中。如 Leiponen 的研究就发现，服务业 R&D 投入与产出没有显著统计意义的相关性。制造业创新倾向于强调“硬性”指标，如 R&D 投入等，而服务业创新更注重“软性”的研发能力，如与外部创新源的互动等。

第三，服务创新的行业异质性较强。与制造业相比，服务业各行业在创新程度、创新方式上的差异较大。例如欧共体的第二次创新调查（CIS2）发现，在创新程度方面，从事技术创新活动的企业占调查企业的比例，运输业为 25%、技术服务业达到 44%、计算机服务业达到 2/3；在创新方式上，行业既有依靠内部研发，也有依靠外部力量联合研发，且行业间差异较大。因此，有必要采取多种指标来衡量服务业不同行业内部的创新。

第四，很多服务业企业没有传统的研究与开发部门。即使存在，服务业的 R&D 部门与制造业传统的 R&D 部门在意义上也大相径庭。创新思想的形成很分散，不少项目组具有高度的创新性，但一般的 R&D 部门并不一定是新知识的主要来源。新知识的主要来源可能是熟练员工提出的方法等等。如果采用 R&D 指标测度服务创新，就不能反映出创新的真实情况和效果，并低估企业的创新能力。即使能够应用 R&D 指标，由于行业异质性等各种原因，不同的 R&D 指标也可能产生不同的测量结果。如果考虑使用专利数做指标，因为服务创新具有无形性，容易被模仿，在制造业中应用有效的专利手段无法对它进行保护，所以服务创新中专利也十分少见，采用该指标同样会低估服务业的创新能力。

由上可见，以制造业创新为基础的创新指标遗漏了很多服务创新的特征和过程。但是，随着制造业和服务业的不断融合，服务创新也逐渐表现出一些和制造业相同的特征。因此并没有必要对服务创新和技术创新做出明显的区分。

因此，综合性地使用多种指标来衡量服务创新的水平显得很有必要，有研究则综合采纳制造业创新和服务业创新的特点，同时利用五种指标，以求全面地描述服务业创新对生产率的影响。五种指标分别是：新业务收入占比和人均专利数两种显示性指标，产品创新、流程创新和质量改进等三种带有一定主观性的非显示性指标。“新业务收入”指标主要是新市场的业务收入，也有可能是新产品的业务收入，所以它包含了市场创新和产品创新两方面的含义；专利申请多发生在生产性服务业，因此它具有“硬”技术创新的特质。后三种指标是针对那些在非 R&D 投入框架下进行创新而难以统计的研发活动。

17.2 服务创新的特性及绩效

17.2.1 服务创新的特性

熊彼特指出，创新就是要“建立一种新的生产函数”，就是要把一种从来没有的关于生产要素和生产条件的“新组合”引进生产体系中去，以实现对生产要素或生产条件的“新组合”。他的创新理论包括以下五种情况：（1）采用一种新产品。（2）采用一种新的生产方法。（3）开辟一个新的市场。（4）发现新的原材料或半成品。（5）实现一种新的组织形式。这五种情况分别对应着五种创新形式：产品创新、技术创新、市场创新、资源配置创新、组织创新。

虽然这几种创新形式包括了服务创新的某些内容，但是在制造业居于主导地位的背景下，人们的分析框架主要是基于制造业，这就使对服务创新存在若干偏见，如认为服务业中不存在创新；服务业中的创新是严格技术性的。

产生如上偏见的主要原因在于没有摆脱对制造业分析框架的影响，也没有认识到服务和商品的差异，从而低估了服务创新的程度和范围。服务创新与制造业创新的差异，本质在于服务和商品的差异。如果忽略了服务的特性，用制造业的思维分析服务创新，将会忽略无形的创新如市场创新、组织创新等，也会忽略除了技术以外其他要素的创新的影响，遗漏重要的创新现象和过程，不能满足日益深化和广化的创新研究的需要。

总体说来，服务创新具有如下特征。

第一，无形性。这是基于服务特性而来的属性。技术创新的过程是一种有形活动，创新的结果也是有形的。而无形的服务，其结果和过程是一体化的、很难被察觉的，它可能只由一些思想和概念组成，而不包括任何技术和有形活动。

第二，多样性。服务创新从形式到内容都较制造业创新丰富得多。虽然技术创新和服务创新之间的互动日益紧密，技术创新为服务创新提供了重要的实现手段，服务创新中融入了很多技术创新的元素，但服务创新却可以在没有技术元素的情况下发生，如一种新规则的引入、新市场的开拓、新信息的产生等等。除常见的几种创新（产品创新、组织创新、流程创新、市场创新），服务业还有一种独有的创新：专门化创新（ad hoc innovation），即解决顾客特殊问题的创新。在澳大利亚和德国对交通业创新的调查中，采用过非技术创新的比例高于技术创新；在欧洲进行的“四个行业调查”（four sectors survey）中，有超过 1/3 的服务企业认为它们只进行组织创新。因此，服务创新比制造业创新的含义更宽泛、更多样。

第三，专门性和不可复制性。制造业中，新产品的诞生必须具备量产的条件，因此一种创新要想得以应用，必须具备一定程度的可复制性。而服务具有生产消费一次性的性质，经常表现为针对客户特定问题的一种解决方案，如上面提到的“专门化创新”。因为问题是非标准化的，客户也是不同的，因此，几乎可以把每次服务都看成是一次独一无二的创新。

第四，互动性和需求导向性。制造业的生产过程可以被分割，因此研发、生产、销售各环节是相互独立的，创新主要表现为供应商主导的现象。而服务的生产是由服务企业和客户、供应商等多个主体共同作用的结果，创新因此按照更加复杂的方式进行组织。服务以客户需求为导向，客户在服务创新中不仅具有推动作用，而且参与了创新的过程，作为生产者的一方，对创新起了重要的影响。

第五，模糊性。制造业的创新主要在研发部门中产生，而服务业中经常没有制造业意义上的专门研发部门，也很难发现专门的研发活动。即使研发部门存在，它也更多的起的是搜集、整理创新概念的作用。另外，服务生产、消费不可分离，意味着服务创新的产品和过程也不能分离。服务产品和过程的模糊，使服务的产品创新和过程创新难以识别；而根据不少调查来看，组织创新和过程创新也是难以区分的，例如许多企业把内部的通信网络看成是组织创新，但也有不少企业把它看成是过程的改变（Hipp et al.，2000）。

由上可以看出，服务创新与制造业创新存在较大差异，因此需要采用不同的方法对它进行探讨。

17.2.2 服务创新的绩效

正因为服务业创新本身的复杂性，概念的分析还没有得到很完善的阐明。讨论服务业创新的文献其重点多在定义和分类，有关创新影响的文献相对较少。有关服务创新绩效的实证研究，根据前面对服务创新的定义和分类，主要以“同化型”为主，即使用制造业创新的框架研究服务创新的文献占据了主要地位。分析其原因，一方面，技术创新的相关指标易于获取，组织创新的指标则较为含混；另一方面，人们更加关注技术创新，因为一般假定技术创新这种“硬创新”是长期经济增长的主要驱动力量。

随着信息技术的发展，服务业的创新性逐渐得到了认可，人们逐渐承认服务创新的重要性，也不再把服务业当成是其他领域创新的被动接受者。但服务创新的研究仍然处于初级阶段。服务创新的数据较难获取，测度方法也很有限。大多数研究是从技术创新型创新开始的。

在这类技术创新色彩浓厚的实证中，Cainelli 等（2006）使用了 CIS2（Community Innovation Survey）数据，实证地分析了服务业创新和企业生产率的互动关系。他们认为这两者有一种双向的影响关系，有动态的“自我强化的积累机制”：创新受到企业过去生产效率的作用，而创新又促进了企业生产率的提高。但在他们的研究中，创新指标被分为产品创新、服务创新、流程创新、R&D 投入、信息化费用等等，带有强烈的制造业创新的色彩。Lööf 和 Heshmati（2006）使用了瑞典的数据，发现创新投入和创新产出的关系，以及创新产出和企业绩效的关系，在制造业和服务业都极其相似。Robin 和 Mairesse（2008）使用三阶段 CDM 方程检验了基于 CIS3 和 CIS4 的法国制造业和服务业的数据，发现在服务业中，产品创新或流程创新对生产率的作用是制造业的 4 倍。Musolesi 和 Huiban（2010）依旧使用基于法国的 CIS3 数据，在知识密集的商务服务业中，产品创新对这些企业有强烈的影响，但流程创新和非技术创新不明显。Segarra-Blasco（2009）区分了制造业和服务业、知识密集型和非知识密集型行业，发现规模较小和较年轻的知识密集型服务企业比制造企业 R&D 投入更多，R&D 投入、产品创新等对制造业和服务业都有积极作用。

随着时间的推移，越来越多的文献开始向“区分型”转变，从服务品和服务业创新的特殊性的角度出发来进行服务创新的实证工作。但服务创新中的非技术部分难以表达，可能是为了强调服务业的特殊性，这些研究通常将服务行业分类或将和服务业特性有关的变量纳入考虑范围。研究的结果不像技术创新对企业生产率的作用那样统一和直接，且根据研究的不同呈现出多样化的特征。

Mansury 和 Love（2008）使用美国商务服务业的数据，强调了外部创新源、服务创新以及企业生产率的关系。他们将服务业的创新细分为产品创新、相对于市场的创新（new-to-market innovation）和相对于企业的创新（new-to-firm innovation）。研究发现，服务业创新对于销售和员工人数的增长有正面作用，对生产率却没有明显作用。而外部联系（如与客户的联系）对创新企业的绩效有着极其显著的积极作用。他们认为，这可能是因为创新在短期内对服务业企业具有干扰效应（disruption effects），或者服务创新的效果需要较长时间才能得以显现。在 Love 等人（2010）的两个后续研究中，尽管数据来源国和之前并不一致，但单纯的服务创新对生产率也没有起到明显作用，而是通过其他变量，如出口，间接地对生产率起到调节作用，只有当它们相关联时，才会促进生产率的提高。Masso 和 Vahter（2011）通过三阶段的 CDM 方程，检验了服务创新的决策、费用、强度、产出和生产率。在他们的结果中，非知识密集型服务业的创新对生产率的影响大于知识密集型服务业，非技术型创新只在某些情况下起到正面作用。此外，出口也是一个可以影响创新绩效的关键因素。在蔺雷（2012）对中国旅游业企业的调查中，服务质量是中间变量。服务创新对企业的绩效有直接和间接的作用，直接的作用是降低成本，间接的作用是提高服务质量，而服务质量又能促进消费者满意度和忠诚度，它们最终会反映到企业的绩效上来。该文的实证分析证明直接和间接的创新效应都对企业绩效有积极而显著的效果，但是直接效应大于间接效应。

综合以上实证研究可以大致得出结论：服务创新中的非技术创新部分对生产效率的影响比较复杂。它不像技术创新那么直接，也不一定都导致正面的效果，原因可能是服务创新的影响可能存在时滞，还有可能不对绩效产生直接影响而只对某些中间变量产生间接影响，或者由于创新刚性的存在使创新资源的投入变成沉没成本。这又是一个服务业相对于制造业的独特之处，因为大量的实证已经证明了制造业中创新和绩效的积极关系（Lööf and Hestmati，2001；Kremp et al.，2004）。

总的来说，对服务创新影响企业生产率的文献，大概有两种实证结果：一种是创新对企业的绩效产生了正向影响，改进了企业的生产率并且提高了企业的竞争力；另一种则发现创新对企业竞争力并不一定具有正面影响，如服务创新的影响可能存在时滞，还有可能不对绩效产生直接影响而只对某些中间变量产生影响，或者由于创新刚性的存在使创新资源的投入变成沉没成本。

事实上，流程创新和组织创新（如果不那么严格地区分服务业中的几种创新）对服务企业生产率的提升最为直接。它们能够使劳动分工系统化、服务产品标准化，并且降低生产成本。例如，百思买（Best Buy）为了最充分地利用员工的价值，培养了一种“只关注结果的工作环境”，即：为员工设定总体目标，但员工可以自由选择实现目标的方式。在实行了这种做法的部门里，员工的生产率提高了 35%。① 改变流程也可以释放新的生产率。英国零售企业乐购（Tesco）以视频会议取代长途出差，节省了关键部门 45%的差旅预算。这两个案例中，创新在服务企业内部发生，并且表现出概念化的特征。

产品和市场创新的生产率效应比较间接。它们不直接作用于生产率，通过新产品和新市场的开辟，产生的需求效应使产量大幅增加，利润得到增长。在这个过程中，企业接触了大量客户，积累了经验，并且通过利润改善自身技能，提高了生产率。

但是，创新对服务企业生产率作用的效果不一定会立即显现。在创新初期，生产率会不升反降，因为企业创新具有沉没成本，这种收益经常是滞后的。由于服务创新在本质上

---

① http://china.mckinseyquarterly.com/The_productivity_imperative_2630.

没有实体依托，是无形的，所以创新多为一种渐近性的、不易察觉的小变化，即使创新发生，也不可能在短期内对生产率有非常显著的影响。从长期来看，随着企业使用新知识的技能逐步成熟，创新的边际收益不断增大，创新活动就促进了企业生产率的增加。但是长期的生产率的提升受到多种因素的干扰，很难判断是否由服务创新所引起，比如创新可能通过某个间接变量影响生产率，但创新和生产率之间却没有直接关系。另外，由于服务业产出的测度至今仍然存在争议，如果考虑到“质量”这一难以衡量的因素，结果也会因之而难以预测。因此在实证上，服务创新与企业生产率的关系，可能会出现类似索洛的“IT生产率悖论”这种情况。①

17.3 服务创新的影响因素

17.3.1 逻辑分析

在Sundbo和Gallouj（1998）的分析中，服务创新的驱动力有外部驱动力和内部驱动力两种。内部驱动力主要指的是企业的战略和管理、员工、创新部门和R&D部门。企业的战略是服务创新最主要的内部驱动力，它是有关企业发展的长期规划。员工直接接触客户，能够最早发现客户的需求，而员工自身的知识和积累的经验是企业创新思想的来源。比之前两者，服务业中的创新部门和R&D部门主要负责搜集创新概念，不是创新的内部驱动因素，但它也对企业的创新过程产生了一定影响。

外部驱动力又被分为轨道和行为者两类。作为外部驱动力的轨道，虽然也会受到单个企业的创新服务影响，但它对企业的影响更大，并且将企业的创新制约在轨道的范围内。在五类轨道中，最重要的是服务专业轨道，它是存在于各种服务行业中的一般性质、方法和行为准则，创新活动必须以此为基础展开。第二种轨道是管理轨道，它是针对新组织形式的一般性管理概念，如激励机制等等。第三种轨道是传统意义的技术轨道，如信息和通信技术等等。第四种轨道是制度化轨道，它是企业外部制度环境的变化，包括政治环境、管制规则等等。制度环境对服务企业的影响比制造业要大。第五种是社会轨道，它是一般性社会规则的演进。这几种轨道并不独立，经常交互对服务创新产生影响。另外一个外部驱动力是行为者，它指的是对创新活动有重要影响的人、企业或组织。在行为者中，客户是服务创新中最重要的一种，服务是由企业和客户合作生产的，因此服务创新也是由企业和客户“合作生产”的。竞争者也对服务创新产生了重要影响，服务企业可以通过模仿竞争者的行为进行创新。供应商也是创新的主要来源，它可以帮助服务企业产生创新思想，成为创新过程中的合作者。此外，公共部门（如政府）也推动或抑制了企业的创新。欧共体的CIS2和创新景气度调查（Inno-barometer survey）也发现，与供应商、客户的合作在服务创新中非常普遍，同时竞争者也是影响服务创新的因素。

在考虑服务创新影响因素的研究时，首先要考虑企业内部因素。刘丹鹭（2013）的研究对服务创新影响因素进行了实证检验。她的研究重点关注了“是否接受国外企业的服务

① 索洛悖论是指“IT产业无处不在，而它对生产率的推动作用却微乎其微”。

外包订单”这个因素。有关制造业创新方面的文献表明，接受国外企业的订单可能对企业的创新活动产生负面影响（张杰等，2008）。一方面，为满足国外客户苛刻的质量与技术要求，接包企业具有创新的动力，通过对发达国家企业的学习和模仿，实现本土企业的自主创新。另一方面，对那些核心技术缺失及知识吸收能力不强的企业来说，持续承接低技术含量的外包，极有可能被发达国家企业“俘获”，被锁定在价值链的低端，进一步弱化创新能力。是否接受外国企业的服务订单，外包到底对服务创新是否产生积极的影响，还需要进行进一步的研究。

尽管新新贸易理论发现，生产率高的企业出口可能性高，创新的可能性也越大，但基于中国制造业的实证研究却发现，技术创新和出口之间不存在显著关系，主要是因为我国制造业在国际化过程中还处于“被俘获的陷阱”中（刘志彪、张杰，2009）。而中国的服务业国际化起步更晚、进程也较慢，那么国际服务外包是否会使服务企业掉入陷阱呢？已有报道称中国软件外包企业一直从事着单一编写代码的低端业务，很少提供过咨询和整体解决方案的业务，面临着创新和技术的困境。

在考虑影响企业创新的外部因素时，刘丹鹭（2013）引入“互动式创新”的概念。从 Von Hippel（1988）、DeBresson 和 Amesse（1992）的企业创新网络到 Lundvall 等人（1992）的互动式创新体系，再到 Chesbrough（2003）的开放式创新（open innovation）都对过去仅依靠内部力量的创新模式进行了拓展。互动式创新理论认为，在当前经济全球化和信息技术时代，企业创新应同时利用内部和外部两种资源和渠道。其中，外部创新源既包括客户，也包括科研院所、竞争对手、供应商、经销商，乃至网络等等。Tether（2005）发现，服务企业倾向于通过外部资源互动的方式，如与上游企业和下游客户的互动来获取创新能力。Leiponen（2005）的研究也支持这一观点，在对芬兰商务服务企业的调查中，她发现从外部获取的知识，尤其是从客户和其他竞争企业获取的知识，有助于提高创新的概率和广度。

刘丹鹭（2013）引入四个代表外部创新驱动力的指标，分别是客户企业、科研院所、国外力量和同行竞争企业。

17.3.2 实证检验

（一）模型构建

生产函数（$Y=AK^{\alpha}L^{1-\alpha}$）可以用来测度创新对生产率的影响，将等式两边同除以 L 得到：

$$\ln(Y/L)_i=\alpha+\alpha_1 I_i+\alpha_2 C_i+\alpha_3 \ln(K/L)+\varepsilon_i \tag{17—1}$$

其中，I_i 是衡量企业 i 创新的指标，C_i 是一系列控制企业特征的指标。鉴于方程右式包含 K/L（人均资本量），方程左式的生产率（Y/L）具有全要素生产率的含义。

由于样本非随机抽取，需要考虑可能出现的选择性偏误（selection bias）。如生产率高的企业比生产率低的企业更有可能创新，且创新数据更愿意公开而容易得到。如果存在这种自我选择现象，那么仅以搜集到的数据估计创新对生产率的影响就未必准确。为此，Heckman 提出了一种方法校正非随机样本偏误的估计值，通过控制选择性偏误以纠正内生性问题，该方法也被称为 Heckit 模型。此外，该方法的另一个优点是识别影响服务创新的因素。本节使用的这种方法包括三个阶段：第一阶段，构造一个创新决定因素的 Probit 概率模型，模型的因变量是一个根据创新投入得到的哑变量；第二阶段，将第一阶段预测出的创新概率代入原模型（即控制选择偏误），进行 OLS 回归，估计出创新强度；第三阶段，使用第二阶段估测的创新强度，代入生产函数进行回归。

第一阶段：

$$I_i=\begin{cases}1 & \text{如果 } I_i^*>0\\ 0 & \text{如果 } I_i^*=0\end{cases} \tag{17—2a}$$

$$\Pr(I_i=1)=\Pr(z'\gamma+u_{2i}>0)=\Phi(z'\gamma) \tag{17—2b}$$

第二阶段：

$$I_i^*=x'\beta+u_{1i} \tag{17—3}$$

其中，两式误差项满足均值为 0 的二元正态分布，$(u_{1i}, u_{2i})\sim N(0, 0, \sigma_1^2, 1)$。(17—2b) 式是表示企业创新影响因素的模型，即选择方程（selection equation）。(17—3) 式是解释创新程度的模型，即回归方程（regression equation）。I_i 是一个表示企业是否创新的哑变量，如果企业有新业务收入或专利，则认为进行了创新活动，取 1，反之取 0。I_i 由 z 代表的一系列因素决定。I^* 是衡量创新强度的隐性变量，由 x 代表的一系列因素决定。

第三阶段：将（17—3）式中 I^* 的估测值（$\hat{I}_i$）作为指标代入（17—1），得到：

$$\ln(Y/L)_i=\alpha+\alpha_1\hat{I}_i+\alpha_2 C_i+\alpha_3\ln(K/L)+\varepsilon_i \tag{17—4}$$

以上方法适用于非哑变量表示的创新指标。

如果用哑变量表示创新（产品创新、流程创新、质量改进三个），由于值仅有 0 和 1，前两个阶段被合并：第一阶段，建立企业创新活动决定因素的三变量 Probit 模型（trivariate probit），估计出企业的创新活动概率。因为在同一企业内影响企业创新的因素是相同的，企业创新活动决定方程的误差项服从三元正态分布（trivariate normal distribution），将三个方程纳入一个系统考虑；第二阶段，用估计出的创新活动概率代替（17—1）式的 I_i 进行回归。

（二）数据

数据主要来自外向型经济较为发达的江苏省昆山市。该市政府委托南京大学在 2011 年进行“昆山产业转型升级之路”的研究调查活动。调查发放服务业主要行业（未涉及住宿餐饮类）企业问卷 463 份，得到有效样本 117 个。问卷设计上，企业的基本信息属于财务报表的公开信息，而服务创新研发以及人力资源等问题，多以“是/否”的形式来设计，从而获得了较为准确的结果。以昆山市为研究对象具有一定的代表性和特殊性：首先，从表 17—1 可以看出样本结构和全国服务业企业分布大致接近，因而具有一定的代表性；其次，昆山先进制造业与周边服务业共生的事实具有一定的特殊性，因而强调服务企业的互动式创新。

表 17—1　　样本企业、昆山、全国行业增加值比重（%）

	交运仓邮	信息软件	批发零售	金融	房地产
样本（2010 年）	20（21.4）	13.4（17.9）	36.4（30.8）	1.9（3.4）	32.2（11.9）
昆山（2009 年）	9.6	5.1	24.5	10.5	17.5
全国（2008 年）	12.5	6.0	19.9	11.3	11.2
	商务服务	科研服务	水环公管	其他	
样本（2010 年）	1.1（1.7）	1.0（2.6）	0.5（2.6）	3.9（17.1）	
昆山（2009 年）	6.7	0.6	0.8	17.4	
全国（2008 年）	4.3	3.0	1.0	25.6	

注：样本企业行业增加值比重即样本行业销售收入占样本企业销售总收入之比；括号中为企业数占样本总数的比重。

样本企业的创新情况见表 17—2。在新业务销售收入、专利数这两个衡量创新绩效的指标中，交运仓邮业和信息软件业的创新程度较高，批发零售、金融、房地产和商务服务业的创新程度较低；在创新活动指标中，服务创新的频率明显变高，不仅交运仓邮业和信息软件业依旧创新程度较高，而且创新程度较低的批发零售、金融、房地产、商务服务业也有所提高。这表明创新绩效和创新活动指标有较大的相关性。表 17—2 还有一个显著的特点，即任一行业的服务企业选择“质量改进”作为创新活动的比率均高于其他两种，这佐证了渐进式创新是服务业创新特点的论证。

表 17—2　　样本企业创新概况

行业	创新绩效		创新活动			总数
	业务	专利	产品创新	流程创新	质量改进	
交运仓邮	1（4%）	4（16%）	16（64%）	19（76%）	20（80%）	25
信息软件	7（33%）	4（19%）	16（76%）	10（48%）	20（95%）	21
批发零售	7（19%）	0	10（28%）	12（33%）	21（58%）	36
金融	0	0	1（25%）	1（25%）	1（25%）	4
房地产	1（7%）	0	4（29%）	6（43%）	8（57%）	14
商务服务	1（50%）	0	1（50%）	1（50%）	1（50%）	2
科研服务	1（33%）	1（33%）	2（67%）	1（33%）	2（67%）	3
水环公管	1（33%）	2（67%）	2（67%）	1（33%）	3（100%）	3
其他	4（20%）	2（10%）	9（45%）	7（35%）	16（80%）	20
合计	18（15%）	12（10%）	54（46%）	51（44%）	84（71%）	117

（三）实证结果与分析

表 17—3 和表 17—4 呈现了（17—2b）和（17—4）式的估计结果。[①] 从表 17—3 关于服务创新的决定因素中可以发现以下特点：

（1）企业越年轻，越有业务创新性。用新业务代表创新来进行回归时，其回归结果虽

① 篇幅限制，省略了（17—3）式的估计结果。（17—3）式中决定创新强度的变量是：企业年龄、出口、规模、技术密集度以及代表外部互动因素的 4 个变量。

然不全显著，但是所有系数都是负的。在非知识密集性行业中这种关系尤其显著，这可能是因为，非知识密集型的行业，比起知识密集型的行业，其产品生命周期长，产品更新慢，惰性较强。服务企业以客户的需求为导向，消费者的偏好在短期内很难变化，已经形成稳定客户群体的服务企业，一旦有所改变，就存在客户流失的风险。用专利来表示时，企业年龄和技术创新关联不大。

表 17—3　　　　　　　　公式（17—2b）关于创新影响因素的回归结果

变量	新业务			专利		
	所有服务业	知识密集型服务业	非知识密集型服务业	所有服务业	知识密集型服务业	非知识密集型服务业
1. 企业特征						
企业年龄	−0.043 8	−0.075 1	−0.515*	−0.025 4	−0.037 1	0.003 76
	(0.074 2)	(0.106)	(0.297)	(0.044 8)	(0.089 7)	(0.059 3)
出口	1.594*	1.901*	−0.384	0.579	12.32	−2.080
	(0.899)	(1.013)	(4.435)	(0.805)	(1.801)	(4.482)
技术水平	−3.136	−3.517	−33.20	0.614	7.329*	−11.66*
	(2.302)	(3.149)	(41.12)	(1.707)	(3.800)	(6.450)
2. 经费来源						
银行	1.036	−13.03	6.730	0.176	−5.735	−3.951
	(0.868)	(2 145)	(710.6)	(0.810)	(1 253)	(697.6)
政府	1.699**	2.075***	−7.598	1.618**	0.673	8.063
	(0.676)	(0.796)	(710.6)	(0.682)	(0.803)	(620.2)
风险投资	−0.513	7.221	8.378	4.504	4.392	1.964
	(0.985)	(1 280)	(710.6)	(564.4)	(2 627)	(1 437)
股权融资	2.249**	−12.91	17.70	6.108	−0.173	9.191
	(0.975)	(2 079)	(3 752)	(576.9)	(2 577)	(2 779)
3. 互动网络						
科研机构	0.911	0.527	7.610	0.371	−0.818	10.33
	(0.641)	(0.842)	(8.121)	(0.532)	(0.825)	(977.1)
外资	−0.633	−0.536	−4.674	−0.716	−1.542	3.139
	(0.741)	(1.011)	(710.6)	(0.614)	(0.937)	(697.6)
客户	1.389**	0.568	2.007	1.497** *	0.538	3.225*
	(0.605)	(0.905)	(1.375)	(0.537)	(0.952)	(1.656)
对手	0.762	−0.060 0	1.140	0.568	6.965	0.591
	(0.550)	(0.730)	(1.407)	(0.448)	(1，253)	(0.688)
行业哑变量	YES	NO	NO	YES	NO	NO
常数项	−3.324***	−1.150	−0.028 5	−1.031	−0.642	−1.123**
	(1.190)	(0.813)	(0.987)	(0.815)	(0.796)	(0.530)
样本数	117	47	70	117	47	70

注：括号内为标准差，*** $p<0.01$，** $p<0.05$，* $p<0.1$。下同。

(2) 企业出口越多，业务创新性越强。在用新业务表示时，这一点十分显著。我们推测，出口对创新的影响主要表现在新市场的开拓上，即出口是一种开拓新市场的表现，因此两者有一定的相关性。出口和技术创新无显著关系，也即前文提到的出口的学习效应在样本中并不明显。非知识密集型企业的出口和两种创新均关系不大。这个结果可能是因为，服务业中非知识密集型的行业一般是传统服务业，其产品无法分割、不可贸易，故也无可能出口。

(3) 技术水平对知识密集型企业的技术创新有着显著的积极影响，但在非知识密集型企业中，技术水平越高，技术创新性越低。技术水平和业务创新间并无明显关联。

(4) 得到政府扶持的企业具有较强的创新性。其中，政府扶持资金对于知识密集型企业的业务创新具有积极影响。对于非知识密集型企业，这种关系并不显著，可能是因为政府的政策重点在知识密集型企业，非知识密集型企业得到政府扶植的机会较小。采用股权融资等方法筹措研发资金的服务企业，创新性也较强。银行贷款和风投资金未表现出对企业创新的显著关系。这个结果，一方面验证了地方政府在主导地方经济发展中的地位，另一方面，也可能存在一种自我选择的机制，即表现出创新性的企业，得到政府资助或股权融资的可能性较大。

(5) 客户在互动创新网络中有重要作用。总的来说，有客户参与研发的服务企业创新性较强。非知识密集型企业依赖客户创新的程度较高。非知识密集型企业的系数分别为 2.0 和 3.2，知识密集型企业客户对创新的回归系数为 0.57 和 0.54，且不够显著。客户在互动创新中的地位正体现了服务产品的特性：消费者在生产过程中的参与。相较于非知识密集型企业，知识密集型企业（往往是生产性服务业）扮演的是促进客户技术创新、采用先进技术的角色，技术壁垒较高，更带有制造业创新的色彩：以企业内部研发为主，和互动创新网络关联较小。对于知识密集型企业，竞争企业、科研院校、国外技术力量对这类企业创新没有表现出显著的影响。

表 17—4 是关于创新对生产率影响程度的回归结果，通过表 17—4 可以发现：

(1) 出口、规模、技术水平、外包活动等反映企业特征的变量对企业生产率未产生显著影响。其中，尽管统计意义上不显著，出口与生产率正相关，企业规模、从事服务外包活动、技术水平对生产率呈微弱的负面影响。出口与生产率的关系说明了自我选择和学习效应在样本服务企业中的存在。规模与生产率的负面关系，暗示以人力资本为主要生产要素的服务企业，追加人力投入反而造成生产率的小幅下降，因此样本企业很可能主要来自中低端的服务企业；正因为是中低端企业，从事服务外包活动与生产率呈现负相关关系。这也许是前文所述“俘获效应”的一个佐证；而技术密集程度，也因为是中低端企业而未对生产率产生推动。

(2) 创新在大多数情况下对企业的生产率有正面影响。对比用新业务和专利作为创新指标的回归结果，可以发现用专利表示的创新活动更显著地提高服务业生产率，可能是因为服务企业一旦拥有专利，则可促进服务产品的标准化生产，其拥有的知识产权垄断地位大幅增加了收入，也增加了以收入表示的生产率。创新效应的特例是非知识密集型企业。这同样可以用非知识密集型服务业的特性来解释：消费者偏好的稳定性导致短期内非知识密集型服务企业的创新存在风险。

表 17—4　　公式（17—4）关于创新对生产率影响的回归结果（因变量为 ln（Y/L））

变量	新业务			专利		
	所有服务业	知识密集型服务业	非知识密集型服务业	所有服务业	知识密集型服务业	非知识密集型服务业
$\ln(K/L)$	0.217*	0.645***	0.180	0.219*	0.645***	0.180
	(0.126)	(0.160)	(0.200)	(0.126)	(0.160)	(0.200)
出口	0.827	0.016 1	−4.243	0.844	0.061 1	1.578
	(0.688)	(0.976)	(12.55)	(0.689)	(0.978)	(2.125)
企业规模	−0.000 13	−0.009 37	−0.009 15	−2.69e-05	−0.011 8	0.000 45
	(0.004 4)	(0.020 2)	(0.017 0)	(0.004 41)	(0.020 8)	(0.007 5)
技术水平	0.010 6	−0.791	−9.681	−0.053 4	−0.788	−4.112
	(1.080)	(1.820)	(13.98)	(1.078)	(1.819)	(2.606)
外包	−0.642	−0.018 1	−0.631	−0.640	−0.018 1	−0.631
	(0.455)	(0.432)	(0.727)	(0.455)	(0.432)	(0.727)
创新活动	0.039 9***	0.143**	−14.27	0.448***	0.834**	6.730
	(0.005 3)	(0.062 8)	(35.06)	(0.060 2)	(0.366)	(16.53)
行业哑变量	YES	NO	NO	YES	NO	NO
常数项	3.367***	2.014***	8.231	3.365***	2.225***	3.633**
	(0.606)	(0.700)	(10.03)	(0.607)	(0.774)	(1.394)
样本数	108	46	62	108	46	62
R^2	0.503	0.396	0.129	0.504	0.396	0.129

复习题

1. 考察服务创新研究的演变历史。
2. 服务创新测度有哪些困难?
3. 服务创新的特点和绩效是什么?
4. 服务创新的影响因素到底有哪些?

第18章

各国服务业发展政策

18.1 美国

美国是目前全球最大的服务贸易国家，其服务出口保持了长期的大量顺差。服务业相当发达，在国民经济中，服务业增加值占GDP的比重在2012年高达75%左右。

美国服务业的发展一方面是产业自然演化的结果，另一方面，也离不开美国政府对服务业发展提供的支持。虽然美国是典型的市场经济国家，但美国政府在推动服务业发展以及其转型升级中依然起了非常重要的作用。美国对服务业的支持主要体现在以下四个方面。

18.1.1 确定对重点服务业产业的支持

现代服务业是伴随着信息技术革命发展起来的。几乎所有的现代服务业都必须在信息技术环境下才能快速发展，如金融业、研发、商务服务、教育、医疗等。因此，美国政府对服务业的支持首先体现在促进信息技术发展层面，这给服务业发展提供了基础设施条件，从而引导了本国服务结构由传统服务业为主向现代新兴服务业为主转变。因此，美国重点支持信息技术产业。

联邦政府高度重视与服务业和服务贸易相关的公共投资。为保持旅游、交通基础设施的硬件和软件领先优势，历届政府都重视基础设施和相关的科研投入，在应用信息技术等知识、技术和资本密集型服务行业方面的公共投资一直居于各国之首。世界上最先进的服务基础设施成为美国服务贸易竞争优势最强有力的支持系统。由于在“信息高速公路”的大量投入，美国企业在世界信息产业发展及服务贸易竞争中具有显著的优势。

1992年，美国政府实施“高性能计算与通信计划”（High Performance Computing

and Communication，HPCC)，完善用以开发和利用高性能计算机系统的超高速网络环境，从而应对计算机领域的技术挑战。此后又提出了“信息基础设施和技术法案”(Information Infrastructure and Technology，IIT)，使得 HPCC 计划扩展到了高校、医院和商业机构。

1993 年，克林顿政府提出了“国家信息基础结构行动计划”(National Information Infrastructure，NII)，建立了一流的数字化大容量光纤通信网络，把企业、大学、研究机构和政府部门计算机网络化，并制定了一些具体措施，其中包括增加联邦基金对信息技术的研究与开发，设立专门机构来管理域名系统，成立信息技术建设特别小组，推动信息技术在某些领域的具体应用，同时取消阻碍电子商务发展的互联网税。1994 年克林顿政府又提出“全球信息基础设施行动计划”(Global Information Infrastructure，GII)，通过卫星通信和电信光缆连通全球。1996 年又出台了“新一代互联网计划”(Next-Generation Internet，NGI)，积极扶持对新一代互联网和应用技术的开发，始终保持美国在信息和通信技术上的领先地位，广泛支持医疗保健、国家安全、远程教育、能源研究、生物医学、环境检测等。

1999 年，美国提出“21 世纪的信息技术计划”(Information Technology 2，IT2)，其目标是力求通过制定信息技术领域中长期性研究与开发的发展战略和计划，增加对计算机科学信息技术、通信技术中的基础性研究投入，提高高等院校及其他民间研究机构的信息基础设施整体水平。

18.1.2 放宽对服务业的管制

美国是市场经济国家，提倡自由竞争，因此，美国认为适度竞争能够有效促进产业发展，而服务业自然也不例外。

对服务业市场的限制性规定不同程度上阻碍了竞争和创新。美国开始了以放松管制为主要内容的管制改革。通过放松规制、开放国内服务业市场来创造新的投资机会和就业机会，并促进创新和提高服务业劳动生产率。主要措施是：放松对定价权的管制，放宽或取消最低限价和最高限价，重新对倾销价格进行定义，允许企业根据实际情况制定季节差价，逐步减少价格管制所涵盖的产品范围，放宽或取消市场准入的管制。但放宽管制并不代表不管制。在放松管制的同时，还逐步建立起适应市场体制的管制政策和制度，如在产品质量、消费者保护、工作场所安全、劳动保护和环境保护等方面的政府管制进一步加强。

美国鼓励服务业发展主要是采取加强立法的措施来规范兼并收购。1994 年，美国颁布了《医疗卫生领域反托拉斯实施政策的说明》；1996 年颁布了《电信法》(Telecommunications Acts of 1996)，允许 7 家地区性贝尔电话公司和其他本地电话公司进入长途电话市场，同时也允许长途电话公司抢占目前由地方电话公司掌握的本地电话市场，且允许有线电视进入地方和长途电话公司的营业领域。因此美国长话公司、市话公司、公用事业和有线服务公司之间可以在关键的通信和信息领域相互竞争。

2000 年美国颁布了《有关竞争者之间进行合作的反托拉斯准则》，一方面抑制了服务领域有损竞争的兼并行为，同时对一些可能引发行业垄断的兼并进行审查和管制。例如，美国司法部认为微软公司的行为构成垄断，就进行了调查，并且采取司法诉讼。

18.1.3 发展服务贸易

美国是全球最大的服务贸易出口国，运输、旅游和其他商务服务这三个项目均保持着最强的国际竞争力。为促进美国服务贸易的发展，美国政府采取了一系列措施，给服务贸易创造了良好的发展环境。

第一，制定了一系列促进服务贸易发展的法律法规。这主要包括综合类的法规和行业性法规两个方面。这些法律法规的制定和实施，一方面保护了本国服务行业发展，另一方面也推动了服务业出口。1992 年美国就通过了《出口增强法案》。

第二，立法并制定国家出口战略。美国从 1993 年开始每年都会公布国家"出口战略"。1995 年，美国商务部公布了克林顿向国会提交的"国家出口战略体系"，提出"商业优先次序"等原则，重要内容之一是"服务先行策略"的提出。其中极为重要的战略措施——"服务先行"出口发展战略，决定在继续依靠欧、日等传统服务出口市场的同时，积极在墨西哥、阿根廷、巴西、中国、印度、印度尼西亚、韩国、波兰、土耳其和南非这十大新兴市场开拓新的贸易机会。

第三，加强对外谈判的力度，扩大对其他国家的服务市场准入。在国际市场上，美国有形产品的竞争优势正逐步减弱，而服务却拥有竞争优势，但由于许多国家在服务贸易准入上设置"壁垒"，要促进美国服务出口，就必须加强对外谈判，提高各国对美国服务的市场准入程度。因此，美国此后无论是在全球还是在多边贸易谈判中，都将服务自由贸易作为谈判的重要内容，并且取得了较大成果，如《北美自由贸易协议》、《服务贸易总协定》、《与贸易有关的知识产权协议》。美国政府通过坚持不懈的双边和多边谈判，迫使其他国家消除服务贸易壁垒，开放市场，增加了美国服务业参与国际市场的机会。例如，为增强本国信息服务业的国际竞争力，美国在 WTO 等多边谈判中一直努力为本国信息服务业突破各种限制。此外，美国政府还积极向其他国家推销对网上交易免除税收和关税的政策，即"Internet 税收之自由法"。

第四，美国设立了专门机构来促进服务业增长。在商务部下成立"出口促进协调委员会"（TPCC），直接向国会负责，开展跨部门、跨州协调出口促进和财政支持活动。此外还建立了全方位促进服务出口的行政体系，包括总统出口理事会、联邦贸易促进协调委员会及服务出口工作组、相关服务行业顾问委员会等。这些组织共同构成了美国服务贸易咨询、决策与协调体系。除了联邦层面，在各个州也成立了促进服务贸易的相关组织。

18.1.4 人才政策

服务业发展离不开高素质的人才。美国采取多种措施来提高劳动者素质，最重要的是教育和培训两个方面。

第一，教育。美国联邦政府大力支持基础教育和高等教育的发展。美国提出《2000 年教育目标》，由联邦政府额外向学校、社区和各州提供资金来提高教育水平；制定了《教育电信费率方案》，每年拨款对低收入和偏远地区的学校在电信服务收费方面提供 20%～90%的折扣。高等教育方面，规定大学学费中的 1 000 美元可以全额作为不予以返还的税收抵免，另外还有 1 000 美元可以在前两个学年进行 50%的抵免。此外，美国政府还积极促进教育和就业的紧密联系。1994 年美国通过《面向就业的教育机会法》，该法律在教育部和劳工部的联合运作下为州和地方社区提供资金，以鼓励地方教育机构、雇主、社区组织、家长和学生间的合作。这些措施降低了教育成本，使越来越多的人能接受良好的教育，从长远看为服务业提供了优质的劳动力。

第二，培训。美国政府主要通过立法对劳工培训加以保障。1962 年美国政府颁布《人力开发和培训法》，给失业和未充分就业的劳动者提供培训，并设立了公益服务的就业岗位。1998 年又颁布了《劳动力投资法》，规定劳动力培训的受训者可以使用个人培训账户来挑选培训服务，培训提供方必须达到一定标准，各州也必须设立服务中心来为成人提供培训和其他服务。企业层面也有一定的举措，美国要求各大企业为在职工人和技术人员的培训支付的费用不得低于其利润的 5%。

18.1.5 财税政策

美国政府为服务业发展提供了大量的税收优惠支持。

第一，重视服务业的技术创新，具体规定包括投资减免。美国是最早对 R&D 实施税收优惠的发达国家。20 世纪 50 年代开始，美国政府先后在《美国税法典》第 147 条和《美国国内收入法典》第 41 条规定了对研究与开发费用实行减免税的做法。政府允许纳税人把与贸易、商业活动或高新技术有关的研究或试验支出，直接作为可扣除费用予以抵扣，而不作为资本支出；《经济复兴税收法》规定：当年研究与开发支出超过前 3 年的研究与开发支出平均值的，其增加部分给予 25%的税收抵免，该项抵免可以向前结转 3 年，向后结转 15 年。企业向高等院校和以研究工作为目的的非营利机构捐赠的科研新仪器、设备等，可作为慈善捐赠支出，在计税时扣除。

第二，美国还以加速折旧作为政府对私人高新技术企业实行巨额补贴的一种方法，对高新技术产业研究开发使用仪器设备实行快速折旧，折旧年限为 3 年。这是所有设备中折旧年限最短的，以此来促进对高新技术产业的投资。

第三，对部分行业免税。美国对金融业几乎不征税，对电子商务也实行零关税。作为全球电子商务应用最广泛、普及率最高的国家，美国政府充分利用税收政策扶持电子商务服务业的发展。1996 年美国推行电子商务国内交易零税收和国际交易零关税方案。1996 年美国财政部发表了《全球电子商务选择性的税收政策》，提出对电子商务征税要做到中性，不对电子商务产生扭曲；各国运用国际税收原则相一致；不对电子商务开征新消费税或增值税。1998 年通过了《电子商务免税法案》，规定对互联网的接入费免征消费税。2001 年又将互联网免税的期限进行了延长。

第四，对服务企业的特殊政策。美国鼓励公司投资于一些特殊地区、经济贫困地区并雇用当地居民，规定凡在特殊地区、经济贫困地区经营的公司，可申请享受工资抵免、债券筹资免税等投资优惠。同时为了降低服务业经营风险，允许服务业净营业亏损可以向前结转 2 年，如果亏损还有剩余，还可以向后结转 20 年。

18.2 其他国家

18.2.1 英国

英国是较为典型的服务经济国家。英国政府对服务业发展的支持主要体现在以下几个方面。

第一，从宏观层面出台一系列支持服务业发展的指导性意见。1993 年英国政府发表了科技发展白皮书《实现我们的潜能》，在充分阐述科学技术与教育、医疗、环境、社会和文化关系的基础上，特别强调科学技术应对公共服务业和广大公众生活质量的提高做出贡献。2007 年，英国发表了《卓越与机遇——面向 21 世纪的科学与创新》，强调要通过领先的基础科研和更加富有活力的技术创新使英国在知识经济来临之际，在世界市场竞争中占领制高点，提高科技进步对本国经济和社会发展的贡献率。2001 年，英国劳工部与教育劳动部联合发布名为《在变幻的世界中为全体国民创造机遇》的白皮书，指出要加快知识密集型服务业的发展。

第二，政府对技术为导向的科研项目提供了直接资金支持和税收优惠。2007 年英国工程与自然研究理事会（The Engineering and Physical Science Research Coucil，EPSPC）投入了 750 万英镑，对包括爱丁堡大学、南安普顿大学和开放大学在内的高校高端技术研究项目进行资助，同时对伦敦帝国理工学院、牛津大学以及南安普顿大学的联合研究项目“下一代互联网发展议程”进行资金支持。英国政府投资 90 亿英镑用于泰晤士河口生态区域建设项目，其中的生态策略包括减少二氧化碳排放、广泛利用可再生能源技术和为大规模的功能混合重建项目提供社区集中采暖系统等，具体措施包括减轻河水泛滥的影响和提高能源与水资源的利用效率等。英国政府对生态领域的资金投入在保证生态区域建设的同时也极大地促进了生态节能服务业的发展。在研发领域，英国实施“应税收入抵扣方案”，即政府允许企业从应税收入中扣除比实际 R&D 支出更多的金额。

第三，通过政府采购支持服务业发展，并促进服务创新。英国政府每年大概支出 1 500 亿英镑用于采购商品和服务，英国的《国家创新白皮书》指出，由英国企业创新技能部（Department for Business Innovation and Skills，DIUS）与商务部、技术战略委员会以及政府相关部门共同参与，通过政府可持续采购促进服务业创新的工作。

第四，通过人才政策支持服务业的发展。服务业发展需要知识和技术密集型人才。2000 年英国提出放宽向以信息技术为主的人才发放劳动许可证的限制。2003 年借鉴美国和加拿大的“绿卡”制度，推行“高技术移民计划”，使得符合条件的技术移民者可以在英国合法工作，4 年后可成为拥有永久居留权的居民，第 5 年可以申请成为公民。英国政府还建立了“企业家奖学金”，鼓励高技术领域的研究生到英国发展并开创自己的企业。

第五，大力促进金融服务业发展，保持伦敦全球金融中心的地位。伦敦不仅是世界金融服务中心，而且也是全球重要的金融交易市场。进入 20 世纪后，伦敦全球第一金融中心的地位逐渐被纽约取代。为扭转被动局面，英国 20 世纪末实施了两次具有里程碑意义的改革，引入国外竞争者，在激烈竞争中发展英国的金融业。1986 年 10 月，伦敦证券交易所推出被称为“创世纪大爆炸”的金融改革，宣布伦敦证券交易所同国际证券管理组织（ISRO）合并，取消证券交易所固定费率的佣金制度，并允许经纪商和批发商互兼业务。这为伦敦金融服务贸易的发展打开了方便之门，并导致大量国外金融企业涌入英国。此后，分业监管又成为约束英国本土金融业发展的瓶颈，促成了第二次监管方式改革。英格兰银行开始专司货币政策，并成立英国金融服务局，于 2000 年颁布《金融服务和市场法》，以风险管理为核心进行监管资源配置，大大提高了监管的效率。英国政府还允许伦敦商业银行经营外币的存放款业务而不受借贷利率等英国金融法令的限制，伦敦由此逐渐发展成为世界上最大的离岸金融市场。两次改革分别以“金融自由化”和“混业经营”为核心，使英国的金融业获得了开放竞争的环境和良好的监管，吸引了世界各地的投资者和公司，逐渐恢复并巩固了英国的全球金融中心的地位。

18.2.2 日本

日本对服务业的发展政策主要体现在其强大的产业政策中。20世纪60年代是日本产业政策最盛行的时期。这时对重点产业的政策主要是采取补助金、低利率融资、税收优惠等手段来实施的。到了20世纪70年代，日本以“知识密集型产业结构”作为产业结构调整的重要目标，并列出了研究开发型产业、高度装配产业等以及能够建立国民生活高度化基础的资讯化、节约劳动力化、教育等相关产业及尖端技术产业。日本在1970年前后提出赶超战略，从保护幼稚工业出发，大力扶持本国在高科技产业的研发活动。此外，日本还专门出台了一系列法律，包括《电子工业振兴临时措施法》(1957)、《特定电子工业及特定机械工业临时措施法》(1971)、《特定机械情报产业振兴临时措施法》(1978) 和《科学技术基本法》(1995) 等，从法律上对本国的高技术产业发展加以保障。通过以上措施，日本自身的技术能力有了很大提高。

随着全球服务经济的兴起，日本政府也将对服务业的支持政策作为工作的重点。主要包括以下几个方面。

第一，经济发展战略层面对服务产业发展的支持。2006年日本颁布了“新经济成长战略”，提出利用服务业与制造业的“双引擎”带动日本经济实现可持续发展，并提出要重点发展商务服务业、健康服务业、旅游业等现代服务业，将提高生活质量和商业运营效率作为服务业发展的目标。2008年，日本对该战略又进行了修正，提出的两个基本战略是：要集中财力提高资源利用效率；以高附加值产品与服务进军海外市场。

第二，促进服务业开放。日本服务贸易竞争力相对较差，长期处于逆差地位，日本服务业走的是一条渐进式的开放之路。随着日本经济的发展，政府对日本本国服务企业向海外发展实施鼓励政策，但在大多数服务领域，其法规和措施都保护本国的服务提供者，限制外国服务提供者。长期的对内保护引起了贸易伙伴的不满，同时也导致本国服务部门效率相对较低。因此日本开始对服务部门逐步实行自由化。如在海运领域，日本的港口装货、卸货等商业服务原来是由日本港口运输联合会垄断，且限制外国港口服务公司进入日本市场。此后日本进行了相应的改革，通产省与日本港口运输联合会及主要成员企业进行磋商解决该问题，运输省也准备在未来的3～5年内放开对外国企业进入日本港口服务各领域的限制。

第三，对知识产权进行保护。日本把加强知识产权保护作为国家创新战略的重要内容，并将计算机程序、数据库都纳入著作权保护范围内。2002年日本制定了“知识产权战略大纲”，建立有利于大学和公共研究机构创新成果转化的知识产权体系，鼓励企业多向海外申请专利，逐步完善其技术转移制度。

18.2.3 新加坡

第一，通过财税政策促进服务业发展。新加坡政府规定服务业可与制造业同等享受新兴产业的各种优惠待遇。凡固定资产投资在200万新元以上的服务企业，或者营业额在

100 万新元以上的咨询服务、技术指导服务等企业，所得税可以减半，并规定对服务贸易出口收益只征收 10%的所得税。对计算机软件和信息服务、农业技术服务、医药研究、试验室和检测服务等生产和服务公司用于研究与开发的支出允许双倍扣除。促进高风险服务业的发展。新加坡规定，金融等风险性较高的服务业在投资的最初 5～10 年减税，若连续 3 年亏损，可获得 50%的投资津贴。为促进国际金融业务，政府还对在新加坡进行的离岸金融业务的收入免征所得税。新加坡规定对服务贸易出口收益只征收 10% 的所得税。

第二，加大力度吸引外资。新加坡政府规定，在新加坡从事研发的外商投资企业，可享受以下优惠：从国外获得的知识产权使用费或利息可免税，免税期为 5 年，但至少要将免税收益的 20%用于研发活动，且研发所形成的知识产权应由本地公司拥有和管理。新加坡金融管理局（Monetary Authority of Singapore，MAS）为适应全球金融业发展不断调整监管方式，实现了从固定单一的监管向以风险管理为核心转变，为全球金融企业进驻新加坡提供了基础。新加坡政府通过取消外汇管制、提供税收优惠等方法吸引国际金融机构尤其是非银行金融机构入驻，如给外国金融企业在新加坡设立区域性营运中心提供税收优惠；提供 10 年的优惠至 10%的所得税率，并且免征外资企业分配股利的所得税。为促进国际金融业务，新加坡政府还对在新加坡进行的离岸金融业务的收入免征所得税。

第三，重视人才培养和吸引。新加坡每年的教育投入十分庞大。2002 年，新加坡的教育支出占其全年财政支出的 19%，而当年世界平均水平为 4%，美国为 10%。此外，新加坡还通过优厚的待遇、良好的科研环境和优越的人文环境吸引世界各地的人才，如“吸引中国博士生计划”、“吸引世界级科技人才计划”等。除由政府出资送员工到海外甚至是跨国公司母国培训后再提供给跨国公司使用外，新加坡还鼓励跨国公司的高级管理人员到新加坡公司工作，实行人员互动，促进技术交流。

第四，确定金融业与商贸物流服务业为重点鼓励的服务行业。新加坡政府推出了一系列扶持政策鼓励金融业的发展。新加坡时区的特殊性为新加坡成为连接欧美金融市场的枢纽、实现全球 24 小时的不间断金融交易提供了可能。1968 年，新加坡政府向美洲银行颁发了第一张 ACU（Asian Currency Unit，亚洲货币单位）执照，从而建立了亚洲美元市场。之后，又积极承销亚洲美元债券，成为继日本之后亚洲主要的外国债券发售场所，并进一步发展了新加坡的证券市场和期货市场。由于其配套环境和设施较好，新加坡的中央商务区（CBD）吸引了大量金融机构和跨国公司入驻。新加坡虽然国土面积不大，但充分发挥其在金融、网络信息基础设施、高技术和商务服务等方面的优势，完善物流产业链。新加坡推进自由港建设，并大力发展班轮航线，国际集装箱管理和调配、空港联运、船舶换装和修造，建设国际船舶燃料供应中心。

18.2.4 印度

作为发展中国家，印度的服务业占比相对较高，远远高于低收入国家的平均水平。印度政府对服务业发展的支持主要表现在以下几个方面。

第一，对软件企业的财税支持。1986 年印度制定了“计算机软件出口、软件发展和软件培训政策”，明确了印度软件产业发展战略目标，并对从事 IT 外销的企业给予特别的优惠政策，如对从事 IT 的企业所得税实行 5 年减免 5 年减半，再投资部分 3 年减免。1991 年印度税法规定，软件及信息服务出口企业在 2010 年前免征所得税，免征出口关税，对生产软件产品免征流转税。

第二，印度政府重视长远规划，建设了许多富有特色的科技园区。印度早在1991年就在班加罗尔创建了全国第一个计算机软件技术园区，其后又在全国各地建立了18个具有国际先进水平的软件技术园区。享有特殊优惠政策的科技园区培育了一批知名服务外包企业，例如塔塔咨询服务公司（TATA）、ZAPAPP公司等。2000年，印度政府在全国批准设立140个经济特区，园区内企业在10年免税期满后可通过经济特区政策继续享受税收优惠。

第三，为软件企业提供资金支持。印度的软件业发展较为迅速，而风险投资一直是软件业的主要资金来源，但印度的软件企业中，大多数是中小型企业，风险资本严重短缺。印度政府设立国家信息技术工作队及软件开发部门，以帮助信息技术企业解决资金来源问题。

第四，大力培养软件和技术人才。印度在大约3 000所中学中推行“中学计算机扫描和学习计划”，在1 000多所大专院校开设了计算机专业，依靠多家民办、私营机构和软件企业培训人才，为软件和信息服务外包业提供人才储备。在印度有超过1 832家教育和理工学院，每年培育超过67 785名计算机软件专业人员，培育超过400万技术工人。

第五，除了依靠政府制定相关政策外，还鼓励社会组织参与服务业发展。1988年成立印度服务外包协会（NASSCOM），有专职员工50人，软件出口和外包服务企业会员1 000多家。作为印度信息技术产业团体和非营利机构，该协会在帮助印度成为全球外包行业基地中发挥了重要作用。此外，还有一些社会组织，如国家软件与服务公司协会（National Association of Software and Service Companies，NASSCOM）、信息技术产品制造商协会（Manufacturer Association of Information Technology，MAIT）等，这些组织不受政府部门直接领导，但与本国政府和相关部门保持密切联系，为政府提供信息和建议。

复习题

1. 试分析美国、英国、日本等主要发达国家政府发展服务业的政策。
2. 试分析印度的服务业发展政策。
3. 分析其他国家服务业发展政策对中国发展服务业的启示。

第 19 章

中国服务业发展政策及措施演变

从 20 世纪 90 年代开始，加快服务业发展就成为中国政府进行国民经济结构调整和优化的重要内容。总体来说，中国服务业发展政策的出台经历了四个发展阶段，如表 19—1 所示。不同阶段的服务业发展政策出台有着不同的背景，服务业发展政策也有着自身的演变路径，在目标、着力点、思路和措施方面也各有不同。

表 19—1　　四阶段服务业发展政策

阶段	发布时间	政策名称	颁发部门及文号
第一阶段	1992 年 6 月 16 日	关于加快发展第三产业的决定	中共中央、国务院（中发［1992］5 号）
第二阶段	2001 年 12 月 3 日	关于"十五"期间加快发展服务业若干政策措施的意见	国务院办公厅（国办发［2001］98 号）
第三阶段	2008 年 3 月 28 日	关于加快发展服务业的若干意见	国务院（国发［2007］7 号）
	2008 年 3 月 28 日	关于加快发展服务业若干政策措施的实施意见	国务院办公厅（国办发［2008］11 号）
第四阶段	2012 年 12 月 12 日	关于印发服务业发展"十二五"规划的通知	国务院（国发［2012］62 号）

19.1　第一阶段：服务业政策起步

这一阶段的标志是 1992 年 6 月中共中央、国务院颁布的《关于加快发展第三产业的决定》。

改革开放以来，中国第一产业和第二产业有了快速的发展，人们生活水平得到了一定提高，但是第三产业发展相对滞后。1991 年中国服务业增加值占 GDP 的比重约为 32%，而此时全球服务业增加值占 GDP 的比重的平均水平为 59.05%，美国的服务业增加值占 GDP 的比重为 67.61%；即使是低收入国家，1991 年该比值的平均水平也为 37.38%。较低的服务业占比不仅无法满足第一和第二产业的中间性生产需求，也无法满足人们在衣食住行、娱乐和卫生方面的最终消费需求。在这一背景下，中国政府提出要加快第三产业发展，用 10 年或者更长的时间，建立起统一的市场体系、城乡社会化综合服务体系和社会保障体系。其政策目标是第三产业增长幅度要快于第一和第二产业，使得服务业增加值占 GDP 的比重以及服务业就业人口占总就业人口的比重都能不断提高，达到或接近发展中国家的平均水平。

1992 年中共中央和国务院发布了《关于加快发展第三产业的决定》，指出要重点发展四类行业：一是投资少、收效快、效益好、就业容量大的行业，如商业、物资业、对外贸易业、金融业、旅游业、居民服务业等；二是与科技进步相关的新兴行业，主要是咨询业、信息业和各类技术服务业；三是农村的第三产业；四是对国民经济有全局性影响的产业，如交通运输业、邮电通信业和公用事业等。

该决定提出了 13 项政策，按政策内容分主要包括财政支持政策、税收支持政策、金融支持政策、人才支持政策和市场准入政策等。其政策具有两大特点：第一是主要政策措施集中在放宽市场准入上，具体措施包括鼓励集体和个人进入劳动密集型生活性服务业，鼓励服务业的对外开放，而金融、财政和税收等措施较少；第二是明确了服务业的“市场化、产业化和社会化”的发展方向，这是中国近 20 年来服务业发展坚持的基本方向。该决定虽然明确了服务业发展的市场化改革方向，但这一阶段的市场化表现出一定程度的无序性，间接带来咨询、信息和旅游等服务领域的无序和低效率竞争。

20 世纪 90 年代的服务业发展政策主要是为了优化国民经济结构，安置从第一产业和第二产业转移出来的劳动力，其政策重点首先是商业、物资业、对外贸易业、仓储业、居民服务业、饮食业和文化卫生等传统服务业，因此主要的政策和措施都是围绕上述服务领域来开展的，与科技进步相关的新兴服务业还没有成为政策支持的重点。

19.2 第二阶段：服务业政策发展

这一阶段的标志是 2001 年国务院办公厅颁布的《关于“十五”期间加快发展服务业若干政策措施的意见》。

1997 年的金融危机暴露了中国经济发展中的一些结构性矛盾，如产业结构不合理等。服务业发展也一定程度上受阻，总体表现为服务业供给不足，结构落后，质量不高，增加值占 GDP 比重与全球的差距进一步增大。因此，为进一步加快服务业的发展，国务院办公厅 2001 颁布了《关于“十五”期间加快发展服务业若干政策措施的意见》。该意见中提出的政策目标更为具体，明确指出“服务业增加值年平均增长速度要快于国民经济增长速度，达到 7.5%左右，占 GDP 比重由 2000 年的 27.5%提高 2005 年的 33%”。

从政策措施和内容来看，共提出了 12 大项和 37 个小项政策，内容涉及企业改革重组、市场准入、对外开放、产业化、社会化、人才培养、服务业投入、服务需求和组织领导等多方面，其政策内容更加具体，是一个比较全面的导向性政策文件。具体的政策措施有：

第一，产业政策。包括产业结构政策和产业组织政策。产业结构政策上强调改造传统服务业，发展现代服务业和新兴服务业，以此带动服务行业结构优化；支持服务业拓宽服务领域，扩大服务业就业规模。产业组织政策则要求加快国有服务业大中型企业的公司制改革，改变服务业领域过度竞争的现状，采取改组、联合、兼并、租赁、承包经营和出售等形式加快服务业中小企业的改革，促进服务业集团化、网络化和品牌化经营。并且制定了放宽服务业市场准入和有步骤扩大对外开放的具体措施。

第二，产业布局政策。提出中心城市和沿海地区的部分城市，要按照城市功能定位，着重发展现代服务业和新兴服务业；中小城市和城镇需要突出特色，提高交通、商贸和旅游等优势行业的竞争力；其他城镇和农村可以发展适应市场需求的优势行业。

第三，产业技术政策。明确提出以技术进步为支撑，优化服务业行业结构；明确提出加快服务业人才培养，特别是加快培养社会急需的信息服务业、金融、保险、各类中介等方面的人才。

总体来说，2001 年中国政府发展服务业虽然也开始强调优化服务业的结构，但政策总体上还是聚焦于提高服务业增长速度，其重点主要放在改造传统服务业、发展现代服务业和新兴服务业上。具体包括了三个方面：第一是强化对交通运输、商贸流通、餐饮、公用事业和农业服务等行业的改组改造；二是发展房地产、物业管理、旅游、社区服务、教育培训、文化等需求潜力大的行业；三是大力发展信息、金融、保险以及会计、咨询、法律服务等中介服务业。

19.3 第三阶段：服务业政策的兴起

19.3.1 国务院出台的纲领性文件

第三阶段的标志性文件主要是《关于加快发展服务业的若干意见》（国发［2007］7号），该文件于 2007 年 3 月成文，2008 年 3 月 28 日由国务院颁布。此外，为贯彻落实该意见提出的政策措施，促进"十一五"时期服务业发展主要目标的实现和任务的完成，国务院办公厅同时还下发了《关于加快发展服务业若干政策措施的实施意见》（国办发［2008］11 号）。

根据"十一五"期间国民经济发展状况以及对服务业发展提出的要求，《国民经济和社会发展第十一个五年规划纲要》把服务业放到了极其重要的地位，提出了服务业发展的总体方向和思路：坚持市场化、产业化、社会化方向，拓宽领域、扩大规模、优化结构、增强功能、规范市场，提高服务业的比重和水平；明确服务业发展的重点，即大力发展面向生产者的服务业，细化深化专业化分工，降低社会交易成本，提高资源配置效率。

为配合"十一五"规划提出的服务业发展重点和目标，国务院出台了《关于加快发展服务业的若干意见》，首次将服务业发展提高到推动经济结构调整、加快转变经济增长方式的战略高度，提出到 2020 年基本实现经济结构向服务经济为主的转变，服务业结构显著优化，公共服务业均等化程度显著提高，总体发展水平基本与全面建设小康社会的要求相适应，并进一步明确了服务业发展的重点：一是重点发展现代服务业，优化行业结构，提升技术结构，改善组织结构，全面提高服务业发展水平；二是大力发展各种生产性服务业，包括第三方物流、信息服务业、科技服务业、商业服务业等，促进现代制造业与服务业融合与互动发展。因此，“十一五”期间重点在于生产性服务业。

《关于加快发展服务业的若干意见》第一次将发展服务业提高到推动经济转型的战略高度，重点强调发展现代服务业、大力发展面向生活的服务业，抓住重点领域和关键环节。政策措施主要涉及三方面内容：第一，在体制改革方面，发挥市场机制的作用，打破行政分割和地区封锁，培育服务业市场主体，鼓励服务企业自主创新，建立公开、平等、规范的服务业准入制度，鼓励社会资本投入服务业；第二，在具体政策方面，加大投入和政策扶持，从财税、信贷、土地和价格等方面完善服务业发展政策体系，支持服务关键领域和新兴产业发展；第三，在发展环境方面，提高对外开放水平，鼓励外商投资服务业，健全服务业标准体系，营造有利于扩大服务需求的社会氛围。

国务院办公厅 2008 年出台了《关于加快发展服务业若干政策措施的实施意见》，将服务业政策措施细化到各个层次。提出了 8 大项、20 小项政策措施，具体来说有如下突破。

第一，强化了技术在优化服务业发展结构中的作用。强调鼓励服务企业增强自主创新能力，通过技术进步提高国际竞争力，不断进行管理创新、服务创新和产品创新。在生产性服务中，要大力发展科技服务企业，充分发挥科技对服务业发展的支撑和引领作用，鼓励发展专业化的科技研发、技术推广、工业设计和节能服务业。

第二，将调整服务业发展布局放在了极其重要的位置。围绕提高服务业质量和水平，地区发展重点在于直辖市、计划单列市、省会城市和其他有条件的大中城市，特别强调珠江三角洲、长江三角洲和环渤海地区在发展现代服务业、促进服务业升级的区位优势，提出服务业从东部向中西部地区转移的要求，指出各地区要按照工业布局和城市化发展趋势，引导信息、研发设计、商务服务等辐射集聚效应较强的服务业发展，培育国家和区域服务业中心。

第三，加大了政策扶持力度。加大了对服务业的投入和政策扶持力度。一方面完善了指导性政策，另一方面又对具体政策措施进行了细化。要求修订服务业发展规划，细化服务业发展指导目录，完善促进服务业发展的政策体系。同时出台许多措施，如对被认定为高技术企业的服务业企业实行财税优惠，通过服务业发展专项资金和服务业发展引导资金加大政策对服务业发展的支持力度，从融资与信用担保等方面加大金融对服务业发展的支持力度。

19.3.2 其他相关配套政策

（一）各部委的支撑性政策

《关于加快发展服务业的若干意见》（国发［2007］7 号）成文于 2007 年 3 月，在该文件颁布之前（颁布日期为 2008 年 3 月），2007 年 6 月，国务院办公厅就下发了《关于成立全国服务业发展领导小组的通知》，由时任国务院副总理的曾培炎担任组长，发改委主任马凯和国务院副秘书长张平任副组长。服务业发展领导小组的主要职责是指导、协调解决服务业发展和改革中的重大问题，提出促进加快服务业发展的方针政策，部署涉及全局的重大任务，督促检查服务业发展政策的贯彻落实。领导小组办公室设在发展改革委，承担领导小组日常工作，研究提出促进服务业发展的政策建议，督查落实领导小组议定事项。

随着《关于加快发展服务业的若干意见》的颁布，国务院各部委也开始出台各种政策措施支持服务业发展，具体整理如表19—2所示。

从表19—2我们可以发现，这些政策大多由财政部、商务部、中国人民银行等部门颁发，大多是关于服务业发展政策的具体落实措施，比如对于服务外包企业的支持，服务税收和服务业行为规范、金融机构支持服务业发展、服务业人才培养、专项资金管理等。

表19—2　　2007—2012年政策出台后各部委制定的服务业政策措施

时间	政策名称	颁发部门及文号
2007年4月20日	关于利用电子信息产业发展基金支持服务外包基地城市建设软件与信息服务外包公共支撑平台的通知	信息产业部（信办联产函［2007］97号）
2007年7月24日	关于服务外包基地城市及相关公共技术服务机构申报中小企业公共技术服务机构补助资金项目有关事宜的通知	商务部、科技部办公厅（商办资函［2007］119号）
2007年8月23日	关于做好2007年度支持承接国际服务外包业务发展资金管理工作的通知	财政部、商务部（商财发［2007］343号）
2007年9月18日	关于开展服务业税收政策清理工作的通知	国家税务总局（国税函［2007］986号）
2007年11月8日	商业、服务业诚信计量行为规范	国家质量监督检验检疫总局（公告2007年第162号）
2007年12月6日	中央财政促进服务业发展专项资金管理暂行办法	财政部、商务部（财建［2007］853号）
2008年2月14日	关于支持承接国际服务外包业务发展相关财税政策的意见	财政部、商务部（财企［2008］32号）
2008年3月12日	关于银行业金融机构支持服务业加快发展的指导意见	中国银行业监督管理委员会（银监发［2008］8号）
2008年3月19日	关于金融支持服务业加快发展的若干意见	中国人民银行、中国银行业监督管理委员会、中国证券监督管理委员会、中国保险监督管理委员会（银发［2008］90号）
2008年5月6日	关于推动服务外包人才网络招聘工作的若干意见	商务部、教育部、人力资源和社会保障部（商资发［2008］161号）
2008年5月7日	关于服务外包产业发展融资支持工作的指导意见	商务部、中国进出口银行（商资发［2008］189号）
2008年7月9日	关于做好2008年度支持承接国际服务外包业务发展资金管理工作的通知	财政部、商务部（财企［2008］140号）
2008年7月15日	关于促进服务业发展的若干意见	国家工商行政总局（工商企字［2008］150号）
2009年1月15日	关于促进服务外包产业发展问题的复函	国务院办公厅（国办函［2009］9号）

续前表

时间	政策名称	颁发部门及文号
2009 年 3 月 18 日	关于加强服务外包人才培养促进高校毕业生就业工作的若干意见	教育部、商务部（教高［2009］5 号）
2009 年 3 月 21 日	关于支持服务外包示范城市国际通信发展的指导意见	工业和信息化部（工信部电管［2009］017 号）
2009 年 3 月 27 日	关于做好 2009 年度支持承接国际服务外包业务发展资金管理工作的通知	财政部（财企［2009］44 号）
2009 年 3 月 29 日	关于服务外包企业实行特殊工时制度有关问题的通知	人力资源和社会保障部、商务部（人社部发［2009］36 号）
2009 年 4 月 24 日	关于技术先进型服务企业有关税收政策问题的通知	财政部、国家税务总局、商务部、科技部、国家发改委（财税［2009］63 号）
2009 年 5 月 4 日	关于省级商务主管部门和国家级经济技术开发区审核管理部分服务业外商投资企业相关事项的通知	商务部（商资函［2009］6 号）
2009 年 5 月 26 日	中央财政促进服务业发展专项资金管理办法	财政部（财建［2009］227 号）
2009 年 8 月 12 日	关于公开征求对《关于境内企业承接国际服务外包业务信息保护的若干规定（征求意见稿）》的意见	商务部
2009 年 9 月 23 日	关于鼓励政府和企业发包促进我国服务业外包产业发展的指导意见	财政部、国家发展改革委、科技部、工业和信息化部、商务部、国资委、银监会、证监会、保监会（财企［2009］200 号）

资料来源：根据中华人民共和国中央人民政府政府信息公开专栏的相关政策整理而得。

（二）服务统计政策

在服务业统计长期滞后的背景下，国家加强了服务业统计工作，出台了相关政策，如表 19—3 所示。

2011 年 9 月，国务院办公厅转发了统计局《关于加强和完善服务业统计工作意见的通知》（以下简称《通知》）。《通知》指出，加强和完善服务业统计工作，对于准确反映服务业发展规模、效益、地区分布和行业分布情况，科学制定服务业发展战略规划，提高服务业管理水平，实现服务业又好又快发展，具有重要意义。《通知》进一步指出，各地区、各有关部门要按照“规范制度方法、明确职责分工、分散收集数据、集中统一核算”的原则，采用条块结合的方式组织实施服务业统计调查工作。如国家统计局负责组织领导全国的服务业统计工作，管理协调各地区、各有关部门的服务业统计调查项目，制定国家服务业综合统计制度和统计分类标准，组织批发和零售业、住宿和餐饮业、房地产业、居民服务和其他服务业以及无主管部门的服务业统计调查工作，统一核算全国服务业增加值及分行业、分地区增加值。国务院各有关部门应按照服务业统计职责分工建立健全部门服务业统计调查制度，报经国家统计局批准后组织实施，并及时向国家统计局提供其职责范围内的分省（市、区）服务业统计数据。地方各级统计部门和服务业主管部门应参照国务院有关部门服务业统计职责分工，协商确定本地区服务业统计职责分工，进一步完善统计调查制度，加强协调配合，不断提高服务业统计工作能力。

在服务贸易统计方面，这个阶段也取得了一定成果。重点结合近年来中国服务业贸易发展的实际情况和特点，在 2010 年和 2012 年对 2007 年《国际服务贸易统计制度》进行了两次修订。

表 19—3　　服务业统计政策

时间	政策名称	颁发部门及文号
2007 年 11 月 1 日	关于同意建立服务业统计部际联席会议制度的批复	国务院（国函［2007］110 号）
2010 年 8 月 3 日	关于印发《国际服务贸易统计制度》的通知	商务部、国家统计局（商服贸发［2010］295 号）
2011 年 9 月 26 日	转发统计局《关于加强和完善服务业统计工作意见》的通知	国务院办公厅（国办发［2011］42 号）
2012 年 8 月 20 日	关于印发《国际服务贸易统计制度》的通知	商务部、国家统计局（商服贸函［2012］655 号）

资料来源：根据中华人民共和国中央人民政府政府信息公开专栏的相关政策整理而得。

（三）服务业的初步分类管理政策

在 2009 年前，服务业发展政策基本上属于总量管理，还没有进入分类管理阶段，这与服务业多样性的特点相违背。2009 年国务院发布了《关于加快发展旅游业的意见》，揭开了服务业分类管理阶段的序幕，具体政策如表 19—4 所示。此后，国务院办公厅又于 2011 年分别下发文件，提出要促进物流业和高技术服务业健康发展。

在 2011 年底，商务部又集中出台了一系列指导意见，对洗染业、沐浴业、美容美发业、家电维修业、餐饮业、住宿业、家庭服务业、会展业等行业在“十二五”期间如何发展进行了部署。但是这些政策措施大多限定在生活性服务业，也仅仅是商务部的指导意见，并没有上升到国家发展战略的层面。此外还有 2012 年颁布的《“十二五”时期文化产业倍增计划》和《“十二五”时期国家动漫产业发展规划》，也是由文化部下发。各个部委自行制定各类服务业发展政策面临的重要问题是缺乏统一协调，在需要各部门之间配套政策时可能存在协调性不足。

表 19—4　　服务业分类管理政策

时间	政策名称	颁发部门及文号
2009 年 12 月 3 日	关于加快发展旅游业的意见	国务院（国发［2009］41 号）
2011 年 8 月 18 日	关于促进物流业健康发展政策措施的意见	国务院办公厅（国办发［2011］38 号）
2011 年 12 月 16 日	关于加快发展高技术服务业的指导意见	国务院办公厅（国办发［2011］58 号）
2011 年 10 月 7 号	关于“十二五”期间进一步发展洗染业的指导意见	商务部（商服贸发［2011］409 号）
2011 年 11 月 8 日	关于“十二五”期间规范发展沐浴业的指导意见	商务部（商服贸发［2011］415 号）

续前表

时间	政策名称	颁发部门及文号
2011年11月8日	关于“十二五”期间促进美容美发业规范发展的指导意见	商务部（商服贸发［2011］419号）
2011年11月14日	关于“十二五”期间规范发展家电维修服务业的指导意见	商务部（商服贸发［2011］432号）
2011年11月16日	关于“十二五”期间促进餐饮业科学发展的指导意见	商务部（商服贸发［2011］438号）
2011年11月16日	关于“十二五”期间促进住宿业规范发展的指导意见	商务部（商服贸发［2011］435号）
2011年12月5日	关于“十二五”期间促进家庭服务业发展的指导意见	商务部（商服贸发［2011］455号）
2011年12月10日	关于“十二五”期间促进会展业发展的指导意见	商务部（商服贸发［2011］463号）
2012年2月23日	关于印发《文化部“十二五”时期文化产业倍增计划》的通知	文化部（文产发［2012］7号）
2012年6月26日	“十二五”时期国家动漫产业发展规划	文化部（动漫办发［2012］1号）

资料来源：根据中华人民共和国中央人民政府政府信息公开专栏的相关政策整理而得。

19.4 第四阶段：服务业发展分类政策

19.4.1 《服务业发展“十二五”规划》

第四阶段的标志是2012年12月国务院《关于印发服务业发展“十二五”规划的通知》（国发［2012］62号）。这是中国制定的第一部服务业发展规划。

服务业发展规划是在中国服务业发展取得一定成果的基础上颁布的。“十一五”期间，中国服务业发展规模不断增大，服务业增加值年均增长11.9%，高于国内生产总值年增幅0.7个百分点，比“十五”时期加快1.4个百分点。虽然服务业实现了较快发展，但长期以来中国服务业滞后于经济社会发展需求的问题尚未得到根本解决，2010年服务业增加值占GDP比重仅为43.2%，而同期全球平均水平是62.23%，美国为74.5%，即使同为发展中国家的印度，2010年服务业占GDP比重也高达50.76%。我国“十一五”规划纲要中提出的“服务业增加值占国内生产总值比重和就业人员占全社会就业人员比重分别提高3个和4个百分点”的两个目标均未完成。

党中央、国务院高度重视服务业发展。国家“十二五”规划纲要强调，要把推动服务业大力发展作为产业结构优化升级的战略重点，营造有利于服务业发展的政策和体制环境。因此，2012年国务院颁布了《服务业发展“十二五”规划》（以下简称《规划》），对服务业发展做出了全面部署。

《规划》制定了服务业发展的具体量化目标和非量化目标。量化目标主要是：第一，提高服务业比重，2015年服务业增加值占GDP比重较2010年提高4个百分点，成为三次产业中比重最高的产业，推动特大城市形成服务业结构为主的产业结构。第二，提高服务业吸纳就业能力。到2015年，服务业就业人数占全社会就业人数的比重较2010年提高4个百分点，服务业从业人员素质明显提高。非量化主要目标是：第一，提升服务业发展水平。服务业新兴领域不断拓展，新型业态和新兴产业不断涌现，规模化、品牌化和网络化水平不断提升，培育一批具有核心竞争力的大企业大集团，创建一批具有国际影响力的著名品牌，建设一批主体功能突出、辐射范围广、带动作用强的服务业发展示范区。第二，推进服务业改革开放。垄断行业改革不断深化，投资主体多元化机制进一步完善，国家服务业综合改革试点取得明显成效，服务业发展环境进一步改善，对外开放领域和范围进一步扩大，国际化水平不断提高。

《规划》第一次将扩大服务业开放提到了战略高度，重点在于五个方面：第一大力发展服务贸易。进一步巩固运输、旅游、建筑等行业在服务贸易中的优势，积极推进中医药、文化艺术、动漫游戏等有我国特色的服务出口，重点培育通信、金融、会计、资产评估、计算机和信息服务、传媒、咨询、会展等现代服务贸易，加快培育一批拥有自主知识产权和知名品牌的服务贸易重点企业。提高国内服务外包企业承接能力，逐步形成一批具有国际竞争力的服务外包产业基地。第二，提高服务业利用外资水平。鼓励引进设计、研发和营销等方面的先进技术和管理经验，鼓励设立外商投资研发中心。第三，稳步实施“走出去”战略。按照市场导向和企业自主决策原则，引导各类所有制服务业企业有序开展境外投资合作，支持在境外开展技术研发投资合作，创建国际化营销网络和知名品牌。第四，深化内地与港澳地区服务业合作。继续实施内地与香港、澳门《关于建立更紧密经贸关系的安排》(CEPA)，进一步扩大对港澳服务业开放，大幅提升服务贸易开放程度。采取更加积极的措施，扩大对港澳传统服务业和新兴服务业的开放，充实贸易投资便利化的内容。到“十二五”末期，通过CEPA基本实现内地与香港、澳门服务贸易的自由化。第五，推进海峡两岸服务业合作。以两岸经济合作委员会为平台，积极落实《海峡两岸经济合作框架协议》服务贸易早期收获计划，遵循平等互惠、循序渐进的原则，推进两岸商签服务贸易协议，逐步减少或消除两岸间涵盖众多部门的服务贸易限制性措施，推动两岸进一步互相开放服务业市场，促进两岸服务贸易自由化。

《规划》提出要改革完善服务业发展体制机制，深化服务业改革、创新政策支持。在深化服务业改革方面，扩大服务业开放领域，完善服务业外资准入和经营的法律法规，积极探索外商投资管理体制改革。凡是法律法规及国家规定没有明令禁入的服务领域，都要向社会资本开放；深化电信、铁路等服务行业改革，进一步放宽市场准入，实现投资主体多元化，形成有效竞争的市场格局；对文化艺术、广播影视、新闻出版、教育、医疗卫生、社会保障、体育、知识产权、检验检测等行业和领域中能够实行市场化经营的服务，要引导社会力量增加市场供给；加快国有服务业企业改革，推动国有资本向关系国家安全和国民经济命脉的重要服务行业和关键服务领域集中，在一般竞争性行业和领域为民间资本营造更为广阔的市场空间；加快推进事业单位改革，按照政事分开、事企分开、管办分离的要求，积极稳妥推进科技、教育、文化、卫生、体育等事业单位分类改革；着眼于体制突破和机制完善，着眼于推动经济发展方式转变、结构调整和扩大内需，着眼于培育新的经济增长点，深入开展国家服务业综合改革试点，将其作为破解制约服务业发展难题的重要举措等。

在创新政策支持方面，完善有利于服务业发展的税收政策，结合营业税改征增值税试点，逐步扩大增值税征收范围；健全适应服务业发展的金融服务体系；在土地利用总体规划和城乡规划中统筹安排服务业发展用地规模、布局和时序，扩大服务业用地供给；逐步完善宏观经济调控下以市场形成价格为主、政府制定价格为辅的服务业价格形成机制，规范服务价格行为；国家财政预算安排资金，重点支持服务业关键领域和薄弱环节发展等。

19.4.2 其他相关配套政策

《服务业发展“十二五”规划》颁布后，国务院及各部委又下发了一系列通知和指导意见，对服务业发展进行政策支持，如表19—5所示。总体来看，从2012年至今，中国服务业政策具有如下特点。

表19—5　　2012年以来国务院及各部委制定的服务业政策措施

时间	政策名称	颁发部门及文号
2012年8月7日	关于深化流通体制改革加快流通产业发展的意见	国务院（发［2012］39号）
2012年11月13日	关于印发《现代服务业综合试点工作绩效评价管理办法》的通知	财政部（财建［2012］863号）
2012年12月27日	关于印发社会养老服务体系建设规划（2011—2015年）的通知	国务院办公厅（国办发［2011］60号）
2012年12月29日	关于印发社区服务体系建设规划（2011—2015年）的通知	国务院办公厅（国办发［2011］61号）
2013年1月17号	关于印发中央财政促进服务业发展专项资金管理办法的通知	财政部、商务部（财建［2013］4号）
2013年9月13日	关于加快发展养老服务业的若干意见	国务院（国发［2013］35号）
2013年10月18日	关于促进健康服务业发展的若干意见	国务院（国发［2013］40号）
2014年3月14日	关于推进文化创意和设计服务与相关产业融合发展的若干意见	国务院（国发［2014］10号）
2014年3月17日	关于贯彻落实《国务院关于推进文化创意和设计服务与相关产业融合发展的若干意见》的实施意见	文化部文化产业司，索引号：000014348/2014-00009
2014年5月9日	关于进一步促进资本市场健康发展的若干意见	国务院（国发［2014］17号）
2014年8月6日	关于加快发展生产性服务业促进产业结构调整升级的指导意见	国务院（国发［2014］26号）
2014年8月8日	关于推动特色文化产业发展的指导意见	文化部、财政部（文产发［2014］28号）
2014年8月13日	关于加快发展现代保险服务业的若干意见	国务院（国发［2014］29号）
2014年8月21日	关于促进旅游业改革发展的若干意见	国务院（国发［2014］31号）
2014年9月3日	关于促进海运业健康发展的若干意见	国务院（国发［2014］32号）
2014年9月22日	关于促进商贸物流发展的实施意见	商务部（商流通函［2014］790号）

续前表

时间	政策名称	颁发部门及文号
2014 年 10 月 4 日	关于印发物流发展中长期规划（2014—2020 年）的通知	国务院（国发［2014］42 号）
2014 年 10 月 28 日	关于加快科技服务业发展的若干意见	国务院（国发［2014］49 号）
2014 年 11 月 14 日	关于推动养老服务产业发展的指导意见	商务部（商服贸［2014］899 号）
2014 年 11 月 16 日	关于促进内贸流通健康发展的若干意见	国务院办公厅（国办发［2014］51 号）

资料来源：根据中华人民共和国中央人民政府政府信息公开专栏的相关政策整理而得。

第一，服务业发展政策进入分类管理的新阶段。由于服务业具有异质性的特征，之前笼统的支持服务业的发展政策不适应服务业发展的新要求。2012 年 8 月，国务院下发《关于深化流通体制改革加快流通产业发展的意见》，此后又陆续对社会养老服务业、社区服务、健康服务、文化创意和设计服务业、生产性服务业、特色文化产业、现代保险服务业、海运业、科技服务业等服务业行业提出了发展意见。这表明，中国服务业发展政策已经正式进入分类管理的新阶段。这些细分的服务业都是《服务业发展“十二五”规划》中强调的重点发展行业。

第二，服务业发展政策已经被提到了国家发展战略阶段。几乎所有分类发展政策都是国务院（部分是国务院办公厅）下发的，这样更容易统筹协调各个部委的行动，从而进行多方位的支持。例如，国务院《关于加快发展养老服务业的若干意见》（国发［2013］35 号）提出后，商务部就出台了商务部《关于推动养老服务产业发展的指导意见》（商服贸［2014］899 号）；国务院《关于推进文化创意和设计服务与相关产业融合发展的若干意见》（国发［2014］10 号）出台后的第三天，文化部也下发了《关于贯彻落实〈国务院关于推进文化创意和设计服务与相关产业融合发展的若干意见〉的实施意见》。

第三，服务业发展政策的出台更为密集。从 2014 年初至 2014 年 11 月，国务院和国务院办公厅下发的服务业相关政策就有 10 条，基本上是前几年国务院（包括国务院办公厅）出台服务业相关政策的总和。这也充分显示了中国政府对服务业发展的重视程度。

复习题

1. 中国服务业发展政策可以分为几个阶段？
2. 不同时期服务业发展政策有什么样的特点？
3. 试了解 2012 年以后中国服务业发展的具体相关政策。

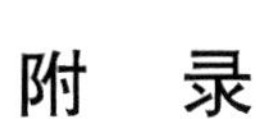

附 录

附录1 中共中央国务院《关于加快发展第三产业的决定》

（一九九二年六月十六日）

为了抓住当前有利时机，加快改革开放步伐，集中精力把经济建设搞上去，按照国民经济和社会发展十年规划和第八个五年计划的要求，必须使第三产业有一个全面、快速的发展。

一、加快发展第三产业具有重大战略意义

（一）第三产业的加快发展是生产力提高和社会进步的必然结果。第三产业水平是衡量现代社会经济发达程度的重要标志。我国第三产业发展缓慢，水平较低，不适应国民经济发展的需要。从许多国家经济发展的规律看，当经济发展到一定水平时，第三产业的发展速度普遍高于第一、第二产业，对于整个国民经济的发展，起了明显的促进作用。我国现在已经进入这个阶段。为顺利实现社会主义现代化建设的宏伟目标，必须紧紧抓住这一机遇，把第三产业提高到一个新的水平。

（二）加快发展第三产业，可以促进市场充分发育，提高服务的社会化、专业化水平，增强社会保障能力，有利于劳动、工资、价格、企业经营机制和流通体制等一系列改革顺利实施，有利于进一步扩大开放、更多地吸引外资，有利于精简机构、提高效率，逐步改变机关、企事业单位办社会的状况，为改革开放在更广阔的领域向纵深发展创造更好的条件。

（三）我国工业经济效益差，农业商品率低，流通不畅，财政困难，已经严重障碍国民经济的进一步发展。产生这些问题的一个重要原因是经济结构不合理。经济结构不合理主要表现在第三产业不适应第一、第二产业发展的需要。第三产业投入少，见效快，社会

效益好。加快发展第三产业，既可以调整三次产业比例关系、优化国民经济结构，又是缓解经济生活中深层次矛盾和促进经济更快发展的一个有效途径。

（四）九十年代，我国每年都将有大批新成长的劳动力和从第一、第二产业转移出来的劳动力需要安置。第三产业在吸纳劳动力就业方面具有独特的优势：行业多，门类广，劳动密集、技术密集、知识密集行业并存，能够吸纳大量的和不同层次的各类人员，特别是可以容纳大量科技、专业人才。加快发展第三产业是缓解我国日益严峻的就业压力的主要出路。

（五）到本世纪末，我国人民的生活将达到小康水平。同温饱水平相比，小康水平不仅表现在居民收入所达到的标准，更重要的是要看社会化服务水平和居民生活质量。随着经济的发展和收入的提高，人民群众不仅在衣、食、住、行、通讯、卫生和生活环境等物质生活的各个方面提出了更多、更高的要求，而且在文化娱乐、广播影视、图书出版、体育康复、旅游等精神生活方面也提出了更多、更高的要求。只有加快发展第三产业，才能适应人民群众日益增长的物质和文化生活的需要，促进社会主义物质文明和精神文明建设。

二、加快发展第三产业的目标和重点

（六）根据国情，我国对国民经济按三次产业作如下划分：第一产业是农业；第二产业是工业和建筑业；第三产业是除此以外的其他各业，主要包括流通部门、为生产和生活服务的部门、为提高科学文化水平和居民素质服务的部门。

（七）加快发展第三产业的目标是，争取用十年左右或更长一些时间，逐步建立起适合我国国情的社会主义统一市场体系、城乡社会化综合服务体系和社会保障体系。九十年代，要在发展第一、第二产业的同时加快发展第三产业，促进国民经济每隔几年上一个新台阶。为此，第三产业增长速度要高于第一、第二产业，第三产业增加值占国民生产总值的比重和就业人数占社会劳动者总人数的比重，力争达到或接近发展中国家的平均水平。

（八）加快发展第三产业的重点是：一、投资少、收效快、效益好、就业容量大、与经济发展和人民生活关系密切的行业，主要是商业、物资业、对外贸易业、金融业、保险业、旅游业、房地产业、仓储业、居民服务业、饮食业和文化卫生事业等。二、与科技进步相关的新兴行业，主要是咨询业（包括科技、法律、会计、审计等咨询业）、信息业和各类技术服务业等。三、农村的第三产业，主要是为农业产前、产中、产后服务的行业，为提高农民素质和生活质量服务的行业。四、对国民经济发展具有全局性、先导性影响的基础行业，主要是交通运输业、邮电通讯业、科学研究事业、教育事业和公用事业等。

三、加快发展第三产业的主要政策和措施

（九）充分调动各方面的积极性，国家、集体、个人一起上。要放手让城乡集体经济组织和私营企业、个人兴办那些投资少、见效快、劳动密集、直接为生产和生活服务的行业。对国民经济发展具有全局性、先导性影响的基础行业主要由国家办，但也要引入竞争机制，在统一规划、统一管理下，动员地方、部门和集体经济力量兴办。加快发展第三产

业，主要应依靠社会各方面力量，坚持谁投资、谁所有、谁受益的原则，不能过多依赖国家投资。

（十）依靠深化改革、扩大开放加快发展第三产业的步伐。积极进行多种形式的改革和试点，大胆利用海外资金、技术和销售渠道；通过发行债券、股票等各种途径、方式筹集资金；积极推进集团化经营，打破部门、地区、行业和所有制界限，组建全国性和区域性第三产业企业集团，加快发展第三产业。凡实践证明行之有效的，要尽快全面铺开；一时效果不明显的，可继续试行；确实不成功的，应改试其他方式。

（十一）以产业化为方向，建立充满活力的第三产业自我发展机制。大多数第三产业机构应办成经济实体或实行企业化经营，做到自主经营、自负盈亏。现有的大部分福利型、公益型和事业型第三产业单位要逐步向经营型转变，实行企业化管理。

（十二）以社会化为方向，积极推动有条件的机关和企事业单位在不影响保密和安全的前提下，将现有的信息、咨询机构、内部服务设施和交通运输工具向社会开放，开展有偿服务，并创造条件使其与原单位脱钩，自主经营，独立核算。同时，鼓励社会服务组织承揽机关和企事业单位的后勤服务、退休人员管理和其他事务性工作。打破“大而全”、“小而全”的封闭式自我服务体系，使上述工作逐步实现社会化。

（十三）鼓励第三产业企业跨部门、跨行业、跨地区兼并应关停并转的工业企业，在资产转让、债务清理、信贷和税收等方面给予优惠和支持。这要作为加快调整工业结构的一项重要措施。

（十四）积极鼓励行政人员从机关分离出来，从事服务行业。从机关分离出来的人员与机关脱钩。同时要大力发展为生产和生活服务的行业，尽可能多地吸纳从机关分离出来的人员。为政府机构改革和精减人员顺利实施创造条件。

（十五）推进劳动人事制度改革，赋予第三产业企业用工自主权。逐步实行辞退、辞职制度，实现就业双向选择。实行企业化经营、不需财政拨付经费的事业单位，用人放开，自定编制；财政拨付部分经费的事业单位，适当放宽编制。鼓励工业企业富余人员，特别是有专业技术特长的人员向第三产业流动。鼓励大专院校毕业生和转业军人到第三产业企事业单位工作。

（十六）遵循价值规律，改革价格体系，解决第三产业长期存在的价值补偿不足问题。除少数确实需要由国家制定价格和收费标准的以外，第三产业的大部分价格和服务收费标准要放开，分别情况实行浮动定价、同行议价或自行定价，以形成合理的比价关系。

（十七）鼓励扩大国际化经营，赋予部分国营大中型商业、物资企业进出口权，有条件的要努力向境外发展，积极兴办海外中资企业。经批准，可以赋予国营大中型外贸企业国内销售权。实现国内国际市场统筹经营。进一步简化出国开展业务的审批手续。

（十八）利用金融和税收等经济手段扶持第三产业发展。对重点行业所需贷款，在信贷计划中加以安排。银行和城乡信用社可以向效益好、有偿还能力的集体企业、私营企业和个体工商户发放小额固定资产和简易设备维修贷款。对一些新办的第三产业企业，确有必要时可按产业政策在一定时期内缓征、减征所得税。

（十九）简化审批手续，改变目前第三产业开业难状况。放开第三产业企业经营自主权，允许他们采取更加灵活的方式，扩大经营范围；同时，要切实加强管理与监督。

（二十）加强第三产业法制建设。加快制定有关法律、法规，规范企业行为和市场行为。企业要依法经营，行业主管部门和经济监督部门要依法行政和依法监督。确保第三产业沿着法制轨道健康发展。

（二十一）加强第三产业的规划和管理。各地经济结构和发展水平不同，第三产业的发展重点和速度也应有所区别。要因地制宜，依据国家的产业政策，确定发展重点。将发展第三产业的投资、信贷、就业、用地等列入城乡整体发展规划，统筹安排。各地区、各部门要制定贯彻落实本《决定》的实施方案，并尽快修订与本《决定》精神不符的政策法规。

党中央、国务院要求全党和各级政府高度重视第三产业。各级党政领导干部要统一思想，转变观念，开阔思路，发挥创造性，动员广大干部群众，为实现加快发展第三产业这一重大战略任务而努力奋斗。

附录 2 “十五”期间加快发展服务业若干政策措施的意见

（国家计委二〇〇一年十二月三日）

改革开放以来，特别是 1992 年《中共中央、国务院关于加快发展第三产业的决定》（中发［1992］5 号）下发以来，我国服务业稳定发展，结构不断改善，就业岗位大幅度增加。但从总体上看，服务业供给不足、比重偏低、结构落后、质量不高、竞争力差等问题仍很突出，已经成为当前以及今后一段时期制约产业结构优化升级和国民经济发展的重要因素。

我国已经进入经济结构战略性调整的重要时期，必须充分认识新阶段、新形势、新体制下加快发展服务业的重要意义。加快发展服务业，是国民经济持续快速健康发展的重要保障，是提高国际竞争力和国民经济整体素质的有力措施，是缓解就业压力的主要途径，也是提高人民生活水平的迫切需要。服务业的兴旺发达是现代化的一个重要特征，加快发展服务业，对于推进社会主义现代化具有深远的战略意义。

加快发展服务业，要坚定不移地贯彻落实党的十五届五中全会精神，以市场化、产业化和社会化为方向，增加供给、优化结构、拓宽领域、扩大就业。要进一步解放思想，更新观念，真正把服务业作为产业对待。要有步骤地扩大开放，在主要依靠市场机制的基础上，通过政策引导，加大工作力度和资金投入，促进全国服务业发展再上一个新台阶。

根据“十五”计划纲要的要求，“十五”期间服务业发展的目标是：服务业增加值年均增长速度适当快于国民经济的增长速度，争取达到 7.5%左右，占国内生产总值的比重由 2000 年的 33.2%提高到 2005 年的 36%；服务业从业人员年均增长 4%以上，累计新增就业人数争取达到 4 500 万人，占全社会从业人员的比重由 2000 年的 27.5%提高到 2005 年的 33%。为此，要采取以下政策措施：

一、优化服务业行业结构

（一）以市场为取向，以企业为主体，以技术进步为支撑，大力调整和优化服务业行业结构，提高服务业的整体素质和国际竞争力。强化对交通运输、商贸流通、餐饮、公用事业、农业服务等行业的改组改造，推进连锁经营、特许经营、物流配送、代理制、多式联运、电子商务等组织形式和服务方式的发展，提高服务质量和经营效益。积极发展房地产、物业管理、旅游、社区服务、教育培训、文化、体育等需求潜力大的行业，形成新的经济增长点。大力发展信息、金融、保险以及会计、咨询、法律服务、科技服务等中介服务行业，提高服务水平和技术含量，促进服务业行业结构及经济结构的优化。

（二）各地区要从本地实际出发，发挥优势，突出重点，发展各具特色的服务业。中心城市及沿海地区的部分城市，要按照城市功能定位，在改组改造传统服务业的同时，着重发展现代服务业和新兴服务业；具有交通、商贸、旅游等特定优势和服务功能的中小城市和城镇，要进一步强化优势，突出特色，提高优势行业的竞争力；其他城镇和农村，要适应当地市场需求，因地制宜地发展有优势的行业。

二、扩大服务业就业规模

（三）服务业是今后我国扩大就业的主要渠道，对此，各地区、各部门必须统一认识，高度重视，采取积极促进就业的政策措施，进一步挖掘服务业安置就业的巨大潜力，发挥其保持社会稳定的重要作用。

（四）积极支持服务业各行业拓宽服务领域，开拓新的就业渠道。对就业潜力大的行业，尤其是社区服务、农业服务等，要营造更加宽松的环境，大张旗鼓地鼓励发展。各地区、各部门要研究制定具体的政策措施，鼓励下岗职工、乡镇转岗干部和复转军人创办社区服务企业和农业服务企业。

（五）积极引导劳动力的跨地区流动就业，取消各种限制劳动力合理流动的政策规定。有关部门要完善和规范就业服务体系，提供准确及时的就业信息，避免盲目流动。制定劳动力市场管理和职业介绍、职业指导、劳动事务代理等就业服务制度和标准，规范劳动者、企业和市场中介组织的市场行为。鼓励服务业推行非全日制、临时性、弹性工作时间等灵活多样的就业形式，为服务业扩大就业创造良好的环境。引导劳动者转变就业观念，积极从事服务业工作。

三、加快企业改革和重组

（六）加快服务业国有企业改革，建立产权清晰、权责明确、政企分开、管理科学的现代企业制度。加快服务业国有经济布局的战略性调整，有进有退，有所为有所不为。国有经济比重较高的对外贸易、公用事业、旅游、文化、电信、金融、保险等行业，要逐步放宽对非国有经济的准入限制和扩大对外开放。

（七）对国有服务业大中型企业进行规范的公司制改革。除少数企业外，要通过规范上市、中外合资、相互参股等形式，逐步改制为多元持股的股份有限公司或有限责任公司。健全公司法人治理结构，深化企业内部改革。

（八）尽快改变部分行业经营方式陈旧、缺乏服务品牌和过度竞争等状况，促进服务业的集团化、网络化、品牌化经营。依托有竞争力的企业，通过兼并、联合、上市、重组等方式，形成一批拥有著名服务品牌、多元投资主体的大型服务业企业。鼓励优势企业兼并困难企业，对长期亏损、资不抵债、扭亏无望的企业依法实施破产。

（九）国家从授权经营、跨业经营、上市融资、项目审批等方面促进形成少数具有较强国际竞争力的大公司和企业集团。各地区、各部门要鼓励企业跨地区发展，并在经营场所、工商登记、劳动用工等方面提供便利。

（十）进一步放开搞活国有服务业中小企业，采取改组、联合、兼并、租赁、承包经营、出售等多种形式进行产权制度和经营机制改革。各地区可根据不同行业的特点，采取更加灵活的方式，加大力度，加快服务业中小企业的改革。

四、放宽服务业市场准入

（十一）改变服务业部分行业垄断经营严重、市场准入限制过严和透明度低的状况，按市场主体资质和服务标准，逐步形成公开透明、管理规范和全行业统一的市场准入制度。积极鼓励非国有经济在更广泛的领域参与服务业发展，在市场准入、土地使用、信贷、税收、上市融资等方面，对非国有经济实行与国有经济同等的待遇。

（十二）加快铁路、民航、通信、公用事业等行业管理体制的改革，放宽外贸、教育、文化、中介服务等行业市场准入的资质条件。凡鼓励和允许外资进入的领域，均鼓励和允许国内投资者以独资、合资、合作、联营、参股、特许经营等方式进入，鼓励和允许上市公司以资产重组或增发新股方式进入服务业。

（十三）国务院有关部门和地方各级政府，要对服务业市场准入的有关规定进行认真清理，改革市场准入的行政审批制度，大幅度减少行政性审批，需要保留的也要按照区别情况、简化手续、公开透明、管理和监督规范的原则进行改革。

（十四）加强对服务业市场准入的规范化管理，国务院有关部门要尽快制定并公示有条件准入的领域、准入条件、审批确认等准入程序以及管理监督办法。加强对服务市场的依法监管，整顿和规范服务市场秩序，严肃查处不正当竞争行为，对违法违规和严重扰乱市场秩序的要清除出市场，创造竞争有序的市场环境。

五、有步骤地扩大对外开放

（十五）抓住我国加入世界贸易组织带来的新机遇，积极有序地扩大服务业对外开放。要通过扩大开放，促进服务业管理体制、企业机制、组织形式以及服务品种的创新；促进先进服务技术和标准的引进，带动服务业整体水平的提高；促进和培育服务业比较优势的形成，增强国际竞争力，减少服务贸易逆差。

（十六）根据我国经济发展需要以及加入世界贸易组织的承诺，有步骤地进一步开放银行、保险、证券、电信、外贸、商业、文化、旅游、医疗、会计、审计、资产评估、国际货运代理等领域。

（十七）鼓励有条件的企业实行“走出去”战略，发展服务业的跨国公司。鼓励开展设计咨询、对外工程和技术承包、劳务合作。有关部门要在金融、保险、外汇、财税、人才、法律、信息服务、出入境管理等方面，为企业开拓国际市场、扩大市场份额、提高国际竞争力创造必要条件。

六、推进部分服务领域的产业化

（十八）以政企分开、政事分开、企业与事业分开、营利性机构与非营利性机构分开为原则，加快推进适宜产业化经营领域的产业化进程。国务院有关部门和地方各级政府要尽快完成适宜产业化领域由“政府办”向“社会办”的转变。各级政府要做好有关领域的基本公共服务，基本公共服务以外的领域都要实行产业化经营。

（十九）将各类事业单位划分为营利性或非营利性机构。营利性事业单位都要改制为企业或实行企业化管理，实行自主经营、自负盈亏、依法纳税，逐步减少直至取消政府投资和事业经费。挂靠政府部门的营利性机构要与原部门脱钩。非营利性机构也要引入竞争机制，面向市场提供服务。

七、促进后勤服务的社会化

（二十）学校、医院和企业、事业单位以及有条件的机关后勤服务设施都要面向社会开放。除法律法规和国家政策另有规定外，学校、医院和企业、事业单位以及党政机关营利性的后勤服务机构都要改制为独立法人企业。新组建并由国家财政拨款的行政事业单位，原则上不再设立后勤服务机构，所需服务由社会提供。鼓励民间投资兴办面向机关和企事业单位的后勤服务，推广“大学生公寓”等社会化服务的各种组织形式。

（二十一）在对后勤服务机构占有和使用的国有资产进行认真清理和评估后，允许将其中一部分以国有资本金的形式注入改制后的后勤服务机构。有关部门要抓紧制定促进并规范后勤服务机构转制的具体规定。

八、鼓励中心城市“退二进三”

（二十二）调整城市市区用地结构，减少工业企业用地比重，提高服务业用地比重，即“退二进三”。这是提高土地利用效益，完善城市功能，改善居民生活环境的重要措施，也是城市经济结构战略性调整的重要任务。目前，大部分中心城市已经进入必须对城市市区用地结构进行调整的阶段。要采取切实措施，逐步加大力度，把一些城市行之有效的“退二进三”措施，推广到更多城市。

（二十三）中心城市要根据城市总体规划，逐步迁出或关闭市区污染大、占地多等不适应城市功能定位的工业企业，工业企业退出的土地，要优先用于服务业。城市政府要积极采取措施，帮助迁出或关闭企业做好人员安置、资金筹措等工作。鼓励外资投向与“退二进三”相关的城市基础设施及回报率高、成长性好、带动性强的服务业项目。

九、加快服务业人才培养

（二十四）加快培养服务业所需各类人才，特别要加快培养社会急需的信息服务、金融、保险、各类中介服务、服务业政策与管理以及熟悉国际服务贸易规则等方面的人才。有计划地在现有高等学校和中等职业学校增设服务业紧缺的专业，改革教学内容和教学方法，增加紧缺专业招生规模。拓宽人才培养途径，积极吸引和聘用海外高级人才。

（二十五）加强岗位职业培训，提高服务业从业人员的职业道德、质量意识、竞争意识和业务水平，增强其就业、创业和适应职业变化的能力。全面推进职业资格证书制度，建立服务业职业资格标准体系，有序扩大实施范围和领域，提高服务业从业人员的职业素质。

十、多渠道增加服务业投入

（二十六）发展服务业主要依靠市场机制配置资源，同时也要注意发挥政府投资的引导和带动作用。中央和地方各级政府，都要适当安排一定数量的投资，作为加快发展服务业的引导资金，主要用于国家鼓励的服务业建设项目的贴息或补助，以更多地吸引银行信贷资金和社会投入。

（二十七）银行要适当增加对服务业的信贷支持，在独立审贷基础上积极向符合贷款条件的服务业企业及其建设项目发放贷款。有关部门要加强与银行的沟通，积极向银行推荐有效益的服务业项目。

（二十八）鼓励符合条件的服务业企业进入资本市场融资，通过股票上市、企业债券、项目融资、资产重组、股权置换等方式筹措资金。创造条件，逐步解决某些服务行业用水、用气、用电价格不合理问题。

十一、扩大城乡居民的服务消费

（二十九）改善服务消费环境，完善消费政策，提倡健康、文明的消费方式，引导城乡居民增加服务消费，营造有利于扩大服务消费的社会氛围。

（三十）提高城乡居民的服务消费能力，在经济发展的同时，不断增加城乡居民特别是农民和城镇低收入者的收入。建立个人信用制度，完善消费信贷办法，提高信贷服务水平。加强服务业各类基础设施建设，改善布局和结构，特别要注意扩大农村基础设施的覆盖面，促进农民增加服务消费。

（三十一）把加快发展服务业与实施城镇化战略结合起来，积极稳妥地推进城镇化，调整城镇规模结构，扩大城市服务消费群体。

（三十二）推行职工带薪年休假制度，有关部门要尽快制定具体实施办法。

十二、加强服务业的组织领导

（三十三）各地区、各部门要进一步转变观念，统一思想，提高认识，把服务业摆到与农业、工业同等重要的位置。各级政府要切实履行职责，为加快发展服务业创造良好的环境。

（三十四）计划部门负责服务业总体规划编制、政策制定和衔接平衡各行业规划与政策工作。有关行业主管部门要做好相关行业的规划编制、政策制定和组织实施工作。鼓励服务业行业协会的发展，发挥其在市场保护、行业自律、沟通企业与政府等方面的作用。

（三十五）强化服务业统计工作，按照国际惯例和通行规则，改进统计制度和方法，做好第二次全国第三产业普查，建立和完善服务业的经常性调查。有关部门要建立健全服务业发展的监测、预警、预测和信息发布制度，发挥信息导向作用。

（三十六）加快制定和完善规范服务业市场主体行为和市场秩序的法律法规，为服务业发展提供法律保障。完善服务业标准，提高服务水平。

（三十七）各地区、各部门要根据本意见制定和实施促进服务业加快发展的具体政策措施，确保政策措施落到实处。国务院责成国家计委对落实本意见的情况进行监督检查，并向国务院报告。

附录3　国务院关于加快发展服务业的若干意见

国发［2007］7号

各省、自治区、直辖市人民政府，国务院各部委、各直属机构：

根据“十一五”规划纲要确定的服务业发展总体方向和基本思路，为加快发展服务业，现提出以下意见：

一、充分认识加快发展服务业的重大意义

服务业是国民经济的重要组成部分，服务业的发展水平是衡量现代社会经济发达程度的重要标志。我国正处于全面建设小康社会和工业化、城镇化、市场化、国际化加速发展时期，已初步具备支撑经济又好又快发展的诸多条件。加快发展服务业，提高服务业在三次产业结构中的比重，尽快使服务业成为国民经济的主导产业，是推进经济结构调整、加快转变经济增长方式的必由之路，是有效缓解能源资源短缺的瓶颈制约、提高资源利用效率的迫切需要，是适应对外开放新形势、实现综合国力整体跃升的有效途径。加快发展服务业，形成较为完备的服务业体系，提供满足人民群众物质文化生活需要的丰富产品，并成为吸纳城乡新增就业的主要渠道，也是解决民生问题、促进社会和谐、全面建设小康社会的内在要求。为此，必须从贯彻落实科学发展观和构建社会主义和谐社会战略思想的高度，把加快发展服务业作为一项重大而长期的战略任务抓紧抓好。

党中央、国务院历来重视服务业发展，制定了一系列鼓励和支持发展的政策措施，取得了明显成效。特别是党的十六大以来，服务业规模继续扩大，结构和质量得到改善，服务领域改革开放不断深化，在促进经济平稳较快发展、扩大就业等方面发挥了重要作用。但是，当前在服务业发展中还存在不容忽视的问题，特别是一些地方过于看重发展工业尤其是重工业，对发展服务业重视不够。我国服务业总体上供给不足，结构不合理，服务水平低，竞争力不强，对国民经济发展的贡献率不高，与经济社会加快发展、产业结构调整升级不相适应，与全面建设小康社会和构建社会主义和谐社会的要求不相适应，与经济全球化和全面对外开放的新形势不相适应。各地区、各部门要进一步提高认识，切实把思想统一到中央的决策和部署上来，转变发展观念，拓宽发展思路，着力解决存在的问题，加快把服务业提高到一个新的水平，推动经济社会走上科学发展的轨道，促进国民经济又好又快发展。

二、加快发展服务业的总体要求和主要目标

当前和今后一个时期，发展服务业的总体要求是：以邓小平理论和“三个代表”重要思想为指导，全面贯彻落实科学发展观和构建社会主义和谐社会的重要战略思想，将发展服务业作为加快推进产业结构调整、转变经济增长方式、提高国民经济整体素质、实现全面协调可持续发展的重要途径，坚持以人为本、普惠公平，进一步完善覆盖城乡、功能合理的公共服务体系和机制，不断提高公共服务的供给能力和水平；坚持市场化、产业化、社会化的方向，促进服务业拓宽领域、增强功能、优化结构；坚持统筹协调、分类指导，

发挥比较优势，合理规划布局，构建充满活力、特色明显、优势互补的服务业发展格局；坚持创新发展，扩大对外开放，吸收发达国家的先进经验、技术和管理方式，提高服务业国际竞争力，实现服务业又好又快发展。

根据“十一五”规划纲要，“十一五”时期服务业发展的主要目标是：到2010年，服务业增加值占国内生产总值的比重比2005年提高3个百分点，服务业从业人员占全社会从业人员的比重比2005年提高4个百分点，服务贸易总额达到4 000亿美元；有条件的大中城市形成以服务经济为主的产业结构，服务业增加值增长速度超过国内生产总值和第二产业增长速度。到2020年，基本实现经济结构向以服务经济为主的转变，服务业增加值占国内生产总值的比重超过50%，服务业结构显著优化，就业容量显著增加，公共服务均等化程度显著提高，市场竞争力显著增强，总体发展水平基本与全面建设小康社会的要求相适应。

三、大力优化服务业发展结构

适应新型工业化和居民消费结构升级的新形势，重点发展现代服务业，规范提升传统服务业，充分发挥服务业吸纳就业的作用，优化行业结构，提升技术结构，改善组织结构，全面提高服务业发展水平。

大力发展面向生产的服务业，促进现代制造业与服务业有机融合、互动发展。细化深化专业分工，鼓励生产制造企业改造现有业务流程，推进业务外包，加强核心竞争力，同时加快从生产加工环节向自主研发、品牌营销等服务环节延伸，降低资源消耗，提高产品的附加值。优先发展运输业，提升物流的专业化、社会化服务水平，大力发展第三方物流；积极发展信息服务业，加快发展软件业，坚持以信息化带动工业化，完善信息基础设施，积极推进“三网”融合，发展增值和互联网业务，推进电子商务和电子政务；有序发展金融服务业，健全金融市场体系，加快产品、服务和管理创新；大力发展科技服务业，充分发挥科技对服务业发展的支撑和引领作用，鼓励发展专业化的科技研发、技术推广、工业设计和节能服务业；规范发展法律咨询、会计审计、工程咨询、认证认可、信用评估、广告会展等商务服务业；提升改造商贸流通业，推广连锁经营、特许经营等现代经营方式和新型业态。通过发展服务业实现物尽其用、货畅其流、人尽其才，降低社会交易成本，提高资源配置效率，加快走上新型工业化发展道路。

大力发展面向民生的服务业，积极拓展新型服务领域，不断培育形成服务业新的增长点。围绕城镇化和人口老龄化的要求，大力发展市政公用事业、房地产和物业服务、社区服务、家政服务和社会化养老等服务业。围绕构建和谐社会的要求，大力发展教育、医疗卫生、新闻出版、邮政、电信、广播影视等服务事业，以农村和欠发达地区为重点，加强公共服务体系建设，优化城乡区域服务业结构，逐步实现公共服务的均等化。围绕小康社会建设目标和消费结构转型升级的要求，大力发展旅游、文化、体育和休闲娱乐等服务业，优化服务消费结构，丰富人民群众精神文化生活。服务业是今后我国扩大就业的主要渠道，要着重发展就业容量大的服务业，鼓励其他服务业更多吸纳就业，充分挖掘服务业安置就业的巨大潜力。

大力培育服务业市场主体，优化服务业组织结构。鼓励服务业企业增强自主创新能力，通过技术进步提高整体素质和竞争力，不断进行管理创新、服务创新、产品创新。依托有竞争力的企业，通过兼并、联合、重组、上市等方式，促进规模化、品牌化、网络化经营，形成一批拥有自主知识产权和知名品牌、具有较强竞争力的大型服务企业或企业集团。鼓励和引导非公有制经济发展服务业，积极扶持中小服务企业发展，发挥其在自主创业、吸纳就业等方面的优势。

四、科学调整服务业发展布局

在实现普遍服务和满足基本需求的前提下，依托比较优势和区域经济发展的实际，科学合理规划，形成充满活力、适应市场、各具特色、优势互补的服务业发展格局。

城市要充分发挥人才、物流、信息、资金等相对集中的优势，加快结构调整步伐，提高服务业的质量和水平。直辖市、计划单列市、省会城市和其他有条件的大中城市要加快形成以服务经济为主的产业结构。发达地区特别是珠江三角洲、长江三角洲、环渤海地区要依托工业化进程较快、居民收入和消费水平较高的优势，大力发展现代服务业，促进服务业升级换代，提高服务业质量，推动经济增长主要由服务业增长带动。中西部地区要改变只有工业发展后才能发展服务业的观念，积极发展具有比较优势的服务业和传统服务业，承接东部地区转移产业，使服务业发展尽快上一个新台阶，不断提高服务业对经济增长的贡献率。

各地区要按照国家规划、城镇化发展趋势和工业布局，引导交通、信息、研发、设计、商务服务等辐射集聚效应较强的服务行业，依托城市群、中心城市，培育形成主体功能突出的国家和区域服务业中心。进一步完善铁路、公路、民航、水运等交通基础设施，优先发展城市公共交通，形成便捷、通畅、高效、安全的综合运输体系，加快建设上海、天津、大连等国际航运中心和主要港口。加强交通运输枢纽建设和集疏运的衔接配套，在经济发达地区和交通枢纽城市强化物流基础设施整合，形成区域性物流中心。选择辐射功能强、服务范围广的特大城市和大城市建立国家或区域性金融中心。依托产业集聚规模大、装备水平高、科研实力强的地区，加快培育建成功能互补、支撑作用大的研发设计、财务管理、信息咨询等公共服务平台，充分发挥国家软件产业基地的作用，建设一批工业设计、研发服务中心，不断形成带动能力强、辐射范围广的新增长极。

立足于用好现有服务资源，打破行政分割和地区封锁，充分发挥市场机制的作用，鼓励部门之间、地区之间、区域之间开展多种形式的合作，促进服务业资源整合，发挥组合优势，深化分工合作，在更大范围、更广领域、更高层次上实现资源优化配置。防止不切实际攀比，避免盲目投资和重复建设。

五、积极发展农村服务业

贯彻统筹城乡发展的基本方略，大力发展面向农村的服务业，不断繁荣农村经济，增加农民收入，提高农民生活水平，为发展现代农业、扎实推进社会主义新农村建设服务。

围绕农业生产的产前、产中、产后服务，加快构建和完善以生产销售服务、科技服务、信息服务和金融服务为主体的农村社会化服务体系。加大对农业产业化的扶持力度，积极开展种子统供、重大病虫害统防统治等生产性服务。完善农副产品流通体系，发展各类流通中介组织，培育一批大型涉农商贸企业集团，切实解决农副产品销售难的问题。加快实施“万村千乡”市场工程。加强农业科技体系建设，健全农业技术推广、农产品检测与认证、动物防疫和植物保护等农业技术支持体系，推进农业科技创新，加快实施科技入户工程。加快农业信息服务体系建设，逐步形成连接国内外市场、覆盖生产和消费的信息网络。加强农村金融体系建设，充分发挥农村商业金融、合作金融、政策性金融和其他金融组织的作用，发展多渠道、多形式的农业保险，增强对“三农”的金融服务。加快农机社会化服务体系建设，推进农机服务市场化、专业化、产业化。大力发展各类农民专业合作组织，支持其开展市场营销、信息服务、技术培训、农产品加工储藏和农资采购经营。

改善农村基础条件，加快发展农村生活服务业，提高农民生活质量。推进农村水利、交通、渔港、邮政、电信、电力、广播影视、医疗卫生、计划生育和教育等基础设施建设，加快实施农村饮水安全工程，大力发展农村沼气，推进生物质能、太阳能和风能等可再生能源开发利用，改善农民生产生活条件。大力发展园艺业、特种养殖业、乡村旅游业等特色产业，鼓励发展劳务经济，增加农民收入。积极推进农村社区建设，加快发展农村文化、医疗卫生、社会保障、计划生育等事业，实施农民体育健身工程，扩大出版物、广播影视在农村的覆盖面，提高公共服务均等化水平，丰富农民物质文化生活。加强农村基础教育、职业教育和继续教育，搞好农民和农民工培训，提高农民素质，结合城镇化建设，积极推进农村富余劳动力实现转移就业。

六、着力提高服务业对外开放水平

坚定不移地推进服务领域对外开放，着力提高利用外资的质量和水平。按照加入世贸组织服务贸易领域开放的各项承诺，鼓励外商投资服务业。正确处理好服务业开放与培育壮大国内产业的关系，完善服务业吸收外资法律法规，通过引入国外先进经验和完善企业治理结构，培育一批具有国际竞争力的服务企业。加强金融市场基础性制度建设，增强银行、证券、保险等行业的抗风险能力，维护国家金融安全。

把大力发展服务贸易作为转变外贸增长方式、提升对外开放水平的重要内容。把承接国际服务外包作为扩大服务贸易的重点，发挥我国人力资源丰富的优势，积极承接信息管理、数据处理、财会核算、技术研发、工业设计等国际服务外包业务。具备条件的沿海地区和城市要根据自身优势，研究制定鼓励承接服务外包的扶持政策，加快培育一批具备国际资质的服务外包企业，形成一批外包产业基地。建立支持国内企业“走出去”的服务平台，提供市场调研、法律咨询、信息、金融和管理等服务。扶持出口导向型服务企业发展，发展壮大国际运输，继续大力发展旅游、对外承包工程和劳务输出等具有比较优势的服务贸易，积极参与国际竞争，扩大互利合作和共同发展。

七、加快推进服务领域改革

进一步推进服务领域各项改革。按照国有经济布局战略性调整的要求，将服务业国有资本集中在重要公共产品和服务领域。深化电信、铁路、民航等服务行业改革，放宽市场准入，引入竞争机制，推进国有资产重组，实现投资主体多元化。积极推进国有服务企业改革，对竞争性领域的国有服务企业实行股份制改造，建立现代企业制度，促使其成为真正的市场竞争主体。明确教育、文化、广播电视、社会保障、医疗卫生、体育等社会事业的公共服务职能和公益性质，对能够实行市场经营的服务，要动员社会力量增加市场供给。按照政企分开、政事分开、事业企业分开、营利性机构与非营利性机构分开的原则，加快事业单位改革，将营利性事业单位改制为企业，并尽快建立现代企业制度。继续推进政府机关和企事业单位的后勤服务、配套服务改革，推动由内部自我服务为主向主要由社会提供服务转变。

建立公开、平等、规范的服务业准入制度。鼓励社会资金投入服务业，大力发展非公有制服务企业，提高非公有制经济在服务业中的比重。凡是法律法规没有明令禁入的服务领域，都要向社会资本开放；凡是向外资开放的领域，都要向内资开放。进一步打破市场分割和地区封锁，推进全国统一开放、竞争有序的市场体系建设，各地区凡是对本地企业开放的服务业领域，应全部向外地企业开放。

八、加大投入和政策扶持力度

加大政策扶持力度，推动服务业加快发展。依据国家产业政策完善和细化服务业发展指导目录，从财税、信贷、土地和价格等方面进一步完善促进服务业发展政策体系。对农村流通基础设施建设和物流企业，以及被认定为高新技术企业的软件研发、产品技术研发及工业设计、信息技术研发、信息技术外包和技术性业务流程外包的服务企业，实行财税优惠。进一步推进服务价格体制改革，完善价格政策，对列入国家鼓励类的服务业逐步实现与工业用电、用水、用气、用热基本同价。调整城市用地结构，合理确定服务业用地的比例，对列入国家鼓励类的服务业在供地安排上给予倾斜。要根据实际情况，对一般性服务行业在注册资本、工商登记等方面降低门槛，对采用连锁经营的服务企业实行企业总部统一办理工商注册登记和经营审批手续。

拓宽投融资渠道，加大对服务业的投入力度。国家财政预算安排资金，重点支持服务业关键领域、薄弱环节发展和提高自主创新能力。积极调整政府投资结构，国家继续安排服务业发展引导资金，逐步扩大规模，引导社会资金加大对服务业的投入。地方政府也要相应安排资金，支持服务业发展。引导和鼓励金融机构对符合国家产业政策的服务企业予以信贷支持，在控制风险的前提下，加快开发适应服务企业需要的金融产品。积极支持符合条件的服务企业进入境内外资本市场融资，通过股票上市、发行企业债券等多渠道筹措资金。鼓励各类创业风险投资机构和信用担保机构对发展前景好、吸纳就业多以及运用新技术、新业态的中小服务企业开展业务。

九、不断优化服务业发展环境

加快推进服务业标准化，建立健全服务业标准体系，扩大服务标准覆盖范围。抓紧制订和修订物流、金融、邮政、电信、运输、旅游、体育、商贸、餐饮等行业服务标准。对新兴服务行业，鼓励龙头企业、地方和行业协会先行制订服务标准。对暂不能实行标准化的服务行业，广泛推行服务承诺、服务公约、服务规范等制度。

积极营造有利于扩大服务消费的社会氛围。规范服务市场秩序，建立公开、平等、规范的行业监管制度，坚决查处侵犯知识产权行为，保护自主创新，维护消费者合法权益。加强行政事业性收费管理和监督检查，取消各种不合理的收费项目，对合理合法的收费项目及标准按照规定公示并接受社会监督。落实职工年休假制度，倡导职工利用休假进行健康有益的服务消费。加快信用体系建设，引导城乡居民对信息、旅游、教育、文化等采取灵活多样的信用消费方式，规范发展租赁服务，拓宽消费领域。鼓励有条件的城镇加快户籍管理制度改革，逐步放宽进入城镇就业和定居的条件，增加有效需求。

发展人才服务业，完善人才资源配置体系，为加快发展服务业提供人才保障。充分发挥高等院校、科研院所、职业学校及有关社会机构的作用，推进国际交流合作，抓紧培训一批适应市场需求的技能型人才，培养一批熟悉国际规则的开放型人才，造就一批具有创新能力的科研型人才，扶持一批具有国际竞争力的人才服务机构。鼓励各类就业服务机构发展，完善就业服务网络，加强农村剩余劳动力转移、城市下岗职工再就业、高校毕业生就业等服务体系建设，为加快服务业发展提供高素质的劳动力队伍。

十、加强对服务业发展工作的组织领导

加快发展服务业是一项紧迫、艰巨、长期的重要任务，既要坚持发挥市场在资源配置中的基础性作用，又要加强政府宏观调控和政策引导。国务院成立全国服务业发展领导小组，指导和协调服务业发展和改革中的重大问题，提出促进加快服务业发展的方针政策，部署涉及全局的重大任务。全国服务业发展领导小组办公室设在发展改革委，负责日常工作。国务院有关部门和单位要按照全国服务业发展领导小组的统一部署，加强协调配合，积极开展工作。各省级人民政府也应建立相应领导机制，加强对服务业工作的领导，推动本地服务业加快发展。

加强公共服务既是加快发展服务业的重要组成部分，又是推动各项服务业加快发展的重要保障，同时也是转变政府职能、建设和谐社会的内在要求。要进一步明确中央、地方在提供公共服务、发展社会事业方面的责权范围，强化各级人民政府在教育、文化、医疗卫生、人口和计划生育、社会保障等方面的公共服务职能，不断加大财政投入，扩大服务供给，提高公共服务的覆盖面和社会满意水平，同时为各类服务业的发展提供强有力的支撑。

尽快建立科学、统一、全面、协调的服务业统计调查制度和信息管理制度，完善服务业统计调查方法和指标体系，充实服务业统计力量，增加经费投入。充分发挥各部门和行业协会的作用，促进服务行业统计信息交流，建立健全共享机制，提高统计数据的准确性和及时性，为国家宏观调控和制定规划、政策提供依据。各地区要逐步将服务业重要指标纳入本地经济社会发展的考核体系，针对不同地区、不同类别服务业的具体要求，实行分类考核，确保责任到位，任务落实，抓出实绩，取得成效。

各地区、各部门要根据本意见要求，按照各自的职责范围，抓紧制定加快发展服务业的配套实施方案和具体政策措施。发展改革委要会同有关部门和单位对落实本意见的情况进行监督检查，及时向国务院报告。

国务院

二〇〇七年三月十九日

附录4　国务院关于印发服务业发展“十二五”规划的通知

国发［2012］62号

各省、自治区、直辖市人民政府，国务院各部委、各直属机构：

现将《服务业发展“十二五”规划》印发给你们，请认真贯彻执行。

国务院

2012年12月1日

国务院《服务业发展“十二五”规划》

2012年12月

目　　录

前　言

“十二五”时期是我国全面建设小康社会的关键时期，是深化改革开放、加快转变经济发展方式的攻坚时期，也是推动服务业大发展的重要时期。加快发展服务业是推进经济结构调整、产业结构优化升级的重大任务，是适应对外开放新形势、提升综合国力的有效途径，也是扩大就业、满足人民群众日益增长的物质文化生活需要的内在要求。

《服务业发展“十二五”规划》是落实《中华人民共和国国民经济和社会发展第十二个五年规划纲要》要求、指导我国服务业发展的总体部署，是编制服务业各领域专项规划（指导意见）和地方服务业发展规划的重要依据。

《服务业发展“十二五”规划》的范围是服务产业和可以市场化发展的服务领域。

第一章　服务业发展面临的形势

第一节　发展基础

“十一五”时期，我国社会生产力快速发展，综合国力大幅提升，人民生活明显改善，国际地位和影响力显著提高，经济建设和社会建设取得重大进展。我国服务业实现较快发展，对经济社会发展的支撑和拉动作用日益突出。

——规模不断扩大。“十一五”时期，服务业增加值年均增长 11.9%，高于国内生产总值年均增速 0.7 个百分点，比“十五”时期加快 1.4 个百分点。2010 年服务业实现增加值 17.4 万亿元，比 2005 年增加 9.9 万亿元，增长 1.3 倍。

——主要服务业行业较快发展。“十一五”时期，服务业各主要行业均实现了较快发展。金融业、批发和零售业、房地产业、住宿和餐饮业、交通运输仓储和邮政业等 5 个门类的增加值年均增速分别为 18.7%、16.5%、11.3%、9.5%和 8.3%。

——新兴服务产业快速发展。“十一五”时期，旅游、文化等产业实现了高速增长，对经济发展的带动作用明显增强；高新技术的广泛应用和管理理念的不断创新，推动了电子商务、增值电信、新一代信息技术服务、地理信息、动漫游戏、检验检测、气象服务等新型服务业态加速发展；认证认可、合同能源管理、环境服务、人力资源服务、家政服务等一批适应市场需求的新兴服务产业蓬勃发展。

——固定资产投资占比提高。“十一五”时期，服务业全社会固定资产投资累计完成 49.6 万亿元，年均增长 25.5%，增速比“十五”时期提高 8.5 个百分点。2010 年服务业全社会固定资产投资占全部投资比重为 54.7%，比 2005 年提高 1.1 个百分点。

——企业不断发展壮大。“十一五”时期，服务业企业规模不断扩大，创新能力不断增强，形成了一批知名企业和著名品牌，竞争力不断提高。

——改革开放进一步深化。“十一五”时期，金融机构、资本市场、铁路投融资体制、文化体制、医药卫生体制、邮政体制等领域改革取得积极进展。服务业税收、价格、收费等改革深入推进。对外开放领域不断拓展，服务业外商投资占全部外商投资的比重明显提高。服务贸易规模迅速扩大，结构逐步优化，国际地位不断提升。

——吸纳就业能力进一步增强。2010 年服务业就业人数达到 26 332 万人，比 2005 年增加了 2 893 万人，年均增加 578.6 万人；占全社会就业人数比重达到 34.6%，比 2005 年提高 3.2 个百分点。在应对国际金融危机扩大就业方面，服务业发挥了重要作用。

党中央、国务院高度重视服务业发展。党的十七大报告提出，要发展现代服务业，提高服务业比重和水平。《国务院关于加快发展服务业的若干意见》（国发〔2007〕7 号）明确了服务业发展的方向、目标、主要任务和政策措施。国家“十二五”规划纲要强调，要把推动服务业大发展作为产业结构优化升级的战略重点，营造有利于服务业发展的政策和体制环境。这些都为“十二五”时期服务业大发展奠定了良好基础。

第二节　发展机遇

“十二五”时期，我国服务业面临难得的发展机遇。从国际环境看，经济全球化深入发展，世界经济增长格局和市场需求形势发生新变化，科技创新和产业升级面临新突破，国际经济秩序出现新调整。我国与世界经济的相互联系和影响日益加深，服务业国际化发展的机遇增多，有利于在更广领域、更高层次参与国际合作与竞争。

从国内环境看，我国具备服务业大发展的有利条件。2010 年我国人均国内生产总值超过 4 000 美元，“十二五”时期将向更高水平迈进，必然进一步带动产业结构和消费结构升级，服务业市场需求潜力巨大。随着工业化、信息化、城镇化、市场化、国际化深入发展，服务业的发展基础和发展条件将进一步改善。改革攻坚步伐加快、社会主义市场经济体制趋向完善，将为服务业发展创造更加完善的体制环境，进一步激发服务业发展的活力和动力。转变经济发展方式、调整产业结构的加快推进，将对发展生产性服务业提出新的要求；保障和改善民生，不断满足广大人民群众日益增长的物质文化生活需要，将对发展生活性服务业提出更高的标准。党的十八大报告提出了推动服务业特别是现代服务业发展壮大的任务要求，为服务业发展指明了方向。

第三节 面临挑战

“十二五”时期，我国服务业发展还存在不少困难和问题，面临一些新的挑战。我国服务业发展长期滞后，结构不合理，生产性服务业水平不高，尚未形成对产业结构优化升级的有力支撑；生活性服务业有效供给不足，不能满足人民群众日益增长的服务需求。国际竞争力不强，缺少大企业大集团和知名品牌，服务贸易逆差短期内难以扭转。服务业人才不足，标准化水平不高，科技含量和服务水平有待进一步提升。服务业深化改革任务仍然艰巨，加快发展服务业的思想认识需要进一步提高，制约发展的一些长期性深层次矛盾依然存在，影响发展的体制机制障碍亟待解决。国家“十一五”规划纲要提出的服务业增加值占国内生产总值比重、服务业就业人数占全社会就业人数比重两个预期性指标均未完成，服务业不能适应经济社会发展需求的问题更加凸显。国际环境复杂多变，不确定因素增多，贸易保护主义加剧，发达国家的生产性服务业占有明显优势，围绕市场、资源、人才、技术、标准的竞争更加激烈，这些对提升我国服务业质量和水平，缩小与发达国家差距都提出了新的挑战。我们必须立足现有基础，充分利用各种有利条件，加快解决突出矛盾和问题，全力推动服务业大发展。

第二章 总体要求

第一节 指导思想

以邓小平理论、“三个代表”重要思想、科学发展观为指导，紧紧围绕科学发展主题和加快转变经济发展方式主线，适应中国特色新型工业化、信息化、城镇化、农业现代化同步发展的要求，进一步解放思想，深化改革，扩大开放，将推动服务业大发展作为调整经济结构的重要突破口，以市场化、产业化、社会化、国际化为方向，加快发展生产性服务业，大力发展生活性服务业，营造有利于服务业发展的良好环境，全力推动服务业发展提速、比重提高、水平提升，为增强我国产业核心竞争力和提高人民群众生活质量奠定坚实基础。

第二节 基本原则

“十二五”时期，推动服务业大发展需要把握以下原则：

（一）发展服务业与促进经济结构调整、产业结构优化升级相结合。推动服务业与工业、农业深度融合，催生新技术、新工艺、新产品，促进企业组织结构完善和生产经营模式创新，不断增强我国产业发展综合优势，推进产业结构优化升级。

（二）发展服务业与扩大国内需求、改善人民群众生活相结合。进一步发挥服务业对拉动消费和投资的积极作用，培育新的经济增长点，满足人民群众日益增长的物质文化生活需要。

（三）发展服务业与扩大就业、提高劳动者素质相结合。发挥服务业吸纳就业的主渠道作用，加强人才培养开发和就业服务体系建设，将我国人口多的压力转化为人力资源丰富的优势。

（四）发展服务业与推进城镇化相结合。适应城镇化发展的趋势和要求，强化服务产业支撑，增强服务功能，在城镇化进程中完善服务体系，提升城镇宜居宜业水平。

（五）推动服务业全面发展与重点突破相结合。坚持生产性服务业与生活性服务业并重、现代服务业与传统服务业并举，大力推动涉及面广、辐射作用大的服务业重点行业和领域加快发展，带动服务业全面发展。

（六）深化服务业改革与扩大服务业开放相结合。推进服务业改革，完善体制机制，为服务业大发展营造良好的政策环境。进一步扩大服务业开放，以开放促改革，以竞争促发展。

第三节　发展目标

根据推动服务业大发展的总体要求，“十二五”时期，要努力实现以下目标：

（一）提高服务业比重。服务业增加值年均增速超过国内生产总值年均增速，服务业固定资产投资年均增速超过全社会固定资产投资和第二产业固定资产投资年均增速。到2015年，服务业增加值占国内生产总值的比重较2010年提高4个百分点，成为三次产业中比重最高的产业。推动特大城市形成以服务经济为主的产业结构。

（二）提升服务业水平。服务业新兴领域不断拓展，新型业态和新兴产业不断涌现，规模化、品牌化和网络化水平不断提升，生产性服务业对产业结构优化升级的支撑作用明显提高，生活性服务业满足人民群众多样化需求的能力明显增强，农村服务业水平明显提升。培育一批具有核心竞争力的大企业大集团，创建一批具有国际影响力的著名品牌，建设一批主体功能突出、辐射范围广、带动作用强的服务业发展示范区。

（三）推进服务业改革开放。垄断行业改革不断深化，投资主体多元化机制进一步完善。公共服务领域改革不断深入，市场机制作用得到充分发挥。社会领域和事业单位改革加快推进，服务质量和效率不断提高。适应新型服务业态和新兴服务产业发展的市场管理办法逐步完善。国家服务业综合改革试点取得明显成效。服务业发展环境进一步改善，对外开放领域和范围进一步扩大，国际化水平不断提高。

（四）提高服务业吸纳就业能力。到2015年，服务业就业人数占全社会就业人数的比重较2010年提高4个百分点，服务业从业人员素质明显提高。

第三章　服务业发展重点

立足我国产业基础，发挥比较优势，以市场需求为导向，突出重点，引导资源要素合理集聚，构建结构优化、水平先进、开放共赢、优势互补的服务业发展格局。

第一节　加快发展生产性服务业

围绕促进工业转型升级和加快农业现代化进程，推动生产性服务业向中、高端发展，深化产业融合，细化专业分工，增强服务功能，提高创新能力，不断提高我国产业综合竞争力。

（一）金融服务业。

加强金融市场体系建设，有序发展和创新金融组织、金融产品和服务，优化社会融资结构。发挥大型金融机构的综合性服务功能，积极发展为小型微型企业服务的中小金融机构，推进政策性银行、大型商业银行、股份制商业银行、中小银行业金融机构、资产管理公司实施差异化发展战略。推进金融服务专业化、特色化、精细化、品牌化，大力改善对“三农”和小型微型企业的金融服务。发挥信用融资、证券、保险、信托、理财、担保等服务的资产配置和融资服务功能。大力发展资本市场，完善多层次资本市场体系，推进建立全国性场外交易市场。加快发展债券市场，完善大宗商品期货和金融期货的品种体系。充分发挥保险业的功能作用，积极发展责任保险、信用保险，探索建立国家政策支持的巨灾保险体系。创新保险营销服务方式，推进中小保险公司差异化发展，规范发展保险中介市场，推进再保险市场建设。完善现代金融企业制度，强化内部治理和风险管理。提高监管方法的科学性、适用性和前瞻性，维护金融业安全稳健运行。加强金融法律、支付清算、征信、反洗钱等金融服务业基础能力建设。建立健全系统性金融风险防范预警体系、评估体系和处置机制，加强对系统重要性金融机构的监管。“十二五”时期，全面提升金融服务水平，有效防范和应对系统性风险，健全金融宏观审慎政策框架，构建功能健全、服务高效、分工合理、竞争有序、效益良好、安全稳健的现代金融服务体系，更好地服务实体经济。

（二）交通运输业。

加快完善铁路网络，建设国家快速铁路网，强化重载货运网，提升服务能力和水平。加快国家高速公路网剩余路段、“瓶颈”路段建设，加强路网运行监测和交通出行信息服务；继续推进农村公路建设，提高城乡客运能力，推进城乡客运一体化。加快发展内河水运，推进重庆长江上游和武汉长江中游航运中心建设，发展专业化、规模化、现代化内河港区，加快推进内河运输船舶标准化，形成干支直达、江海联运的服务网络。推进沿海港口协调有序发展，加快推进上海国际航运中心、天津北方国际航运中心和大连东北亚国际航运中心建设。完善港口集疏运体系和专业化运输系统，拓展现代航运服务功能，形成具有国际竞争力的海运服务体系。建立通达通畅的国内国际航线网络，加强机场和空管保障能力建设，加快发展通用航空。实施公共交通优先发展战略，提高城市公共交通服务能力，建立多层次、差别化的公共交通服务网络，大力发展农村客运和农村物流。推进综合运输大通道和综合交通枢纽建设，提高基础设施养护水平。鼓励运输企业优化货物运输组织，大力发展铁水联运、江海直达、道路货物甩挂运输，加快发展冷链运输、零担快运和各种专用运输，鼓励道路运输企业向多式联运经营企业转型。加快邮政服务业发展，提高服务能力和水平。“十二五”时期，交通运输基础设施网络更趋完善，创新能力不断增强，管理能力不断提高，服务质量和效率不断提升，构建网络设施配套衔接、技术装备先进适用、运输服务安全高效的综合交通运输服务体系。

（三）现代物流业。

大力发展第三方物流，优先整合利用现有物流资源，拓展服务功能，完善服务网络。加快综合交通运输网络配套物流设施建设，促进各种运输方式的无缝衔接和高效联运，建设覆盖全国的物流通道网络。加快推进城市配送体系建设，提高统一配送水平。鼓励物流业与制造业联动发展，提高一体化运作水平和规模化程度。加快农业生产资料、农产品、大宗矿产品、重要工业品、生活必需品、药品等领域物流发展。拓展邮政物流，支持快递能力建设，推动快递与电子商务、制造业协同发展。强化核心技术开发，加快物联网等新技术在物流领域的应用和推广，鼓励物流信息化和智能化技术的研发和应用，健全各类物流信息共享平台，推广条码等自动识别技术。提高物流行业标准化设施、设备和器具应用水平，推进标准化托盘等物流包装的循环共用，推广货运车辆标准化车型。鼓励生产资料流通企业强化物流服务功能，向仓储、交易、加工、配送等多功能、多业态拓展，形成一批集多功能于一体的专业化、综合性生产资料物流配送中心，引导生产资料流通集聚式发展。支持物流企业做强做大，培育一批具有国际竞争力的现代物流企业。完善物流基础设施和网络，统筹规划仓储设施发展，促进传统仓储企业向现代配送中心转变。支持物流园区等物流功能集聚区有序发展，规划建设一批重点物流园区。加强进出口口岸、国际商品交易中心物流基础设施和国际通道建设，增强进出口货物集散能力，重点布局建设一批口岸商贸物流中心，促进货运枢纽向物流园区转型，促进保税物流中心向分拨中心、配送中心和采购中心发展。“十二五”时期，物流业信息化、智能化和标准化水平明显提高，重点行业物流服务能力显著增强，初步建立社会化、专业化、信息化的现代物流体系。

（四）高技术服务业。

重点发展高技术的延伸服务和相关科技支撑服务，突出研发设计对提升产业创新能力和企业核心竞争力的关键作用，加快支撑产业结构调整的研发设计服务体系建设。培育知识产权服务市场，构建服务主体多元化的知识产权服务体系。促进检验检测认证机构市场化运营，加大检验检测认证基础能力建设，加强战略性新兴产业等重点行业产品质量检验检测体系建设，鼓励检验检测认证服务机构由提供单一类型合格评定服务向复合型合格评定服务延伸，向规模化、品牌化、专业化发展。完善科技中介体系，大力发展专业化、市场化的科技成果转化服务。发展新一代信息技术和信息基础设施，开展云计算服务创新发展试点示范，加强云计算服务平台建设。加强物联网应用示范和推广，打造物联网应用平台。加快培育新兴网络信息技术服务，加强软件工具研发和知识库建设。推进各类面向行业应用的信息技术咨询、系统集成、系统运行维护和信息安全服务。加强数字文化教育产品开发和公共信息资源深化利用，构建便捷、安全、低成本的数字内容服务体系。推进地理、人口、法人、金融、税收、医疗、社保、农业、交通、统计等信息资源深度开发和社会化服务。完善生物技术服务体系，重点在医药创制、生物信息、生物环保、生物农业等领域培育新兴生物技术服务。“十二五”时期，高技术服务业营业收入年均增长18%以上，建设若干产业特色鲜明、比较优势突出的产业基地和创新集聚区，培育一批创新能力较强、服务水平较高、具有一定国际影响力的骨干企业，基本形成高技术服务产业体系、标准体系、统计体系和政策体系，推动研发设计服务、知识产权服务、检验检测认证服务、科技成果转化服务、信息技术服务、数字内容服务、生物技术服务等高技术服务业做大做强，发展成为国民经济的重要增长点。

（五）设计咨询。

以促进产业结构升级、提升生活品质为重点，鼓励创新，促进设计咨询产业规模化、品牌化、国际化发展。整合现有资源，加强资源共享，建立实用、高效的设计和咨询基础数据库、资源信息库等公共服务平台。提高设计和咨询的信息化水平，支持相关软件等信息技术产品研发和推广应用。重点支持设计创新成果产业化，鼓励研发体现中华民族传统工艺和文化特色的设计项目和产品。引导设计企业和咨询企业加强品牌建设，提高专业化、规模化水平。充分发挥工业设计在丰富产品品种、提高附加值、创建自主品牌、提高企业核心竞争力等方面的作用。鼓励设计和咨询企业积极参与国际竞争与合作。“十二五”时期，设计咨询服务能力明显增强，专业人才素质明显提高，拥有自主知识产权和知名品牌的设计咨询机构数量大幅上升，培养一批综合素质高、创新能力强的领军人才，培育一批具有国际竞争力的设计咨询企业。

（六）科技服务业。

大力发展研发服务外包、合同研发组织、检测、气象等服务，培育专业化第三方研发机构，促进研发服务集群发展。加快发展科技成果转移转化服务，提升技术转移机构的市场化运作和增值服务能力，强化产学研合作过程中的技术成果中试和熟化服务，推进技术市场交易模式和机制创新，提升技术市场网络化、信息化、国际化水平。积极发展创新创业服务，培育创业服务业态，大力推广“孵化加创投”模式。扩大科技企业加速器试点，为高成长企业做大做强提供资本、人才、市场等服务，优化创新创业环境。积极发展科技金融服务，推动设立科技金融专营机构，鼓励科技金融业务创新，探索科技贷款担保、科技保险、产权交易与股权交易等新模式；建设科技金融综合服务平台，为企业提供差异化金融服务；加强科技金融风险评估，防范和化解科技金融业风险。积极发展科技咨询服务，开展知识产权、产业研究和科技动态等服务，提升科技咨询服务水平。“十二五”时期，科技服务业社会化、专业化水平明显提高，产业实力明显增强，培育一批创新能力强、服务水平高、带动作用大的科技服务企业，形成一批特色鲜明、优势突出的科技服务产业基地和集聚区，科技在促进经济发展和创新型国家建设中的支撑能力明显增强。

（七）商务服务业。

鼓励商务服务业专业化、规模化、网络化发展，加大品牌培育力度，积极开拓国内外市场。大力发展广告业，提高广告业集约化、专业化和国际化发展水平。加快发展资产管理、兼并重组、财务顾问、后勤管理等企业管理服务，积极发展会计、审计、税务、资产评估、矿业权评估、认证认可、信用评估、经纪代理、市场调查等专业服务，加快发展融资租赁、经营性租赁，推动拍卖、典当服务业发展，促进信用服务业发展。培育一批著名商务服务企业和机构；建设一批影响力大的商务服务集聚区。合理规划展馆布局，发展会展业。“十二五”时期，商务服务业发展水平明显提升，竞争力明显增强，结构明显优化，国内外市场份额明显提高，市场秩序、诚信体系、标准体系和法律法规进一步完善。

（八）电子商务。

积极培育电子商务服务，支持第三方电子商务与交易服务平台建设，推动网络交易与电子认证、在线支付、物流配送、报关结汇、检验检疫、信用评价等环节的集成应用。发挥行业组织等社会中介机构作用，提高电子商务纠纷处理、争议调解、法律咨询、技术研究、成果转化等服务能力。推进交易保障设施建设，强化对电子商务交易主体、客体及交易行为的在线监测，完善交易保障服务体系。健全电子商务支撑体系，促进数字证书在电子商务全过程、各环节的深化应用，规范网上银行、网上支付平台等在线支付服务，发展与电子认证、网络交易、在线支付协同运作的物流配送体系，鼓励电子商务服务企业建立交易诚信档案，为改善电子商务环境提供有力支撑。深化电子商务应用，支持大型骨干企业以供应链协同为重点发展电子商务，引导中小企业利用第三方电子商务服务平台拓展国内外市场，推动政府采购电子商务平台建设。加快发展移动电子商务等互联网产业，大力培育远程维护、数据托管等技术服务，积极推进医药卫生、文化旅游等领域的信息化建设，不断拓展和深化电子商务应用领域。规范电子商务发展，保障网络交易安全。“十二五”时期，基本健全电子商务制度体系，初步形成大型企业供应链网络化协同能力和重要行业龙头企业全球化商务协同能力，营造安全可信、规范有序的网络商务环境。

（九）工程咨询服务业。

完善市场机制，鼓励工程咨询单位深化体制机制创新，形成以企业为主体的工程咨询服务体系。规范市场准入，建立统一规范的职业资格制度和行业管理体系，鼓励和引导民间资本进入工程咨询领域，支持工程咨询机构为民间投资提供服务。加快工程咨询业务结构调整，促进工程咨询全过程协调发展。加强投资建设项目策划、准备、实施、运营、评价各阶段咨询服务能力建设，提高咨询服务科学水平，推进工程项目全过程管理，充分发挥工程咨询服务业在投资建设中的关键作用。在全行业倡导诚信为本、廉洁高效的工程咨询理念，坚持独立、公正、客观、科学原则，加强行业自律。扩大工程咨询在统筹城乡发展、新兴产业、资源能源综合利用以及环境保护与生态建设等领域的服务范围。培育一批具有国际竞争力的企业，培养一批具有国际视野、熟悉国际惯例的人才。“十二五”时期，工程咨询服务业产业化、市场化步伐明显加快，行业规模显著扩大，服务质量和水平稳步提升，行业立法逐步完善，基本形成具有中国特色、符合国际惯例、拥有较高水平自主知识产权的理论、方法和技术创新体系，建立健全统一开放、竞争有序、监管有效的工程咨询市场。

（十）人力资源服务业。

以产业引导、政策扶持和环境营造为重点，推进人力资源服务创新，鼓励差异化发展，大力开发能够满足不同层次、不同群体需求的各类人力资源服务产品。规范发展人事代理、人才推荐、人员培训、劳务派遣等人力资源服务，鼓励发展人力资源服务外包、人力资源管理咨询、高级人才寻访、网络招聘等新型服务业态。鼓励社会资本投资人力资源服务领域，发展行业性、专业性人力资源服务机构，建设产业人才信息平台。构建多层次、多元化的人力资源服务机构集群，探索建立人力资源服务产业园区，推进行业集聚发展。实施人力资源服务品牌推进战略。建立健全人力资源服务标准体系，规范服务流程。鼓励人力资源服务机构“走出去”，为我国企业开拓国际市场提供人力资源服务。加快发展服务业职业教育，加强从业人员培训，培育形成功能完善、规范有序、较为成熟的培训市场，不断满足多样化、个性化的学习需要。支持社会资本投资发展培训业，鼓励高等学校、职业学校、企业、行业协会和其他社会组织开展培训，推动培训主体多元化。规范和丰富培训内容，扩展和创新培训形式，健全质量评价机制，规范培训市场秩序。“十二五”时期，建立专业化、信息化、产业化、国际化的人力资源服务体系，实现公共服务充分保障、市场经营性服务逐步壮大、高端服务业务快速发展，人力资源开发配置和服务就业的能力明显提升，在实施人才强国战略和就业优先战略中的作用进一步凸显。

（十一）节能环保服务业。

大力推行合同能源管理，以做精、做专、做强为方向，扶持壮大一批专业化节能公司，引导技术研发、投融资等机构利用合同能源管理机制开展节能服务。创新丰富节能服务形式和内容，推动节能技术成果转化和应用。规范节能市场秩序，建立完善职业资格制度和失信惩戒机制。积极培育提供资源节约、废物管理、资源化利用等一体化服务的循环经济专业化服务公司，重点培育再制造专业技术服务公司，鼓励发展循环经济咨询服务业，促进资源循环再生利用。以大宗工业固体废物综合利用、烟气脱硫脱硝、城镇污水垃圾处理、危险废物处理处置为重点，大力推行特许经营制度，推进污染防治设施建设和运营的专业化、市场化、社会化进程，提高工业污染治理设施专业化、社会化运营服务比例，完善监管制度。健全有利于资源循环利用的回收体系，完善废旧商品回收网络，提高回收企业的组织化和规模化程度，建设分拣技术先进、环保处理设施完备、劳动保护措施健全的废旧商品回收分拣体系。建设废旧商品回收体系示范城市，完善再制造旧件和垃圾分类回收体系。重点发展集研发、设计、制造、工程总承包、运营及投融资于一体的综合环境服务，着力培育综合环境服务龙头企业。推进环境咨询、环境污染责任保险、环境投融资、环境培训、清洁生产审核咨询评估、环保产品认证评估等环保服务业发展。加快培育环境顾问、监理、监测与检测、风险与损害评价、环境审计、排放权交易等新兴环保服务业。推动环保技术成果的转化和应用，开展关键技术工程示范，加快环境科技创新平台建设，完善环保服务业标准体系。“十二五”时期，采用合同能源管理机制的节能服务业销售额年均增长30%。到2015年，节能服务业总产值突破3 000亿元，环保服务业产值超过5 000亿元。

（十二）新型业态和新兴产业。

适应产业结构和消费结构升级趋势，鼓励技术创新、商业模式创新和服务产品创新，培育壮大服务业新型业态和新兴产业。适时研究制定促进服务业新型业态和新兴产业发展的指导意见，以及适合服务业新型业态、新兴产业发展的行业准入标准和市场管理办法。支持设立服务业新型业态和新兴产业发展投资基金。加强公共服务平台、示范基地建设，加强专业人才培训，研究建立配套政策措施和统计体系。“十二五”时期，新型业态和新兴产业发展环境明显改善，创新能力明显提高，产业规模明显扩大，壮大一批示范带动作用强的龙头企业，创建一批优质品牌，不断形成推动经济发展的新增长点。

第二节　大力发展生活性服务业

围绕满足人民群众多层次多样化需求，大力发展生活性服务业，丰富服务供给，完善服务标准，提高服务质量，不断满足广大人民群众日益增长的物质文化生活需要。

（一）商贸服务业。

加强市场流通体系建设，发展新型流通业态，改善流通设施条件，优化消费环境。推动现代流通方式和循环经济理念在商贸流通领域的广泛应用，发展特许经营、电子商务、网络营销、总代理等现代经营方式。优化城市大型百货店、综合超市、购物中心、批发市场等商业网点结构和布局，积极发展连锁经营和统一配送，鼓励发展专业店、专卖店、会员店，大力发展便利店、中小超市、社区菜店等社区商业。通过开展社区商业民生促进工程，构建社区商业便利消费体系，促进居民服务便利化发展。统筹城乡贸易发展，支持城市商业企业向农村延伸开设商业网点，发展农资和日用工业品配送下乡服务，引导农产品进城直销。鼓励商贸企业兼并重组，支持发展具有国际竞争力的大型商贸流通企业。加快商贸服务业信息化建设，进一步完善商贸服务行业统计和城乡市场监测体系。建立健全中小商贸流通企业服务体系，建设一批中小商贸流通企业服务平台和服务机构。引导住宿和餐饮业健康规范发展。“十二五”时期，传统商贸服务业改造升级步伐加快，商贸流通业多业态、多形式发展，商业设施管理体制进一步完善，城市商业网点结构和布局进一步优化，农村商业设施建设取得重大进展，农村商贸流通现代化水平显著提高，初步建立现代化商贸服务体系。

（二）文化产业。

实施重大项目带动战略，加快组织实施一批成熟度高、成长性好、先导性强的重大工程和重点项目。支持文化产业公共服务平台建设，建设一批产业特色鲜明、创新能力强、产业链完整、规模效应明显的特色文化产业基地，加快特色文化城市建设。培育骨干企业，扶持中小企业，鼓励文化企业跨地域、跨行业、跨所有制经营和重组。完善文化市场准入制度，在国家许可范围内鼓励非公有制资本进入文化产业领域。加快发展各类文化产品和产权、信息、技术、版权等要素市场，推进文化产业投融资体系建设。健全文化技术创新体系，研究制定文化产业技术标准。大力发展文化创意、移动多媒体、数字出版、动漫游戏等新型业态。大力发展演艺业，加强演艺基础设施建设，推动发展全国性文艺演出院线和电子票务系统。加强广播影视基础设施和服务体系建设，培育一批广播影视骨干企业，打造一批广播影视知名品牌，实施一批广播影视精品工程，推动广播影视产品和服务出口。整合提升图书、报刊等纸介质传统出版产业，发展数字出版等新兴出版产业，加快推广数字环保技术，创新出版传播手段和渠道，打造一批大型出版传媒、印刷复制和发行企业集团。加强文化市场监管，加快数字版权保护技术研发，推进国家版权监管平台建设，提高版权服务与保护水平。积极开拓国际文化市场，创新文化“走出去”模式，增强中华文化国际竞争力和影响力。“十二五”时期，推动文化产业跨越式发展，整体实力和国际竞争力显著增强，为将其培育成为国民经济支柱性产业奠定坚实基础。

专栏 1　　　　文化产业发展重点

1. 文化艺术产业和网络文化产品发展重点。

鼓励演艺节目在内容与形式上的创新，推动发展全国性文艺演出院线，加快剧院、剧场、电子票务等演艺基础设施建设，形成1—2个国际知名的演艺产业集聚区，形成10家左右全国性或跨区域的文艺演出院线。开展动漫相关技术标准研制工作。发展网络游戏、电子游戏等游戏产业，推动国产游戏产品走出去。积极开发具有民族特色、健康向上和技术先进的新兴娱乐方式。繁荣美术创作，规范市场秩序，推动艺术品产业健康发展。发掘民族文化元素，突出地域特色，促进传统手工艺产品发展。大力发展艺术创意设计产业。加强文化内容与高新数字技术结合，培育和发展数字文化产业。鼓励研发具有自主知识产权及中华民族特色的网络文化产品，提高网络文化产品原创能力和文化品味，形成一批有影响力的网络文化品牌。

2. 广播影视产业发展重点。

推进下一代广播电视网建设、卫星直播广播电视、地面数字电视推广应用、广播覆盖传输数字化、高清晰度电视、城镇数字影院、国产影视剧及影视动画、纪录片等重大产业项目。基本建成全国城市数字影院覆盖网络。大力发展移动多媒体、网络广播电视等新媒体新业态，加快移动多媒体广播电视的全国运营。加快影视产业、影视动画产业、影视纪录片产业、影视制作业和网络视听产业发展。

3. 新闻出版产业发展重点。

加快实施新闻出版精品工程，构建重点出版物出版规划网络体系，引导出版精品创作生产，扶持动漫游戏出版产品、民族原创网络出版产品的创作和研发。加快建设新闻出版产业带和基地。提高新闻出版企业装备水平和新闻出版产品的科技含量，大力实施新闻出版科技创新工程。加快新闻出版领域基础性标准、新业态核心标准的制（修）订，加大标准宣传贯彻力度。鼓励海量数字内容资源平台建设。完善出版物发行流通网络，加快全国性出版物物流体系建设，提高网点覆盖面，努力实现“市市有书城、县县有书店、乡乡有网点、村村有书屋”。提高印刷复制产业发展质量，实施绿色印刷和数字化印刷工程。大力推进海峡两岸交流合作。实施“经典中国”国际出版工程，加快国际交易平台建设，拓展出版物国际营销渠道，打造国际知名出版传媒企业品牌。

（三）旅游业。

大力发展国内旅游，积极发展入境旅游，有序发展出境旅游，走内涵式发展道路，实现速度、结构、质量、效益相统一。科学利用资源，坚持旅游资源保护与开发并重，加强旅游基础设施建设。提高观光旅游质量，大力发展休闲度假旅游和生态、文化、红色、乡村、森林、湿地、草原、海洋等专项旅游，提升旅游业发展的科技化、信息化水平。加快建设一批国家级旅游目的地和精品旅游线路，推进全国特色名镇（村）建设，规范发展主题公园。加快旅游公共服务体系建设，鼓励旅游公共服务主体多元化。培育一批有竞争力的大型旅游企业集团，支持民营和中小旅游企业发展。加快中西部地区和民族地区旅游业发展。实施人才兴旅工程，推进实施国民旅游休闲纲要。加快旅游立法和标准化体系建设，加强旅游诚信体系建设，规范旅游市场秩序，提高旅游服务质量。“十二五”时期，旅游业服务质量明显提高，市场秩序明显好转，可持续发展能力明显增强，初步发展成为国民经济的战略性支柱产业。

专栏 2　　旅游业发展重点

1. 乡村旅游发展

推进实施《全国乡村旅游业发展纲要》，建设一批乡村旅游及休闲农业示范村和示范县，加大对乡村旅游基础设施建设扶持。

2. 旅游精品建设

推进实施《“十二五”全国旅游基础设施建设规划》，加强旅游公共服务设施建设，提升打造一批国家级城市旅游目的地、国家级精品景区，推出一批文化旅游演艺精品和精品旅游线路及文物、森林、海洋、温泉、草原、工业、科技、会展、修学等专项精品旅游景区。

3. 红色旅游发展

推进实施《2011—2015 年全国红色旅游发展规划纲要》，继续加大红色旅游基础设施投入，深化红色旅游经典景区、精品线路、重点旅游区建设，加强红色旅游与其他旅游产品的结合，完善配套服务，提高红色旅游经典景区和精品线路的吸引力和影响力。

4. 海南国际旅游岛建设

推进实施《国务院关于推进海南国际旅游岛建设发展的若干意见》（国发〔2009〕44号），加快体制机制创新，推进旅游要素转型升级，完善旅游基础设施和服务设施，开发特色旅游产品，规范旅游市场秩序，全面提升海南旅游业管理、营销、服务和产品开发的市场化、国际化水平。

（四）健康服务业。

统筹基本医疗卫生服务和非基本医疗卫生服务，提升人民群众健康保障能力。加快建立和完善以基本医疗保障为主体，商业健康保险为补充，覆盖城乡居民的多层次医疗保障体系。依托深化医药卫生体制改革，建立完善有利于健康服务业发展的体制和政策，促进非基本医疗服务的发展。合理规划医疗资源，优化医疗卫生资源配置，进一步完善城乡医疗服务体系。加强对社会资本举办各类医疗机构的监管和技术指导，鼓励有条件的非公立医疗机构做大做强。积极促进医疗护理、健康检测、卫生保健、康复护理等健康服务业发展。充分发挥中医预防保健特色优势，大力发展中医医疗保健服务业。加强健康管理教育与培训，鼓励技术产品研发，制定标准与规范，加快健康体检行业的规模化与产业化进程。支持发展健康服务机构，鼓励健身活动，推动健康咨询、健康保险与健康服务融合发展。健全康复医疗服务网络，提高康复医学服务能力。“十二五”时期，基本形成以公立医疗机构为主导、各类医疗机构共同发展的多元化办医格局，构建集医疗服务、健康管理与健康促进、健康保险等服务内容为一体的健康服务产业体系。

（五）法律服务业。

大力发展以律师和公证为主体的法律服务业，稳步扩大从业人员数量，全面提高从业人员素质，着力培养一批具有国际眼光、精通涉外法律业务的高素质律师人才。拓宽服务领域和服务方式，提高法律服务水平，实现法律服务在经济社会发展各领域的广泛、有效参与。稳步扩大法律服务规模，完善组织形式，推动业务转型和升级，促进专业化分工，扶持、培育一批规模较大、实力较强的法律服务机构。完善管理体制机制和行业规范，建立健全法律服务人员诚信执业制度，完善执业状况评价、监督机制和失信惩戒机制，规范服务秩序和服务行为。提升法律服务业开放水平，打造一批具有国际竞争力的法律服务机构。加大对法律服务业政策扶持和保障力度，改善法律服务业发展环境，健全体制机制和政策保障，扩大服务规模和服务领域，提升服务层次和服务质量，提高国际化水平和国际竞争力。“十二五”时期，建立起符合我国国情、适应我国经济社会发展和民主法治建设要求、较为成熟的法律服务制度体系。

（六）家庭服务业。

健全家庭服务业相关法规、政策体系和监管措施，完善家庭服务业促进体系。研究制（修）订家庭服务业服务标准（规范），扩大标准（规范）覆盖范围，研究制订家庭服务业发展指导目录。加快推进家庭服务业公益信息服务平台建设。发挥市场机制，加强政府引导，鼓励各类市场主体进入家庭服务业，重点培育一批连锁经营的大型家庭服务企业，积极扶持中小家庭服务企业，促进家庭服务企业规模化、品牌化和网络化发展。鼓励各类人员到家庭服务业就业、创业，加强从业人员培训，提高职业素质、专业技能和服务水平。

加快构建便利惠民的家庭服务体系，优化城市服务网点布局结构，积极推动家庭服务网点进社区。规范家庭服务市场秩序，促进企业诚信经营，维护从业人员合法权益。以家庭为服务对象，以社区为重要依托，以家政、养老、社区照料和病患陪护服务等业态为重点，创新家庭服务业发展模式，整合家庭服务资源，实现人力资源、信息资源、公共服务资源的优化配置。“十二五”时期，家庭服务业吸纳就业人数明显增加，形成多层次、多形式共同发展的家庭服务市场和经营机构，初步建立与我国经济发展水平和人民群众生活需求相适应的家庭服务体系。

专栏3　　家庭服务业重点工程

1. 家庭服务业公益性信息服务平台建设工程

设立区域性家庭服务电话呼叫号码，整合资源，增加投入，实施家庭服务业公益性信息服务平台建设工程。依托该平台，健全供需对接、信息咨询、服务监督等功能，形成便利、规范的家庭服务体系，为家庭、社区、家庭服务机构提供公益性服务。

2. 家庭服务业从业人员培训工程

以家政服务、养老护理和病患陪护服务等从业人员为重点，开展订单式培训、定向培训和在职培训。“十二五”时期，每年培训100万人。加强培训基础能力建设，依托现有培训资源，在地级城市以及经济较为发达的中心城市建设家庭服务从业人员实训基地，同时对有创业愿望的人员提供相应的创业培训。

3. 家庭服务业千户百强创建工程

推动一批中小企业（单位）做专做精，扶持一批有实力的企业（单位）做大做强，培育一批知名家庭服务品牌，形成一批市场开拓能力强、辐射带动作用大、服务水平高的企业（单位）群体，加大对员工制家政服务企业（单位）的扶持力度，提升我国家庭服务业的规范化、产业化、品牌化水平。

（七）体育产业。

以体育健身休闲业、体育竞赛表演业为先导，带动体育用品、体育中介等行业的联动发展。推动体育服务运营管理模式多样化。积极提供适应中低收入群体需求的体育服务，合理引导高收入群体体育消费。坚持重点体育项目带动战略，加快培育特色体育产品，着力培育体育产业骨干企业。合理规划体育产业基地布局，鼓励社会力量以多种方式参与体育场馆运营管理。推动体育产业与相关产业的互动发展，延长体育产业链。加强对体育组织、体育赛事、体育活动的名称、标志、版权等无形资产的开发和保护。推动体育服务贸易发展，积极拓展海外市场。“十二五”时期，体育产业整体实力明显增强，创建一批充满活力的体育产业基地，培育一批有竞争力的骨干企业，逐步打造一批有中国特色与国际影响力的体育产品和重大赛事品牌。

（八）养老服务业。

引入多种形式的市场主体，培育发展专业化的养老服务机构，鼓励民间资本和境外资本开发养老服务项目，参与养老服务设施建设和运营，积极扶持非营利性社会组织和中小型养老服务企业创新发展。大力拓展养老服务领域，逐步实现从基本生活照料向健康服务、辅具配置、康复护理、精神慰藉、法律服务、紧急救援等方面延伸。大力发展社区照料服务，推进日间照料中心、托老所、老年之家、互助式养老服务中心等社区养老设施建设。发挥养老服务产业链长、涉及领域广的特点，推动养老服务与餐饮、服装、营养保健、休闲旅游、文化传媒、金融和房地产开发等相关产业互动发展。加强老年护理人员培养培训，推行养老护理员职业资格考试认证制度，提高其职业素养和服务水平。培育形成一批具有知名品牌和较强竞争力的养老机构，促进养老服务企业规模化、品牌化和网络化发展。健全养老服务市场准入、退出和监管制度。“十二五”时期，养老服务业规模显著扩大，社会化养老覆盖率明显提高，基本建立以居家为基础、社区为依托、机构为支撑的社会养老服务体系，推动实现老有所养。到 2015 年，每千名老年人拥有养老床位数量达 30 张。

（九）房地产业。

加强和改善房地产市场调控，加强市场监管，规范房地产市场秩序，促进房地产市场健康发展。培育和规范住房租赁市场，引导住房合理消费。引导房地产估价、房地产经纪、土地评估和登记代理机构规模化、专业化发展，加强和完善房地产估价师执业资格制度，大力推行房地产经纪人、土地登记代理人执业资格制度，加强中介行业自律管理。建立房地产企业信用档案，发挥社会监督作用。加强土地登记代理制度建设，健全行业资信体系。加强农村建筑技术队伍建设。大力推广建筑节能服务，培育节能技术服务市场。进一步明确物业管理行业的责任边界，健全符合行业特征和市场规律的价格机制，规范物业管理行业市场秩序。建立和完善旧住宅区推行物业管理的长效机制，探索建立物业管理保障机制。鼓励物业服务企业开展多种经营，积极开展以物业保值增值为核心的资产管理。继续推进物业管理师制度建设，提升服务规范化、专业化水平。提高旧住宅区物业服务覆盖率，城镇新建居住物业全部实施市场化、专业化的物业管理模式。建立完善住房公积金管理绩效考核、人员准入、信息披露、责任追究制度，加快服务设施建设，优化服务流程，提高服务水平。“十二五”时期，房地产和土地中介服务机构服务功能明显增强，社会公信力明显提高，建筑节能服务标准规范进一步完善，培育一批骨干企业及第三方服务机构。

第三节　提升农村服务业水平

以繁荣农村经济、促进农业现代化、增加农民收入和提高农民生活质量为重点，贯彻统筹城乡发展的基本方略，协同推进城镇化和农村发展，积极引导各类市场主体进入，推动农村服务业水平尽快上一个新台阶。

加快发展农村生产性服务业。构建以公共服务机构为依托、合作经济组织为基础、龙头企业为骨干、其他社会力量为补充、公益性服务和经营性服务相结合、专项服务和综合服务相协调的新型农业社会化服务体系。加强农业科技创新，推进现代农业产业技术体系与基层农技推广体系的有效对接。强化基层农技推广服务，引导科研教育机构积极开展农技服务。搭建乡村测土配方施肥服务平台，提升科学施肥水平。培育新型农业社会化服务组织。提升农机社会化水平，加快农机流通服务体系建设，支持开展农机跨区作业、承包作业、机具租赁和维修服务，推进农机服务市场化、专业化、产业化。加强土地流转管理服务机构建设，培育壮大承包经营权流转中介服务组织，健全农村土地承包经营权流转市场服务体系。完善农副产品流通体系，加大农产品批发市场和农贸市场升级改造力度，加强产销衔接，扩大农超对接规模，积极打造“南菜北运”和“西果东送”产销链条。加强信息体系建设，推广先进交易方式，发展各类流通中介组织。强化农业生产资料市场准入和监管，实施经营台账和可追溯管理，提升经营单位技术服务能力，鼓励发展连锁配送等现代经营方式。支持发展农业信息服务，以农业生产经营为重点，逐步形成连接国内外市场、覆盖生产和消费的信息网络。改善农村金融服务，深化农村信用社改革，鼓励商业金融机构加大对“三农”的支持力度，鼓励有条件的地区培育村镇银行、贷款公司、农村资金互助社等新型农村金融机构，发展农村邮政金融业务，建立农村信贷担保体系，扩大农村金融抵押品范围。扩大涉农保险覆盖面，探索发展渔业保险，建立多形式经营、多渠道支持的农业保险体系。积极推动农村小额人身保险发展，健全农村保险服务体系。完善动物疫病诊疗等兽医服务体系，积极发展农作物和林业有害生物、草原鼠虫害防治专业化服务。提高农产品质量安全检验检测能力和水平。提高农产品流通组织化程度，培育大型流通主体。完善扶持政策，加大扶持力度，支持农民专业合作社发展，增强集体经济组织服务能力，提升农业、林业组织化水平。

积极发展农村生活性服务业。完善农村消费品销售网络，推动现代流通方式向农村延伸。加快物流配送体系建设，深入实施万村千乡市场工程，提升农村商品统一配送能力，发展一网多用，开展信息化改造，提高农村商业的组织化、标准化、现代化水平。推动机动车维修网点向农村延伸。积极发展园艺业、休闲农业、生态农业、休闲渔业、乡村旅游等特色产业，大力扶持农民和农民专业合作组织兴办农家乐、采摘、垂钓等休闲旅游项目，增加农民收入。与集体林权制度改革相配合，积极引导森林景观的开发利用，大力扶持农民兴办森林人家、林业观光园、森林氧吧、森林疗养等休闲旅游项目，提高兴林富民效益。搞好农民培训，提高农民素质，加强输出地与输入地劳务对接，完善农民创业就业服务体系。大力发展劳务经济，鼓励农民就地就近就业，支持农民工返乡创业。抓好农民创业促进工程试点工作，引导农村富余劳动力转移就业。广泛开辟农民就业创业渠道，逐步发展面向农村尤其是中心镇的家庭服务。加快发展农村客运。继续推进村庄整治，以农村环境连片综合整治区域为重点，大力发展农村生活污水、垃圾等污染治理设施的专业化运营，全面改善农村生活环境。

第四节　拓展海洋服务业领域

紧扣海洋经济发展战略部署和要求，加强陆海统筹，不断拓展服务领域，提升服务层次和水平。

大力发展海洋运输业，壮大海运船队，增强国际海运竞争力，提升能源、原材料等战略物资运输保障能力。完善港口布局，拓展港口服务功能，加快港口物流发展，发展内陆无水港。加强渔港建设，依托渔港积极发展水产品冷藏、加工、交易以及休闲渔业、渔民作业补给等服务业。整顿、维护航行秩序，完善海上交通管理和应急救助系统，不断提高航海保障、海上救生和救助服务水平。

积极发展海洋旅游，进一步突出海洋生态和海洋文化特色，开拓国内国际旅游客源市场，发展海滨度假旅游、海上观光旅游、涉海专项旅游、海岛度假旅游和海岛生态旅游。

加强旅游基础设施与生态环境建设，科学确定旅游环境容量，促进海洋旅游可持续发展。推进电子客票系统建设和联网售票，提升海上客运服务质量。加强客运码头、游艇码头及停泊区的规划建设和管理，发展海峡、岛屿间客滚运输和海上旅游、游艇经济。在有条件的港口发展集娱乐、休闲、餐饮、购物于一体的邮轮经济。

建立海洋、海岛空间基础地理信息系统，积极开展海洋生物资源及矿产资源勘查定位、海洋工程维护、海洋综合调查与测绘、海洋教育、海洋科普与文化传播等服务。科学评价海洋环境质量，开展大范围、长时效、高精度海洋预报服务，重点建设面向海上监视、海上运输、海上搜救、海洋油气开采、大洋和极地勘探、渔业生产、滨海旅游、国际合作等活动的海洋专题服务体系。积极开展海洋灾害风险评估和区划工作，建设海洋灾害监测预警体系，建立海洋立体监测观测预报网络系统，形成有效的监测、评估和预警能力。

第四章　扩大服务业开放

统筹国内服务业发展和对外开放，加快转变对外贸易发展方式，大力发展服务贸易，积极合理有效利用外资，推动有条件的服务业企业“走出去”，完善更加适应发展开放型经济要求的体制机制，有效防范风险，充分利用好国际国内两个市场、两种资源，积极参与服务贸易规则制定，深入推进与港澳台地区服务业合作，在更大范围、更广领域、更高层次上参与服务业国际合作与竞争。

第一节　大力发展服务贸易

推动重点行业的服务出口，促进出口结构转型升级。进一步巩固运输、旅游、建筑等行业在服务贸易中的优势，积极推进中医药、文化艺术、动漫游戏、广播影视、新闻出版、教育、体育等有我国特色的服务出口，重点培育通信、金融、会计、资产评估、计算机和信息服务、传媒、咨询、会展等现代服务贸易，加快培育一批拥有自主知识产权和知名品牌的服务贸易重点企业。提高国内服务外包企业承接能力，加强人才队伍建设，增强产业集聚效应，逐步形成一批具有国际竞争力的服务外包产业基地。促进服务外包离岸业务与在岸业务协调发展。建立健全服务贸易促进体系，完善服务贸易法律法规、标准体系和统计体系，推进服务贸易便利化。稳步扩大服务进口，发挥进口在促进我国服务贸易发展中的积极作用。

第二节　提高服务业利用外资水平

进一步扩大服务业利用外资领域，优化结构，丰富方式，不断提高利用外资质量和水平。鼓励引进设计、研发和营销等方面先进技术和管理经验，鼓励设立外商投资研发中心。引导外商投资发展农业技术服务、交通运输、现代物流、银行、证券、保险、信息、软件设计开发、商务服务、工程咨询服务、节能环保服务等生产性服务业，积极稳妥推进教育、医疗、体育、文化、旅游、电信等领域对外开放，吸引外商投资发展家庭服务业，鼓励外商投资职业技能培训。合理引导房地产领域的外资投向，鼓励外资投资参与保障性安居工程、绿色节能环保建筑的建设。创新服务业利用外资方式，引进海外高层次人才，有效利用国外优惠贷款和国际商业贷款促进服务业发展。鼓励外商投资设立创业投资企业，完善创业投资规定，合理引导外商投资发展融资担保等金融服务关联产业，支持符合条件的外商投资服务业企业境内公开发行股票、发行企业（公司）债券和中期票据，拓宽融资渠道。优化服务业利用外资的政策环境，增强政策透明度，保护投资者合法权利，做好外资并购安全审查。鼓励跨国公司在华设立地区性总部和功能性机构。积极推进服务业在部分区域和领域试点先行开放，提高服务业开放水平。改善服务业利用外资的区域结构，推动中西部地区利用外资发展服务业，支持东部地区尤其是东部特大城市利用外资提升服务经济水平。

第三节　稳步实施“走出去”战略

按照市场导向和企业自主决策原则，引导各类所有制服务业企业有序开展境外投资合作，支持在境外开展技术研发投资合作，创建国际化营销网络和知名品牌。充分利用中华老字号企业已形成的品牌效应，带动中医药、中餐等产业开拓国际市场。将重点国别（地区）与重点领域相结合，分类指导，积极引导运输、建筑、旅游等有比较优势，以及分销、通信、快递、金融、计算机和信息服务、文化艺术、广播影视、新闻出版等有发展潜力行业的企业对外投资。支持发展对外翻译与传播，支持文化企业拓展国际营销渠道，加快建设国际版权交易平台，增强中华文化传播力和影响力。发展出口信用保险，促进对外贸易和投资。着力培育我国服务业大型跨国公司和跨国金融机构，提高国际化经营水平。完善支持国内企业“走出去”的服务平台，做好海外投资环境研究，强化投资项目的科学评估，增强境外投资法律、会计、信息、金融、管理和环境技术等服务。提高综合统筹能力，加强实施“走出去”战略的宏观指导和服务，提高服务业企业对外投资便利化程度，加大知识产权境外登记注册和海外维权力度，维护企业海外权益，有效防范和应对各类风险。进一步扩大与有关国家和地区的服务业交流与合作，充分利用自由贸易区框架，加强对服务业企业“走出去”的制度保障。

专栏 4　　**中国与东盟自由贸易区**

履行我国在中国-东盟自由贸易区《服务贸易协议》中的承诺（包括建筑、环保、运输、体育和商贸等 5 个服务部门的 26 个分部门），鼓励我国企业在金融、电信、教育、旅游、建筑、医疗等行业开展国际化经营，深入推进与东盟服务业领域的交流与合作。

第四节　深化内地与港澳地区服务业合作

继续实施内地与香港、澳门《关于建立更紧密经贸关系的安排》（CEPA），进一步扩大对港澳服务业开放，大幅提升服务贸易开放程度。采取更加积极的措施，扩大对港澳传统服务业和新兴服务业的开放，充实贸易投资便利化的内容。到“十二五”末期，通过 CEPA 基本实现内地与香港、澳门服务贸易的自由化。

支持建设以香港金融体系为龙头、珠三角地区城市金融资源和服务为支撑的金融合作区域。支持香港发展成为离岸人民币业务中心，拓展香港与内地人民币资金循环流通渠道。支持香港企业使用人民币到境内直接投资。在内地推出港股组合交易所交易基金，支持符合条件的内地企业赴香港上市。不断提高内地对港资银行开放的层次和水平，支持港资银行在广东省内以异地支行形式合理布点，均衡布局。支持符合条件的香港证券机构稳步推进深港资本市场创新合作。支持香港保险公司设立营业机构或通过参股方式进入内地市场，加强内地与香港在保险产品研发、业务经营和运作管理等方面合作。积极支持保险创新发展试验区建设。增加在香港发行人民币债券的境内金融机构主体。

完善珠三角地区与港澳跨界交通运输体系，建立跨界交通监管合作机制，加强口岸综合配套服务功能和区域物流信息平台建设，提升通关和物流便利化水平，鼓励发展电子商务，积极支持电子认证、在线支付、网络信用、现代物流等电子商务支撑体系建设。打造区域航运衍生服务基地、生产组织中枢和国际供应链管理中心，构建现代流通经济圈。积极引导内地和香港服务业企业合作建立商品国际营销网络。继续推动职业资格互认、专业人士执业工作和职业技能鉴定合作，促进专业人才流动。

加强内地与港澳高等教育合作，积极探索多种形式的合作办学模式。加强职业教育培训合作，建立师资交流合作制度。加强文化交流，促进文化创意、影视、动漫、游戏、演艺、出版等方面合作。扩大开放医疗服务市场，合作发展医疗服务和中医药医疗保健服务，逐步扩大港澳资本独立举办医疗机构试点范围。完善动植物卫生检疫和食品、农产品质量安全信息通报制度，建立食品安全技术标准和地理标志保护合作沟通机制。加强内地与港澳中华老字号品牌的交流合作。拓宽内地与港澳旅游合作范围，共同完善旅游服务体系。采取积极措施引入港澳专业化社会服务，支持港澳家庭服务机构在内地设立高端专业服务机构，推进内地与港澳合作开展服务业从业人员培训及信息交流，支持港澳服务提供者到内地兴办养老服务机构，发展养老等服务。依托内地与港澳环境服务业现有基础，广泛开展环境金融、环境咨询、环境技术研发、人才培养、环保宣传教育、资源回收再利用等领域合作。打造环境服务业交流合作平台，鼓励港澳环境服务企业入驻，推动港澳环保企业在内地开展环保设施运营服务，在广东率先开展环境服务业合作模式创新。

深化粤港澳合作，落实粤港、粤澳合作框架协议，促进区域经济共同发展，打造更具综合竞争力的世界级城市群。鼓励广东在对港澳服务业开放中先行先试，逐步将先行先试有效措施拓展到内地其他地区。加快落实相关政策，把深圳前海深港现代服务业合作区打造成现代服务业体制机制创新区、现代服务业发展集聚区、香港与内地紧密合作的先导区、珠三角地区产业升级的引领区。全面推进内地与港澳服务业合作，建设内地重点地区与港澳服务业重大合作项目，形成优势互补、协作配套的现代服务业体系。

以珠三角地区需求为导向，重点在服装、灯饰、家具、五金、皮革等产业，依托有集聚规模的专业镇，统筹规划建设生产性服务业集聚区，引进港澳咨询、广告、设计、营销等服务。推进珠三角加工贸易转型升级示范区建设。鼓励信息服务基础设施和公共服务平台资源的合作与共享。支持依法开展跨境检验检测、认证认可、知识产权、安全监管和应急救援等方面服务，加快内地与港澳检验检测报告互认和电子签名证书互认，支持内地与港澳检验鉴定、认证、检测机构加大交流合作。

专栏 5　　粤港澳服务业合作重大项目

1. 港珠澳大桥

建设海中桥隧工程、三地口岸和连接线，实现香港、珠海、澳门三地高速公路连通。

2. 广深港客运专线

建设客运专线并与武广客运专线、沪深客运专线接驳。

3. 港深西部快速轨道线

研究建设途经深圳前海地区、连接香港国际机场和深圳宝安国际机场的香港第三条过境直通铁路。

4. 莲塘/香园围口岸

缩短香港至深圳东部之间车程，提高粤港东部地区出入境通行效率。

5. 深圳前海开发

发挥香港国际金融、贸易和航运中心优势，充分利用前海地区的地缘和交通便利优势，打造区域综合交通枢纽，以发展现代服务业为重点，创新行业管理制度，建设粤港现代服务业创新合作示范区，2020 年建成亚太地区重要的生产性服务业中心。

6. 广州南沙新区开发

打造服务内地、连结港澳的商业服务中心、技术创新中心和教育培训基地，推动发展物联网等新兴产业，积极探索依托南沙保税港区建设大宗商品交易中心和华南重要物流基地，打造世界邮轮旅游航线著名节点。

7. 珠海横琴新区开发

重点发展商务服务、休闲旅游、教育研发和高技术服务业，促进成为珠江口西岸地区产业升级的新平台，建设连通港澳、区域共建的“开放岛”，经济繁荣、宜居宜业的“活力岛”，知识密集、信息发达的“智能岛”，以及资源节约、环境友好的“生态岛”。

第五节　推进海峡两岸服务业合作

以两岸经济合作委员会为平台，积极落实《海峡两岸经济合作框架协议》服务贸易早期收获计划，遵循平等互惠、循序渐进的原则，推进两岸商签服务贸易协议，逐步减少或消除两岸间涵盖众多部门的服务贸易限制性措施，推动两岸进一步互相开放服务业市场，促进两岸服务贸易自由化，继续扩展服务贸易的广度和深度，增进两岸间的服务业合作。推动两岸互补性生产要素资源的整合与流动，以具有两岸特色的新技术、新业态和新服务方式改造和提升传统服务业，促进两岸产业转型升级。

深化两岸金融合作，维护和促进两岸金融市场的稳定与发展，不断完善两岸金融监管合作机制，积极稳妥推进两岸金融市场相互开放。支持符合条件的两岸金融机构互设分支机构、扩大业务领域，为两岸同胞提供更好的金融服务。鼓励和支持更多符合条件的台资企业在大陆上市，推进两岸资本市场创新合作。推动建立两岸货币清算机制，为两岸经贸交流和人员往来提供更多便利。

积极落实两岸已签署的涉及相关服务业的协议。合理调控运力，加强管理，维护两岸海运市场健康有序发展。根据市场需求，适时增加直航航点及定期航班班次，为两岸客货往来提供更多便利。拓展两岸邮政合作领域，提高邮政服务质量。深化两岸标准、计量、检验、认证认可及消费品安全等领域合作。加强农产品（含饲料）贸易中的检疫检验交流合作，确保农产品质量安全。加强专利、商标、著作权等两岸知识产权保护合作。加强两岸信息服务业合作，推进两岸无线城市试点项目建设，为两岸电子信息制造业提供优质服务。加快两岸物流合作，推进两岸冷链物流产业合作试点项目建设，共同提升两岸物流业的国际竞争力。促进两岸电信企业交流合作。加强两岸会展产业合作，搭建两岸企业经贸交流平台。

鼓励两岸文化创意、动漫游戏、影视、出版、演出领域广泛深入合作，繁荣两岸文化市场。推动两岸中华老字号品牌建设、交流与合作。加强两岸在检验检疫、中药材品质安全管理、医药品研发管理等方面交流合作。符合条件的台湾业者可在大陆设立医疗机构。促进两岸旅游交流与合作健康有序发展，积极稳妥扩大赴台个人旅游试点城市范围，为大陆居民赴台旅游提供便利。加强旅游沟通机制建设。加强两岸高等教育、职业教育交流合作，积极探索多种形式的合作办学模式，鼓励两岸相关机构开展教学、科研、人才培养、教材编写等方面合作。

积极发挥海峡西岸经济区、平潭综合实验区在推进两岸服务业合作中的作用。在两岸经济合作框架下，允许海峡西岸经济区在对台经贸、航运、旅游、邮政、文化、教育等方面交流与合作中，采取更加灵活开放的政策，先行先试，积累经验。充分发挥平潭综合实验区优势，加快发展现代物流、商贸流通、金融、文化创意、会展、旅游等服务业，促进产业结构优化升级，将平潭建成依托海西、服务两岸的现代服务业集聚区。推进厦门市深化两岸交流合作综合配套改革试验，加强厦门与台湾的服务业合作，推进厦门两岸区域性金融服务中心建设。

第五章　改革完善服务业发展体制机制

大力推进服务业各项改革，着力破除制约服务业发展的体制机制障碍，争取在重点领域和关键环节取得突破，创新政策支持，进一步研究制定促进服务业加快发展的政策措施，完善服务业市场监管体系，营造有利于服务业发展的体制机制和政策环境。

第一节　深化服务业改革

扩大服务业开放领域，完善服务业外资准入和经营的法律法规，积极探索外商投资管理体制改革。凡是法律法规及国家规定没有明令禁入的服务领域，都要向社会资本开放。进一步放宽服务领域市场准入，建立平等规范、公开透明的市场准入标准。鼓励和引导各类资本投向服务业，在投资核准、融资服务、财税政策、土地使用、对外贸易和经济技术合作等方面，对各类投资主体同等对待。大力发展多种所有制服务业企业，提高非公有制经济在服务业中的比重。各地区凡是对本地企业开放的服务领域，应全部向外地企业开放，切实打破市场分割和地区封锁，建立全国统一、开放、竞争、有序的服务业市场。依托产业园区、城市功能区和特色区域，建设一批服务业发展示范区。

深化电信、铁路等服务行业改革，进一步放宽市场准入，实现投资主体多元化，形成有效竞争的市场格局。逐步建立适应三网融合要求的政策体系和监管体制。推进虚拟运营服务对民间资本开放，加强对增值电信业务的规范和引导。按照政企分开、政资分开的要求，加快推进铁路体制改革。加快推动现行空域管理和使用方式的转变，推进低空空域开放，优化繁忙地区航路航线结构，提高空域资源配置使用效率。完善邮政普遍服务和竞争性业务分业经营制度。开展城市市政公用事业改革试点。

对文化艺术、广播影视、新闻出版、教育、医疗卫生、社会保障、体育、知识产权、检验检测等行业和领域中能够实行市场化经营的服务，要引导社会力量增加市场供给。推进经营性文化单位转企改制，全面推进非时政类报刊出版单位体制改革，积极稳妥推进电台电视台制播分离改革和重点新闻网站转企改制。积极推进文化投融资体制改革和市场体系建设。大力支持民办教育发展，推动形成以政府办学为主体、全社会积极参与、公办和民办教育共同发展的新格局。放宽社会资本举办各类医疗机构准入范围，大力改善社会资本举办各类医疗机构执业环境。推动注册医师多点执业，促进医务人员合理流动。鼓励有资质人员依法开办个体诊所。推进竞技体育制度改革，有条件的竞技体育项目逐步实现市场化，探索适合我国国情的职业化道路。按照营利性与非营利性机构分开的原则，引导和推进知识产权、检验检测等高技术服务领域体制机制改革。

加快国有服务业企业改革，推动国有资本向关系国家安全和国民经济命脉的重要服务行业和关键服务领域集中，在一般竞争性行业和领域为民间资本营造更为广阔的市场空间。推动具备条件的国有大型服务业企业实现整体上市，不具备整体上市条件的国有大型服务业企业要加快股权多元化改革，有必要保持国有独资的国有大型服务业企业要加快公司制改革，完善国有大型企业公司治理结构，建立现代企业制度。鼓励和引导民间资本进入金融、商贸流通、交通运输、电信、医疗卫生、教育、文化、体育、市政等行业，为民间投资创造良好环境。改善发展环境，大力发展中小服务业企业。鼓励企业分离非核心业务，提高服务业专业化、社会化水平。

加快推进事业单位改革，按照政事分开、事企分开、管办分离的要求，积极稳妥推进科技、教育、文化、卫生、体育等事业单位分类改革。将从事生产经营活动的事业单位逐步转为企业，规范转制程序，完善过渡政策，建立健全法人治理结构。加快推进非基本公共服务市场化改革，开展改革试点，大力发展经营性社会服务业。

推进社会组织社会化、行业协会市场化改革，加快社会组织、行业协会法律法规和政策体系建设，改革和完善现行管理体制，健全社会组织内部治理结构，开展社会组织和行业协会改革试点，完善政府向社会组织转移职能、资金支持和人才队伍建设等培育扶持政策，向社会组织开放更多的公共资源和领域。继续推进国家机关、事业单位后勤服务社会化和国有企业后勤服务社会化、市场化改革，分类制定改革指导意见，推动由内部自我服务为主向主要由社会提供服务转变。进一步发挥市场配置资源的基础性作用，加快发展服务外包，推进营利性后勤事业单位转企改制，实现后勤服务提供主体、提供方式多元化。

着眼于体制突破和机制完善，着眼于推动经济发展方式转变、结构调整和扩大内需，着眼于培育新的经济增长点，深入开展国家服务业综合改革试点，将其作为破解制约服务业发展难题的重要举措。有关部门要加强协作配合，鼓励试点区域积极探索、先行先试。通过试点，不断提高对服务业发展规律的认识，创新发展模式，完善体制机制和政策措施，为全国服务业发展提供经验。鼓励各地区结合实际，开展本地服务业综合改革试点。

第二节　创新政策支持

完善有利于服务业发展的税收政策，结合营业税改征增值税试点，逐步扩大增值税征收范围。合理调整消费税征收范围、税率结构和征收环节。研究扩大物流企业营业税差额征税范围，完善征税办法。

健全适应服务业发展的金融服务体系。拓宽服务业发展融资渠道，鼓励符合条件的服务业企业上市融资和发行债券。扶持发展创业投资企业，规范发展股权投资企业。拓宽金融机构对服务业企业贷款抵押、质押及担保的种类和范围。引导投融资机构扩大对中小服务业企业业务规模，创新金融产品和服务方式。加大对服务贸易的外汇管理支持力度，促进海关通关便利化。

在土地利用总体规划和城乡规划中统筹安排服务业发展用地规模、布局和时序，扩大服务业用地供给。调整城市用地结构，提高服务业用地比例。积极推进服务业企业节约集约利用土地，盘活存量用地，提高土地利用率，支持利用工业、仓储等用房、用地兴办符合规划的服务业，涉及原划拨土地使用权转让或改变用途的，经批准可采取协议出让方式供应。坚持分类指导、有保有压的原则，按照淘汰落后产能工作的总体要求，安排好新增建设用地计划，优先安排国家鼓励发展的高技术、高附加值、低消耗、低排放的新兴服务业项目用地。对列入国家鼓励类的服务行业依照海洋功能区划，在用海和用岛需求方面，给予优先支持。

逐步完善宏观经济调控下以市场形成价格为主、政府制定价格为辅的服务业价格形成机制，规范服务价格行为。实行鼓励类服务业用电、用水、用气与工业同价。纠正各地在服务业领域自行出台的歧视性收费项目，对合理合法的收费项目及标准要按照规定公示，接受社会监督。

国家财政预算安排资金，重点支持服务业关键领域和薄弱环节发展。扩大服务业发展引导资金规模，引导社会资金加大投入。创新财政资金使用方式，通过财政支持融资性担保、创业投资等经济手段，支持服务业发展。加大服务业综合性研究经费和人才培训投入。建立健全政府购买服务机制，增加政府采购服务产品的类别和数量。

推进服务业质量体系建设。加快交通运输、金融、信息、商务、旅游、体育、节能环保等领域认证认可制度的建立和实施。开展服务质量满意度评价试点，引导企业提升服务质量。大力支持服务业品牌创建，积极推进营销和管理创新，加强对商标、名称、版权等无形资产的开发和保护。建立具有我国特色的品牌价值评价制度，形成有利于促进品牌建设的咨询和技术服务体系。

加快社会信用体系建设。建立信用信息共享制度，建立完善以组织机构代码和身份证号码等为基础的实名制信用信息共享平台体系。建立国家商品条码信息服务平台，形成产品质量追溯体系。不断完善企业和个人征信系统，扩大征信系统服务范围和服务水平。

第六章　规划实施保障

适应服务业大发展新要求，健全法律法规，强化政府服务功能，增强服务能力，创新工作方法，夯实工作基础，为落实规划提供切实保障。

第一节　加强组织协调

进一步加强服务业统筹规划、综合协调，及时研究解决服务业发展和改革中的重大问题。探索建立推动服务业重点行业和重点领域加快发展的工作机制。加强服务业工作体系和人员队伍建设，加大培训力度。有关部门要尽快研究制定服务业发展评价体系，定期公布全国和各地区服务业发展水平、结构等主要指标。各省（区、市）要将服务业重要指标纳入本地经济社会发展的考核体系，针对不同地区、不同类别服务业发展的具体要求，实行分类考核，确保责任到位，任务落实。

第二节　夯实发展基础

紧紧围绕服务业发展需求，加强关键领域、薄弱环节工作，建立健全重要支撑体系。支持高等院校和职业学校开设服务业发展相关学科专业，强化服务业特别是现代服务业人才和复合型人才培养。加强服务业综合性研究机构建设，积极发展服务业协会、学会等社会组织。

建立和完善服务业创新体系，开展服务业理论、商业模式、关键技术等方面研究，提高服务业创新能力。以规范服务行为、提高服务质量和提升服务水平为核心，建立健全服务业标准体系，推进服务业标准贯彻实施，扩大服务业标准化覆盖范围，不断提高服务业标准化整体水平。推动知识产权服务与经济社会发展有机结合，提升知识产权创造、运用、保护和管理水平，构建基本公共服务与市场化服务协同发展的知识产权服务体系。坚持整体设计、规范透明、统筹兼顾、突出重点、分步推进的原则，全面提升统计能力，不断提高数据质量，建立科学、统一、全面、协调的服务业统计调查制度和信息管理制度。

专栏 6　　重要支撑体系主要任务

1. 服务业创新体系

支持一批服务业综合研究机构整合发展，建设服务业区域创新中心，提升服务业技术创新能力和战略研究能力。支持建设一批服务业领域国家重点实验室、国家工程（技术）研究中心，开展服务业共性关键技术研究，提高服务业创新能力。支持服务业企业建立企业技术中心、技术创新平台和技术创新联盟，开展模式创新和技术集成应用。完善产业园区创新体系，支持服务业领域的大学科技园、专业孵化器建设，提升园区创新支撑能力。

2. 服务业标准体系

围绕服务业新领域、新业态，健全服务业标准体系。加快制（修）订一批服务业重点行业和领域服务标准，鼓励在标准制（修）订过程中借鉴采用国际标准。推进国家级服务业标准化试点，及时总结推广经验。强化服务业标准宣传贯彻，健全标准实施反馈评价体系。加强服务业标准研究，密切跟踪国际发展趋势，推动我国服务业标准的国际化。

3. 知识产权服务体系

完善知识产权服务政策体系，推进体制机制创新。加强知识产权基础信息资源建设与开发利用，逐步建立分类科学、资源共享、高效优质的产业知识产权信息服务平台体系。拓展服务范围，促进知识产权转化运用。培育知识产权服务企业，壮大知识产权服务人才队伍。加强知识产权保护，建立健全预警、维权和争端解决机制。

4. 服务业统计体系

发挥服务业统计部际联席会议制度作用，不断提高统计工作质量和水平。适应服务业发展新形势，进一步完善服务业统计调查方法和指标体系。加强数据质量控制与评估，不断提高统计数据的准确性和及时性。加强服务业统计机构和人员队伍建设，提升服务业统计调查能力。建立健全服务业统计信息对外提供共享机制，研究建立服务业门类季度统计调查制度。

第三节　健全规划实施机制

本规划提出的服务业发展总体要求和主要任务，是对市场主体的导向，主要依靠市场主体的自主行为实施。政府部门要加强宏观调控和政策引导，保障规划顺利实施。

本规划提出的加快服务业改革、扩大对外开放和规划实施保障，是政府的重要职责，必须放在政府工作的重要位置。各省（区、市）及计划单列市人民政府要编制本地区服务业发展规划，并抓紧制定出台相关配套措施。国务院有关部门要按照职能分工，编制服务业各主要行业和主要领域的配套规划（指导意见），制定财税、金融、土地、价格、工商管理、质检等方面相应的落实意见或工作措施，并分解落实到年度。

发展改革委要会同有关部门加强对规划实施情况的跟踪分析，组织有关方面对规划实施情况进行中期评估，及时向国务院报告。

参考文献

并木信义：《瑕瑜互见——日美产业比较》，北京，中国财政经济出版社，1990。

蔡昉，都阳：《中国地区经济增长的趋同与差异——对西部开发战略的启示》，载《经济研究》，2000（10）。

陈劲：《知识密集型服务业创新的评价指标体系》，载《学术月刊》，2009（4）。

陈宪，殷凤，程大中：《中国服务经济报告2010》，上海，上海大学出版社，2010。

陈志武：《为什么中国人出卖的是“硬苦力”?》，载《新财富》，2004（9）。

程大中：《中国生产性服务业的水平、结构及影响——基于投入—产出法的国际比较研究》，载《经济研究》，2008（1）。

程大中：《中国经济正在趋向服务化吗？——基于服务业产出、就业、消费和贸易的统计分析》，载《统计研究》，2008（9）。

程大中：《中国服务业存在“成本病”问题吗?》，载《财贸经济》，2008（12）。

程大中：《收入效应、价格效应与中国的服务性消费》，载《世界经济》，2009（3）。

程大中，汪蕊：《服务消费偏好、人力资本积累与“服务业之谜”破解》，载《世界经济》，2006（10）。

戴建军：《中美服务业统计分类和口径比较》，载《发展研究》，2012（6）。

邓于君：《中国服务业内部就业结构演变的特征、趋势与影响因素分析》，载《学术研究》，2011（3）。

樊纲，王小鲁：《消费条件模型和各地区消费条件指数》，载《经济研究》，2004（5）。

范剑平：《鼓励消费政策可行性研究》，载《经济科学》，2001（2）。

范从来，王勇，2014：《中国“货币超发”：判断标准、成因及其治理》，载《经济理论与经济管理》，2014（3）。

方福前：《中国居民消费需求不足原因研究》，载《中国社会科学》，2009（2）。

冯建林：《注重扩大居民服务性消费》，载《宏观经济管理》，2004（12）。

格鲁伯等：《服务业的增长原因与影响》，上海，上海三联书店，1993。

谷彬：《中国服务业技术效率测算与影响因素实证研究——来自历史数据修订的史实证据》，载《统计研究》，2009（8）。

顾乃华，李江帆：《中国服务业技术效率区域差异的实证分析》，载《经济研究》，2006（1）。

国家统计局综合司课题组：《七大因素左右居民消费增长》，载《上海证券报》，2004-10-15。

黄楹钧，郭怡君：《台湾服务业中长期发展关键与策略》，台北，英杰企业有限公司，2008。

韩玉军，刘一娇：《中国服务业发展的国际比较》，载《经济纵横》，2011（4）。

江静，刘志彪：《商务成本：长三角产业分布新格局的决定因素考察》，载《上海经济研究》，2006（11）。

江静，刘志彪，于明超：《生产者服务业发展与制造业效率提升：基于地区和行业面板数据的经验分析》，载《世界经济》，2007（8）。

江静，刘志彪：《政府公共职能缺失视角下的现代服务业发展探析》，载《经济学家》，2009（9）。

江静，刘志彪：《世界工厂的定位，能促进中国生产性服务业发展吗?》，载《经济理论与经济管理》，2010（3）。

江静，路瑶：《要素价格与中国产业国际竞争力：基于ISIC两位数分类的跨国比较》，载《统计研究》，2010（8）。

江小涓，李辉：《服务业与中国经济：相关性与加快增长的潜力》，载《经济研究》，2004（1）。

江小涓等：《服务全球化与服务外包：现状、趋势及理论分析》，北京，人民出版社，2008。

江小涓：《服务业增长：真实含义、多重影响和发展趋势》，载《经济研究》，2011（4）。

李林杰，申波，李杨：《借助人口城市化促进国内消费需求的思路与对策》，载《中国软科学》，2007（7）。

李迎君：《我国服务价格与物价总水平波动互动关系研究》，载《经济问题》，2013（8）。

［日］立石昌广：《中国的服务经济》，北京，中国广播电视出版社，1991。

林毅夫，刘培林：《中国的经济发展战略与地区收入差距》，载《经济研究》，2003（3）。

蔺雷，吴贵生：《服务创新》，北京，清华大学出版社，2007。

刘丹鹭：《服务业发展能烫平宏观经济波动吗?》，载《当代财经》，2011（6）。

刘丹鹭，岳中刚：《逆向研发外包与中国企业成长——基于长江三角洲地区自主汽车品牌的案例研究》，载《产业经济研究》，2011（4）。

刘建兵，柳卸林：《服务业创新体系研究》，北京，科学出版社，2009。

刘培林，宋湛：《服务业和制造业企业法人绩效比较》，载《经济研究》，2007（1）。

刘志彪：论以生产性服务业为主导的现代经济增长，载《中国经济问题》，2001（1）。

刘志彪：《论现代生产者服务业发展的基本规律》，载《中国经济问题》，2006（1）。

刘志彪：《发展现代生产者服务业与调整优化制造业结构》，载《南京大学学报》，2006（5）。

刘志彪：《基于内需的经济全球化：中国分享第二波全球化红利的战略选择》，载《南京大学学报》，2012（2）。

刘志彪，张杰：《我国本土制造业企业出口决定因素的实证分析》，载《经济研究》，2009（4）。

刘志彪，张少军：《总部经济、产业升级和区域协调——基于全球价值链的分析》，载《南京大学学报》，2009（6）。

鲁晓东：《我国对外开放与收入差距：基于地区和行业的考察》，载《世界经济研究》，2007（8）。

毛中根，林哲，2005：《服务价格“成本病”与中国物价上涨》，载《价格理论与实践》，2005（6）。

裴长洪：《中国经济转型升级与服务业发展》，载《财经问题研究》，2012（8）。

钱学锋，陈勇兵：《国际分散化生产导致了集聚吗：基于中国省级动态面板数据GMM方法》，载《世界经济》，2009（12）。

让-克洛德·德劳内，让·盖雷著，江小涓译：《服务经济思想史：三个世纪的争论》，上海，格致出版社，上海人民出版社，2011。

沈坤荣，耿强：《外国直接投资、技术外溢与内生经济增长》，载《中国社会科学》，2001（5）。

世界银行：《2002年世界发展报告：建立市场机制》，北京，中国财政经济出版社，2002。

孙光德，董克用：《社会保障概论》，北京，中国人民大学出版社，2000。

谭洪波，郑江淮：《中国经济高速增长与服务业滞后并存之谜——基于部门全要素生产率的研究》，载《中国工业经济》，2012（9）。

泰勒尔：《产业组织理论》，北京，中国人民大学出版社，1997。

万广华，陆铭，陈钊：《全球化与地区间收入差距：来自中国的证据》，载《中国社会科学》，2005（3）。

王守法：《现代服务产业基础研究》，北京，中国经济出版社，2007。

汪德华，张再金，白重恩：《政府规模、法制水平与服务业发展》，载《经济研究》，2007（6）。

吴敬琏：《中国增长模式抉择》，上海，上海远东出版社，2006。

夏杰长：《大力发展服务业是解决“增长型失业”的有效途径》，载《经济研究参考》，2004（11）。

夏杰长，霍景东：《以发展生产性服务业为突破口》，载《浙江经济》，2006（7）。

夏杰长，李勇坚：《中国服务业投资的动态效率分析》，载《中国社会科学院研究生院学报》，2010（6）。

夏杰长，毛中根：《中国居民服务消费的实证分析与应对策略》，载《黑龙江社会科学》，2012（1）。

许宪春：《中国服务业核算及其存在的问题研究》，载《经济研究》，2004（3）。

杨圣明，刘力：《服务贸易理论的兴起与发展》，载《经济学动态》，1999（5）。

于丹：《美国服务业的经济“稳定器”作用及其对中国的启示》，载《世界经济研究》，2007（5）。

原毅军，陈艳莹：《中国高端服务业发展研究》，北京：科学出版社，2011。

岳希明，张曙光：《我国服务业增加值的核算问题》，载《经济研究》，2002（12）。

曾世宏，郑江淮，张丽丽：《中国服务业结构变迁合理了吗？——产业关联的分析视角》，南京大学经济学院产业经济学系讨论稿，2010。

曾世宏：《基于产业关联视角的中国服务业结构变迁："自增强"假说及其检验》，北京，经济科学出版社，2013。

张辉：《全球价值链理论与我国产业发展研究》，载《中国工业经济》，2004（5）。

张杰，刘志彪，郑江淮，2008：《出口战略，代工行为与本土企业创新》，载《经济理论与经济管理》，2008（1）。

张月友，刘丹鹭：《逆向外包：中国经济全球化的一种新战略》，载《中国工业经济》，2013（5）。

庄惠明，陈洁《我国服务业发展水平的国际比较——基于31国模型的投入产出分析》，载《国际贸易问题》，2010（5）。

Abraham，K. and Taylor，S.，1996 "Firm's Use of Outside Contractors：Theory and Evidence，" *Journal of Labour Economics*，14，pp. 394-424.

Acemoglu，Daron，Simon Johnson，and James A. Robinson，2004，"Institutions as The Fundamental Cause of Long-Run Growth，" NBER Working Paper 10481.

Acemoglu，Daron and Simon Johnson，2005，"Unbundling Institutions，" *Journal of Political Economy*，113，pp. 949-995.

Arellano M.，Bond，S. R.，1991，"Some Tests of Specification to Employment Equations，" *Review of Economic Studies*，59，pp. 277-297.

Arndt，S. & H. Kierzkowski，2001，*Fragmentation：New Production Patterns in the World Economy*，Oxford：Oxford University Press.

Banga，R.，2011，"Trade and Foreign Direct Investment in Services：A Review，" http://dspace.cigilibrary.org/jspui/handle/123456789/21426.

Barras，R.，1986，"Towards a Theory of Innovation in Services，" *Research Policy*，15，pp. 161-173.

Barro，R.，1991，"Economic growth in a cross section of countries，" *Quarterly Journal of Economics* 106，pp. 407-443.

Barro. R. and Jong-Wha Lee，2001，"International Data on Educational Attainment：Updates and Implications，" Oxford Economic Papers，v53（3，Jul），pp. 541-563.

Bassas，R.，1990，"Interactive Innovation in Financial and Business Services：The Vanguard of the Service Revolution，" *Research Policy*，19，pp. 215-237.

Baumol，W. J.，1967，"Macroeconomics of Unbalanced Growth：The Anatomy of Urban Crisis，" *American Economic Review*，57，pp. 415-426.

Belcourt，M.，2006，"Outsourcing，the benefits and the risks，" *Human Resource*

Management Review, 16 (2), pp. 269-279.

Bergstrand, J. , 1991, "Structural Determinants of Real Exchange Rates and National Price Levels: Some Empirical Evidence," *American Economic Review*, 81 (5), pp. 325-334.

Bhagwati, J. , 1984, "Splingtering and Disembodiment of Services and Developing Nations," *World Economy*, 7, pp. 133-143.

Bourguignon. F. & C. Morrisson, 2002, "Inequality Among World Citizens: 1820-1992," *The American Economic Review*, 92, pp. 727-744.

Browning, H. & J. Singelman, 1975, *The Emergence of a Service Society: Demographic and Sociological Aspects of the Sectoral Transformation in the Labor Force of the U. S. A. National Technical Information Service*, Springfield, Virginia.

Bunyaratavej, K. , E. D. Hahn, 2012, "Offshoring of Services from Developing Countries: The New Wave of Emerging Offshorers, International Journal of Service Science, Management," *Engineering, and Technology*, 3 (2), pp. 1-12.

Chen, C. , L. Chang & Y. Zhang, 1995, "The Role of Foreig Direct Investment in China Post-1978 Economic Development," *World Development*, 23, pp. 691-703.

Chen, B. Z. & Y. Feng, 2000, "Determinants of Economic Growth in China: Private Enterprise, Education and Openness," *China Economic Review*, 11 (1), pp. 1-15.

Chesbrough, H. W. , 2003, "Open innovation: The new imperative for creating and profiting from technology," Harvard Business Press.

Clark, C. , 1940, *The Conditions of Economic Progress*, London: Macmillan.

Clague. C, Keefer. P, KnacK. S and Olson. M, 1999, "Contract 2 Intensive Money: Contract Enforcement, Property Rights, and Economic Performance," *Journal of Economic Growth*, 4, pp. 185-211.

Cuadrado-Roura, J. R. , 2001, "Business Cycle and Service Industries: General Trends and the Spanish Case," *The Service Industries Journal*, 21, pp. 103-122.

Dan, B. D. , 1993, "Equalizing Exchange: Trade Liberalization and Income Convergence," *Quarterly Journal of Economics*, 108 (3), pp. 653-679.

Deardorff, A. & S. Djankov, 2000, "Knowledge Transfer under Subcontracting: Evidence from Czech Firms," *World Development*, 10, pp. 1837-1847.

DeBresson, C. and F. Amesse, 1991, "Networks of innovators: a review and introduction to the issue," *Research Policy*, 20 (5), pp. 363-379.

Den Hertog, P. , 2000, "Knowledge-intensive business services as co—producers of innovation," *International Journal of Innovation Management*, 4 (4), pp. 491-528.

Djellal, F & F. Gallouj, 2000, "What is innovation in service? The results of a postal survey," *European Journal of Innovation Management Eggers*, A. & Y. M. Inoannides, 2006, "The Role of Output Composition in the Stabilization of US Output Growth," *Journal of Macroeconomics*, 28, pp. 585-595.

Elango B. & A. Ivan, 2004, "A Comparative Analysis of the Influence of Country

Characteristics on Service Investments versus Manufacturing investment," *American Business Review*, 22 (2).

Erramill, I. M. & C. P. Rao, 1993, "Service Firm's International Entry Mode Choice: A Modified Transaction Cost Analysis Approach," *Journal of Marketing*, 57, pp. 19-38.

Eswaran. M and Kotwal. A., 2002, "The role of the service sector in the process of industrialization," *Journal of Development Economics*, 2002, 68, pp. 401-420.

Falvey, R. & N. Gemmell, 1991, "Explaining Service: Price Differences in International Compaisions," *American Economic Review*, 81 (5), pp. 1295-1309.

Feenstra, R., 1998, "Integration of Trade and Disintegration of Production in the Global Economy," *Journal of Economic Perpective*, 12 (4), pp. 31-50.

Feenstra, R. C. & G. H. Hanson, 1997, "Foreign Direct Investment and Relative Wages: Evidence from Mexico's Maquiladoras," *Journal of International Economics*, 42(3), pp. 371-393.

Feenstra, R. C. & G. H. Hanson, 1999, "The Impact of Outsourcing and High-technology Capital on Wages: Estimates for the United States, 1979-1990," *Quarterly Journal of Economics*, 114 (3), pp. 907-940.

Felix Eschenbach and Bernard Hoekman, 2005, "Services Policy Reform and Economic Growth in Transition Economies, 1990-2004," World Bank Policy Research Working Paper 3663.

Fleisher, B. & J. Chen, 1997, "The Coast-Noncoast Income Gap, Productivity and Regional Economic Policy in China," *Journal of Comparative Economics*, 25 (2), pp. 220-236.

Francois, J. F., 1990, "Producer Services, Scale and the Division of Labor," Oxford Economic Papers, 42, pp. 715-729.

Francois, J. F. and K. A. Reinert, 1996, "The role of services in the structure of production and trade: stylized facts from a cross-country analysis," *Asia-Pacific Economic Review*, vol. 2.

Friedman, J., 2005, "TheWorld City Hypothesis from Development and Change," in Lin, J. & C. Mele (eds.), *The Urban Sociology Reader*, Abingdon: Routledge.

Fujita, M. & D. P. Hu, 2001, "Regional Disparity in China 1985-1994: The Effects of Globalization and Economic Liberalization," *The Annals of Regional Scicence*, 35, pp. 30-37.

Fuchs, V. R., 1965, "The Growing Importance of the Service," *The Journal of Business*, 38 (4), pp. 344-373.

Fucks, V. R., 1968, *The Service Economy*, New York, Columbia University Press.

Gallouj, F., 2002, *Innovation in the Service Economy*, *The New Wealth of Nations*, Edward Elgar Publishing. Inc.

Gallouj, F. & M. Savona, 2009, "Innovation in services: a review of the debate and a research agenda," *Journal of Evolutionary Economics*, 19 (2), pp. 149-172.

Gallouj, F. & O. Weinstein, 1997, "Innovation in services," *Research Policy*, 26 (4) pp. 537-556.

Glaeser E. L., R. La Porta, F. Lopez-de-Silanes and A. Shleifer, 2004, "Do Institutions Cause Growth? " *Journal of Economic Growth*, 9 (3), pp. 271-303.

Glasmeier, A. & M. Howland, 1994, "Service-led Rural Development: Definitions Theories and Empirical Evidence," *International Regional Science Review*, 16, pp. 197-229.

Glass, A. J. & K. Saggi, 2001, "Innovation and Wage Effects of International Outsourcing," *Eruopean Economcic Review*, 45, pp. 67-86.

Gouyette, C. & S. Perelman, 1997, "Productivity Convergence in OECD Service Industries," *Structural Change and Economic Dynamics*, 8 (3), pp. 279-295.

Griliches, Z., 1957, "Hybrid Corn: An Exploration in the Economics of Technological Change," *Econometrica*, 25, pp. 501-522.

Griliches, Z., 2000, *Output Measurement in the Service Sectors*, NBER Studies in Income and Wealth, 56, University of Chicago Press.

Grubel, H. & M. Walker, 1989, *Service Industry Growth: Cause and Effects*, Fraser Institute.

Grubel, H. G. & M. A. Walker, 1989, *Service and the Changing Economic Structure*, Services in World Economic Growth Symposium Institute.

Guerrieri, P. & V. Meliciani, 2005, "Technology and International Competitiveness: The Interdependence between Manufacturing and Producer Services," *Structural Change and Economic Dynamics*, 16, pp. 489-502.

Gwartney, James, Randall Holcombe and Robert Lawson, 1998, "The Scope of Government and the Wealth of Nations," *Cato Journal*, 18 (2), pp. 163-190.

Gwartney, James and Robert Lawson, 2005, *Economic Freedom of the World: 2005 Annual Report*. Vancouver: The Fraser Institute. Data retrieved from www. Freetheworld. com.

Haig, B., 1975, "An Analysis of Changes in the Distribution of Employment between Manufacturing and Service Industries: 1960-1970," *The Review of Economics and Statistics*, 57, pp. 35-42.

Hansen, N., 1990 "Do Producer Services Induce Regional Economic Development?" *Journal of Regional Science*, 30 (4), pp. 465-476.

Heckman, J. J., 1979, "Sample selection bias as a specification error," *Econometrica: Journal of the econometric society*, pp. 153-161.

Heston, A. &R. Summers, 1992, *Output Measurement in Services*, NBER, Chicago: The University of Chicago Press.

Hill, T. P., 1977, "On Goods and Services," *Review of Income and Wealth*, 23(4), pp. 315-318.

Hill, P., 1999, "Tangibles, Intangibles and Services: A New Taxonomy for the Classification of Output," *Canadian Journal of Economics*, 32 (2), pp. 426-447.

Hipp, C., S. T. BRUCE, & I. Miles, 2000, "The incidence and effects of innovation in services: evidence from Germany," *International Journal of Innovation Management*, 4(4), pp. 417-453.

Hirschman, 1958, *The Strategy of Economic Development*, New Haven: Yale University Press.

Holmstrom, Bengt, 1985, "The Provisions of Services in a Market Economy," in Robert P. Inman edited, *Managing the Service Economy: Prospects and Problems*, Chapter 7, Cambridge University Press.

Houthakker, H. & L. Taylor, 1966, *Consumer Demand in the United States, 1929-1960*, Harvard University Press.

Hurrell, A. & N. Woods, 2000, *Globalization and Inequality. The New Political Economy of Globalization*, Cheltenham, Edward Elgar.

Inman, R., 1978, "The Fiscal Performance of Local Government: An Interpretative Review," In Mieszkwoski and M. Straszheim (eds.), *Current Issues in Urban Economics*, Baltimore: The Johns Hopkins University Press, pp. 270-321.

Jack E., Triplett and Barry P. Bosworth, 2003, "Productivity in the Services Industries: Trend and Measurement Issues," Brookings Institution, Working paper.

Kaufmann. D, Kraay. A and Mastruzzi. M, 2005, "Governance Matters Ⅳ: Governance Indicators for 1996-2004," World Bank Working Papers.

Kline, S. J. & N. Rosenberg, 1986, *An overview of innovation. The positive sum strategy: Harnessing technology for economic growth*, 14, pp. 640.

Klodt, H., 2000, "Structural Change towards Services: the German Experience," University of Birmingham IGS Discussion paper.

Klundert, T. & S. Smilders, 1996, "North-South Knowledge Spillovers and Competition: Convergence versus Divergence," *Journal of Development Economics*, 50, pp. 213-232.

Kogut, B., 1985, "Designing Global Strategies: Comparative and Competitive Value-added Chains," *Sloan Management Review*, 26 (4), pp. 15-28.

Krugman, P., 1995, "Growing World Trade," Brookings Papers on Economic Activity, 1.

La Porta, R., Lopez-de-Silanes, F., Shleifer, A., Vishny, R., 1999, "The Quality of Government," *Journal of Law, Economics, and Organization*, Volume 15, Number 1, March, pp. 222-279 (58).

Lakshmanan, T. R., 1987, "Technological and Institutional Innovation in the Service Sector," Conference of Research and Development, Industrial Change and Economic Policy.

Lee, J., 1994, "Regional Differences in The Impact of the Open Door Policy on income Growth in China," *Journal of Economic development*, 19, pp. 215-234.

Leiponen, A., 2005, "Organization of Knowledge and Innovation: The Case of

Finnish Business Services," *Industry and Innovation*, 12 (2), pp. 185-203.

Leveson, I., 1985, "Services in the US Economy," in Inman (eds.), *Managing the Service Economy: Prospects and Problems*, Cambridge University Press.

Lin, L., 2012, "The impact of service innovation on firm performance: evidence from the Chinese tourism sector," *The Service Industries Journal*, pp. 1-34.

Lindert, P. H. & J. G. Williamson, 2001, "Does Globalization Make the World More Unequal," NBER Working Paper 8228.

Love, J. H., S. Roper, & N. Hewitt-Dundas, 2010, "Service Innovation, Embeddedness and Business Performance: Evidence from Northern Ireland," *Regional Studies*, 44 (8), pp. 983-1004.

Lovely, M., S. Rosenthalb & S. Sharma, 2005, "Information, Agglomeration, and The Headquarters of U. S. Exporters," *Regional Science and Urban Economics*, 35, pp. 167-191.

Lundvall, B.-A., et al., 2002, "National systems of production, innovation and competence building," *Research Policy*, 31 (2), pp. 213-231.

Mansury, M. A. & J. H. Love, 2008, "Innovation, productivity and growth in U. S. business services: A firm-level analysis," *Technovation*, 28, (1-2), pp. 52-62.

Markusen, J. R. "Trade in Producer Services and Other Specialized Intermediate Inputs," *American Economic Review*, 1989, 79, pp. 85-95.

Masso, J. and P., 2011, Vahter, *Exporting And Productivity: The Effects of Multi-Market and Multi-Product Export Entry*, Faculty of Economics and Business Administration, University of Tartu (Estonia).

Mattoo, A., R. Rathindran, and A. Subramanian, 2001, "Measuring Services Trade Liberalization and its Impact on Economic Growth: An Illustration," World Bank Working Paper No. 2655.

Milanovic, B., 2002, *Worlds Apart: Inter-national and World Inequality 1950-2000*, Washington, DC: World Bank.

Nicolaides, P., 1990, "Services in Growing Economies and Global Markets," Informal Workshops with Dynamic Asian Economies.

Niehans, J., 1983, "Financial innovation, Multinational Banking, and Monetary Policy," *Journal of Banking and Finance*, 7, pp. 537-551.

North, D., 1981, *Structure and Change in Economic History*, New York: Norton.

North, D., 1990, *Institutions, Institutional Change and Economic Performance*, Cambridge University Press, Cambridge.

Pavitt, K, 1984, "Sectoral Patterns of Technical Change: Towards a Taxonomy and a Theory," *Research Policy*. 1984 (13), pp. 343-373.

Piore, M. & C. Sabel, 1984, *The Second Industrial Divide: Possibilities for Prosperity*, New York: The Basic Books.

Powell, W., 1990, "Neither Market nor Hierarchy: Network Forms of Organization," *Research in Organizational Behavior*, 12, pp. 295-336.

Porter M. E., 1985, *Competitive Advantage: Creating and Sustaining Superior Performance*. NY: the Free Press.

Porter, M. E., 1990, *The Competitive Advantage of Nations*, NY: the Free Press.

Prahalad, K. & G. Hamel, 1990, "The Core Competence of the Corporation," *Harvard Business Review*, 68 (3), pp. 79-90.

Quinn, J. & F. Hilmer, 1994, "Strategic Outsourcing," *Sloan Management Review*, 35 (3), pp. 43-55.

Rati Ram, 1986, "Government size and economic growth: A new framework and some evidence from cross-section and time-series data," *American Economic Review* 76, No. 1, pp. 191-203.

Raff, H. & M. Ruhr, "2012 Foreign Direct Investment in Producer Services: Theory and Empirical Evidence," http://papers.ssrn.com/sol3/papers.cfm? abstract_id=289083.

Riddle, D., 1986, *Service-Led Growth: The Role of Service Sector in the World Development*, Praeger Publishers.

Rivera-Batiz, Francisco L. & Rivera-Batiz, Luis A., 1990. "The effects of direct foreign investment in the presence of increasing returns due to specialization," *Journal of Development Economics*, 34 (1-2), pp. 287-307.

Rowthorn, R. & R. Ramaswamy, 1999, "Growth, Trade and Deindustrialization, IMF Staff Papers," 46, pp. 18-41.

Sala-i-Martin, X., 2002, "The Disturbing 'Rise' of Global Income Inequality," NBER Working Papcr 8904.

Saxonhouse, G., 1985, "Servies in the Japanese Economy," in Inman (eds.), *Managing the Service Economy: Prospects and Problems*, Cambridge University Press.

Schmookler, J., 1966, *Invention and Economic Growth*, Cambridge: Harvard University Press, 1966.

Schultz, T. P., 1998, "Inequality in the Distribution of Personal Income in the World: How it is Changing and Why," *Journal of Population Economics*, 11, pp. 307-344.

Solow, R. M, 1987, "We'd Better Watch Out," *New York Times Book Review*, July 12.

Spann, R., 1977, "The Macroeconomics of Unbalanced Growth and the Expanding Public Sector," *Journal of Public Economics*, 8, pp. 397-404.

Stiglitze, J. E., 1998, "More Instruments and Broader Goals: Moving toward the Post-Washington Consensus," WIDER Annual Lecture.

Summers, R., 1985, "Services in the International Economy," in Inman (eds.), *Managing the Service Economy: Prospects and Problems*, Cambridge University Press.

Sundbo, J. & F. Gallouj, 2000, "Innovation as a loosely coupled system in services," *International Journal of Services Technology and Management*, 1 (1): pp. 15-36.

Tether, B. S., "Do Services Innovate (Differently)? Insights from the European Innobarometer Survey," *Industry and Innovation*, 2005. 12 (2): pp. 153-184.

Tholons Inc., 2008, "Reverse Offshoring: Trend or Strategy," *Tholons Services Globalization Review*.

Toffler, A., 1970, *Future Shock*, New York: Random House.

Triplett, J., 2000, "Productivity in the Service Sector," Brookings Institution Working Paper.

UNCTAD, *World Investment Report 2013*.

United Nations Development Programme, 2002, *Human Development Report 2002*, New York, NY: Oxford University Press.

Von Hippel, E., 1988, "The sources of innovation," University of Illinois at Urbana-Champaign's Academy for Entrepreneurial Leadership Historical Research Reference in Entrepreneurship.

Wade, R. H., 2004, "Is Globalization Reducing Poverty and Inequality?" *World Development*, 33, pp. 567-589.

Wilsion, B & K. Ceuppens, "Reverse Offshore Outsourcing Experience in Global Software Engineering Projects," http://ieeexplore.ieee.org/stamp/stamp.jsp? tp=&arnumber=6063149.

Wooldridge, J. M., 2000, *Introductory Econometrics: A Modern Approach*. Cincinnati, OH: South-Western, pp. 289-291.

Wolff, E., 1999, "The Productivity Paradox: Evidence from Indirect Indicators of Service Sector Productivity Growth," *The Canadian Journal of Economcis*, 32 (2), pp. 281-308.

World Bank, "World Development Indicators Online," http://publications.worldbank.org/subscriptions/WDI.

Young, A., 2000, "The Razor's Edge: Distortions and Incremental Reform in the People's Republic China," *Quarterly Journal of Economics*, 115, pp. 1091-1135.

Zagler, M., 2002, "Growth and Unemployment: Theory, Evidence and Policy," *Vienna University of Economics*.

图书在版编目（CIP）数据

现代服务经济学/刘志彪　江静　刘丹鹭编著. —北京：中国人民大学出版社，2015.7
21 世纪经济学系列教材
ISBN 978-7-300-21573-0

Ⅰ.①现…　Ⅱ.①刘…　②江…　③刘…　Ⅲ.①服务经济学-高等学校-教材　Ⅳ.①F063.1

中国版本图书馆 CIP 数据核字（2015）第 152709 号

21 世纪经济学系列教材
现代服务经济学
刘志彪　江静　刘丹鹭　编著
Xiandai Fuwu Jingjixue

出版发行	中国人民大学出版社		
社　　址	北京中关村大街 31 号	**邮政编码**	100080
电　　话	010－62511242（总编室）		010－62511770（质管部）
	010－82501766（邮购部）		010－62514148（门市部）
	010－62515195（发行公司）		010－62515275（盗版举报）
网　　址	http://www.crup.com.cn		
经　　销	新华书店		
印　　刷	固安县铭成印刷有限公司		
开　　本	787 mm×1092 mm　1/16	**版　　次**	2015 年 8 月第 1 版
印　　张	17 插页 1	**印　　次**	2023 年 12 月第 3 次印刷
字　　数	409 000	**定　　价**	32.00 元

教学支持说明

1. 教辅资源获取方式

为秉承中国人民大学出版社对教材类产品一贯的教学支持，我们将向采纳本书作为教材的教师免费提供丰富的教辅资源。您可直接到中国人民大学出版社官网的教师服务中心注册下载——http://www.crup.com.cn/Teacher。

如遇到注册、搜索等技术问题，可咨询网页右下角在线 QQ 客服，周一到周五工作时间有专人负责处理。

注册成为我社教师会员后，您可长期根据您所属的课程类别申请纸质样书、电子样书和教辅资源，自行完成免费下载。您也可登录我社官网的“教师服务中心”，我们经常举办赠送纸质样书、赠送电子样书、线上直播、资源下载、全国各专业培训及会议信息共享等网上教材进校园活动，期待您的积极参与！

2. 高校教师可加入下述学科教师 QQ 交流群，获取更多教学服务

经济类教师交流群：781029042

财政金融教师交流群：766895628

国际贸易教师交流群：162921240

税收教师交流群：119667851

3. 购书联系方式

网上书店咨询电话：010-82501766

邮购咨询电话：010-62515351

团购咨询电话：010-62513136

中国人民大学出版社经济分社

地址：北京市海淀区中关村大街甲 59 号文化大厦 1506 室　100872

电话：010-62513572　010-62515803

传真：010-62514775

E-mail：jjfs@crup.com.cn